英语教学案例分析与实作训练

普通高校师范类专业规划教材
学科教育能力系列
总主编·罗生全

邓晓芳 杨晓钰 ◎ 主编

西南大学出版社
国家一级出版社
全国百佳图书出版单位

图书在版编目(CIP)数据

英语教学案例分析与实作训练 / 邓晓芳, 杨晓钰主编. -- 重庆 : 西南大学出版社, 2025.6. -- (普通高校师范类专业规划教材). -- ISBN 978-7-5697-3061-6

Ⅰ. G633.412

中国国家版本馆CIP数据核字第2025AU8101号

英语教学案例分析与实作训练
YINGYU JIAOXUE ANLI FENXI YU SHIZUO XUNLIAN

主编　邓晓芳　　杨晓钰

选题策划	郑先俐
责任编辑	张　琳
责任校对	曹园妹
装帧设计	闰江文化
排　　版	江礼群
出版发行	西南大学出版社(原西南师范大学出版社)
	地址:重庆市北碚区天生路2号
	邮编:400715　电话:023-68868624
印　　刷	重庆市美尚印务股份有限公司
成品尺寸	185 mm×260 mm
印　　张	25
字　　数	508千字
版　　次	2025年6月　第1版
印　　次	2025年6月　第1次印刷
书　　号	ISBN 978-7-5697-3061-6
定　　价	78.00元

主　编

邓晓芳　杨晓钰

副主编

杨　琴　王　晔

参　编

陈　渝　魏　玮　梁　颖　黄　菊
常　山　何　健　郭昌荣　唐　印

总序

在加快建设教育强国战略的驱动下,我国教师教育体系改革创新迈入新阶段。强教必先强师,培养高素质教师队伍既是党和国家为我国教师队伍建设指明的基本方向,也是对我国教师教育体系建设赋予的重大使命。而在庞大而复杂的新时代教师教育体系重构进程中,学科教师培养是其中一个具有体系性的核心议题。学科教育不仅仅是一项专业实践、一个研究领域,更作为一项国家事业,是推进高质量教师教育体系建设的关键依托,学科教师教育研究更是一项极其重要的学术任务。尤其是在中华民族伟大复兴战略全局和世界百年未有之大变局的宏观背景之下,加强学科教育与学科教师队伍建设已然成为教育强国战略中提纲挈领的基础性工程。提高学科教育研究水平、加快建设学科教师教育体系是推进我国教师教育体系整体改革创新,重构具有中国特色新时代教师教育体系的必然之举与应有之义。

在过去的二十余年间,无论是传统师范院校还是新晋参与教师教育的高水平综合性大学,都广泛存在这样一种观念:只要拥有了与基础教育科目相对应的高等教育学术学科,或者拥有了探究教育高深学问的教育学学科,就"自然而然"地具备了强大的学科师范类专业的学科基础。事实上,这是一个典型的认识误区。一方面,大学学术学科通常只关注大学学科的教育;另一方面,大学所教授的教育学知识也并不一定能与中小学学科教师从事的基础教育工作所需要的知识直接相关。正本清源,高校学科教育研究的直接服务对象应当是中小学基础教育学科教师,因而就一大批高校学科师范类专业而言,从某种程度上来说是缺乏学科基础的。在旧的师范教育体系中，虽然有学科课程与教学论这一专业，并一直被视作学科教师教育的代名词，但事实上，无论是学科课程论还是学科教学论都不能完整地揭示学科教师教育的全貌。并且长久以来，学科课程与教学论专业的教师群体，时常面临自己究竟是"姓学科"还是"姓教育"的现实拷问，无论是在学科领域还是在教育领域均遭受着不同程度的"双边缘化"的困境。一旦长期缺失学科基础，学科教育研究便难以成为严谨规范的学术性工作，学科教师教育就会陷入"只育不研"的窠臼，学科教师的培养便会沦为纯粹经验性的实践。

站在百年师范教育传统向新时代教师教育转型的历史转折点，我们必须超越传统的"教做学科教学之事"的思维，转而走向"造就学科教育之人"的理念。而今亟待追问的是，学科师范类专业的学科基础是什么？学科教师是否应当具备知识存储和能力基础？如果说学科能力是教师基于学科知识的逻辑解决学科问题的能力，教学能力是教师基于学生学习和发展的知识逻辑解决教会学生学习、育人和服务的能力。那么学科教育能力则是教师在学科教学中养成的、能够促进学科知识与教学知识"双向转化"的智能：其一方面是基于教师的学科能力，深度发掘学科领域的育人价值，使学科知识、技能实现"教育学转化"；另一方面又依赖教师的专业能力，通过合理的教学表征与策略选择将学科知识以及学科的思想、方法、文化向个体的知识体系与认知结构内化，完成专业知识的"生本化表达"。简而言之，学科教育能力是基于学科能力与专业能力的二元整合，并在学科育人实践过程中生成的体现学科专业属性和教师教育品质的学科教育知识，是学科教师"以学立教""以科化育"的核心前提，更是教师促进自身专业化发展的关键能力。教师学科教学能力的培养有赖于专门的"学科教育知识"的系统性学习与体系化建构。因此，构建彰显中国特色的学科教育学、教师教育学将成为加快推进新时代学科教师教育体系建设，提高学科教师教育研究专业水平不可或缺的学科基础。

"普通高校师范类专业规划教材·学科教育能力系列丛书"是西南大学贯彻新时代高质量教师队伍建设战略目标，围绕学科教育、教师教育理论与实践改革的标志性成果。该丛书依托教师教育学院学科教育学（学术学位）、教师教育学（学术学位）、学科教学（专业学位）三大优势专业设置，以各学科教育专业研究者、中小学一线学科教育教研员、学科专业优秀骨干教师为主体，以教师多年来从事学科教育专业科研领域和承担的中小学、本科生、研究生学科教育类课程教学为重点，结合学科教育理论前沿，深度融入义务教育新课标、核心素养等课程改革前沿成果，共编撰了包括语文、数学、英语、物理、化学、生物、历史、地理、政治、音乐、体育、美术、科学与技术教育等十三门学科在内的二十余本教材。

在编写逻辑上，本丛书以前沿性、体系化、易学性为指导，兼顾学术性与通识性、普及性与专业性、可读性与适用性的教材编写定位；结合当前学科教育发展的时代特点、基础教育课程改革的时代趋势以及高质量教师队伍建设的时代要求；遵循学科教育知识的生成机制与教师学科教育能力的养成逻辑，突破学科教育理论与实践脱节的痼疾。各学科教材聚焦"课程分析与教学设计""教学案例分析与实作训练"两大核心模块，通过"理论架构—案例解析—实作训练"的三维立体化教材内容设计，为学习者构建出学科教育知识的转化通道与学科教育能力进阶的系统框架。各模块开发"真实教学情景"与"数字化资源"相结合的学习系统，以百余个经典教学片段和课程设计案例，为学习者提供清晰的实践参照与丰富的材料支撑，促进学科教育理论前沿、学科教育实践经验向教师个性化的育人智慧转化相融，成为其内在可迁移的心智模式。学习者在经历一个有序的思维发展过程中，培养正确的学科育人观和思维方式，实现教师学科教育能力的系统化提升，真正意义上让教材成为连接教育理论与育人实践的桥梁。

在此意义上，本丛书不仅是一套师范生学科教育能力训练的教材，更彰显出建设我国自主教师教育、学科教育理论与实践体系的价值引领。作为全国首套贯通"学科教育研究—学科教师培养—教师专业发展"全链条，聚焦学科教育能力培养的体系化教材，本丛书立足教育强国建设需求，以教育家精神为引领，融入智慧教育理念，开创了学科教育专业人才培养的新范式。本丛书的出版，一定程度上标志着我国学科教师教育从经验传承走向科学培养的新阶段，不仅填补了教师教育领域关于学科教育能力系统化培养的教材空白，更为新时代高质量学科教师培养提供了切实可行的实践方案，对于建设一流学科教育人才培养高地，推进基础教育学科教育改革与实践创新，具有重大战略意义。

本丛书主要面向高校师范类专业的本科生（兼顾部分高校教育类研究生），以精品教材建设为抓手，追踪国际学科教育理论与实践前沿，形成系统化的学科教育能力训练体系。旨在培养具有多学科、跨学科视野与教育学立场、兼具国际视野与本土特色、掌握精深而系统的学科教育理论与科学方法、能够独立从事学科教育研究、参与学科教学改革实践的高层次学科教育人才与未来学科教育的引领者。

自本丛书的编写项目启动以来,西南大学教师教育学院组织召开了多次教材编写研讨会,各学科教材主编共同交流研讨、分享经验、攻克难题;在每本教材的编写过程中,各编写团队也举行了多次内部成员交流会,及时沟通、相互启发;还有中小学一线教师在其学期课程中将教材内容、课程案例进行试教,听取教学反馈。在此,对每一位为本丛书教材的编写倾注心力的编写者表示衷心的感谢。

罗生全

西南大学

前言

《英语教学案例分析与实作训练》是为师范院校英语专业学生编写的英语教学法教材。本教材兼顾学科前沿和政策前沿,以师范生用书为主,兼顾职后教师专业发展所需;针对我国师范类院校英语专业人才培养的要求和学生的特点,坚持实践取向,提升学生及教师的教育教学能力,既便于职前英语教师教育课堂教学使用,也可用于中学英语教师的继续教育课程和各类英语教师的在职培训课程。

教师的专业发展除了需要学习英语教学相关理论知识外,还需要大量的实践与反思。本教材在以学生为主体的教育思想的指引下,贯穿问题驱动式学习,学生通过对优秀教学案例进行分析、探究、思考,理解教学案例设计背后的教学理论与英语课程标准相关理念;评判性思考教学案例设计的亮点与不足,再通过实作训练进一步优化、创新教学案例的设计,实现理论知识与实践的无缝对接,弥合理论与实践的鸿沟,从而提升教学设计能力。

本教材具有如下特点:

1.依据新课标的核心理念,赋予教学案例分析以完善的课型架构,以表格形式呈现案例,简洁明了。对每种课型先完整呈现相关理论基础,再呈现经典案例分析与实作训练,并在附录中提供同课异构案例,有利于读者对每种课型从理论到实践建立完整架构;有利于职前英语教师对接理论与课堂实践;也有利于在职英语教师更新英语教学理论知识,提升课堂教学效果。

2.突出目标导向性、实践性和问题驱动式学习。在每一章开始设计了问题情境供学习者思考,旨在激活学习者已有的背景知识和求知欲;学习者带着问题进入学习,在案例分析中深挖教学案例的设计理念,研读案例设计的优缺点,为实作搭建脚手架。在实作训练部分，学习者通过一步一步地实操，在解决各课型设计的主要问题中改进、创新教学设计，提高教学实践能力。

3.精选案例，案例具备典型性、多样性、时代性，体现"教—学—评"一致性。每章典型案例分析以及实作训练都精选了初中和/或高中两个学段的不同案例，同时，案例的教学内容来自最新的现行初中(含2024版)和高中(2019版)英语教材。

4.延展学习渠道，通过融入电子信息技术延展纸质教材的学习渠道，读者可以扫描二维码获取相关学习资源以拓展学习。

本教材以语言学、语言习得、语言教学、教学设计等学科为理论依据，以交互语言学习观、整体语言教学观、学习中心设计观为编写理念，依据最新英语课程标准的核心理念，围绕中学英语课堂教学实作的不同核心课型，开发经典教学案例、分析教学环节及教学设计要点并设计实训环节。全书共十章。第一章解读《义务教育英语课程标准(2022年版)》和《普通高中英语课程标准(2017年版2020年修订)》的核心理念和最新要求，为案例分析提供依据并阐述案例分析的内涵、内容与方法，为英语教学案例分析与实作训练奠定基础。第二章至第九章是各种典型课型的案例分析与实作训练，包括阅读教学、听说教学、语音教学、词汇教学、语法教学、写作教学、读写结合教学、单元整体教学。第十章是说课案例分析与实作训练。本教材由杨晓钰负责全书的理念与总体框架建构；第一章和第十章由邓晓芳完成；第二章由陈渝完成；第三章由魏玮完成；第四章由梁颖完成；第五章和第七章由王晔完成；第六章由常山完成；第八章由黄菊完成；第九章由杨琴完成；全书的案例由陈渝、魏玮、刘英、江映樾、舒维兰、关子涵、杜丹丹、乔冷梅、余灿、范可星、郭昌荣、陈银、杨芸屹、黄璐萍、刘向阳、李绮琪、张琼、赵宁、林欢等老师提供；由何健、郭昌荣、唐印审读案例；由邓晓芳审稿、统稿、定稿，杨琴、王晔参与定稿。

本教材在编写过程中得到了很多同行专家、中学英语教师和朋友的支持与帮助，在此对他们表示最衷心的感谢！但由于各种原因，本教材还存在诸多不足之处，敬请读者批评指正，以便我们今后在修订时纠正、补充、修改。特此致谢！

编者
2025年6月

目录

第一章 英语教学案例分析概述 ……001
第一节 英语教学案例分析的依据 ……003
第二节 英语教学案例分析的内涵与内容 ……011
第三节 英语教学案例分析的方法 ……018

第二章 英语阅读教学案例分析与实作训练 ……023
第一节 英语阅读教学概述 ……025
第二节 英语阅读教学案例分析 ……036
第三节 英语阅读教学实作训练 ……052

第三章 英语听说教学案例分析与实作训练 ……057
第一节 英语听说教学概述 ……059
第二节 英语听说教学案例分析 ……067
第三节 英语听说教学实作训练 ……080

第四章 英语语音教学案例分析与实作训练 ……085
第一节 英语语音教学概述 ……087
第二节 英语语音教学案例分析 ……096
第三节 英语语音教学实作训练 ……109

第五章 英语词汇教学案例分析与实作训练……………117

第一节·英语词汇教学概述 …………………119
第二节·英语词汇教学案例分析 ……………132
第三节·英语词汇教学实作训练 ……………143

第六章 英语语法教学案例分析与实作训练……………149

第一节·英语语法教学概述 …………………151
第二节·英语语法教学案例分析 ……………159
第三节·英语语法教学实作训练 ……………169

第七章 英语写作教学案例分析与实作训练……………179

第一节·英语写作教学概述 …………………181
第二节·英语写作教学案例分析 ……………192
第三节·英语写作教学实作训练 ……………206

第八章 英语读写结合教学案例分析与实作训练 ……215

第一节·英语读写结合教学概述 ……………217
第二节·英语读写结合教学案例分析 ………226
第三节·英语读写结合教学实作训练 ………243

第九章 英语单元整体教学案例分析 ……………………249

第一节·英语单元整体教学概述 ……………251
第二节·英语单元整体教学设计案例分析 …255

第十章 英语说课案例分析与实作训练…………………283

第一节·英语说课概述 ………………………285
第二节·英语说课案例分析 …………………293
第三节·英语说课实作训练 …………………300

附录 ………………………………………………………307

参考文献 …………………………………………………385

第一章 英语教学案例分析概述

请思考

A老师是刚入职三年的初中英语教师,她非常热爱自己的教育事业。她认为成功的英语教学就是在课堂上开展各种有趣的活动,让学生在一系列听说活动中、在游戏中愉快地学英语。当听到各小组学生都在积极地用英语开心交流的时候,她感到特别有成就感。B老师从事高中英语教学多年,她认为英语教学的目的就是学生能够背单词有效、词汇量大、读写能力强、语法错误少、高考分数高。

你认同这两位教师的看法吗?为什么?你认为英语教学的目的是什么?你理想中的英语课堂是什么样的?

学习目标导航

学习本章后,你能够:

1. 阐述英语课程标准的核心理念。
2. 理解英语教学案例分析的概念与意义。
3. 阐释英语教学案例分析的内容与方法。

第一节 英语教学案例分析的依据

英语课程标准的核心理念是英语教学案例分析的基本依据。

一、英语课程目标

教育部颁布的《普通高中英语课程标准（2017年版，2020年修订）》（以下简称"《高中英语课标》"）和《义务教育英语课程标准（2022年版）》（以下简称"《义教英语课标》"）都明确阐述了英语课程的目标。英语课程要全面贯彻党的教育方针，培育和践行社会主义核心价值观，落实立德树人根本任务，以培养有理想、有本领、有担当的时代新人为出发点和落脚点，培养具有中国情怀、国际视野和跨文化沟通能力的社会主义建设者和接班人。英语课程的目标旨在发展学生的核心素养。核心素养是学生通过课程学习逐步形成的，适应个人终身发展和社会发展需要的正确价值观、必备品格和关键能力。英语课程要培养的学生核心素养，包括语言能力、文化意识、思维品质、学习能力等（教育部，2020；2022）。

（一）语言能力

在《义教英语课标》中，语言能力指运用语言和非语言知识以及各种策略参与特定情境下相关主题的语言活动时表现出来的语言理解和表达能力（教育部，2022）。在《高中英语课标》中，语言能力指在社会情境中，以听、说、读、看、写等方式，理解和表达意义的能力，以及在学习和使用语言的过程中形成的语言意识和语感。英语语言能力是构成英语学科核心素养的基础要素。英语语言能力的提高蕴含文化意识、思维品质和学习能力的提升，有助于学生拓宽国际视野和思维方式，开展跨文化交流（教育部，2020）。

(二)文化意识

文化意识指对中外文化的理解和对优秀文化的鉴赏,是学生在新时代表现出的跨文化认知、态度和行为选择。文化意识体现核心素养的价值取向。文化意识的培育有助于学生增强国家认同和家国情怀,坚定文化自信,树立人类命运共同体意识,涵养品格,提升文明素养和社会责任感。

(三)思维品质

在《义教英语课标》中,思维品质指人的思维个性特征,反映学生在理解、分析、比较、推断、批判、评价、创造等方面的层次和水平,思维品质的提升有助于学生学会发现问题、分析问题和解决问题,对事物做出正确的价值判断(教育部,2022)。《高中英语课标》把思维品质定义为思维在逻辑性、批判性、创新性等方面所表现出的能力和水平。思维品质体现核心素养的心智特征。思维品质的发展有助于提升学生分析问题和解决问题的能力,使他们能够从跨文化视角观察和认识世界,对事物做出正确的价值判断(教育部,2020)。

(四)学习能力

学习能力指学生积极运用和主动调适英语学习策略,拓宽英语学习渠道,努力提升英语学习效率的意识和能力。学习能力是英语学科核心素养的发展条件。学习能力的培养有助于学生做好英语学习的自我管理,掌握科学的学习方法,养成良好的终身学习习惯,多渠道获取学习资源,自主、高效地开展学习。

英语学科核心素养是英语学科育人价值的集中体现,其中语言能力是基础要素,文化意识体现价值取向,思维品质反映心智特征,学习能力是发展条件。核心素养的四个方面相互渗透,融合互动,协同发展。

基于立德树人学科育人观的英语课程目标旨在使新时代英语课程能集中体现学科的育人价值。学生通过系统的英语基础知识学习,基本技能发展,健康的人文思想和积极的价值观念的熏陶,形成体现国家意志和社会主义核心价值观的人格和态度,树立中国情怀和国际视野,获得并具备跨文化交际意识和实际沟通能力,形成独立思考、辩证质疑的思维和批判精神,养成和提升自主学习、积极探索的学习态度和认知策略,为适应社会生活、高等教育和职业发展做准备,为终身学习和发展奠定基础。学生通过英语学习,逐步形成参与建设社会主义现代化强国,以及构建人类命运共同体所必需的价值观念、必备品格和关键能力,进而成为不仅具有家国情怀和全球视野,同时能够胜任建设社会主义、构建人类命运共同体,参与和推动中外人文交流的时代新人(梅德明,2019:5)。英语课程目标对英语教学设计与教学实践具有导向性、统领性及评价参照性作用。

二、英语学习过程

英语学习过程是达成英语课程目标、发展学生核心素养的关键环节。英语课程标准提出了整合英语课程内容六要素,通过英语学习活动观把课程六要素整合起来的路径以实现学科育人。

(一)英语课程内容六要素

英语课程内容是发展学生核心素养的基础。课程内容由主题、语篇、语言知识、文化知识、语言技能和学习策略六要素构成(如图1-1)。主题涵盖人与自我、人与社会和人与自然三大范畴,涉及人文社会科学和自然科学领域等内容,为学科育人提供话题和语境;语篇类型包括口头和书面语篇以及不同的文体形式,如记叙文、说明文、议论文、应用文、访谈、对话等连续性文本,以及图表、图示、网页、广告、漫画等非连续性文本,为语言学习提供文体素材;语言知识涵盖语音知识、词汇知识、语法知识、语篇知识和语用知识,是构成语言能力的重要基础;语言技能分为理解性技能和表达性技能,具体包括听、说、读、看(viewing)、写等;文化知识是指中外优秀人文和科学知识,包含物质文明知识、精神文明知识;学习策略包括元认知策略、认知策略、交际策略、情感策略等,是学生形成自主学习和终身学习能力的必备条件。英语课程内容六要素是一个相互关联的有机整体,共同构成英语核心素养发展的内容基础(教育部,2020;2022)。

图1-1 英语课程内容结构图

英语课程内容六要素相互关联,构成统一的整体,各要素间相互渗透、相互融合、相互促进、相互转化。主题语境处于统领地位,对主题意义的探究是英语课程的核心内容,是贯穿教学活动的主要线索,是发展学生核心素养的关键。语篇承载了语言知识和文化知识,传递文化内涵、价值取向与思维方式。对主题的探究是学生运用语言技能和学习策略,基于语篇所提供的主题语境、语言知识和文化素材,学习语言、获取信息、发展技能、探究意义、理解内涵,形成正确价值观的活动。语言学习知识有利于发展语言技能,而知识学习又是在技能训练的过程中实现的。在语言学习和运用中,语音、词汇、语法、语篇和语用知识总是交织在一起,成为语篇和主题意义建构的重要资源。因此,在英语教学中,必须整合单元教学内容、整体设计、综合学习,避免碎片化的学习(王蔷,2019:31;90)。

(二)英语学习活动观

英语学习活动观是指学生在主题意义的引领下,通过学习理解、应用实践、迁移创新等一系列体现综合性、关联性和实践性等特点的英语学习活动,基于已有的知识,依托不同类型的语篇,在分析问题和解决问题的过程中,促进自身语言知识学习、语言技能发展、文化内涵理解、多元思维发展、价值取向判断和学习策略运用(教育部,2020)。在英语教学中,活动是英语学习的基本形式,通过英语学习活动,学习者学习和尝试运用语言理解与表达意义,发展语言知识与语言技能,增强文化意识,不断提升思维品质,形成学习能力。英语学习活动观的路径包括学习理解类、应用实践类、迁移创新类三个层次的活动。每个层次的活动设计都要基于主题、语篇、内容的提炼和理解,密切结合语言所表达的内容、语言所承载的文化内涵。

英语学习活动观是整合课程内容、实施深度教学、实现课程总目标的保障,也为变革学生的学习方式、提升英语教与学的效果提供了可操作的途径。教师应依据英语学习活动观整合课程内容,优化教学方式,为学生设计有情境、有层次、有实效的英语学习活动。

(三)英语学习活动观的落实

英语学习活动是从主题开始,基于学生已知,依托语篇,提出问题,以解决问题为目的来开展一系列相互关联的活动,具体包括信息提取、梳理和整合,内化和运用,分析和比较。英语学习活动观关注活动的整合、活动之间的关联,强调让学生在一系列相互关联的活动中探究意义,对信息进行梳理整合、内化运用、分析比较、赏析评价,最后形成迁移创新能力(王蔷,2019:52)。通过以下三个层次的活动落实英语学习活动观。(如表1-1)

表1-1 英语学习活动观的路径

活动类型	活动内容	语篇层次	活动目的
学习理解类	感知与注意、获取与梳理、概括与整合	基于语篇	教师围绕主题创设情境,激活学生已有的知识和经验,铺垫必要的语言和文化背景知识,引出要解决的问题。在此基础上,教师以解决问题为目的,鼓励学生从语篇中获得新知,通过梳理、概括、整合信息,建立信息间的关联,形成新的知识结构,感知并理解语言所表达的意义和语篇所承载的文化价值取向。该阶段的活动以解决问题为导向,明确学习活动目标,增强动机,从语篇中获得新知,是培养学生逻辑思维的基础和手段,为后面的应用实践奠定基础
应用实践类	描述与阐释、分析与判断、内化与运用	深入语篇	基于学习理解类活动,教师引导学生围绕主题和所形成的新的知识结构开展描述、阐释、分析、判断等交流活动,逐步实现对语言知识和文化知识的内化,巩固新的知识结构,促进语言运用的自动化,助力学生将知识转化为能力。该阶段促进学生建构新的知识结构,并通过大量语言实践巩固新知识结构,促进语言运用层次的自动化
迁移创新类	推理与论证、批判与评价、想象与创造	超越语篇	教师引导学生针对语篇背后的价值取向或作者态度进行推理与论证,赏析语篇的文体特征与修辞手法,探讨其与主题意义的关联,批判、评价作者的观点等,加深对主题意义的理解,进而使学生在新的语境中,基于新的知识结构,通过自主、合作、探究的学习方式,综合运用语言技能,进行多元思维,创造性地解决陌生情境中的问题,理性表达观点、情感和态度,体现正确的价值观,实现深度学习,促进能力向素养的转化。该层面的活动超越语篇,促进学生迁移知识,用批判性和创造性的思维解决新情境下的新问题

教师在设计英语学习活动时应遵循以下原则:(1)情境创设要尽量真实,注意与学生已有的知识和经验建立紧密联系,力求直接、简洁、有效;(2)要善于利用多种工具和手段,如:思维导图或信息结构图,引导学生通过自主与合作相结合的方式,完成对信息的获取与梳理、概括与整合、内化与运用,教会学生在零散的信息和新旧知识之间建立关联,归纳和提炼基于主题的新知识结构;(3)要善于提出从理解到应用、从分析到评价等有层次的问题,引导学生的思维由低阶向高阶稳步发展;同时,教师要启发学生积极参与针对语篇内容和形式的讨论和反思,鼓励学生围绕有争议的话题

有理有据地表达个人的情感与观点;(4)在情境创设中,要考虑地点、场合、交际对象、人物关系和交际目的等,提示学生有意识地根据语境,选择恰当的语言形式,确保交际得体有效;(5)要根据所学主题内容、学习目标和学生经验等,选择和组织不同层次的英语学习活动(教育部,2020)。

三、英语教学评价

英语课程标准主张教学评价应贯穿英语课程教与学的全过程,包括课堂评价、作业评价、单元评价、期末评价等。教师依据评价应遵循的原则,基于评价目标选择评价内容和评价方式,将评价结果应用到进一步改进教学和提高学生学习的成效上,落实"教—学—评"一体化,确保学习真实发生。

(一)"教—学—评"一体化的内涵

在教学中,完整的教学活动应包括教、学、评三个方面。教师要准确把握教、学、评在育人过程中的不同功能,树立"教—学—评"的整体育人观念。"教"主要体现为基于核心素养目标和内容载体而设的教学目标和实施的课内外教学活动,决定育人方向和基本方式,直接影响育人效果。"学"是在教师的指导下,学生通过主动参与各种语言实践活动,在主题意义探究中,将知识与技能转化为自身核心素养的过程,决定育人效果;"评"是教师依据教学目标,明确要评价的内容,并根据所制定的评价标准,在组织和实施教学的过程中,对学生的学习表现和目标达成的程度进行评价的过程。"评"主要发挥监控教学过程和效果的作用,为促教促学提供参考和依据。"教""学""评"三者相互依存、相互影响、相互促进,发挥协同育人功能。教师在这一过程中,以评价为目标导向,基于多种评价活动,监控和检测教育教学的效果,不仅为促进学生更有效地开展学习,也为教师调整教与学的方式提供依据和方向,实现以评促学,以评促教。

(二)"教—学—评"一体化的意义

教学评价是"教—学—评"一体化中的关键环节,是发展学生核心素养不可或缺的部分。教学评价有助于学生不断体验英语学习的进步和成功,更加全面地认识自我、发现自我,保持并提高学习英语的兴趣和自信心;有助于教师获取英语教学的反馈信息,对自己的教学行为和效果进行反思,不断提高教学水平和专业能力;有助于学校和教育行政部门及时了解英语课程的学习情况、课程目标达成度和人才培养的实际效果,不断改进教学管理,推进课程实施,提高课程育人质量(教育部,2022)。

推动"教—学—评"一体化对深化课程改革、切实提高教育教学质量、促进教师专业化发展具有重要意义。第一,有利于深化课程改革,促进英语学科育人目标有效落地。教师只有将学科核心素养的目标转化为具体的课堂教学目标和学生的课堂实践活动,并在这一过程中根据学生的表现做出及时的教学调整,才能确保学生在提升语言能力的同时,发展多元思维,逐步形成跨文化认知、积极的生活态度和正确的行为取向,促进核心素养目标落到实处。第二,有利于引导教师从关注学习结果,即考试成绩,转向关注学习过程。"教—学—评"一体化概念的提出,明确了教学、学习和评价的关系,凸显了以评促学、以评促教的功能。这将引导教师更加关注教学过程中学生主动参与的态度、对学习投入的程度以及实际学习的成效,从而通过及时反馈和调整确保教学目标的实现。第三,有利于引导教师从教学设计与实施入手,关注教什么、学什么和如何学的问题,并通过对学生学习成效的持续观察和评价,确保目标的达成。"教—学—评"一体化能确保教师教学设计的科学性、逻辑性和连贯性,为教师实施有效教学起到积极的保障作用,也将有效地促进教师自身的专业发展,为完善教育体系,提升教育质量奠定重要基础。"教—学—评"一体化突破了传统教学与评价二元对立的瓶颈,实现二者的有机整合和统一,使探索促进学生全面发展的有效途径成为可能(王蔷、李亮,2019)。

(三)"教—学—评"一体化的设计与实施

教师要注重分析各教学要素的相互关系,设计并实施目标、活动、评价相统一的教学。明确教什么、为什么教、怎么教、怎么评等方面的内涵和要求。建立"教—学—评"相互间的关联,体现以学定教,以教定评,使评价镶嵌于教学之中,成为教学的有机组成部分。

1. 确定目标导向的教学路径与课堂评价

要实施"教—学—评"一体化,确定合理的教学目标、达成目标的教学路径与课堂评价至关重要。

教学目标要以学生为出发点,以学生能做什么为核心,围绕主题意义探究,设计从学习理解,到应用实践,再到迁移创新的、融合语言、文化和思维发展为一体的教学目标。目标要层次递进、可操作、可观测和可检测;基于教学目标,教学设计还需包括服务于目标达成的、清晰的教学步骤和方法,学生主动参与学习、展现学习成效的机会,以及监控和评价学生学习表现和学习成效的措施。在实施教学和评价的过程中,教师可以通过观察、提问、追问、反馈、合理科学地测试等方式,收集学生学习是否真实发生的证据,及时发现学生在学习过程中的问题,根据需要提供必要的支架和及时的反馈,帮助学生达成所设定的目标,切实做到以评促学,以评促教。

2.设计与实施课堂评价

实施课堂评价不仅是推动教学目标落地、提升课堂教学质量、深化教学改革的重要保障,也是确保学生学习真实发生的关键环节。教师在教学设计时,首先要重点考虑学生学什么、如何学、学到什么程度,以及教师采用何种方式监测学生学习是否真实发生等问题。教师要将教学目标和对学生的学习期待整合到评价任务和课堂活动中,实现"教—学—评"一体化设计。为了确保学生学习真实发生,课堂评价活动应贯穿于教学的全过程,为检测教学目标、提高教学实效服务。通过评价,教师发现学生学习中的问题,提供及时的反馈和帮助,促进学生更有效地开展学习。

3.将评价镶嵌于教学之中是落实"教—学—评"一体化的关键

实施"教—学—评"一体化设计就是要将评价镶嵌于教学之中,成为教学的有机组成部分。教学与评价紧密联结能够最大限度地促进教学目标的达成,推动学生课程核心素养的形成和发展。教师要鼓励学生积极参与评价活动,组织学生参与制定评价标准,指导学生依据评价标准开展自评和互评,帮助学生获得成就感和自信心。课后,教师通过课后作业、合理科学的单元评价活动、学生日志、师生面谈、建立档案袋等评估学生在知识掌握、能力发展和态度转变等方面的动态发展,全面评价学生的发展(教育部,2022)。

请回答

1.碎片化的教学与整合式的教学有何异同?为什么要整合一个单元的教学内容?怎么整合?

2.在不同课型的教学设计中如何有效落实英语学习活动观?

第二节 英语教学案例分析的内涵与内容

一、英语教学案例分析的内涵

（一）教学案例

"案例"一词源自英文"case"，原意为状态、情形、事例等，引申为"具有典型意义和普遍意义的事件"。学者对教学案例进行了如下不同的定义。教学案例是基于真实事件的原创报告；教学案例指真实发生在课堂上的包含某些决策或疑难问题的实际教学情境中典型事例的描述；教学案例以丰富的叙述形式向人们展示了包含教师和学习者的典型行为、思想感情之类的故事；教学案例是对教师在具体教学过程中，对教学的重点、难点、偶发事件、有意义或典型的教学事例进行处理的过程与方法，具体的教学行为与艺术的记录，旨在对案例进行剖析、反思、总结（蔡伟，2018）。

本书的英语教学案例指"课例"，就是实际的教学例子，既包括教学之前英语教师依据具体的教学对象与教学材料开展教学设计后形成的文本，也包括开展课堂教学活动过程的视频或现场授课。教学设计文本是教师事先设想的教学思路，是对即将发生的教学活动的设计与规划，写在教学之前，重在预设。记录教学过程的教学案例，是对已发生的教学过程及结果的如实记录，侧重对教学过程的回溯与思考，重在反思。

（二）教学案例分析

教学案例分析是指为了确保实现教学目标、提高教学效果，从教学理念、教学过程、教学方法、教学评价等角度对教学设计文本进行分析，或对教师的课堂教学实践进行课堂观察，再结合自我反思、同行评议、学生评教等多种方式对教学设计进行全面分析与评价,以获得反馈并进一步完善与修正教学设计,提高教学设计的合理性与有效性的过程。

教学案例分析对教师的教学与专业发展都具有实践意义和实用价值。首先,案例分析为职前教师的学习提供了便利,为其提供了很好的虚拟体验。职前教师通过对他人教学设计文本的解读、教学案例视频的观摩与分析等,能够身临其境地体验教学,在教学理论与实践之间架起桥梁。教学案例在提供模板的同时,更能激发职前教师的思考与教学设计的灵感,提高其教学设计能力。其次,对于在职教师来说,通过案例分析,可以提高教师教学设计的自觉性与能力、反思教学的意识与能力,从而提升教学效果。案例分析不仅能加强教师对教学设计的分享与沟通,为教师在学习共同体中的成长提供平台,还能帮助教师树立、更新正确的教学理念,加深专业理解,实现从教学实践到教育理论的升华,改变教学行为、提升教学技能、提高教学效率,有效促进教师的专业发展。

二、英语教学案例分析的内容

(一)教学理念分析

教学理念是人们对教学和教学活动的基本态度和信念。分析教学案例设计所体现的教学理念,包括该教学设计所依据的语言观、语言学习观、语言教学观、二语习得理论以及英语课程标准的最新理念。

语言观即人们对语言持什么样的观点,主要有结构主义语言观、功能-互动语言观、批判语言观等。结构主义语言观主张语言是由词汇、语音、语法等各个子系统构成并相互关联、用于表达意义的结构系统;功能-互动语言观认为语言不仅是结构,更是用于做事、表达意义、维持社会交往、完成人际交往的工具;批判语言观认为语言代表着权力,用于表达说话人的政治立场、意识形态、意图等。

语言学习观即人们是如何学习语言的观点,主要包括行为主义、社会建构主义、社会文化主义等。行为主义认为学生主要通过模仿学会语言;社会建构主义认为学生激活已有知识和先前经验,通过合作学习、与社会互动建构意义;社会文化主义认为语言学习是意义协商的过程,教师针对学生的最近发展区搭建脚手架,通过社会互动,帮助学生向更高水平发展。

语言教学观即人们关于如何开展语言教学的观点，主要包括语法翻译法、交际教学法、任务型教学法等。语法翻译法主张教师讲解与分析句子的成分和语音、词汇变化与语法规则，向学生大量灌输语言知识，再通过翻译检查教学质量。交际教学法主张通过教材自然、地道和真实的原文学习，教师创设真实的情境，通过两人结对、小组活动和全班讨论等开展师生之间、生生之间有意义的对话或讨论，进行有意义的协商，以达到在真实语境中运用语言进行真实交际的目的。任务型教学法倡导通过情境化活动提升学生的实际交流能力。

二语习得理论主要有克拉伸（Krashen）的"输入假说"（Input Hypothesis）、斯温（Swain）的"输出假说"（Output Hypothesis）和朗（Long）的"互动假说"（Interaction Hypothesis）。"输入假说"强调学习者接收到"可理解的语言输入"，促进学习者对意义的理解。"输出假说"强调语言输出在语言学习中的重要作用，通过主动的语言产出促进语言习得。"互动假说"强调互动，即意义协商、修正型反馈和调整输入来促进语言理解和学习。

英语课程标准的核心理念包括落实立德树人的教育目标、发展学生的核心素养，通过融入英语课程内容六要素的英语学习活动观，实施形成性评价与终结性评价，实现"教—学—评"一体化，达成教学目标等。

（二）教学对象分析

教学的最终目的是学生核心素养的发展，教学对象分析是教学设计的起点和终点，是教学设计中确定教学难点的重要依据，也是教学评价教学效果的落脚点。教学对象分析包括学生的学习起点，如原有的认知水平、知识结构和能力水平、已有相关知识储备与先前经验、语言水平、心理与生理特征、个性、学习动机、思维品质特点，以及学习本节课存在的潜在困难等。

（三）教学内容分析

1.教材宏观分析

教材宏观分析旨在了解教材的总体情况，包括教材版本；教材的教学指导思想与教学理念；教材特色；教材采用的教学方法；教材内容的选择和安排；语言素材的真实性和地道性；教材对教师与学生的适用性；整体结构、板块与内容；单元结构及各单元之间的关系；各板块的设计意图、难易度、前后的衔接与关联；课时内容与单元内其他部分的关联；是否根据学生实际，对教材进行增、删、调整或创造性地开发和使用等。

2.单元整体分析

解读单元内容(语篇、活动),分析单元蕴含的英语课程内容六要素;分析单元主题意义、分析子主题与单元主题的关系、凝练各语篇主题意义和育人价值;确定单元目标;根据目标进行单元内容整合、课时分配;分析各课时的教学内容,与单元主题意义的关联,与单元目标的关联、各课时教学内容的关联等。

3.课时教学内容分析

课时教学内容主要包括语篇分析和活动分析,语篇包括课文语篇、录音、视频材料等。

(1)课文语篇

课文语篇包括听力语篇、对话语篇、阅读语篇及多模态语篇等。教师要从课程目标的高度分析课文语篇,把握课文语篇的设计理念,分析不同体裁语篇具有的不同交际目的和篇章结构。课标主张从语篇的主题、内容、文体结构、语言特点、作者观点等进行深入研读。教师从以下角度全面、深入地研读语篇:

What——语篇的主题和内容是什么?主题的意义是什么?

Why——语篇的深层含义是什么?作者或说话人的意图、情感态度或价值取向是什么?

How——语篇具有什么样的文体形式、文体特征、内容结构和语言特点?作者为了恰当表达主题意义选择了什么样的文体形式、语篇结构和修辞手段?

(2)录音材料

录音材料是英语教材中不可或缺的有机组成部分,是学习和掌握英语的口头表达形式,促进学生通过大量听说接触英语表达的必要途径。在义务教育阶段的录音材料主要有词汇和语篇朗读、录音歌曲等,高中阶段的录音材料有词汇、课文语篇朗读、听力部分录音等。在教学设计时,教师需要分析对话语篇录音的语音、语调等地道的口头表达,以及语言应用特点、语用功能,以便在教学时引导学生模仿和学习。对于语段、语篇的录音,教师也需要从What(谈论了什么)、Why(交际目的)、How(核心语言)的角度分析,在对话语篇分析中,需要特别关注交际功能。

(3)视频材料

分析教材Viewing板块及视频材料也是不可缺少的环节。解读视频材料的主题、内容、文化要素、相关的语言知识与语言技能,预测学生看视频时可能会遇到的障碍、视频材料与活动之间的关联、视频材料与课文语篇的关联等。

(4)学习活动分析

学习活动分析有利于教师在教学设计时理解活动的设计意图,对活动进行采用与安排以及增删、调整顺序等,以达到更好的教学效果。从活动的目标、活动顺序与关联性、思维层次性三个角度分析教材的活动设计。

Purposes(活动目标):活动是为了发展学生哪方面的核心素养、语言知识、语言技能?活动渗透了什么情感、态度、价值观?涉及什么文化、思维、学习策略?

Sequencing(活动的顺序与关联性):①活动的顺序安排、与前后内容的逻辑关系、与课文语篇的关联、活动之间的逻辑性与关联性;活动是否有层次性、递进性、多样性;活动是否与学生实际生活有关联性等;②分析活动的顺序与关联性,包括分析活动的思维发展层次。③活动的适切性和难易度,是否适合学生的水平。

Thinking Level(活动的思维层次):从记忆、理解、应用、分析、评价、创作等方面分析活动的认知层次,发展学生什么思维能力。

(四)教学目标分析

教学目标分析指分析教学目标的设计与目标叙写。教学目标是学习者通过教学后应该表现出来的可见行为的具体、明确的表述。通常按单元目标、课时目标的顺序分析并设计英语教学目标。英语课程目标是发展学生的英语学科核心素养——语言能力、文化意识、思维品质、学习能力。

1.教学目标表述的SMART原则

教学目标表述应遵循以下原则:①以学生为主体,从学生的角度陈述教学目标,要切合学生的实际情况,具有能够达到、可操作性强的特点。②遵从SMART(Specific,Measurable,Achievable,Relevant,Time-Bound)原则,教学目标表述应明确、具体、可观察、可测量、与学习内容相关、在单位(单元或课时)时间内能达成。用具体的行为动词表述,避免用泛泛而论、含糊、不切实际的语言陈述目标。③教学目标的表述要反映学习结果的层次性,如感知、理解、获取、梳理、加工、表达、迁移、创造、运用于真实的交际等。

2.目标表述的ABCD四要素

目标表述要具体、明确、便于操作、利于指导和评价教学,包括ABCD四要素。A(Audience)指教学对象,教学行为主体是学生而不是教师,应该从学生的角度而非从教师的角度表述教学目标。B(Behavior)指学习具体行为,用可测量、可评价、具体而明确的动词说明学习者通过学习后能做什么,如:识别、记忆、知道、区分、听懂、理解、找出、操作、说出、列举、比较、说明、评价、使用、修改、发展等。C(Condition)指实现目标的条件,说明学生在什么条件下完成规定的行为,在什么情况下评价学生的学习结果。D(Degree)指目标实现的程度,哪一个层面的学习者,掌握到什么程度等。

教学目标要涵盖英语学科核心素养,描述包含ABCD要素,遵从SMART原则。

(五)教学过程分析

教学过程是教师依据课标理念和学生身心发展的特点,借助一定的教学条件,为实现教学目标而开展一系列有层次性、实践性、综合性教学活动的过程。常见的教学过程有PWP、PPP等教学模式,以及依据英语学习活动观的Learning & Understanding, Applying & Practicing, Transferring & Creating模式。

PWP教学模式包括Pre-Learning(学前),While-Learning(学中),Post-Learning(学后)教学过程,主要用于语言技能教学(如听、说、读、看、写)。PPP教学模式是指Pre-sentation(呈现新知),Practice(操练),Production(运用/自由表达)教学过程,主要用于语言知识(如语音、词汇、语法)教学。英语课程标准倡导的英语学习活动观包括Learning & Understanding(学习理解),Applying & Practicing(应用实践),Transferring & Creating(迁移创新)等环节。学习理解环节侧重感知并理解语言所表达的意义,在主题情境中理解、获取信息,建立信息间的关联,形成新的知识结构。应用实践环节侧重围绕主题,应用所学的新的知识结构,通过描述、阐释、分析、判断等巩固新的知识、内化语言知识和文化知识,促进语言运用的自动化,助力学生将知识转化为能力。迁移创新环节侧重对语篇背后的价值取向或作者态度进行批判、评价、推理与论证,赏析语篇的文体特征与修辞手法,以加深对主题意义的理解,实现深度学习,并将所学新知识与技能迁移到新的语境中,用批判性和创造性思维解决新情境下的新问题,促进能力向素养的转化。

教学过程是教学设计的核心部分,教学过程是由互相关联的教学环节和各种不同类型的教学活动组成的,教学过程分析包括对教学环节、每个环节包含的教学活动及其设计意图、活动之间的逻辑性与关联性、师生互动方式及其效果等进行分析。

(六)教学评价与教学特色分析

对教学中采用的教学评价方式、评价效果展开分析,重点考虑是否体现"教—学—评"一致,评价活动是否以学生为主体、是否围绕教学目标的达成、是否达成教学预期的效果等。

分析教学案例设计的独特之处,创新活动,或在教学实施过程中生成的独特活动与效果。针对教学案例设计中尚存在的问题或在教学实施过程中生成的新问题,提出思考、建设性的意见等。

第三节
英语教学案例分析的方法

英语教学案例分析分为课前的教学设计文本分析、课中的课堂观察及分析、课后的课堂教学实践反思与评价。教学设计文本分析通常发生在教学设计完成后、教学开始前，侧重教学的目标指向性，确保教学设计目的清晰、教学过程的合理性；在教学之中，课堂观察及分析则侧重关注教学设计的落地，将教学过程的预设性与生成性相结合，教师根据教学设计展开教学活动，合理安排时间，或根据课堂教学的生成性和学生的差异性，及时进行灵活调整，或超越教学设计文本，临时创新而生成新的活动；在课后的教学实践反思与评价侧重对教学效果进行分析，反思教学需要改进之处。

一、英语教学案例文本分析方法

教学案例文本分析主要有基于标准的分析和基于经验的分析。基于标准的分析适用于职前教师和新手教师，基于经验的分析适用于经验型教师。

基于教学经验的教学案例文本分析是经验丰富的教师基于自身教学设计能力、已有的教学经验及现有掌握的学生情况，自觉地在教学设计时进行分析与评价。基于分析评价者（可以是教学设计者自己，或是教学设计者的指导教师、教研共同体中更有经验的教师、教研组长或教研员等）自身的教学经验、教学设计经验，对教学设计进行分析评价，发现是否存在影响课程目标实现的设计。这种分析评价非常快捷，与本校或本地实际密切联系，具有针对性，是我们常见的教研活动中的教学设计分析评价形式。但这种形式的教学案例文本分析受到评价者的知识、经验是否更新、系统、合理的影响，主观性较强。

基于标准的教学案例文本分析则更为准确、系统。首先，寻找或者建构一套教学设计的评价标准。其次,对照标准逐项分析教学设计的文本,进行系统、准确、合理的评价。如在教学设计评价标准中,有对教学活动设计的评价,而且通常有"教学活动设计符合学生认知规律"这一标准。基于标准进行教学设计文本分析评价,首先需要有标准。教师可以依据英语课程标准、各种教学论教材、教师专业能力发展论述、教学能力评比教研活动等建构自己的教学设计分析评价标准。教学设计分析评价的标准应该至少包括对教学理念、教学目标确定、教学方法选择、教学过程与活动设计、教育评价设计、教育技术选择与设计的评价等(鲁子问,2019)。

为了提高教师的教学设计能力、发展学生的核心素养,根据本书案例分析的实际需求,依据英语课程标准,借鉴鲁子问(2019)的文本分析评价标准及各种教学比赛的教学设计与课堂教学评价标准,我们制定了以下英语教学案例文本分析评价表(如表1-2),作为英语教学案例文本分析的参考标准。

表1-2 英语教学案例文本分析评价表

项目	具体内容
教学理念	1.符合立德树人的教育目标和英语课程目标,以学生为中心,教学目标、教学过程与活动指向学生核心素养的发展。 2.教学内容体现英语课程内容六要素整合、教学过程融入英语学习活动观。 3.教学体现目标导向性、问题导向性、整合性和情境性。 4.体现"教—学—评"一致性,融入形成性评价与终结性评价
学情分析	1.全面分析学生,含学生的学习起点、语言水平、已有知识经验及其与本课时的关联;学生的心理生理特点、学习动机、思维品质等;学习本节课潜在的困难及解决对策。 2.对学生的认知特点、学习动机、英语水平、学习习惯和能力等分析准确、表述恰当
教学内容分析	1.对教材的宏观分析和单元整体分析全面、准确。 2.对语篇的解读全面、深入,包括英语课程内容六要素及语篇的What, Why, How分析。 3.对学习活动的设计意图、逻辑性与关联性、思维层次性的分析到位
教学目标	1.体现英语课程发展学生核心素养(语言能力、文化意识、思维品质、学习能力)的要求。 2.目标紧扣教学内容,单元目标全面覆盖核心素养的发展,课时目标指向单元目标。 3.目标陈述包含ABCD要素,目标陈述符合SMART原则,目标明确、有层次、可操作、可评价;体现目标、过程与评价的一致性
教学方法	1.恰当运用情境教学法、交际教学法、任务型教学法、发现法及活动、讨论、问答、自主学习等,有利于教学目标的达成。 2.教学方法符合教学对象的实际与需求,根据学生特点创设交际情境、问题情境等,选择合理多样的方法以调动学生积极投入学习活动。 3.恰当设计多种教学方法组织教学,新知识呈现、阐释,训练活动具有情境性、趣味性、启发性、交际性、实用性和可操作性。 4.突出自主、探究、合作等教学方式,体现多元化学习方法,实现有效师生互动

续表

项目	具体内容
教学过程与教学活动	1.目标性强。教学过程设计始终围绕教学目标,各教学环节活动设计紧扣教学目标。 2.关注学生、体现学习规律。符合学生的外语认知与学习规律,课堂活动以学生为中心,关注学生的兴趣、记忆特征等;基于学生已有的知识准备和经验设计教学活动,关联学生已有知识与经验,注重学生能力的发展。关照全体学生,为不同学生的发展提供空间、因材施教,使不同水平的学生都有所提高,难度适合学生水平,可操作性强。 3.体现英语学习活动观。按照学习理解、实践应用、迁移创新活动的有层次性和循序渐进性,设计合理、有效、有层次的活动。重难点把握准确,保证突出重点、突破难点的教学活动有效。 4.课堂结构完整、逻辑清楚。教学整体安排合理,课堂结构层次清楚,教学环节循序渐进、节奏合理、层次清楚、逻辑联系密切、衔接自然;各环节时间安排合理、有效。 5.教学活动的组织形式(个人、配对、小组、全班等)恰当;为学生创设自主学习的空间,引导学生开展自主、合作等学习活动;有合理的师生互动、生生互动、生师互动。 6.学习资源设计符合教学活动的实际需要,并有助于促进学生学习
教学评价	1.评价符合国家教育评价改革理念与英语课程标准的要求。 2.符合中学生评价心理需求与特征,并符合语言学习与评价基本规律。 3.评价主体多元化、形式多样化,注重过程性评价及生成性问题解决和利用,旨在促进学生学习
教学手段&教育技术	1.有效利用多种教学媒体、教学辅助手段、身体语言等教学资源,为学生创造良好的语言学习环境。 2.使用最有效、最便捷的教育信息技术促进学习
教学设计特色	1.教学设计整体体现课程改革的理念和要求;教学设计在某方面有创新、独到之处。 2.创造性地使用教材,教学过程富有创意,教学方法有特色

二、英语教学案例课堂观察分析法

对教学案例文本分析是对教学设计的预设进行分析,侧重预设性和前瞻性。而要对教学设计的实际实施及其效果进行分析则需要通过课堂观察。课堂观察指教师与教学研究人员在教学实施过程中,有计划、有目的地观察教师与学生的课堂表现和教学反应的行为方式,旨在分析课堂教学行为是否达到预设的教学目标,课堂教学活动是否有效,学生是否积极参与课堂活动,从而反思、总结教学方法、教学行为,发现问题,探索问题成因及解决方案,以此提高教学有效性的教研活动。教师可以从学生学习、教师教学、课程性质和课堂文化或教学理念、教学内容、教学活动、课堂氛围等维度开展课堂观察,根据自己的需要选择侧重点开展课堂观察与记录。紧扣英语教学的特点与需要,我们融入典型英语课型的教学过程,编制了以下课堂观察分析表(如表1-3)。

表1-3 英语教学案例课堂观察分析表

教学理念	1.符合立德树人的教育目标和英语课程目标,以学生为中心,教学目标、教学过程与活动指向学生核心素养的发展。 2.教学内容体现英语课程内容六要素整合;教学过程融入英语学习活动观。 3.体现"教—学—评"一致性;体现问题导向性、整合性和情境性,学习与真实生活关联,让学习真正发生
教学目标	1.发展学生的核心素养即语言能力、文化意识、思维品质、学习能力。 2.目标明确、具体;可操作、可达成、可评价;体现目标、过程与评价的一致性。 3.不同层次的学生均学有所得,目标达成度高
教学过程	**阅读教学** 1.体现课标最新教学理念,教学目标明确,侧重发展学生的阅读策略和思维能力,教学过程完整、体现英语学习活动观,时间安排合理。 2.读前为阅读做准备。激活学生已有的知识与经验;在真实的语境中导入话题;介绍相关背景、核心词汇与语言结构,引导学生预测文本内容;创设问题情境等。 3.读中理解文本、发展阅读能力与思维能力。引导学生理解文本,获取信息,用图形组织器梳理篇章结构,将知识结构化;推断文本的深层意义并评价作者的观点等,发展学生的思维能力。 4.读后学生应用、迁移文本信息到新的情境中,结合实际生活,展开口头、笔头创造性交际活动,解决真实问题。 5.过程完整,活动目标明确、层层递进、逻辑清晰、活动丰富、新颖 **写作教学** 1.体现课标最新教学理念,教学目标明确,运用过程性写作,侧重发展学生的写作能力和创新思维,教学过程完整、体现英语学习活动观,时间安排合理。 2.写前激活学生已有的知识与经验;在真实的语境中导入话题;促进学生思考、发散思维;提供核心语言和写作结构支架;目标引领,明确写作目的与目标受众;指导学生构思语篇结构、写提纲;明确写作评价标准,包括对全文的整体印象和写作内容、语言、结构、连贯性、书写等。 3.在写作过程中,学生用学过的核心语言进行写作,发展英语思维和创造性思维,提高英语表达能力。 4.写后依据评价标准,通过同伴评价、自我评价、教师评价、作品展示等帮助学生修改作文,提升写作的流畅性、准确性和得体性。 5.过程完整,活动目标明确、层层递进、逻辑清晰、活动丰富、新颖

续表

教学过程	语法教学	1.体现英语课程标准倡导的以语言运用为导向的"形式—意义—使用"三维动态语法观,教学目标明确,运用观察—发现法,着力发展学生在语篇中理解语法、在具体语境中运用语法的能力,教学过程完整,体现英语学习活动观,时间安排合理。 2.呈现环节,在语境中呈现新的语法知识,指导学生在语境中观察所学语法项目的使用场合、表达形式、基本意义和语用功能,理解语法的形式与意义,启发、诱导学生发现、分析、归纳语法规则。 3.操练环节,指导学生通过有层次又强调整合、多样化的练习应用语法、内化语法规则。 4.运用环节,在关联实际生活、关联师生、关联社会等各种真实情境的交际活动中,促进学生迁移运用语法;指导学生在分析问题、解决问题的过程中学会语法、创造性地运用语法。 5.过程完整,活动目标明确、层层递进、逻辑清晰、活动丰富、新颖
教师行为		1.教学基本功扎实,英语语音语调字正腔圆、节奏自然、表达流畅,指令简洁明了、有效;语言有轻重缓急,富有感染力。 2.教学技能娴熟,教法灵活多样;教态亲切自然,善于与学生沟通,课堂管理与调控能力有效。 3.有效利用多媒体等呈现新知,讲解清晰充分、结构完整、逻辑清楚。 4.提问层次性、目的性强,关注不同层次学生的问答,反馈及时、灵活追问。 5.充分搭建支架,指导学生自主、合作、探究学习。 6.有效运用表情/移动/体态语/沉默等,灵活调整课堂活动,机智处理学生或情境的突发事件
学生行为		1.课前准备充分,熟悉教学内容,积极调动已有的知识和经验参与课堂。 2.倾听老师的讲解和同学的发言,并有辅助行为(记笔记/查阅)。 3.积极参与课堂,参与全班/小组/对子活动的频率高,主动参与提问/回答,回答正确率高。 4.积极参与多种方式的自主学习(探究/记笔记/阅读/思考/练习等)。 5.清楚本节课的学习目标,课终检抽测时体现满意的目标达成度
教学评价		评价方式多样化、评价合理有效,体现"教—学—评"一致性
教学效果&特色		有效运用各种媒体辅助教学,注重学生的参与、互动,各层次的学生均学有所得,教学设计有特色、教学活动有创新,教学目标达成度高

✓ 请回答

1.为什么要进行教学案例分析与评价?

2.用思维导图画出教学案例分析的路径。

第二章 英语阅读教学案例分析与实作训练

请思考

小菲是一名高中英语实习教师，她在一所中学听课一段时间后，产生了一些困惑。她发现该学校的阅读课主要在对语言知识点和词汇进行讲解，学生对阅读课不感兴趣，课堂参与度也不高。她想知道阅读课到底要教什么、怎么教。在实际教学中，很多教师也如小菲所看到的那样，在阅读课上存在一些误区，比如，直接把活动步骤省略，脱离语境讲解文章的知识点，把阅读课上成了语言知识讲解课；未能深入地研读教材文本，只浮于语篇表面的理解；不知道怎么运用英语学习活动观来构建课堂，学生缺乏在课堂活动中学习语言、内化语言的过程，只能靠课下死记硬背来学习；忽略了活动的情境性和真实性，让学生没有表达的欲望和兴趣，从而不能积极地参与到课堂中来。

你认为阅读课的核心任务是什么？阅读课应该培养学生什么能力以及通过什么来实现？我们可以如何优化阅读教学设计以提高阅读教学的有效性？

学习目标导航

完成本章的学习后，你能够：
1. 阐释英语课程标准对阅读教学的相关要求。
2. 阐明阅读教学的目标、教学模式及重难点。
3. 分析与评价典型的阅读教学案例设计。
4. 优化与创新阅读教学设计。

第一节
英语阅读教学概述

一、阅读教学目的

(一)英语课程标准对阅读教学的要求

1.《义教英语课标》对阅读教学的要求

《义教英语课标》指出,义务教育阶段的英语课程具有工具性和人文性的特征,承担着培养学生英语学科核心素养的任务。而语言能力是核心素养的基本要素,其中包括语言理解和表达能力。阅读教学主要培养的是语言理解能力。《义教英语课标》关于阅读的语言技能内容要求(三级——9年级、三级+)如表2-1(教育部,2022)。

表2-1 《义教英语课标》关于阅读的语言技能要求(初中毕业要求)

级别	关于阅读的理解性语言技能内容要求
三级	1.理解和推断日常生活中说话者的意图,如请求、计划、建议、邀请、道歉、拒绝、询问、告知等; 2.借助语境克服生词障碍,理解口语语篇的信息和意义; 3.获取和梳理口语语篇中一系列事件的主题和因果关系,预测故事情节的发展和可能的结局; 4.分析和梳理常见书面语篇的基本结构特征和内容的主次关系; 5.从书面语篇中判断和归纳作者的观点及语篇的主旨要义; 6.辨别语篇中的衔接手段,判断语篇中句子之间、段落之间的逻辑性关系; 7.根据上下文和构词法推断书面语篇中生词的含义; 8.在听、读、看的过程中,针对语篇的内容有选择地记录信息和要点; 9.根据不同的目的,运用各种阅读策略有效获取语篇信息; 10.阅读名人传记和报刊文章时,整体理解和简要概括所读内容; 11.建立语篇与语篇、语篇与个人、语篇与世界的关联,探究和发现语篇的现实意义

《义教英语课标》关于阅读的学业质量标准三级(7~9年级)如表2-2(教育部,2022)。

表2-2 《义教英语课标》关于阅读的学业质量标准三级(7~9年级)

级别	关于阅读的学业质量标准
三级	3-1 能听懂相关主题的语篇,借助关键词句、图片等复述语篇内容。 3-2 能利用语篇所给提示预测内容的发展,判断说话者的身份和关系,推断说话者的情感、态度和观点。 3-3 能理解多模态语篇(如广播、电视节目等)的主要内容,获取关键信息。 3-4 能通过图书、影视作品等材料获取与中外文化有关的基本信息,比较文化异同。 3-5 能借助基本的构词法知识推测语篇中生词的含义,辅助理解语篇内容。 3-6 能运用一定的阅读策略,借助表格、思维导图等工具梳理书面语篇的主要信息,理解大意。 3-7 在阅读稍长的语篇材料时,能理解主要内容,推断隐含信息,表达个人看法,提出合理疑问,分析和解决问题

《义教英语课标》关于初中英语阅读教学要求,具体表现在以下几点:

其一,对义务教育阶段学生英语语言的综合理解能力要求有了明显的提高。比如,要求"分析和梳理语篇的基本结构""判断和归纳作者的观点及语篇的主旨要义""整体理解和简要概括所读内容"。

其二,新课标要求的阅读课堂不仅要培养学生的语言能力,还要提高学生的思维品质。比如"辨别语篇中的衔接手段,判断语篇中的逻辑性关系""理解语篇中显性或隐性的逻辑关系""推断隐含信息,表达个人看法,提出合理疑问,分析和解决问题"。

其三,要求学生能探究和发现语篇的现实意义。这体现了阅读教学的育人功能,也就是将阅读语篇和学生实际生活相结合,引导学生树立正确的价值观和形成积极的人生态度。

3.《高中英语课标》对阅读教学的要求

《高中英语课标》关于阅读的语言能力要求(高中毕业要求)如表2-3(教育部,2020)。

表2-3 《高中英语课标》关于阅读的语言技能内容要求

课程类别	语言技能	语言技能内容要求
选择性必修	理解性技能	1.区分、分析和概括语篇中的主要观点和事实； 2.识别语篇中的内容要点和相应的支撑论据； 3.识别语篇中的时间顺序、空间顺序、过程顺序； 4.理解多模态语篇中文字信息与非文字信息（图表、画面、声音、符号）在建构意义过程中的作用； 5.根据定义线索理解概念性词语或术语； 6.根据语篇标题预测语篇的体裁和结构； 7.根据语境线索或图表信息推测语篇内容； 8.通过预测和设问理解语篇的意义； 9.根据上下文推断语篇中的隐含意义； 10.借助语气、语调、停顿识别说话者的讽刺、幽默等意图； 11.根据连接词判断和猜测语篇上下文的语义逻辑关系； 12.批判性地审视语篇涉及的文化现象； 13.识别话语中加强或减弱语气和态度的词语； 14.课外视听活动每周不少于40分钟；课外阅读量平均每周不少于2500词（选择性必修课程阶段不少于10万词）。

《高中英语课标》学业质量水平二中对阅读的部分要求（高中毕业要求）如表2-4（教育部,2020）。

表2-4 《高中英语课标》学业质量水平二中对阅读的部分要求

序号	质量描述
2-8	能判断和识别书面语篇的意图,获取其中的重要信息和观点;能识别语篇中的主要事实与观点之间的逻辑关系,理解语篇反映的文化背景;能推断语篇中的隐含意义
2-9	能识别语篇中的内容要点和相应支撑论据;能根据定义线索,理解概念性词汇或术语;能理解文本信息与非文本信息的关系
2-10	能识别语篇中新旧信息的布局及承接关系;能理解语篇成分之间的语义逻辑关系,如:次序关系、因果关系、概括与例证关系;能识别语篇中的时间顺序、空间顺序、过程顺序等
2-11	能在语境中理解具体词语的功能、词语的内涵和外延以及使用者的意图和态度;能理解语篇中特定语言的使用意图以及语言在反映情感态度和价值观中所起的作用
2-12	能根据所学概念性词语,从不同角度思考和认识周围世界;能识别语篇间接反映或隐含的社会文化现象

解读《高中英语课标》及《义教英语课标》关于阅读教学的要求,我们梳理出以下关键信息。

其一，在英语阅读教学中，我们不仅要培养学生"获取其中的重要信息和观点"的能力，还要发展学生的思维，培养他们"能识别语篇中的主要事实与观点之间的逻辑关系"的逻辑思维能力和"判断意图""推断隐含意义""批判性地审视语篇涉及的文化现象"的批判性思维能力。

其二，阅读教学要引导学生不仅要关注语言，还要关注篇章结构，要让学生"能识别语篇中新旧信息的布局及承接关系"以及"能理解语篇成分之间的语义逻辑关系"。

其三，阅读教学要引导学生理解和欣赏语言如何为主题服务，要让学生"能理解语篇中特定语言的使用意图以及语言在反映情感态度和价值观中所起的作用"。

其四，教师要重视语篇的育人功能，要让学生从语篇出发，"从不同角度思考和认识周围世界；能识别语篇间接反映或隐含的社会文化现象"，并能"批判性地审视语篇涉及的文化现象"，从而拓宽学生的文化视野，提升其人文素养和树立正确的价值观。

(二)阅读教学目的

阅读教学是英语课程工具性和人文性高度结合的体现，它不仅是培养学生综合运用语言技能的重要途径，同时也是培养学生核心素养的主要阵地和主要途径。在日常教学中，阅读教学主要指教材中的课文教学。当然，阅读教学也不局限于课文教学。从教材编写的角度来看，课文是教材的灵魂。课文是教材的核心教学内容，它所承载的功能远超过了语言知识教学和基本的阅读理解教学。课文承载着一个单元的词汇、语法、文化、话题、篇章结构、阅读策略、思维能力、情感态度、审美情趣等各方面的教学功能。因此，阅读教学目标是多元化的，它的目标定位概括来说应当是：获取文本信息，培养阅读技能，学习语言知识，发展思维能力，拓宽文化视野，培育思想品质，提升人文素养。我们在日常阅读教学中，应该依托教材中的课文，把握教材的核心教学内容，实现多元的教学目标(张献臣，2018)。

二、阅读教学内容

《义教英语课标》指出，语篇是语言学习的基本单位，是语言知识、文化知识、语言技能和学习策略等学习内容的依托，词汇、语法、阅读、口语、听力等教学都应该建立在语篇层面上，在主题引领下进行，而不是脱离主题语境的碎片化教学。具体而言，阅读教学的内容涉及主题语境、语篇类型、语篇知识、文化知识、语言技能和思维品质等多个板块。课标对这些板块做了以下具体的描述(教育部,2022)。

(一)分析主题语境,解读主题意义

主题语境包括三大范畴:人与自我、人与社会和人与自然,各自有多项子主题。教师通过对篇章所属主题语境的界定,引导学生对主题意义进行探究。主题意义探究是学生学习语言最重要的内容。阅读课堂应该以主题意义的探究为引领,整合学习内容,拓展主题意义。

(二)识别语篇类型,学习语篇知识

阅读课的根本依托是语篇。《高中英语课标》指出:"语篇类型是指记叙文、议论文、说明文、应用文等不同类型的文体,以及口头、书面等多模态形式的语篇,如文字、图示、歌曲、音频、视频等。"每一类语篇有其特定的语篇结构、文体特征以及语言表达特点。教师在阅读教学中要准确识别语篇类型,然后根据其特点选用适当的教学策略,引导学生更好地理解语篇内涵,并在这一过程中培养并提升学生的语篇意识,以及促进他们对语篇知识的积累。语篇知识主要包括各类语篇的写作目的、结构特征、语言特征,语篇的信息组织方式、语法结构以及语义逻辑关系。

(三)学习语言知识

学生需要通过阅读扩大词汇量学习语法知识。语篇承载着词汇、语法等语言知识学习的教学功能。我们要引导学生在语境中理解具体词语的意义和功能,积累词汇并学会根据不同的主题和语境,选择运用恰当的词汇来理解和表达意义。高中毕业时学生要累计掌握3000—3200个单词。我们也要让学生在语境中理解和运用语法知识、提高语法意识。各种时态、从句、非谓语、特殊句式以及长难句分析等都是语法教学的内容。

(四)发展阅读技能和阅读学习策略

阅读技能包括:区分和概括语篇中的主要观点和事实,识别语篇中的逻辑关系,识别语篇的体裁和结构,判断意图和推断隐含意义等。阅读的学习策略主要是:根据不同语篇中的衔接方式,理解语篇的逻辑关系,以及段落间的衔接;通过观察、比较、分类和总结等方法,概括语篇的文体、语言和结构的特点,以及作者如何根据不同的交际目的选择不同的语篇类型;借助情境和上下文猜测词义或推测段落大意;在获得的信息与个人的经历之间建立有意义的联系。学生阅读技能的发展和阅读学习策略的培养都是在阅读课堂和阅读过程中实现的。

(五)培养思维品质

阅读过程中思维活动无处不在,阅读教学需以思维为中介,让思维活动贯穿教学全过程。我们要以语篇为载体,关注问题导向,注重信息的逻辑关联,帮助学生培养比较、分析、推断、归纳、建构、辨识、评价、创新等思维方式,增强思维的逻辑性、批判性和创新性,提高学生的思维品质(何亚男和应晓球,2021)。《义教英语课标》(教育部,2022)中与阅读相关的思维品质水平的描述分为辨析与比较、分析与推断、概括与建构、评判与创新四个方面。

(六)学习文化知识,培养文化意识

阅读语篇是学生学习文化知识,培养文化意识的重要载体。文化知识和文化意识具体包括:了解英美等国家自然、政治、经济和文化;理解常用英语典故和传说;了解常用英语词语表达方式的文化背景,从跨文化的角度了解词语的深层含义;理解和欣赏英语语言表达形式的美;理解和欣赏部分英语优秀文学作品并获得积极的人生态度和价值观启示;做出正确的价值判断;了解中外文化的差异、促进文化意识的形成和发展,增强家国情怀、涵养品格、提升文明素养和社会责任感。

三、阅读教学模式

(一)阅读教学原则

王蔷、梅德明(2018)指出,有效的课堂教学是在教师的引导下,以问题为导向,师生共同对语篇意义、语篇发展的脉络和语篇语言的特点进行的探究。语言学习是学生在教师的指导下,通过参与围绕主题进行语篇意义探究的一系列的活动来实现的。学生通过参与语言实践活动,学习和尝试运用语言知识、文化知识、语言技能和学习策略,形成"学中用"和"用中学"的互补与良性的循环。因此,阅读教学要遵循以下原则。

1.以发展学生的核心素养为目标,让核心素养在阅读课堂中落地

阅读是语言输入的主要渠道,是人们获取信息、认识世界、发展思维、获得审美体

验的重要途径。同时,阅读作为一项理解性技能,能帮助人们通过对信息的处理、分析与理解等,领会作者通过语言所表达的思想或意图。由此可见,阅读对于提升英语语言能力、文化意识、思维品质与学习能力等英语学科核心素养起到了关键作用。

2.关注主题意义,从单元整体的角度来设计教学目标

在阅读教学中,教师应该将阅读课放到单元整体视角下,分析它与单元主题的关联,思考它对主题的深化和拓展,从而引导学生围绕该主题不断探究。真正做到以阅读语篇为载体,以探究主题意义为中心,结合当前主题语境中的语言知识、文化知识,在解决问题的过程中培养学生的阅读技能和学习策略,促进学生思维品质的发展,并有机渗透情感、态度和价值观(王蔷、梅德明,2018)。

3.深度研读语篇,做好语篇分析

语篇是英语教学的基础资源,语篇赋予语言学习主题、情境和内容,并以其特有的内在的逻辑结构、文体特征和语言形式组织和呈现信息(王蔷、梅德明,2018)。可见,语篇研读是教师在阅读教学中落实核心素养的重要起点,如果丢掉了语篇的深度解读,就丢掉了教学的核心内容,也丢掉了学科育人的平台。

4.以英语学习活动观来构建课堂

阅读教学中学习活动的设计应以促进学生英语学科核心素养的发展为目标,围绕主题语境,基于语篇,通过学习理解、应用实践、迁移创新等层层递进的语言、思维、文化相融合的活动,引导学生加深对主题意义的理解,帮助学生在活动中习得语言知识,运用语言技能,阐释文化内涵,比较文化异同,评析语篇意义,形成正确的价值观念和积极的情感态度,进而尝试在新的语境中运用所学语言和文化知识,分析问题、解决问题、创造性地表达个人观点、情感和态度。学习活动的设计要整合英语课程内容六要素,体现情境性、结构性和层次性,关注对意义的探究,而不是关注语言形式或者知识和技能。(如表2-5)

表2-5 英语学习活动观在阅读教学中的具体呈现

活动类型	活动内容	活动目的	活动形式	与语篇关系
学习理解类	感知与注意、获取与梳理、概括与整合等	了解所涉及语篇的主题、概念、核心语言以及文本与学习者的经验和生活的联结	KWL图表、信息分类、图表标示、梳理脉络、提取主旨等	基于语篇

续表

活动类型	活动内容	活动目的	活动形式	与语篇关系
应用实践类	描述与阐释、分析与判断、内化与运用等	了解更多文本的细节,深入理解文本信息点之间的联系,解读作者意图和隐含意义以及赏析文本表达方式	整理思维导图、解读隐喻、复述与转述、概要写作、评价内容、互动质疑等	深入语篇
迁移创新类	推理与论证、批判与评价、想象与创造等	形成观点、输出语言、发展思维、表达思想、促进学习	评论观点、辩论、续说与续写、表演、报告及海报制作等	超越语篇

(二)阅读教学模式

阅读课大致可以分为三个阶段:读前活动(Pre-Reading)、读中活动(While-Reading)、读后活动(Post-Reading)。在发展学生核心素养的引领下,教师按照以下三个阶段具体开展阅读教学(何亚男、应晓球,2021)。

(一)读前活动

读前阶段(Pre-Reading Stage)是阅读教学的第一环节,起着激发学生对教材文本的阅读兴趣,激活学生的背景知识和相关经验,有效地引入主题以及扫除学生理解文本主旨大意的主要语言障碍等重要作用。读前活动不宜过长,应该简单易操作。教师必须紧扣教学内容和单元主题,建立起与学生已有的知识经验的紧密联系,创设尽量真实的语境,在最短的时间内以最有效的方式来充分激活学生的相关背景知识,以此激发学生的兴趣,引导学生走进主题,为接下来的阅读理解做好话题上的准备。教师也可以在读前阶段对语篇中会对学生阅读理解形成重大障碍的生词做一些处理,降低学生阅读理解的难度,为接下来的阅读理解做好语言上的准备。常见活动有brainstorming,making predictions,guessing game,picture talk,recalling experiences。

(二)读中活动

读中活动(While-Reading)是阅读课的主体,通过了解更多文本细节,学生能深入理解文本信息之间的联系,解读作者的意图和隐含意义以及赏析文本表达方式等活动,与文本持续互动,由此实现内化语言、生成意义、体验策略的目的。读中活动是否有效,直接决定本节阅读教学课是否有效。读中活动要根据不同的语篇类型来设计。除了通用的reading for the gist,reading for details等活动之外,针对记叙文,教师可以指导学生以合作的学习方式绘制情节图(plot mountain)或五要素(character,setting,plot,conflict,theme)思维导图,来厘清故事脉络,挖掘人物性格及主题意义;在说明文教学中,教师可以让学生把文章分成几个部分,找出每段的主题句,概括段落大意,来把握文章行文逻辑,清晰了解文章结构,甚至进一步引导学生提炼总结不同类型的说明文的结构;在议论文教学中,教师可以通过设计问题链或问题图来让学生厘清不同观点并找到支撑的论据。何亚男和应晓球(2021年)归纳出有效的读中活动应具备三个特点:

(1)促进深度理解与发展高阶思维。读中活动必须有利于帮助学生进行真正的阅读和思考。学生通过分析、推断、鉴别、评判等思维活动,提升阅读能力,培养思维的逻辑性、批判性和创新性。教师要引导学生的思维由"低阶"向"高阶"稳步发展。

(2)注重阅读策略培养。读中活动应该促进学生运用恰当的阅读策略,提升阅读能力。有效的阅读策略有很多,包括激活背景,预测内容;关注首尾,把握主旨;分析语篇,厘清结构;利用语境,猜测词义;运用逻辑,推断概括等。掌握有效的阅读策略,有助于提高学生的语言能力和学习能力。

(3)针对不同的语篇类型设计整体阅读活动。不同的语篇类型,其语篇结构和语言特点迥然不同。例如:记叙文一般是按照故事起因、发展、高潮、结果的顺序行文,其中穿插对相关的人物、时间、地点等的描写,其语言往往具有生活化、口语化的特点;议论文一般由论点、论据和论证三要素构成,语言比较正式、规范;说明文则往往围绕说明对象,按照一定的说明顺序,运用不同的说明方法展开,语言表达比较客观、准确。如果学生能掌握不同类型的语篇结构和特点,厘清语篇中信息呈现的方式和途径以及作者的思路,就能更好地理解语篇的主题意义。因此,教师应立足语篇,有针对性地设计相应的整体阅读活动。

(三)读后活动

读后活动(Post-Reading)作为阅读课中一个拓展和延伸的环节,是信息输出与反馈的重要过程,是对阅读内容的深化和巩固。它能够将阅读与听、说、写融为一体,将语言学习与真实交际融为一体,从而有效提升学生的综合语言运用能力(李冬梅,2016)。读后活动的目的是输出语言、表达思想、发展思维、迁移创新、促进学习。根据阅读文本的不同特点,读后活动可以有不同的形式。常见的读后活动有问题讨论、内容复述、简要报告、角色扮演、采访、人物简介、交流感想、概要写作、仿写、制作海报等。教师在设计读后活动时需要关注三个"相关"：与教学目标相关、与文本内容相关、与文本语言相关。

四、阅读教学的重难点

（一）激发学生的阅读兴趣，让学生关注语篇内容和主题意义

教师的阅读教学设计重知识，轻技能，把阅读材料单纯视作语言知识的载体，过于注重语法和词汇语言知识教学，忽视了对语篇内容和意义的探究或者只重表层的阅读技能训练，轻视多层次的思维训练和文本挖掘等都会导致学生缺乏阅读兴趣。因此，教师要激发学生的阅读兴趣，让学生关注语篇内容和主题意义。在读前环节，教师要充分调动学生的兴趣，激活学生已有的相关的背景知识，激发学生想通过阅读了解新知的欲望；在读中环节，教师设计活动的思维难度不能仅停留于文本表层的语义理解和文章细节查找上，要对文本进行层层深入的挖掘，要设计培养思维品质的活动，引导学生由低阶思维向高阶思维发展，让学生感受到语言背后的文化内涵、文本背后的深层意义以及欣赏到语言本身的美，从而让学生感受到阅读带来的挑战，体会到阅读本身的价值和意义。在读后环节，教师要设计关联学生生活的活动，让学生体会到运用语言表达真实思想、解决真实问题的乐趣和意义（何亚男、应晓球，2021）。

（二）培养和提高学生的思维能力

思维品质是英语学科核心素养的一个重要方面，学生思维能力的发展不是自发的，也不是自动的，而是需要教师通过精心指导、设计问题、设计学习活动来培养的。教学活动的设计要考虑的不仅是语言和文化方面的知识，还要考虑如何通过教学设计来更好地培养学生的思维能力。思维在阅读语篇的过程中无处不在。学习活动既表现为外显的言语行为活动，也表现为内在的语言思维活动，是学生与语篇的深度对话和语篇全面重构的过程。因此，阅读课堂"应提供高阶思维参与、由理解向运用和创新等拾级而上的活动路径，实现从表层意义的理解到深层内涵的领悟（高洪德，2018）"。因此，读前活动，可以通过观察标题，预测语篇内容；读中活动，可以通过语篇分析，如从语篇类型、结构特征等角度，厘清文章脉络，也可借助上下文语境，推断语言表层意思下的深层内涵，还可以区分事实与观点，通过现象解读本质等；读后活

动,可以引导学生评价、质疑、求证语篇所传递的观点或思想,不盲目接受或拒绝,评判真伪,判断价值,进而提出自己的见解与主张(何亚男、应晓球,2021)。

(三)引导学生在读后积极参与到语言输出活动,顺利实现迁移创新

首先,教师在设计读中活动时应关注、重视学生语言学习支架的搭建,这直接影响学生在读后活动中能否自信表达,顺利实现语言输出。其次,教师在设计读后活动时,应重视活动的情境交际性和真实性,要激发学生的真实情感,表达观点,这关乎学生能否积极参与。此外,读后活动要避免活动过大、过难,避免急于拓展,避免片面追求活动的形式,忽略了活动的目的性与有效性,忽略了学生完成活动所需的语言支撑。所以,教师要联系学生的生活实际,创设具有情境性的贴近学生真实生活的活动,并且要搭建好学生语言输出的支架,既要关注内容或主题的相关度,又要关注情境与文章语言的相关度。这样,学生才有表达自己情感和观点的欲望,学生才有话可说,才能真正体会到阅读课学以致用的成就感。

✓ 请回答

1. 阐释英语课程标准对阅读教学的要求以及教学内容。
2. 简述新课标背景下阅读教学的焦点任务和教学模式。

第二节 英语阅读教学案例分析

一、教学内容分析

【教材】人教（2019年）版高中《英语》必修一 Unit 3 Sports and Fitness 中 Reading and Thinking 板块

【单元主题】运动与健康

【主题语境】人与社会，体育精神以及对社会有突出贡献的人物

【本课主题】属于"人与社会——体育精神以及对社会有突出贡献的人物"主题范围

【适用年级】高一

【授课时长】1课时（45 mins）

【语篇类型】杂志文章/说明文——人物介绍

【语篇分析】

基于英语课程内容六要素，教学内容如下：

主题：What is a legend? Recommend a living legend in your eyes.

主题语境："人与社会"——体育精神以及对社会有突出贡献的人物

语篇类型：以"Living Legends"为题的介绍郎平和乔丹的文章。

语言知识：有关人物介绍的表达：legend, glory, medal, injure, honor, failure, champion, determination, fall apart, lose heart, mental strength。

语篇知识：语篇类型为人物介绍文；语篇结构从宏观来看，整体为例证结构，包括概论和支撑性细节；从微观结构来看，内部有过渡句的使用和小逻辑线 challenge-solution-result 的使用。语篇语言用到了多种修辞手法：排比、夸张和引用。

语言技能：(1)获取梳理文本信息，进行概括总结；(2)能分析语篇组织结构和文体特征，厘清语篇中的内容要点和相应的支撑论据，理解语篇成分之间的语义逻辑关系；(3)根据上下文推断语篇中的隐含意义，判断作者意图和价值取向，提炼主题意义；(4)能理解语篇恰当表意采用的手段，理解特定语言在反映情感态度和价值观中所起的作用；(5)能有效表达个人观点和情感，体现价值取向。

学习策略：(1)分析篇章结构的特点，并根据语篇中的衔接方式，理解语篇的逻辑关系；(2)通过比较、分析和总结等手段，解释具体文本中特有的语言形式的意义和意象效果；(3)在获得的信息与个人的经历之间建立有意义的联系；(4)根据主题表达需要，合理运用语篇知识，有逻辑地组织信息，使用恰当的句子和篇章结构，以及必要的修辞手段来进行表达；(5)有合作学习的意识，主动在小组讨论中发表观点；(6)通过自评、同伴互评，检测学习目标达成度。

文化知识：(1)在学习活动中理解和欣赏英语语言表达形式（如修辞等）的美，从作品的意蕴美中获得积极的人生态度和价值观启示；(2)理解和欣赏中外体育传奇人物的故事，感悟其精神内涵和美好品质，反思自己的人生成长。

文本分析如图2-1。

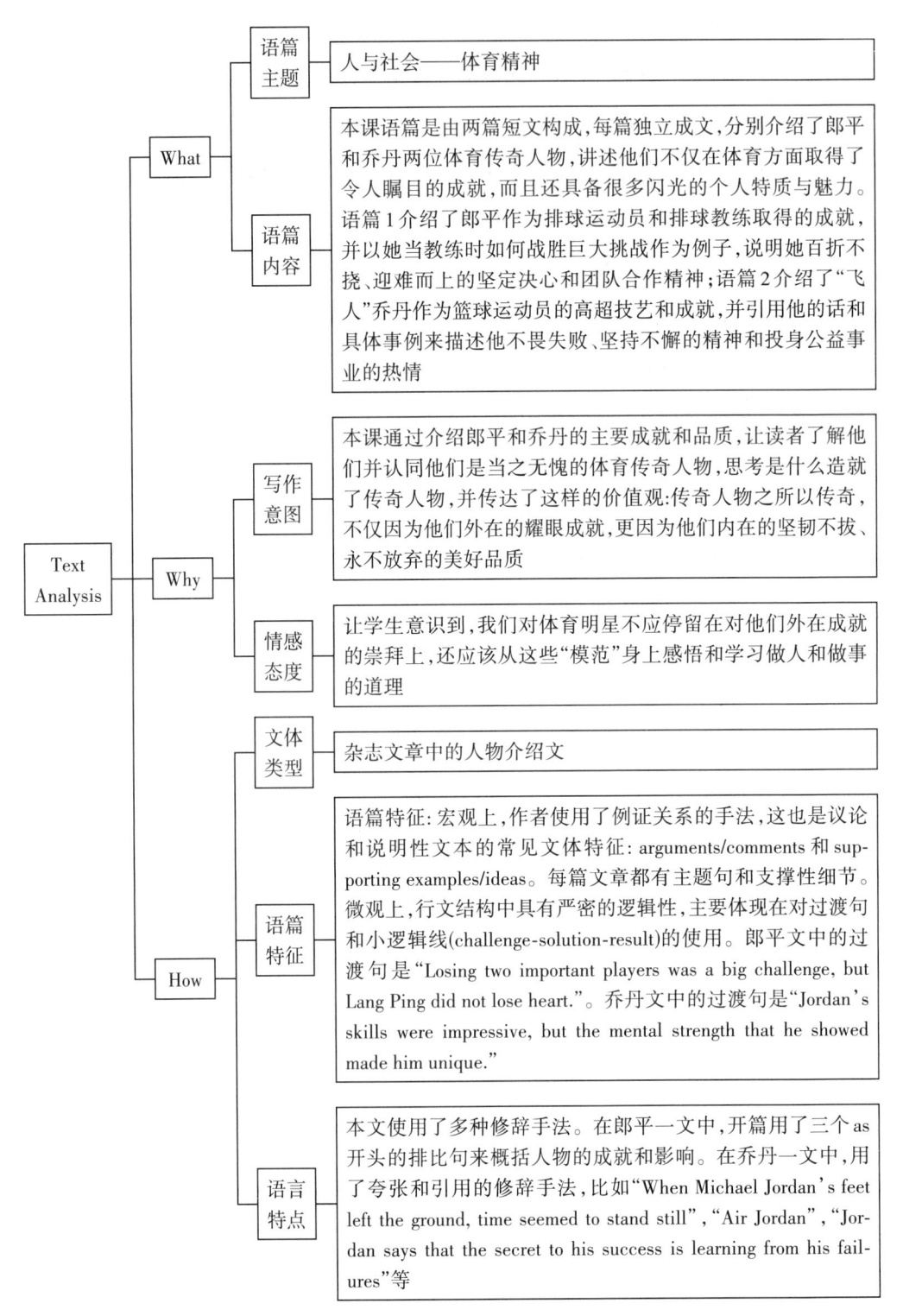

```
                          ┌─ 语篇主题 ── 人与社会——体育精神
                   ┌─ What ┤
                   │       └─ 语篇内容 ── 本课语篇是由两篇短文构成,每篇独立成文,分别介绍了郎平
                   │                    和乔丹两位体育传奇人物,讲述他们不仅在体育方面取得了
                   │                    令人瞩目的成就,而且还具备很多闪光的个人特质与魅力。
                   │                    语篇1介绍了郎平作为排球运动员和排球教练取得的成就,
                   │                    并以她当教练时如何战胜巨大挑战作为例子,说明她百折不
                   │                    挠、迎难而上的坚定决心和团队合作精神;语篇2介绍了"飞
                   │                    人"乔丹作为篮球运动员的高超技艺和成就,并引用他的话和
                   │                    具体事例来描述他不畏失败、坚持不懈的精神和投身公益事
                   │                    业的热情
                   │
                   │       ┌─ 写作意图 ── 本课通过介绍郎平和乔丹的主要成就和品质,让读者了解他
Text ──┤               │                    们并认同他们是当之无愧的体育传奇人物,思考是什么造就
Analysis           ├─ Why ─┤                    了传奇人物,并传达了这样的价值观:传奇人物之所以传奇,
                   │       │                    不仅因为他们外在的耀眼成就,更因为他们内在的坚韧不拔、
                   │       │                    永不放弃的美好品质
                   │       │
                   │       └─ 情感态度 ── 让学生意识到,我们对体育明星不应停留在对他们外在成就
                   │                    的崇拜上,还应该从这些"模范"身上感悟和学习做人和做事
                   │                    的道理
                   │
                   │       ┌─ 文体类型 ── 杂志文章中的人物介绍文
                   │       │
                   │       │              语篇特征:宏观上,作者使用了例证关系的手法,这也是议论
                   │       │              和说明性文本的常见文体特征:arguments/comments 和 sup-
                   │       │              porting examples/ideas。每篇文章都有主题句和支撑性细节。
                   │       ├─ 语篇特征 ── 微观上,行文结构中具有严密的逻辑性,主要体现在对过渡句
                   └─ How ─┤              和小逻辑线(challenge-solution-result)的使用。郎平文中的过渡
                           │              句是"Losing two important players was a big challenge, but
                           │              Lang Ping did not lose heart."。乔丹文中的过渡句是"Jordan's
                           │              skills were impressive, but the mental strength that he showed
                           │              made him unique."
                           │
                           └─ 语言特点 ── 本文使用了多种修辞手法。在郎平一文中,开篇用了三个as
                                        开头的排比句来概括人物的成就和影响。在乔丹一文中,用
                                        了夸张和引用的修辞手法,比如"When Michael Jordan's feet
                                        left the ground, time seemed to stand still","Air Jordan","Jor-
                                        dan says that the secret to his success is learning from his fail-
                                        ures"等
```

图2-1

【评析】

本课教师无论从形式方面还是从内容方面,对教材的理解和解析都非常精准、深入。教师先从单元的视角对内容进行分析,在单元大观念下定位课时功能;再认真研读语篇,从What,Why和How三个维度对语篇的主题、内容、文体类型、语篇结构特征、语言特点和作者观点等方面做了深入解读。该教学内容分析抓住了教学的核心内容,把握了主题意义,梳理了文本内容,分析了文本特征和语言特点及其与主题意义的关联,挖掘了文本的育人价值,为教师做好阅读设计做好了充分的准备,为课堂落实英语学科核心素养奠定了基础。

二、学情分析

【学生已知】学生是高一实验班学生,具备较好的英语基础、学习态度和学习能力。在学习本单元之前,学生已经在初中学过介绍体育和介绍著名人物的文章,在语言和话题上有了一定的铺垫;学生具备在阅读中获取信息的能力;郎平和乔丹代表了中外伟大的体育人物,学生之前对他们有粗略的了解;学生对传奇人物的界定有初步的思考。

【学生缺乏】学生并不具体了解郎平和乔丹的成就和事例,更不清楚他们的品质和人格;学生对人物介绍类的文体结构是第一次有意识地关注和学习,对文中的statements和supporting details不能准确区分;学生对于文中用到的比喻、夸张和引用等修辞手法是第一次接触;学生不能找到文中的逻辑线索,不能有效整合、概括和内化知识,以及最终把知识结构化;学生没有"对什么样的人才是传奇人物"进行清晰和深刻的思考。

【学生期望】明晰人物介绍的文本结构,厘清主旨(statement)和支撑性细节(supporting details),梳理文本逻辑;梳理、整合、概括和重组文本信息,内化信息和语言,能描述、阐释以及概括、总结郎平和乔丹的成就和具体事例;通过分析排比、夸张、引用等修辞手法来赏析语言;深入理解文本,推断出郎平、乔丹成为传奇人物的共同特质;运用所学,迁移创新,推荐自己心中的传奇人物。

基于文本分析和学情分析,本课的教学重难点如下:

【重点】

(1)分析文本结构,厘清statement和支撑性细节supporting details;准确找到过渡句,厘清文本的逻辑关系。

(2)梳理、整合、概括和重组文本信息,内化信息和语言,能描述、阐释以及概括、总结郎平和乔丹的成就与具体事例。

【难点】

(1)对排比、夸张、引用等修辞手法的认识、理解、欣赏和运用。

(2)从文本中找事实依据,推断总结出传奇人物的共同特征,理解评价文本传达的价值观。

(3)结合所学,推荐自己心中的传奇人物,表达自己的观点和情感。

【评析】

此部分学情分析采用了KWL分析法。K(What I Know)部分,从初高中整个学段的视角分析了学生已有的对有关运动和人物介绍的话题和文体的认知;W(What I Want to Know)部分,对学生本节课需要了解学习的语篇内容、语言特征、文体结构进行了分析,激发了学生阅读的兴趣和欲望,确立了本课的重难点和出彩部分;L(What I will-Learn)部分,是对学生在本节课学到什么的总结,明晰了学生在语言能力、文化情感、思维品质、学习能力上的收获。教师不仅对学生原有知识、技能等因素加以调研,同时也对他们的动机、态度、兴趣等与学习有关的因素加以分析,摸清了学生的"真实需求"。教师分析了学生对于即将阅读的语篇的主题、体裁、题材、背景等已知多少,需要知道什么,在本节课学什么,会有什么困难和问题。通过这样的分析,教师了解了学生现状与阅读文本之间的差距。由此,教师确定了教学的重点和难点,确定了适切的学习目标。

三、教学目标

根据以上对教材内容和学情的分析,结合英语学科核心素养,在单元主题和大观念的引领下确定本节课的教学目标。

By the end of the class, students will be able to:

（1）acquire and summarize the information about Lang Ping and Michael Jordan as living legends of sports.

（2）analyze the passage about Jordan by distinguishing between the statements and the supporting details, identifying the linking sentence and appreciating the rhetorical devices of parallelism, hyperbole and quotation.

（3）conclude what makes a person a legend.

（4）recommend a living legend person in their eyes orally, using what they have learnt.

【课程思政理念】本课通过对郎平和乔丹的介绍，挖掘体育精神，倡导学生学习体育明星顽强拼搏的精神，理解传奇人物是通过奋斗成为传奇的。本课引导学生树立高远的志向，历练不懈奋斗的精神，具有勇于奋斗的精神状态、乐观向上的人生态度，成为刚健有为、自强不息的人，成为自己生活中的传奇。

【评析】

该目标体现了教师深入研读语篇、基于学情、细化目标、分步推进的单元视角下对阅读教学活动设计的思考，具体有以下三点：

（1）目标基于宏观、抽象、整体性强的单元总目标要求，确立了该课时的具体目标，直观、细化、可操作、可检测，体现了"单元统整课时，课时服务单元"的理念，达到"以大统小，以小见大"的效果。

（2）目标使用动词要求明确，简明扼要，目标生成具有可追溯性和可检测性。

（3）目标符合英语课程发展学生核心素养的理念，英语学习活动观层次突出，有效体现了英语学科核心素养中的语言能力、思维品质和学习能力，知识目标和素养目标。

四、教学过程

教学过程如表2-6。

表2-6 教学过程

Procedure	Activities	Intentions	Level of Activities	Evaluation
Pre-reading Step 1 Lead in (3 mins)	1. Prediction：Guess from the title and the picture what we will read about? 2. Ask students：What kind of person can be called a legend? 3. Tell students：At the end of the class you will recommend a living legend in your eyes. Now I will share my recommendation with you. 4. Show the pictures of Lang Ping and Jordan, activate students' former knowledge about the two persons by asking：What do you know about them	学生通过观察图片和标题，预测文本内容，旨在激发他们阅读正文的兴趣，做好正文引入；随后，让学生置身于传奇人物这一主题语境中，头脑风暴什么样的人是传奇人物，旨在围绕主题创设情境，激活已知，提出探究主题意义的问题，铺设好贯穿整堂课的主线	学习理解类：感知与注意	
While-reading Step 2 Activity 1 Reading passage 1 (10 mins)	1. Ask students to read the passage about Lang Ping quickly and find out why she is a legend. 2. Ask students to read the passage again, find out the supporting examples. 3. Ask students to retell Lang Ping's achievements with the aid of structure mind map and key words. 4. Guide students to think about and figure out her qualities from the example	1.学生阅读郎平的语篇，理解、梳理并整合事实性信息，旨在基于已知，获取新知，梳理信息。 2.教师引导学生梳理文本内容，发现文本结构上的宏观和微观的逻辑关系，旨在深入理解文本信息点之间的关系，厘清文本逻辑关系，并培养学生的逻辑性思维能力。 3.学生在教师的引导下概括出结构化的知识，能根据框架结构图和关键提示词说出郎平的成就，旨在概括、整合信息，把知识结构化。 4.学生在教师的引导下根据文本中的事例来推断出郎平的伟大品质，旨在培养他们从具象到抽象的归因思维方式，为进一步讨论主题意义、分析价值取向奠定了基础	学习理解类：获取与梳理；概括与整合 应用实践类：分析与判断	学生通过阅读和在教师的指导下： 1.能够说出郎平的主要成就和事例。 ☆☆☆☆☆ 2.能够发现人物介绍文体的例证结构，能够区别statements和supporting details。 ☆☆☆☆☆ 3.能够准确找到过渡句，厘清文本逻辑关系。 ☆☆☆☆☆ 4.能够识别排比的修辞手法并赏析它的作用。 ☆☆☆☆☆

续表

Procedure	Activities	Intentions	Level of Activities	Evaluation
While-reading Step 2 Activity 1 Reading passage 1 (10 mins)	5. Lead students to identify and notice the linking sentence. 6. Share with students the teacher's favorite sentences of the passage, and lead students to appreciate the sentences with parallelism	5.教师以分享自己最喜欢的句子的方式,带着学生欣赏和学习篇章中的排比修辞手法,旨在深入分析文本展示的语言特征,建立语言与意义之间的关联,分析语言怎样更好地表现和表达主题,加深理解和欣赏语言,实现深度学习。6.教师给学生做了如何分析、解读文本的示范,旨在为下一步学生自己做乔丹一文的文本分析做好准备		5.能够推断出郎平的品质 ☆☆☆☆☆
While-reading Step 3 Activity 2 Reading and analyzing passage 2 (12 mins)	1. Ask students to read passage quickly, and write a sentence with parallelism to describe Jordan. 2. Ask students to work in groups, analyze the passage by themselves: finding out the supporting details and the linking sentence; pick their favorite sentence and tell why; figure out Jordan's qualities. Then share what they find with the class. 3. Lead students to identify two figures of speech: hyperbole, quotation. 4. Sum up the writing skills that make a passage better	1.给出文本分析的框架,让学生对乔丹一文做文本分析。旨在梳理、概括、整合信息,厘清文本的逻辑关系,把知识结构化;深入分析文本的语言特征,建立语言与意义之间的关联,加深理解和欣赏语言,实现深度学习。2.学生以小组为单位,分组合作,旨在以小组合作的形式进行探究性学习,实现学生学习能力的发展。3.学生在文本中寻找事实依据,推断出乔丹的人物品质,旨在培养他们从具象到抽象的归因思维方式,为进一步讨论主题意义、分析价值取向奠定了基础	学习理解类:获取与梳理;概括与整合;应用实践类:描述与阐释;内化与应用;分析与判断	学生通过阅读和小组活动: 1.能够用一个排比句概括乔丹的成就。☆☆☆☆☆ 2.能够分析和解读乔丹一文的文本:找到并区别statement和支撑性细节supporting details;准确找到过渡句。☆☆☆☆☆ 3.能够识别夸张、引用的修辞手法并赏析它们的作用。☆☆☆☆☆ 4.能够推断出乔丹的品质 ☆☆☆☆☆

续表

Procedure	Activities	Intentions	Level of Activities	Evaluation
Post-reading Step 4 Activity 3 Introducing, thinking & discussion in pairs（5 mins）	1. Ask students to work in pairs, introducing Lang Ping and Jordan to each other. 2. Ask students to discuss in groups of 4, thinking about the question that is raised at the beginning of the class by comparing the common things that Lang Ping and Jordan share: What makes a legend person? 3. Ask students to share their conclusions and opinions with the class. 4. Summarize that it is great achievements and great qualities that make a legend person	1.学生两人一组，以pair work的形式互相介绍郎平和乔丹，从自己的视角复现课文内容。旨在熟悉文本，深化理解，内化语言，达到复述课文内容和巩固所学语言的双重目的。 2.学生回归课堂开始的问题，依托郎平和乔丹的文章，再次思考并讨论传奇人物的本质特征。旨在让学生运用学到的归因思维方式，回归文本找到事实依据来推断总结出是伟大成就和伟大品质铸就了传奇人物，深刻理解文本传达的价值观，也完成对主题意义的升华理解	应用实践层次：内化与应用；迁移与创新层次：推理与论证；批判与评价	1.学生能够用自己的语言介绍郎平和乔丹 ☆☆☆☆☆ 2.学生能够从文本中找到事实依据，推断总结出传奇人物的共同特征 ☆☆☆☆☆
Post-reading Step 5 Activity 4 Speaking（8 mins）	1. Ask students to work in pairs: Describe and recommend a legend person in their eyes, who can be a well-known person of any field, or can also be a person in their life, such as their classmates, teachers or family members. 2. Ask students to share their recommendations with the class and make assessments about each other's recommendation	创设情境，设计读后活动，让学生推荐他们心中的传奇人物。旨在鼓励学生超越语篇进行创造，把本课所学迁移到新的人物身上，运用所学语言、文本结构、写作手法来表达真实的思想和情感	迁移与创新层次：想象与创造	学生能够运用本课学到的语言、文本结构、写作手法和价值观，推荐自己心中的传奇人物 ☆☆☆☆☆

续表

Procedure	Activities	Intentions	Level of Activities	Evaluation
Post-reading Step 6 Summary & homework (2 mins)	1. Encourage students to follow the examples of Lang Ping and Jordan and try to be a legend in their own life. Tell students that if they work hard on the good qualities that a legend carries, such as working hard, being determined, never losing heart, accepting failure and learning from it, they will achieve something in their life. Maybe their achievements are not as glorious and big as that of Lang Ping and Jordan, but they are still the legends in their own life. 2. Assign homework: Write a short passage recommending a legend person in their eyes, using the language, the text organization and writing skills they have learnt in this class	这是基于课文又高于课文的表达活动，利用文本中所学的知识表达自我，利用所学的价值观思考自己的生活甚至改变自己的行为，这是阅读的本质和最终目的，也是高阶思维中创造性思维的体现。具体来说目的有三： 1. 实现语言的输出运用，包括模仿篇章结构，运用所学词汇、词组、句型，甚至仿写文中的修辞手法，让学生用所学语言表达自己真实的思想。 2. 关联学生生活，实现价值观的落地。让学生明白传奇人物不仅是闻名于世的大人物，我们生活中的普通人也可以是传奇人物。我们每个人都会身处困境，怎样面对挑战，面对失败，以不放弃不屈服的姿态努力生活，实现自己的梦想，即使微不足道，默默无闻，我们也是自己生活中的传奇。 3. 培养学生创造性思维的能力。学生在推荐传奇人物的活动中，把文中的价值观迁移到自己的生活中，以他人作为榜样，同时也在思考自己想成为什么样的人	迁移与创新层次：想象与创造	

【解析】整个教学过程分为读前、读中、读后和作业四个阶段。首先，在 Pre-reading 环节中，教师提出问题"What is a legend person？"并用 brainstorm 来激活学生关于 legend 的已有知识，激发学生思考传奇人物的特征，并营造开放的学习氛围。其次，教师创设情境"Today we'll recommend a living legend in your eyes."，用展示郎平和乔丹图片

的prediction方式，导入文本阅读的同时，学生直接又自然地被引入到了"什么是传奇人物"这一主题的思考中。While-reading环节设计了层层递进的活动。在Activity 1 Reading passage 1中，学生阅读郎平一文，梳理信息并进行信息的概括重组，推断出郎平的品质；同时，在这一步中，教师引导学生找到过渡句并了解其功能，理解欣赏排比这一修辞手法，给学生做文本分析的示范。这是学习理解层次的活动。在Activity 2 Reading and analyzing passage 2中，学生阅读乔丹一文，根据教师在分析郎平一文时给出的文本分析框架，以同伴合作的方式来进行文本解读，自己发现乔丹一文的文本结构、梳理文本内容之间的逻辑关系、欣赏修辞手法以及推断乔丹的优秀品质。这是应用实践层次的活动，学生内化运用所学，并做出自己的分析判断。再次，教师带领学生回顾推荐传奇人物的写作要点和写作技巧，包括修辞手法和过渡句的使用等，为最后语言输出做好语言上的准备。在Post-reading环节Activity 3 Introduction, Thinking & Discussion 和 Activity 4 Speaking 中，学生首先回归课堂最初的问题，也是贯穿整个课堂的主题即"What is a legend person?"，学生通过所学内容来做出总结判断，得出结论：It is not only great achievements but also great qualities that make a person a legend. 随后，根据这一标准，学生开展小组活动，推荐自己心中的传奇人物。这两个活动既呼应了主题，又让学生把所学的知识和能力迁移到自己的生活中，表达自己的情感思想，实现了语言的有效输出。这是迁移创新类的活动。最后，在Summary & Homework中，教师鼓励学生学习郎平和乔丹的优秀品质，成为自己生命中的传奇。这关联了学生的真实生活，帮助学生形成正确的价值观念和积极的情感态度，实现了立德树人在阅读课的落地。

从整体来看，本课教学过程设计落实了英语学习活动观，体现了活动的层次性、实践性和综合性。教学过程逻辑清晰，层层推进，水到渠成。本课既有清晰的逻辑线贯穿始终，也有合理巧妙的学习活动分布在各个环节；既有在教师引导下的学习支架的充分建构，又有学生自主思考下创造性运用所学的空间；不仅有语言的学习，更关注了意义本身，本课的所有学习内容都建立在对主题的深度理解和探究之上。活动设计从"学习理解"类活动到"实践应用"类活动，再到"迁移创新"类活动，层次分明又相互关联，体现了课标倡导的活动的情境性、结构性和层次性；活动中既有师生互动(T-S)(T-SS)，又有生生互动(SS)和个体学习(I)，符合新课标中的合作、交流和探究的学习方式；活动不仅关注了学生语言的学习、知识的获取，也关注了学生语言能力的培养、思维的训练和正确价值观的树立。比如,从思维品质培养来看,在读中环节中,学生对文本进行分析,是对逻辑思维能力的训练;读后环节的总结思考并运用所学推荐自己心中的传奇人物,是对学生批判性思维和创新性思维的培养。总的来说,本课以问题为导向,师生共同对语篇意义、语篇发展脉络和语篇的语言特点进行探究,是一节有效的阅读课堂教学。

五、教学评价

《高中英语课标》指出,教学评价是英语课程的重要组成部分,目的是促进英语学习、改善英语教学、完善课程设计、监控学业质量。"教师应积极指导学生评价自己的学习行为和学习结果,使学生通过参与展现自己学习进步的评价活动,获得成就感和自信心,并能够有效调控自己的学习过程,要做到"以评助学、以评促教、教评统一。"本课设计的评价活动围绕语言能力、文化意识、思维品质、学习能力四个维度开展,核心素养和教学活动相对应且贯穿始终,通过英语活动反映的学生学习效果来进行评价,指向教学目标的实现,过程性评价和终结性评价相互辅助,体现了教、学、评的一致性。

在阅读过程中,教师设计了对应学习活动的学生学习效果评价量表,为教师和学生提供真实有效的反馈(见教学过程)。在读后活动中,教师设计了针对学生语言输出的评价量表,评价学生对本节课所学的运用能力。以下是Recommend a living legend in your eyes活动的学习评价量表(如表2-7)。

表2-7 读后活动学习评价量表

Dimensions	Assessment Items	Level					Self-Assessment	Peer-Assessment	Teacher-Assessment
Content	The person's great achievements and great qualities	5	4	3	2	1			
Structure	Statements and supporting examples & facts	5	4	3	2	1			
	The linking sentence	5	4	3	2	1			
Writing skills	Parallelism; hyperbole; quotation	5	4	3	2	1			
In summary, I think this recommendation is _____(very good, good, OK, not OK), because _____									

在学生分享了传奇人物推荐后,学生利用评价量表进行小组内的互评,明确一个有效的人物推荐应该包含的要素,同时学习其他同学的亮点,了解改进方向。评价标准的第一条为内容,判断是否包括了传奇人物的成就和品质;第二条为结构,判断是否有例子和细节,是否使用了过渡句;第三条为写作技巧,判断是否用到了修辞手法。评价涵盖了学生综合运用所学语言的能力,也反映出了教学目标的达成度。

【评析】

教学过程中的评价量表对应前面的教学目标和学习活动,和学习活动相结合,评价目标的达成度,关注学生核心素养的培养,注重教学过程和学习过程,体现了教、学、评的一致性,达成评价为教和学服务的目标。评价量表2-8突出学生在学业评价中的主体地位,教师给出评价标准,学生对自己的表达和同伴的表达进行评价。学生不断参照评分标准来对比自己的语言表达,让学生对优秀语言表达的标准内化于心,并在自我反馈、自我评价中逐步强化学习效果。在自评的基础之上,让学生对其他同伴的表现进行评价,可以让学生学会互相倾听、互相学习和互相欣赏,学会用自己的知识和能力正确评价他人,进一步提高自己的分析能力,并在无意识的状态下形成批判性思维能力。

六、教学案例总体分析

(一)设计理念

本课的设计理念有三:一是落实学生英语核心素养的发展,二是用英语学习活动观构建课堂,三是实现"教—学—评"一致性。在教学过程中可以看到,本课将核心素养要素内嵌于学习活动之中,有机整合了主题、语篇、语言知识技能、文化知识和学习策略;设计了由低阶思维到高阶思维参与的英语学习活动路径,从理解向运用再向创新,层次分明,互动循环,拾级而上;实现了从表层意义的理解到深层内涵的领悟的语篇的深度解读;再加上教、学、评相互为用、和谐统一的推进路径,从而让语言学习的真正目的"在真实语境中运用所学知识,理解意义,传递信息,表达个人情感和观点,比较和鉴别不同的文化和价值观"得以在课堂中实现,符合立德树人的教育目标和英语课程目标。

1.落实了核心素养

本课以多元化的阅读教学目标,从阅读教学的五个层次即获取篇章内容、理解作者价值观、分析篇章结构及语言特征、欣赏作者的写作手法和读后的迁移运用来设计,实现了英语学科核心素养中对学生的语言能力、思维品质、文化意识和学习能力的培养,体现了阅读文本是培养学生核心素养的主要载体,阅读教学是发展学生核心素养的主要途径(张献臣,2018)。具体分析见教学过程中核心素养提升部分。

2.用英语学习活动观构建了课堂

本课以"什么是传奇人物"这个主题为引领,以郎平和乔丹两篇短文为依托,设计了四个学习活动,包括学习理解、应用实践和迁移创新三个阶段和六个层次,并具有实践性、综合性、探究性、开放性的特点,体现了英语学习活动是学生学习和尝试运用语言理解与表达意义、发展多元思维、塑造文化品格、提高学习能力的主要途径。这一过程既是语言知识与语言技能整合发展的过程,也是文化意识不断增强、思维品质不断提升、学习能力不断提高的过程。具体分析见教学亮点部分。

3.实现了"教—学—评"一致性

《高中英语课标》指出:"完整的教学活动包括教、学、评三个方面。'教'是教师把握英语学科核心素养的培养方向,通过有效组织和实施课内外教与学的活动,达成学科育人的目标;'学'是学生在教师的指导下,通过主动参与各种语言实践活动,将学科知识与技能转化为自身的学科核心素养;'评'是教师依据教学目标确定评价内容和评价标准,通过组织和引导学生完成以评价为导向的多种评价活动,以此监控学生的学习过程,检测教与学的效果,实现以评促学、以评促教(教育部,2020)。"

本课从培养学生的核心素养出发,在单元的大视角下明确本课的教学目标,基于学情分析和教学目标设计教学课堂活动,并从评价的角度做好相应的活动安排,以通过评价和反馈来检验教学效果。教学目标和教学活动设计、目标和评价同步进行,贯穿始终,做到了"教、学、评"的统一。无论是读中环节还是读后环节,教师都能在评价中开展教学活动,学生也都能在评价中完成学习活动。在最后学生推荐心中传奇人物的活动中,教师做了评价量表,让学生参与评价,对照标准,反思自己的学习效果;也开展同伴互评,互相学习,互相评价。做到了教师组织教学活动时提出活动要求,设置评价标准,并把评价标准告诉学生,使他们活动有目标,评价有依据。另外,从课堂实录视频中可以看到,教师把形成性评价融入整个课堂中,不断给予学生激励和引导的评价语,发现优点,肯定进步,唤起了学生的积极情感和学习动力。所以,这是一堂在教学过程中很好地树立了评价意识的课,教师巧妙地融教学和评价为一体,教中有评,评价得当,顺利、高效地完成了学习活动。

(二)设计亮点

本节阅读课设计亮点有四,分别体现在用英语学习活动观构建课堂,注重学生思维能力的培养,贯穿对主题意义的深度探究和教学环节之间的巧妙衔接等方面。

1.用英语学习活动观构建课堂

本课以"什么是传奇人物"这个主题为引领,以郎平和乔丹两篇短文为依托,设计了四个学习活动:头脑风暴、阅读文本、文本分析和创造仿写,体现了学习理解、应用实践和迁移创新三个阶段和六个层次,并具有实践性、综合性、探究性、开放性的特点。具体详见教学过程。

2.注重学生思维能力的培养

本阅读教学体现和实现了对学生思维能力的培养,让学生借助思维来学习和使用语言,同时学习和使用语言又能进一步促进语言发展贯穿课堂。语篇分析和文本解读中的逻辑性思维培养,讨论两位人物异同、理解作者价值观时的思辨性思维培养以及最后的说写活动中的创造性思维培养,都是教师有意识地培养学生思维能力的体现。教师设置的问题和设计的活动处处着眼于引发学生积极主动地思考并理性表达自己的观点,提升了学生分析问题和解决问题的能力,引导了学生对事物做出正确的价值判断,最终培养了学生用英语进行多元思维的能力。

3.贯穿对主题意义的深度探究

本课重点关注了语篇的主题意义,始终以"What is a legend?"为引领,让所有的学习活动都发生在对此主题意义的探究下。教师在课堂一开始提出问题"What is a legend?"激发学生思考,并创设了主题情境:Today we'll recommend a living legend.在阅读关于郎平和乔丹文章的过程中,教师始终引导学生围绕问题"What make them legends?"进行不断深入的思考,探究主题意义。在读后的总结和迁移活动中,学生首先总结推断,得出结论:It is not only great achievements but also great qualities that make a person a legend.以此完成对主题问题的解答。之后,学生以结论为标准,学以致用,推荐自己心中的传奇人物,呼应主题语境,实现知识能力的迁移和创新。可以说,对语篇主题意义的探究是这堂课教与学的主线,是学生学习语言知识和语言技能、发展学习策略和思维品质、提高文化意识的平台。

4.教学环节之间的巧妙衔接

本课的篇章是两篇短文,如何从一篇短文阅读过渡到另一篇,教师做了精心的设计。郎平一文阅读环节的最后一步是以教师分享自己最喜欢的句子的方式,引导学生注意到篇首句"As a player, Lang Ping brought honour and glory to her country. As a coach, she led the China women's volleyball team to medals at world championships and the Olympics. As a person, Lang Ping is loved by fans at home and abroad."。教师带着学

生学习和欣赏排比修辞手法。随后,教师让学生运用排比修辞手法描述另一个体育传奇人物。屏幕上出现乔丹的图片,同时也出现类似的排比结构:As a _____ _____, Jordan _____.As a _____, he _____. As a person,he _____.教师让学生完成句子。学生根据对乔丹已有的了解补全前两句开头:As a player;As a person。教师提示第三句开头为 As a celebrity,随后让学生阅读乔丹一文来补全句子。以这样的设计,课堂自然无痕地从第一篇文章过渡到第二篇文章的阅读活动中。

在乔丹一文的阅读活动中,教师以分享自己最喜欢的句子的方式引入修辞手法的学习,巧妙自然,因为学生喜欢的句子一定兼具着语言美和寓意美。教师先让学生找出他们最喜欢或印象最深刻的句子,他们一定会选取"When Michael Jordan's feet left the ground, time seemed to stand still."和第二句中的"Air Jordan"(用了夸张手法让语言更鲜活生动,富有感染力);"Jordan says that the secret to his success is learning from his failures."和"I can accept failure; everyone fails at something. But I can't accept not trying."(用了引用的方法,让文章更具可靠性和说服力)这几句话。教师再带领学生开始思考,为什么这几句话特别入心、好在什么地方,并就此自然开展了对修辞手法的学习。这样的设计,让教学每个环节无缝衔接,学生在不知不觉中实现了从一个环节到另一个环节的学习。

这样的教学设计,体现了教师的用心和智慧,让课堂如小河流水,自然而然、不急不缓地流淌到教师想要学生去到的地方,一路风景无限,最后水到渠成。

✓ 实作

1.请研读上述案例,总结阅读教学设计的内容,发现、分析该教学设计的问题,讨论如何优化教学设计。

2.请根据上述教学内容,为高一学生创新设计一个课时的阅读新授课。

【拓展学习】

扫二维码获取教材原文和本课课件。

(本案例由西南大学附属中学校陈渝老师提供)

第三节
英语阅读教学实作训练

一、教学内容分析

【教材】人教(2019年)版高中《英语》必修二 Unit 2 Wild Life Protection 中 Reading for Writing 板块

【主题语境、单元主题】人与自然——人与环境；保护野生动物

【本课主题】A Day in the Clouds,我国保护珍稀动物藏羚羊的措施和成就

【适用年级】高一

【授课时长】1课时(45 mins)

【语篇类型】日志

【语篇分析】

【What】主题语境和主要内容

本单元围绕"野生动物保护"展开，本课题目为"A Day in the Clouds"。本文为"人与自然"主题语境下对"人与环境，人与动植物"进行探讨，主要讲述我国保护珍稀野生动物藏羚羊的措施和取得的成就。本文是一篇日志体(journal)的文章，记录一天中所发生的事情，以第一人称的口吻讲述保护珍稀动物藏羚羊的故事。

【Why】写作意图和主题意义

本文属于叙事类文体，以作者观察藏羚羊时的"所见""所闻""所感"为主线，介绍了藏羚羊过去和现在的生存环境，目的是倡导每个人通过改变自身的生活方式来进一步拯救野生动物、地球和人类。人类只有把保护野生动物当作生活的一部分，和大自然和谐共处才能根本消除对野生动物、对我们赖以生存的星球的威胁。

【How】篇章结构和表现手法

本文共有七个段落,结构完整、文字优美。根据日志体叙事文本的特点,本文可分为"所见""所闻"和"所感"三个部分:第1—2段是引入,交代了作者当天活动的地点和目的——来到空气稀薄的高原观察了解藏羚羊,并描写了所见到的优雅美丽的藏羚羊,同时指出了它们正遭受着非法盗猎的灾难。第3—6段介绍了作者的"所闻",了解了当地人扎西保护野生动物的理念,介绍了藏羚羊过去濒临灭绝的原因,讲述了我国政府和民间组织为保护藏羚羊采取的有力措施,以及保护措施的成效。最后一段为作者的"所感",他呼吁:人类只有改变自己的生活方式,才能与自然和谐共生。

实作

1.是否从立足单元整体,从单元大视角下来分析教材内容?
2.对课文语篇的分析可以补充什么内容?

二、分析学情

本课的教学对象是高一学生。通过三个月的高中英语学习,他们逐渐适应了高中英语学习的节奏,也慢慢掌握了高中英语学习的方法,英语学习积极性高。但该班学生英语基础知识不扎实,语言表达的准确度也有待提高。

(1)听:能听懂熟悉话题的内容并抓住要点。

(2)说:对于熟悉的话题,能使用简单通俗的语言表达自己的观点和意见,但因为知识储备不够,无法深入且准确地表达自己的观点。

(3)读:略读、查读等基本阅读技巧已有所掌握,能快速找出文章的细节信息,并能较准确地理解文章大意。

(4)写:学生运用所学知识能写出文章的基本结构,但语言的准确度还有待提高。

(5)看:学生对于每个单元的看图猜文章主题和Video Time的兴趣很大,能从看图和看视频中较准确地获取信息。

总的来说,虽然学生的英语基础知识不够扎实、口语表达能力欠佳,但他们有英语学习的热情,在教师的指导下能较好和积极地完成课堂上的英语任务。

✓ 实作

1. 除了以上学情分析,还可以从哪些方面进行分析?

2. 请依据前面的教学内容和学情分析,补充教学重难点。

三、叙写教学目标

By the end of the class, students will be able to:

(1) identify the writing type of the passage and know its features.

(2) understand the literal and implied meanings of the text.

(3) present the opinions on wildlife protection with the help of a mind map and key words.

(4) be aware of the importance of protecting the wildlife.

✓ 实作

1. 请从ABCD目标叙写原则对上述目标进行分析。

2. 请基于SMART原则分析该教学目标并重新叙写。

五、设计教学过程

教学过程如表2-8。

表2-8 教学过程

步骤	教学活动	设计意图	时间
Pre-reading（创设主题语境）			
Step 1	Students watch a video of the Tibetan antelope and answer the questions: 1. What is the animal in the video? 2. Where do they live	创设情境,引出主题,激活学生相关话题的背景知识,并激发学生阅读的兴趣	3 mins

续表

步骤	教学活动	设计意图	时间
	While-reading(学习理解)		
Step 2	Read for the type: Students skim the passage and figure out the writing type of the passage and its features	略读获取文章大意和文本类型,并找出旅游日志体裁的特点	4 mins
Step 3	Read for the structure: Students read the passage again and figure out the structure of the passage	再次阅读文章,根据作者"所见""所闻"和"所感"划分文章结构	5 mins
Step 4	Read for details: Students read paragraph 1—2, and answer the questions: 1. What does the writer see? 2. Why is the Tibetan antelope in danger	1. 获取信息:作者在羌塘自然保护区所见(高原美景和美丽的藏羚羊)。 2. 通过问题链的设计引导学生思考文本中的隐含意义	5 mins
Step 5	Read for details: Students read paragraph 3—6, and answer the questions: 1. What does the writer hear? (Fill in the blanks) 2. Why should we protect the antelope	1. 获取信息:作者在羌塘自然保护区所闻(扎西对保护藏羚羊的理念、藏羚羊过去濒临灭绝的原因、保护藏羚羊采取的措施和成效)。 2. 通过问题引导学生思考:保护动物就是保护人类自己	7 mins
Step 6	Read for details: Students read paragraph 7, and answer the questions: 1. What does the writer think? 2. What is the writing purpose of the passage	1. 获取信息:在结束对藏羚羊的观察后,作者所思(保护野生动物,与自然和谐共处)。 2. 通过文本,分析作者情感的变化和写作意图	4 mins
	Post-reading(应用实践,迁移创新)		
Step 7	Students work in pairs to prepare a speech to call on people to protect the Tibetan antelope according to the mind map and key words	内化应用信息:在思维导图和关键词的帮助下,学生能够介绍藏羚羊及保护藏羚羊的基本情况,并号召人们保护藏羚羊	7 mins
Step 8	Students work in groups and discuss the question: In order to exist in harmony with nature, what should we do or change	迁移创新:启发学生思考我们要怎么做才能保护野生动物,与自然和谐共处	5 mins

五、设计教学评价

本课指向教学目标的实现,设计了评价学生学习效果,评价量表如表2-9。

表2-9 学生学习效果评价量表

Assessment items	Self-Assessment	Peer-Assessment
1. Identify the writing type of the passage and know its features	☆☆☆☆☆	☆☆☆☆☆
2. Understand the literal and implied meanings of the text	☆☆☆☆☆	☆☆☆☆☆
3. Present the opinions on wildlife protection with the help of a mind map and key words	☆☆☆☆☆	☆☆☆☆☆
4. Be aware of the importance of protecting the wildlife	☆☆☆☆☆	☆☆☆☆☆

实作

1.教学过程设计是否始终对应教学目标和围绕主题意义的探究?

2.教师是否有意识地把核心素养的培养在教学活动中落地?是否用英语学习活动观构建课堂?

3.如何优化该教学设计?请根据该教学内容,创新设计阅读教学新授课。

【拓展学习】

扫二维码获取教材原文和本课课件。

第三章

英语听说教学案例分析与实作训练

请思考

李华从事初中英语教学工作多年,却总是苦恼于听说课该怎样呈现。他所教授的每一个单元有两节固定的听说课,课堂结构大致分为听力训练、口语训练、语法讲解、课堂练习四个环节。其中听力环节时间安排为5—10分钟,让学生根据听力材料完成课本练习;口语训练环节时间安排为10—15分钟,让学生根据听力中的范例进行角色对话;语法讲解环节时间安排为10—15分钟,强调本节课出现的重要语法点和语言知识;课堂练习时间安排为5—10分钟,让学生巩固重难点。李华觉得这样的教法夯实了学生的基础知识,没有什么问题。但是李华自我反思听说课堂没有乐趣和氛围,只有干巴巴的机械训练,情感表达不足。李华不明白,每节听说课都扎扎实实进行,为什么看不到学生的素养发展呢?

你认为该教师的听说教学有什么问题?对策是什么?应该如何创新听说教学设计以提高教学效果?

学习目标导航

学习本章后,你能够:

1. 明确英语课程标准对听说教学的要求,阐述听说教学的目的、内容与教学模式。
2. 理解听说课典型课例的教学设计及设计理念。
3. 分析和评价听说教学案例并开展同课异构教学设计。
4. 创新设计听说教学并开展实训。

第一节 英语听说教学概述

一、英语听说教学目的

《义教英语课标》和《高中英语课标》"课程内容"中界定了语言技能的分类,语言技能分理解性技能和表达性技能,具体包括听、说、读、看、写等方面的技能及其综合运用。听、读、看是理解性技能,说、写是表达性技能。理解性技能和表达性技能在语言学习过程中相辅相成、相互促进。"听"是所有技能的基础,具有重要意义。

（一）英语课程标准对听说教学的要求

1.《义教英语课标》对听说教学的要求见表3-1(教育部,2022)

表3-1　语言技能(听说)内容要求(三级——9年级、三级+)

听说技能	内容要求
理解性技能	1.理解和推断日常生活中说话者的意图,如请求、计划、建议、邀请、道歉、拒绝、询问、告知等; 2.借助语境克服生词障碍,理解口语语篇的信息和意义; 3.获取和梳理口语语篇中一系列事件的主题和因果关系,预测故事情节的发展和可能的结局; 4.在听的过程中,针对语篇的内容有选择地记录信息和要点; 5.课外视听活动每周不少于30分钟; 6.根据话语中的重复、解释、停顿等现象,理解话语的意义

续表

听说技能	内容要求
表达性技能	1.沟通信息,参与讨论,恰当运用一般社交场合的礼貌用语; 2.口头概括所读故事或短文的大意,转述他人简单的谈话; 3.围绕相关主题口头表达个人的观点和态度,并说明理由; 4.就口语语篇的内容、观点和态度作出简单的口头评价,并说明理由; 5.借助语调和重音突出需要强调的意义; 6.根据所读语篇内容和所给条件,进行简单的口头改编、创编; 7.在口头表达中使用常见的连接词表示顺序和逻辑关系,连接信息,做到意义连贯; 8.在口头表达中进行适当的自我修正,用语得当,沟通与交流得体、有效; 9.根据交际需要发起谈话并维持交谈

2.《高中英语课标》对听说教学的要求见表3-2(教育部,2020)

表3-2 语言技能中听和说的内容要求

课程类别	语言技能	内容要求
必修	理解性技能	1.在听的过程中有选择地记录所需信息; 2.借助话语中的语气和语调理解说话者的意图; 3.根据话语中的重复、解释、停顿等现象理解话语的意义; 4.课外视听活动每周不少于30分钟;课外阅读量平均每周不少于1500词(必修课程阶段不少于4.5万词)
必修	表达性技能	1.根据交际需要发起谈话并维持交谈; 2.在口头表达中借助连接性词语、指示代词、词汇衔接等语言手段建立逻辑关系; 3.借助语调和重音突出需要强调的意义
选择性必修	理解性技能	1.借助语气、语调、停顿识别说话者的讽刺、幽默等意图; 2.识别话语中加强或减弱语气和态度的词语; 3.课外视听活动每周不少于40分钟;课外阅读量平均每周不少于2500词(选择性必修课程阶段不少于10万词)
选择性必修	表达性技能	1.以口头或书面形式描述、概括经历和事实; 2.以口头或书面形式传递信息、论证观点、表达情感; 3.使用恰当的语调、语气和节奏,提高表达的自然性和流畅性

分析以上内容要求可知,在语言技能之中,听说能力发挥着基础性和关键性作用,是英语学习中至关重要的环节。

3.解读英语课程标准对英语听说教学的要求

(1)以主题意义为中心,将听说有机结合,让学习有意义。

《高中英语课标》强调,主题为语言学习提供主题范围或主题语境,学生对主题意义的探究是学生学习语言的重要内容,直接影响着学生语篇理解的程度、思维发展的水平和语言学习的成效。英语听说课的教学设计应以主题为引领,从听力内容输入到口语表达输出,各个环节都应当围绕同一个主题来进行,并帮助学生在理解、梳理、整合主题内容的基础上,进行主题意义探究与表达(张献臣,2021)。教师要深刻解读语篇,挖掘每一篇听力语篇所承载的主题意义,并基于此确定教学目标、设置相应的听说活动,引领学生感知、理解和内化主题意义,让学习有意义。

(2)以真实语境为载体,将知识融入生活,让学习有价值。

教师要将特定的主题与学生的生活建立密切关联,激发学生参与活动的兴趣,调动学生已有与该主题相关的知识和经验,帮助学生建构和完善新的知识结构,深化对该主题的理解和认识(教育部,2020)。在创设听说活动情境时,教师需重视学生的生活经验,即学生在日常生活中形成的经验,包括从家庭生活、社区生活以及休闲生活中获得的认知。听说活动情境结合学生生活,能激发学生学习的动机,提升学生在真实情景中的语言运用能力,让学习有价值。

(3)以学习活动观为支架,有序开展活动,让学习有层次。

在听说整合课中,教师在设计教学活动时要遵循英语学习活动观,设计学习理解类、应用实践类以及迁移创新类等不同层次的活动。每种层次的活动都要突出相应的侧重点,逐步引导学生加深对目标语言的理解与内化,提升语言能力与思维能力;每种层次的活动也都要以学生为中心,鼓励学生学会倾听,大胆用英语表达。

(二)听说教学的目的

1.听力教学的目的

听力教学旨在培养学生听的技能。听力是英语教学的目标之一。听力教学不仅能培养学生理解和应答口头语言的能力,实现学生用英语无障碍交流,也有助于其他语言技能的训练;听力还是学生学习英语国家文化知识的窗口。因此,听力教学是一门培养学生英语交际能力、全面提高英语水平的基础课程,旨在培养学生以下能力:

(1)理解、捕捉获取信息的能力。(2)推理判断的能力,如推断说话人的意图。(3)概括总结的能力,如概括主旨大意、总结内容。(4)及时记录的能力,如边听边记录要点、关键词。(5)深度学习的能力,如思维训练。(6)迁移应用的能力,如对所听信息做出正确的反应、观点表达等。

2.口语教学的目的

口语教学旨在培养学生用英语进行口头交际、表达意义、传递信息的技能。

首先,口语教学提供了演练的机会。在教室的安全环境里,创设真实生活中口语交际的情境,为学生练习口头表达提供机会。其次,学生使用任何或全部他们知道的语言来完成口语任务,为教师和学生提供反馈。每个人都能看到自己做得怎么样,既能看到自己的成功,也能看到自己的语言问题。最后,学生激活储藏在大脑里各种语言元素的机会越多,就越能下意识地使用这些元素。结果是,学生逐步成为自发的语言使用者。这意味着,他们能够在无意识思考的情况下,流利地使用单词和短语(Harmer,2011)。最重要的是,口语教学帮助学生自发地产出语言,这是通往学生创造性地运用语言道路上的关键一步。

二、听说教学内容

哈默(Harmer)在《如何教英语》(2011)中,用浅显易懂的语言总结了以下听说教学的内容。

学生需要能够以若干不同的方式听各种不同的声音。为了能理解说话者的情绪和意思,他们要能够识别像语调这样的副语言线索,也需要能够听出具体的细节像时间、站台号等,有时还要能听出总体的意思,如当他们听一个故事,或者在一个社交性会话里交流的时候,这大多取决于他们正在学习的特定的语体。在进行听力教学时,需要训练学生从三个方面进行内容的提取,即"听什么":

(1)语音、语调、连读等语音方面的内容。旨在培养学生口语的纯正与流畅,并借助语音语调,突出需要强调的情感。

(2)具体信息的获取。旨在培养学生注重细节和要点,侧重关键词和关键信息的提取。

(3)听力语篇的主旨大意。通常是说话者的意图或者价值取向,如请求、计划、建议、邀请、道歉、拒绝、询问等。

在进行口语教学时,需要训练学生从五个方面表达内容,即"说什么":

(1)语音语调和词法句法的正确表达。凸显特定情境下语言的理解和表达能力,如语音语调传递的交际功能以及遣词造句的表达能力。

(2)社交场合中的礼貌用语。体现口语的交流功能,如问候、购物、打电话、就医等,参与讨论,沟通信息。

(3)教学内容的关注与表达。关注学习语篇的背景知识、文化现象、历史影响,用得体的语言策略表达观点,体现工具性和人文性的结合。

（4）相关主题的口头表达。对相关话题的迁移运用，如对话、概括、转述、口头改编或者创编。

（5）相关话题的个人观点表达。根据相关主题进行观点表达或者评论，表达观点、态度、理由，借助语调和重音突出需要强调的意义，确保意义连贯。

三、听说教学模式

(一)听说教学原则

为提高听说教学效果，在教学设计中教师要遵从以下原则：

1. 基于布鲁姆(1956)目标分类理论的英语听说课

聚焦学生的思辨能力，采用"听前激活低阶思辨能力（记忆与理解），听中训练中阶思辨能力（应用与分析），听后分散高阶思辨能力（评价与创新）"三个环节，搭建支架，层层递进，确保学生认知能力和素养水平螺旋上升（汤路平、贺锦，2021）。

2. 基于"教—学—评"一体化的英语听说课

以学生听说能力的发展为目标，明确教学目标和评价标准，以评价标准驱动教学活动，以评促听、以评促说，教与学相互融合，共同达成目标（袁晶，2021）。

3. 基于主题意义探究的英语听说课

以听力语篇为载体，以主题意义探究为中心，结合当前主题语境中的语言知识、文化知识，在解决问题的过程中培养学生的听说技能和学习策略，促进学生思维品质的发展，并有机渗透情感、态度和价值观（施瑞丹，2021）。

4. 基于学习活动观的英语听说整合教学

旨在解决听与说割裂的问题，加强真实语境的创设，设计符合学习理解、应用实践、迁移创新的听说学习活动，从学习活动观视角尝试对英语听说整合教学设计进行探析（龚莎，2021）。

(二)听说教学常用模式

常用的听说教学模式有"听前、听中、听后"三阶段听说模式(PWP)、"呈现、练习、产出"三环节听说模式(PPP)和任务型听说教学模式(Task-Based Language Teaching)。

1. "听前、听中、听后"三阶段听说教学模式(PWP)

听前阶段(Pre-Listening)旨在导入话题、激活学生已有的知识和经验、联系新知、激发兴趣、激活核心词汇和语言准备等。常见的活动有：

（1）选择素材，导入主题。教师根据学习内容，借助教材中的图片、表格或生活照片、影音频素材等，激发学生的兴趣，让学生感知并熟悉目标词汇、短语，从而对主题进行思考。

（2）创设情境，预测话题。教师提前思考学习主题在学生生活中的应用，创设与学生生活产生联系的情境，搭建知识与生活的桥梁，设置启发式问题，引发学生对听力话题的预测、想象，联系旧知，激活新知。

（3）聚焦问题，头脑风暴。教师直接抛出听力材料中的主问题，启发学生思维，学生可围绕问题联系旧知发表观点，为听力材料中的答案对比分析做好铺垫。

听中阶段(While-Listening)主要目的是培养学生理解信息、获取、梳理、概括、加工关键信息的能力。教材中常见的活动有：

（1）圈出正确答案。如：听电视报道圈出正确答复(Listen to the TV report and circle the correct responses)。

（2）排序。如：听并按照1—5的顺序排序(Listen and number the pictures 1—5)。

（3）填空。如：听并补全句子(Listen and fill in the blanks in the sentences or complete the sentences)。

（4）回答问题。如：听并写出简短回答(Listen and write short answers to the questions)。

（5）匹配相关材料。如：听并将题目与图片匹配(Match the story titles with the pictures)。

（6）勾选。如：听并勾选听到的事实[Listen and check/tick (√) the facts you hear]。

（7）判断正误。如：听并用"T"或者"F"判断正误(Listen and write"T"for true and"F"for false)。

（8）记录信息。如：听并做记录(Listen and take notes)。

听后阶段(Post-Listening)主要目的是对目标语言的应用实践和迁移创新。常见的活动有：

（1）跟读朗读。在原有语篇的基础上，教师引导学生模仿语音语调进行跟读和朗读，或集体，或个人，或小组分角色开展，培养学生流利准确的语音素养。

（2）改编创编。根据听力过程中提取的重点词汇、句型，结合所谈论的话题，引导学生结合自身情况进行复述、创编、表演等口语练习活动。

（3）说写结合。结合听说、听写活动，开展有层次性的写作练习活动，或填空，或仿写造句，或组句成段，进一步巩固所学知识，拓展语言的运用能力。

2."呈现、练习、产出"三环节听说教学模式（PPP）

（1）呈现环节（Presentation）注重呈现新知，是对知识的识记理解，属于听前和听中的环节。本环节操作方法多样，根据教学内容需要，可以通过直接呈现、话题导入、观察图片、聆听对话、头脑风暴、小视频或者实物引入。

（2）练习环节（Practice）注重知识操练，是对知识的应用实践，属于听后的环节。本环节强调由控制性操练到半控制性操练过程，体现知识的理解和运用。在控制性阶段，教师引导学生进行角色扮演、角色互演等听力模仿活动；在半控制性阶段，教师引导参与学生复述、讲述听力信息，总结关键词汇和核心句型等练习活动。

（3）产出环节（Production）注重知识内化后的产出，属于语言输出环节，是对知识的迁移创新，在听后发生。本环节注重新的语言环境创设，学生将新学到的语言知识和技能迁移至自身学习或者生活环境，或举一反三，或改编创编，或表达观点，较好地运用语言进行听说练习，达到学以致用的目的。

3.任务型听说教学模式（Task-Based Language Teaching）

任务型听说教学模式是指教师在课堂上设计多项任务，引导学生有序完成的教学，很适合听说教学。根据教学目标，教师设计的任务通常包含课堂前、中、后三个阶段，以任务（Task 1,Task 2,Task 3...）呈现。

课堂前期的任务主要是激发学习兴趣、联系旧知、激活新知、启发学生主动思考等目的，活动形式多样，类似于读前阶段的活动；课堂中期的任务主要是为了练习新知、掌握新技能，活动多以小组合作的形式完成角色扮演；课堂后期的任务主要是为了巩固知识、内化知识，激发学生的想象力和创造力，促进学生高阶思维的发展。活动以不同形式的输出为主。

以上是常见的英语听说课教学模式，教师可根据学情和学习内容需要选择其中的一种，也可以交叉、轮换选择，体验不同模式下的课堂效果。

四、听说教学的重难点

在当前的英语听说课堂中，部分教师的定位只是为了完成听力任务和目标语言的操练，没有根据语篇的主题将听和说有机连接起来，也不会创设真实的情境让学生基于问题解决开展说的活动。这样导致学生不会将听力知识有效迁移至生活实际，语言能力和思维品质没有从根本上得到发展。因此，转变教师听说教学的观念和方式，进一步探索听说整合式教学，根据单元话题，将"听"和"说"有机连接，创设与话题相关的任务情境，在主题意义的引领下进行语言交流，是目前听说教学的重难点。

(一)情境创设、联系已知，激发兴趣

部分学生不清楚听说课的目的，即不知道为什么要听、为什么要说，只知道要完成教师的听说任务，缺乏听与说的欲望和兴趣。这需要教师在导入环节做铺垫，创设与听力内容和语言相关的话题引入，激发学生的已有经验和旧知，减少学生被动的焦虑心理，建立新旧话题之间的联系，从而激发学生听说的兴趣。

(二)明确目的、标准先行，注重策略

教师在授课过程中往往容易忽略听与说的目的和评价标准，导致教师照本宣科，学生似懂非懂。因此，教师需要在听之前发布明确的听力任务，并明确评价标准，让学生明白要听什么，要用到或者即将用到哪些听力策略，有利于在过程中合理分配注意力、区分主次、获取关键信息等，有利于听力技能和策略的养成。在说的环节，教师要明确交际情境和交际目的，帮助学生借助核心语言和语音语调主动展开真实的交际，发展交际策略和交际能力。

(三)内外结合、拓宽渠道，夯实基础

英语学习不仅仅在课堂发生，更需要课外的延续支撑。部分教师缺乏对英语学科本质的思考，没有形成"英语是一门语言，需要日积月累地坚持"的意识。为了给学生创造英语学习环境，建议师生开展每日的课堂内外各种形式听说的交流活动，同时借助信息时代的便利条件，获取优质音频、视频素材，根据学习内容进行整合，多渠道发展学生的听说能力。

✓ 请回答

1. 简述听说教学的要求、目的以及教学内容。
2. 简述听说教学的常用教学模式，对比这些模式的异同。

第二节 英语听说教学案例分析

一、教学内容分析

【教材】人教版初中《英语》Unit 9 I like music that I can dance to 中 Listening and Speaking 板块

【单元主题】表达喜好

【主题语境】人与自我,生活与学习

【适用年级】9年级

【授课时长】1课时(45 mins)

【语篇类型】对话

【语篇分析】基于六要素整合的英语课程内容,本课教学内容如下。

主题类型:人与自我——生活与学习

语篇类型:表达喜好问答的日常对话。

语言知识:(1)语音知识:了解说话人 Ali 和 Michael 的语音表意功能;识别意群,并根据重音、语调和节奏在说的环节按照意群表达出意图和态度。(2)词汇知识:理解并领悟 that,which,who 在定语从句中的意义、词性和功能。(3)语法知识:了解定语从句的概念和用法,用定语从句表达个人在电影、书籍、乐队、衣物等方面的喜好。(4)语篇知识:了解对话的目的、结构特征、基本语言特点及信息组织方式,并用于传递信息。(5)语用知识:在对话情境中,正确理解 Ali 和 Michael 的情感、态度和观点。

语言技能:在听的过程中提取、梳理 Michael 在衣服、作家、电影方面的喜好信息;

建立对话语篇与个人、与世界的关联,探究和发现对话语篇的现实意义;使用定语从句口头概括或转述对话大意,表达自己的喜好,做到意义连贯、沟通有效。

学习策略:根据 preferences 主题主动预习,在学习中有意加强专注力,探索并利用线上线下资源,丰富自己喜好方面的学习内容,与同伴合作学习,提升元认知策略;在学习中激活并关联"喜好"方面的旧知,整理、归纳所学内容,从形式、意义和使用三个角度关注和学习定语从句,善于发现规律,举一反三,提升认真策略;在口头沟通与交流中,主动表达个人喜好,保持自信,提升交际策略和情感管理策略。

文化知识:了解青少年对待喜好的态度和聚焦点,培养青少年积极正面的喜好,发展健康向上的良好品质。

文本分析如下:

【What】语篇是 Michael 和好朋友 Ali 之间的对话,地点在 Michael 的房间,Ali 看到了好多好东西,并向 Michael 逐一咨询,Michael 就向 Ali 介绍了自己喜欢的衣服、作家、电影三方面的喜好并说出了原因。Ali 也表达了相同的电影爱好,并请求 Michael 帮忙向在电影院上班的哥哥要一张同样的海报给他,Michael 答应帮忙问一下。

【Why】通过 Michael 和 Ali 在真实生活情境中的对话,描写了中学生爱好广泛的场景,符合中学生身心发展的成长特点,旨在告诉读者"中学生的爱好丰富多样,有自己对爱好的独特理解和观点,爱好丰富生活、催人成长"这样一个大观念,同时也表达了"爱好相同的人容易成为朋友,好朋友之间需要互相分享、共同成长"的育人思想。这些信息旨在指向本单元的主题意义"喜好丰富生活,喜好伴我成长",增强中学生的自我认同感,体现语篇内容编排的目的。

【How】对话共计 7 个话轮,从内容结构来看,对话内容由浅入深,由简单到丰富,符合中学生的认知水平;从语言特征来看,单元目标语言定语从句贯穿始终,真正体现目标语言在问题解决的过程中深度运用,从而达到语言能力和意义建构同步发展;同时,Ali 的回应语言比较简单随意,如 "What a great jacket! Me, too! You're so lucky!"体现了好朋友之间轻松的聊天氛围,语言使用灵活,充分运用了交际的功能;从时态使用来看,语篇以一般现在时态为主,搭配一般过去时态。用一般现在时态讲述 Michael 的爱好,提到墙上的海报时,合理使用一般过去时态,强调九年级学生对语言的综合运用能力。

【评析】

教师对教材的理解和把握非常精准,无论从形式方面还是从内容方面,都做到了对教材内容的深度解析,符合新课标理念。

首先,案例基于英语课程内容六要素进行整合,从主题、语篇、语言知识、文化知识、语言技能、学习策略六个方面细化分析,深度挖掘核心素养发展的内容基础,为后续英语学习活动观在本课的落实奠定了良好的基础。其次,从单元的视角解读文本,以单元主题意义统领课时安排,定位课时功能,从What—Why—How三个方面进行听力语篇文本解读,既强调了语言知识和语言技能的操练,又凸显了对语篇主题意义的探究,体现了英语作为一门语言类学科的工具性和人文性,实现了学科育人功能。

二、学情分析

(一)学生已有知识与经验

在学习本单元之前,学生已在七年级上册和八年级上册的相关单元学习中有了一定的话题基础,在学生的认知结构和认知能力方面,大部分学生会用一般现在时态的简单句谈论自己喜欢的东西,并会作比较、说出原因,这给本课的话题做好了语言方面的铺垫。另外,在本单元的Section A部分,学生已经学会了用定语从句表达对电影和音乐的爱好,后迁移至衣服、书籍、作家,话题有所延展,但是目标语言有铺垫基础,这对于听说部分的技能操练而言,难度降低了不少,使得学生有话可说,有话能说。

(二)学生潜在的困难与对策

学生可能出现的问题是对定语从句的不同句式表达不熟练,教师仍需逐步用简单句做引导,在过程中引导学生学会表达。学生还可能出现另外一个问题,即不清楚喜好对个人成长的意义,教师最后的落脚点需要体现在此处,在总结部分引导学生思考喜好对个人成长的意义,最终实现学生主题意义的主动建构。

【评析】

以上学情分析两大维度非常全面。对学生已有知识与经验的分析将指向学习活动有效开展,对学生当前的困难与对策分析会帮助教师准确开展"教—学—评"一体化活动设计。本案例从初中整个学段的视角,分析了"喜好"在不同年级不同单元的不同表达,对学生的认知基础了解到位,这为学生新知的学习打下了良好的基础。同时,对本课的话题和听说内容进行了 Section A 部分的迁移处理,确保了学生听说的兴趣和表达方面的延续,助推了本课的听说活动顺利进行。另外,学情分析不仅强调了目标语言定语从句的贯穿,更强调了"喜好丰富生活"主题意义的建构,彰显了学科育人的特征。

三、教学目标分析

根据以上对教学内容和学情的分析,结合英语学科要培养的核心素养维度,在单元主题的引领下,确定本课的教学目标。通过本课的学习,学生能够:

1.获取并梳理听力对话中 Michael 的喜好内容及原因,将信息准确填写在1b对应的表格中。(学习理解)

2.围绕听力中的"衣服、作家、电影"三个话题,模仿听力材料中的语音语调,与同桌进行角色扮演,用定语从句正确表达喜好及其原因。(应用实践)

3.从"类型、喜欢的原因、个人感受"三个方面口头表达喜好对个人成长的引导,小组合作,交流分享。(迁移创新)

4.从"喜好存在的原因及作用"两个方面思考,表达喜好对个人生活的促进作用,小组内交流观点。(迁移创新)

【课程思政理念】

通过学习,挖掘中学生生活和学习方面的具体喜好,理解喜好能丰富生活、喜好对个人成长的调节和激励作用,培养中学生发展积极向上的爱好特长,做全面发展的新时代好学生。

【评析】

1.目标陈述主体明确,体现学生角度;行为动词"获取、梳理、模仿、角色扮演"等具体、简洁,方便学生感知;目标设计中的听说内容清晰,要求明确,指令清楚,操作性强。

2.目标陈述理论支撑显著,有助于落实英语学习活动观,三个目标分别对应学习理解、应用实践、迁移创新活动类型,具有层次性,符合学生认知水平和思维进阶发展。

3.目标陈述指向核心素养的培养,四个方面贯穿始终,互相交融,互为辅助,促进学生全面发展。

4.目标陈述中隐含问题和活动设计层级明显,循序渐进,逐步引导学生合作探究本单元"喜好能丰富生活"主题意义,体现课程思政理念。

四、教学过程分析

(一)情境创设

紧扣实际生活,创设主题班会情境,激发学生参与课堂解决现实问题。九年级学生的学习压力大,班主任为了给学生解压,特别召开了一次"喜好丰富生活"的主题班会,让学生聊聊自己喜欢的人和物,并引导他们不要忘记发展自己的爱好特长。班会分为三个环节,分别由三个关键问题来驱动。第一个环节围绕"什么可以成为我们的喜好?(What can be our favorites?)"展开,学生畅所欲言,集思广益,最后得出结论"任何东西或者任何人都可以成为我们的喜好(Everything or everybody can be our favorites.)";第二个环节围绕"我们为什么有喜好?(Why do we have our favorites?)"展开,以听力信息为铺垫,分享自己喜欢的物品和人的类型及原因,得出"我们喜欢不同的物品或者人是因为我们对它/他们有不同的理解(We like different things or people because we have different understanding about them.)"的结论;第三个环节围绕"我们为什么需要喜好?(Why do we need our favorites?)"展开讨论,引导学生得出"喜好丰富我们的生活(Our favorites enrich our life.)"的结论,以此达到减压和坚持爱好的目的,班会课的目的达到。

(二)教学过程

教学过程如表3-3。

表3-3 教学过程

Stages	Teacher's Activity	Learner's Activity	Interactive Mode & Activity Level/Design Purpose
Stage 1 Pre-listening (5 mins)	Step 1 Brainstorm Class meeting time, the teacher presents a question to students, "For our dream high school, life is hard and busy for everyone. Today we talk about our favorites to relax, OK? So, what can be our favorites?"	Activity 1 Think and answer Talk about "What can be our favorites?". Students answer the question with their own real opinion like book, band, writer, movie and so on. Then a conclusion "Everything or everybody can be our favorites." is made	师生互动； 学习理解（感知与注意、获取与梳理） 创设主题班会情境，导入"喜好"话题，激发学生参与的兴趣和欲望，激活有关学生的爱好词汇和句型结构，引导学生得出"任何物品和人都可能成为我们的喜好"这样的结论，然后围绕movie，book和band三个小话题展开讨论，引导学生用定语从句说出并分享这三个方面的爱好，激发了学生的表达欲望，也为听力活动中的任务奠定了基础
	Step 2 Presentation Present topics for students to talk. Teacher: So you see, everything or everybody can be our favorites. Let's talk about something and somebody. What's your favorite movie? What's your favorite book? What's your favorite band? ... After sharing, please fill in the chart in 1a	Activity 2 Talk, show and write Talk about movies, books and bands. Students like this topic and share their favorites happily, such as *The Battle at Lake Changjin*, *Home Alone*, *Friends*, a band called "Westlife", even a singer called Luo Tianyi. ... Then, Students write the names of their favorite movie, book and band	

续表

Stages	Teacher's Activity	Learner's Activity	Interactive Mode & Activity Level/Design Purpose
Stage 2 While listening (10 mins)	Step 3 Question Present opinions and questions for students when listening. Teacher: Wow, you have wonderful favorites! Look at the picture in 1b, one is Michael and one is Ali. They are also talking about favorites. Can you guess who is Michael and who is Ali? Where are they? And what are they talking about? Do you have the same favorites? Step 4 Presentation Present listening for students to write the three things that Michael likes in 1b	Activity 3 Guess and listen From the picture, students can infer the boy on the right is Michael and the boy on the left is Ali, because Michael is introducing his room to Ali. Some students say they have the same favorites and some say they don't. Activity 4 Listen and write According to the mp3, students can write "writer, movie" easily	师生互动； 学习理解（获取与梳理） 本活动强调在听力前的推测和过程中的感知与注意、获取与梳理。感知对话者的身份和关系，注意两人谈论的话题内容，获取jacket, book, movie关键词信息，同时根据听力内容梳理出"Why he likes it？"的答案。听力播放两次，每次的要求不同，由易到难，帮助学生整体感知对话内容，培养学生准确获取信息和记录信息的能力
	Step 5 Presentation Present listening again for students to write why Michael likes each thing in 1b	Activity 5 Listen and write Students listen carefully and write why Michael likes them in 1b	

续表

Stages	Teacher's Activity	Learner's Activity	Interactive Mode & Activity Level/Design Purpose
Stage 3 Post-listening (Speaking) (15 mins)	Step 6 Engage Get students to work in pairs to talk about "What's your favorite clothes/writers/movies/…?" and "Why do you like them?". "First, make conversations with your deskmate according to the example in 1d, share your favorites with each other. Then, show your conversations in public." After students' performance, the teacher will make a conclusion, that is "We like different things or people because we have different understanding about them.". Step 7 Engage Get students to recommend his favorites according to the following three questions, "What kind of … do you like? How does it make you feel? Why do you think others should listen, read or watch it?"	Activity 6 Work in pairs and show Students work in pairs to talk about their favorite clothes/writers/movies/… Then show their conversations in class. They can show any of their favorite things or persons, including names and reasons with the attributive clauses. Take one of the conversations for example: A: I like movies that are meaningful. I love *The Battle at Changjin Lake*. It tells me how hard the battle is and I will cherish life today. B: I think I will cry if I watch it. I like movies that are easy to understand. I just want to relax. A: So, we have different reasons for our favorites. That's interesting. Activity 7 Think individually and express Students think about three questions the teacher gives carefully and express their ideas with an oral passage. For example: I like books which are educational such as Educator. Everytime I read it, I become powerful. I think you should read it because we can learn how to face trouble bravely	生生互动,师生活动; 应用实践(描述与阐释、内化与运用) 本活动强调学生从听力活动中获取信息后的描述与阐释,将知识内化后运用至自己的生活爱好方面,是对语言知识的应用、实践和迁移。 引导学生熟练掌握并转述对话的核心内容,即用定语从句表达爱好,梳理并内化目标语言和关键词语,促进学生对定语从句的反复操练,帮助学生在真实生活情境中运用目标语言表达生活,表达爱好

续表

Stages	Teacher's Activity	Learner's Activity	Interactive Mode & Activity Level/Design Purpose
Stage 4 Post-speaking (13 mins)	Step 8 Question The teacher presents the last questions for students to discuss. They are "Why do we need our favorites?" "Are they helpful or not? Why?". These questions need critical thinking, so the teacher gives students enough time to think and discuss	Activity 8 Think and answer Students work in groups to discuss these questions and give supporting details to prove their opinions. Take some of their answers for example: A: I think we need favorites because it's a good way to relax. We can get relaxed from them. B: In my opinion, we need favorites because they are our idols and they help us grow up better. C: I can't agree more. Our favorites are really helpful because they make us keep doing something that we like. …	生生互动,小组合作; 师生活动,问答交流; 迁移创新(批判与评价) 教师抛出引发高阶思维的问题,学生需要用自己的理解进行批判与评价,在达到一致认同的结论后,又需要进一步想象与创造,用自己真实的表达来支撑小组得出的观点。引导学生开展超越文本、联系生活实际的小组活动,体现了在探究中主动解决问题的能力。本活动也属于认同主题意义"喜好丰富生活"的活动,学生不仅要得出具有正能量意义的相关表达,还需要用所学语言知识来支撑个人观点,既体现了积极主动的个人学习,也体现了合作探究的小组学习。在此过程中,语言能力和思维品质得到了有效落实
	Step 9 Guide critical thinking After discussing, the teacher asks again. "If you use one verb to describe the power of our favorites. What will it be?" The teacher writes "Our favorites _____ our life." on the blackboard for students to think and talk	Activity 9 Think, talk and write Take some wonderful answers for example: A: If I use one word to describe my favorites, it will be "support". B: For me, it will be "light". C: Maybe I will choose "enrich". …	

-075-

【评析】

(1)教学过程体现"教—学—评"一体化设计。发挥"听前、听中、听后"三个阶段听说教学模式的优势,展现了在不同的环节采取不同的学习活动方式。活动形式丰富多彩,教学过程中实现了评价指导,学习过程实现了有趣和有效的结合。

(2)教学活动符合英语学习活动观的要求。活动层级梯度进阶,由浅入深引导学生从"识记理解"活动自然过渡至"迁移创新"活动,语言支架和活动支架搭建合理,符合学生的认知规律。

(3)教学过程强调问题驱动链探究单元主题意义的建构。通过不同层次的问题,启发学生主动学习和思考,体现"学为中心"的设计思路,围绕主题从简单问题到深入问题,促进学生由浅入深的思维发展,逐步探究主题意义,凸显学科育人。

五、教学评价分析

评价是英语教学过程中的关键环节,有效的教和学都离不开评价的全程参与。教学和评价是英语课程实施过程的重要组成部分。教学是培养学生实际语言运用能力的关键环节,评价是及时监控教学过程和教学效果的最重要手段之一。此外,新课标指出,教师应积极指导学生评价自己的学习行为和学习结果,使学生通过参与展现自己学习进步的评价活动,获得成就感和自信心,并能够有效调控自己的学习过程(教育部,2022)。

本课中共计9个活动,立足学生学习效果进行评价,教学活动和评价活动贯穿始终,过程性评价和诊断性评价相互结合,相互辅助,体现了目标导向下的"教—学—评"一体化课堂设计与实施(如表3-4和3-5)。

表3-4 学生课堂学习目标达成评价表(教师用表)

学生活动	评价标准	评价结果
Activity 1 Think and answer	从句式方面观察学生回答问题所用到的语言知识是否得当;从内容方面了解学生的爱好范畴,观察学生列举的爱好是否涉及面广泛,是否可以得出"任何方面或者人物都可能成为我们的喜好"这样的结论	☆☆☆☆☆
Activity 2 Talk, show and write		

续表

学生活动	评价标准	评价结果
Activity 3 Guess and listen Activity 4 Listen and write Activity 5 Listen and write	观察学生填写后的答案是否抓住了关键信息,判断学生听力技巧中的"细节信息"是否获取正确。 观察学生是否会根据听力内容用定语从句正确填写答案	☆☆☆☆☆
Activity 6 Work in pairs and show Activity 7 Think individually and express	观察学生是否用到了听力材料中提取的关键词以及定语从句表达方式。 判断学生是否会用目标语言真实表达自己的爱好及原因。 观察两人创编对话的完整性和主题性。 观察学生是否将话题迁移到了别的喜好方面	☆☆☆☆☆
Activity 8 Think and answer Activity 9 Think, talk and write	观察小组讨论是否可以用正确的语言进行意义表达。 观察小组展示提供的支撑性语言内容是否包含了喜爱的物品或者人的具体名字,并会用定语从句准确分析原因。 观察学生是否可以准确提取"support,enrich,light"等关键词	☆☆☆☆☆

表3-5　学生课堂学习自我评价表(学生用表)

评价维度	评价标准	具体分值					自评	他评
Content	The topics are about one's favorite things or people	5	4	3	2	1		
	The reasons are analyzed	5	4	3	2	1		
	The expressions include logical additional information	5	4	3	2	1		
Language	Phonetics	5	4	3	2	1		
	Vocabulary	5	4	3	2	1		
	Grammar	5	4	3	2	1		
	Discourse	5	4	3	2	1		
	Pragmatics	5	4	3	2	1		

【评析】

本课的教学评价以一节班会课"喜好丰富生活"主题情境为依托,强调了语篇类型对话的完整性,凸显了用定语从句表达爱好的语言知识,侧重了听力技能和口语技能的操练,用到了师生交流、生生互动、小组合作等,有效培养了学生的思维品质,指向主题意义的探究,真正体现了英语课程内容六要素的有机融合。另外,评价主体多元,自评、他评、师评有效结合;同时,评价标准以目标为导向观察始终,针对性强,有的放矢,符合"教—学—评"一体化原则,真正发挥了课堂评价改进教学质量的作用。

六、教学案例总体分析

(一)设计理念

1.先输入后输出,符合语言学习规律

本课属于听说课,侧重理解性技能听和表达性技能说的训练。先进行听力感知与输入,再进行口语输出和交流;前有足够的铺垫,后有真实的沟通,确保信息畅通、学习有效发生。同时,本课还引导学生关注听力材料中的语音、语调、重音、连读等语音元素,整体提升学生说的素养。

2.六要素整合,体现新课标理念

新课标强调对学生语言能力、文化意识、思维品质和学习能力的综合培养,包含了主题、语篇、语言知识、文化知识、语言技能和学习策略六要素组成的课程内容。本课围绕英语课程内容六要素,深入分析教学内容,准确解读单元主题,设计指向核心素养的英语学习活动,有序引导学生探究单元主题意义,实现学科育人功能。

3.教、学、评三维度融合,彰显"教—学—评"一致性

本课在研读英语课程标准的基础上,明确教学目标和评价标准,实现教学目标和教学评价同步进行。无论是听力环节还是创编对话环节,教师在评价中开展教学活动,学生在评价中完成学习活动,做到了"教—学—评"一体化设计与实施。

(二)设计亮点

本听说课案例设计亮点分别体现在情境创设、学习过程、师生角色定位以及评价开展方面。

1.情境创设真实

常规课堂先组织话题简单热身,然后训练听说技能。本课以"九年级学生升学压力大,为此要召开主题班会,以喜好为主要话题来解压"为学习情境,符合九年级学生的实际情况,让学生在生活中体验知识,在知识中感知生活,为听后的说进行有针对性的铺垫。

2.学习过程主动

在本课中,语言知识和技能策略的训练被当作解决问题的工具,强调问题的解决和主题意义的建构,语言知识在解决问题的过程中一并得到强化,学生的学习过程积极主动,思维也进一步得到发展。

3.师生角色定位准确

常规的听说课以教师为主,学生在教师设置的任务中逐一训练。在本课中,教师是一位学生喜好的倾听者、学习过程的辅助者、小组展示的组织者、学生心灵的抚慰者,而学生是本课主题表达的发言人、关键问题的解决人、合作学习的展示人、观点诞生的总结人。因此,这是一节充分体现以生为本的听说课。

4.评价开展多元

评价是基于证据的推理和判断,教师要关注学生是否学会了,而不是教师是否教会了。本课采用了多元评价相结合的方式,在本课的每一个环节都按照评价标准同步进行,做到了及时性评价和过程性评价相结合;通过对学生喜好表达的评价,也体现了激励性评价和形成性评价的结合;通过自评、他评和师评,唤起了学生的元认知,让学生始终记得学习目标是什么,自主监控目标达成度,使学习不断深入。

✅ 实作

1. 你认为该设计还有哪些地方需要进一步提高与完善?
2. 依据该教学内容,为八年级学生设计一课时的听说课新授课。

【拓展学习】

扫二维码获取教材原文、听力录音材料和本课课件。

(本案例由河南省郑州市第五十八中学魏玮老师设计)

第三节

英语听说教学实作训练

一、分析教学内容

【教材】人教(2024年)版初中《英语》Unit 5 Here and Now 中 Listening and Speaking 板块

【单元主题】人际交往;世界不同地区的生态特征与自然景观

【主题语境】人与社会——社会服务与人际交往,跨文化沟通与交流,语言与文化,人与自然——自然生态

【适用年级】七年级下册

【授课时长】1课时(45 mins)

【语篇类型】对话

【文本分析】如表3-6所示

表3-6 文本分析

维度	内容
What	本单元围绕"Here and Now"这一主题展开。本课时是单元第一课时的听说课,通过三段对话呈现不同人物当下正在进行的活动及相关邀约。Peter想要电话邀请朋友和他一起去体育公园打排球。第一段对话中Teng Fei正在做作业所以谢绝了邀请,第二段对话中Adam的妈妈Mrs. Clark接电话告知对方Adam正在购物,第三段对话Binbin正在看无聊的电影所以应邀并且约定了见面的时间和地点。文本话题与学生的生活密切相关,场景真实
Why	本课时旨在通过描述并分享当下正在发生的日常活动,学会倾听他人经历,了解身边的人和事,尊重不同的生活方式,培养跨文化交流的意识和能力,从而树立积极的生活和社交态度,具备全球公民意识

续表

维度	内容
How	本课时的听力对话以Peter发出电话邀约,使用了正式的电话用语,围绕目标语言现在进行时展开,旨在让学生使用现在进行时分享此时此刻的生活,实现知识的拓展运用

✓ 实作

1.你认为本案例的文本分析如何?

2.请结合新课标中相关语篇研读的表述,补充你对本案例的文本分析。

二、分析学情

(1)学生学习过动词现在分词的构成形式和关于人们活动的动词短语,对基本的日常活动有一定基础知识的储备,但是对于动词短语在真实情景中的运用不足。

(2)学生能够简单运用现在进行时进行表达,但在句型的使用方面不够丰富,在使用特殊疑问句进行提问及回答描述正在发生的活动时,表述不准确,容易混淆现在进行时和一般现在时。

(3)学生能使用简单的电话用语进行交流和表达,但是句式表达不够丰富,对于特定语境下电话用语的使用规则不够明晰,在实际日常生活中不能针对不同的交际对象准确运用。

✓ 实作

除了以上学情分析,你认为还可以从哪些方面进行分析与补充?

三、叙写教学目标

通过本课时学习,学生能够:

(1)获取Peter和三位朋友电话内容的基本信息。

(2)梳理对话中描述活动的信息以及电话用语并总结句型。

(3)使用电话用语与同伴进行角色扮演,复述对话。

✓ 实作

请参照《义教英语课标》的案例展示,分析上述目标并加以完善。

四、设计教学过程

教学过程如表3-7。

表3-7 教学过程

教学步骤 及时间	教师活动	学生活动	效果评价
Stage 1 Pre-listening (3—5 mins)	Step 1 Lead in The teacher presents pictures about Toronto and Shanghai to make students talk about: "Where are the people in the photo? What are they doing?"	Activity 1 Think and answer Students answer the teacher's questions according to their observation	(1)学生根据图片能够回答出对地域信息的已知以及人们正在从事的活动
	Step 2 Present key words and phrases The teacher presents some pictures about different teenage activities to make students guess like "doing homework, playing basketball, watching a movie" etc	Activity 2 Look and answer Students look at the pictures and guess the activities like "doing homework, playing basketball, watching a movie" etc	(2)学生根据图片能够回答出青少年活动描述的动词短语
	Step 3 Present pictures The teacher asks a question in 1a "What are people doing in each picture?" for students to think and write the activities	Activity 3 Answer and write Students think about the question and write the activities in the box under the pictures	(3)学生根据全球人们不同活动的图片,说出人们正在从事的不同活动

互动模式:师生互动
活动层次:识记理解(感知与注意,获取与梳理)

设计意图:
1. 这些关于活动的动词短语是本课学生需要掌握的,为接下来使用现在进行时做好准备,同时也为听后环节奠定了语言基础。
2. 本环节中的问题"What are people doing in each picture?"有效驱动了学生的思考,引导学生拓展全球视野,具备全球公民意识

续表

教学步骤及时间	教师活动	学生活动	效果评价
Stage 2 While-listening （10—15 mins）	Step 4 Play the listening in 1b The teacher asks students to notice the key words in the questions before listening and then plays the listening in 1b	Activity 4 Listen and answer Students listen and answer the questions in 1b	学生能根据所听内容获取要点信息
	Step 5 Play the listening in 1c The teacher asks students to match the questions	Activity 5 Listen and match Students ask and answer about what Teng Fei, Adam and Binbin are doing	学生能根据所听内容记录关于活动的特定信息
Stage 3 While-listening （5 mins）	Step 6 Present the conversations The teacher plays the record again and reminds students of the expressions about making phone calls	Activity 6 Listen and underline While listening students read the conversations and underline the expressions about making phone calls	学生能根据所听内容，获取电话用语的表达方式

互动模式：师生互动，生生互动

活动层次：识记理解（感知与注意，获取与梳理）、应用实践（内化与运用）

设计意图：听力活动4和5基于听力语篇锻炼了学生获取信息的技能。在活动5中，学生对所学的语言和内容进行梳理和整合，以听促说，听说结合，既巩固了语音，也发展了语言，同时还有思维的迁移，为后续说的环节奠定了基础

| Stage 5
Post-listening
（10—15 mins） | Step 7 Assign a speaking task
The teacher asks students to work in pairs to act out the conversation between Peter and one of his friends | Activity 7 Act out a phone conversations
Students work in pairs to role play the conversation. One is Peter, the other is one of his friends, pay attention to pronunciation and body language | 学生能根据所学的语言和内容进行角色扮演，语篇的要点信息准确、全面 |

互动模式：生生互动

活动层次：迁移创新（批判与评价，想象与创造）

设计意图：实现知识的迁移应用，使用现在进行时进行电话邀约，把话题与生活连接，搭建知识和生活的桥梁

✓ 实作

1. 请从英语学习活动观的角度来分析本案例的教学活动设计。

2. 请从"教—学—评"一体化的角度来分析本案例的教学评价。

3. 就该教学内容对本课时的教学活动进行改进。

【拓展学习】

扫二维码获取教材原文和听力原文。

第四章 英语语音教学案例分析与实作训练

请思考

作为英语教师,小李定期会组织班上的学生观赏经典英文原版影视剧的活动,以增强学生对英语学习的兴趣。但小李老师经常在活动中发现有部分学生参与积极性不高、跟不上剧情节奏,甚至无法理解剧情的情况。通过观察得知,学生在观赏无字幕的影视剧时,因为对语音掌握不够熟练,听不懂影视剧中的对白,把本身带有对话影视剧观赏变成了"默片观赏"。小李老师了解后发现这部分学生在学习英语的过程中,有意无意地忽略了语音学习这一基础环节;而有部分教师在教学中对语音教学不重视,在进行简单、按部就班的音标发音教学后就撒手让学生自己摸索。这造成了很多学生在英语学习过程中逐渐学成了哑巴英语,更多地关注英语读写、阅读甚至应试,却将语音作为语言交际最基础的工具目标逐渐淡化甚至丢失。有的学生到了大学阶段,他们的语音语调中仍然含有地方方言腔,出现语音错误或说出来的英语就是中式英语(Chinese-English),无法用英语进行交流。因此,英语语音的教学和学习作为英语学习的重要基础和环节,值得英语教师不断探索、强化和检验,并且是一个长期往复的过程。

你认为如何才能让学生的英语语音语调字正腔圆?你将如何在英语的词汇教学和听说教学中有机渗透语音教学?你认为还能在哪些教学环节中渗透语音教学?

学习目标导航

完成本章的学习后,你能够:

1. 阐述英语课程标准对英语语音教学的要求。
2. 理解语音教学的目标、内容和教学模式。
3. 分析与评价语音教学典型课例。
4. 开展语音教学设计及语音教学实作训练。

第一节
英语语音教学概述

一、英语语音教学目的

（一）英语课程标准对语音教学的要求

语言是人类交流思想情感最重要的交际工具，语言的物质基础是语音。语音是语言要素之一，是语言的本质特征，也是语言教学的基础。

《义教英语课标》指出，义务教育英语课程内容由主题、语篇、语言知识、文化知识、语言技能和学习策略等要素构成。语言知识包括语音、词汇、语法、语篇和语用知识，是发展语言技能的重要基础。语音和语义密不可分，语言依靠语音实现其社会交际功能。英语的语音包括元音、辅音、重音、意群、语调与节奏等。说话者通过语音的变化表达意义和观点，以及态度、意图、情感等。学生在义务教育阶段应侧重建立初步的语音意识，学习一些语音知识，并在有意义的语境中通过学习和运用语言，初步感知语音的表意功能并运用所学语音知识进行有效交流（教育部，2022）。

《高中英语课标》指出，英语课程内容包含六个要素：主题语境、语篇类型、语言知识、文化知识、语言技能和学习策略。其中，语言知识涵盖语音知识、词汇知识、语法知识、语篇知识和语用知识，是构成语言能力的重要基础。语音知识内容要求：语音和语义密不可分，语言依靠语音实现其社会交际功能。英语的语音包括重音、语调、节奏、停顿、连读、爆破、同化等。说话者通过语音的变化表达意义和观点，反映其态度、意图、情感等。学生在义务教育阶段已经获得了初步的语音意识，学习了一些语音知识，高中阶段的语音知识学习应侧重在有意义的语境中，通过学习和运用语言，感知语音的表意功能,逐步学会恰当地运用语音知识达到有效交际的目的(教育部,2020)。

1.《义教英语课标》对语音的要求如表4-1和表4-2(教育部,2022)

表4-1 《义教英语课标》语音知识内容要求

级别	语音知识内容要求
三级 (7—9年级)	1.了解语音在语言学习中的意义和在语境中的表意功能; 2.辨识口语表达中的意群,并在口头交流中按照意群表达; 3.根据重音、意群、语调与节奏等语音方面的变化,感知和理解说话人表达的意义、意图和态度; 4.借助重音、意群、语调、节奏等方面的变化,表达不同的意义、意图和态度; 5.根据读音规则和音标拼读单词; 6.查词典时,运用音标知识学习单词的发音

表4-2 《义教英语课标》语言技能内容中对语音的部分要求

级别	语言技能	语音知识内容要求
三级 (7年级)	理解性技能	识别口语语篇中说话者的语调变化,判断意义的变化
	表达性技能	1.演唱英语歌曲,诵读英语诗歌; 2.完整、连贯地朗读短文,简单复述短文大意; 3.在口头表达中使用较为准确的词语和表达法,语音、语调基本正确
三级 (8年级)	理解性技能	1.识别说话者的措辞、语气等,推断对话者之间的关系; 2.根据说话者语音、语调的变化,判断其情感和态度的变化
	表达性技能	正确、流利地朗读短文,有逻辑地讲述短文主要内容
三级 (9年级 三级+)	理解性技能	根据话语中的重复、解释、停顿等现象,理解话语的意义
	表达性技能	借助语调和重音突出需要强调的意义

《义教英语课标》对初中英语语音教学要求具体表现在以下方面:其一,教授基本的读音规则和音标拼读单词。即帮助学生学习和掌握音标,借助音标准确读出和记忆单词,为学生开展自主学习奠定基础。其二,帮助学生了解语音在语境中的表意功能。即在语境理论下,创设符合学生学习特点的语境式英语语音教学新模式,能够更好地培养学生的语感,为学生的英语学习奠定基础。其三,引导学生根据重音、意群、语调与节奏等语音方面的变化,感知说话人表达的不同意义,准确地理解说话人的意图和态度,体会重音、语调和节奏等具有表意功能,并进行模仿、练习和内化,学会运用语音知识更好地表达自己的意图和态度。

2.《高中英语课标》对语音的要求如表4-3、表4-4和表4-5(教育部,2020)

表4-3 《高中英语课标》语音知识内容要求

课程类别	语音知识内容要求
必修	1.根据重音、语调、节奏等的变化感知说话人的意图和态度; 2.借助重音、语调、节奏等的变化表达意义、意图和态度等; 3.在查阅词典时,运用音标知识学习多音节单词的发音
选择性必修	1.运用重音、语调、节奏等比较连贯和清晰地表达意义、意图和态度等; 2.发现并欣赏英语诗歌、韵文等文学形式中语言的节奏和韵律

表4-4 《高中英语课标》语言技能内容中对语音的部分要求

课程类别	语言技能	语音知识内容要求
必修	理解性技能	1.借助话语中的语气和语调理解说话者的意图; 2.根据话语中的重复、解释、停顿等现象理解话语的意义
	表达性技能	借助语调和重音突出需要强调的意义
选择性必修	理解性技能	借助语气、语调、停顿识别说话者的讽刺、幽默等意图
	表达性技能	使用恰当的语调、语气和节奏,提高表达的自然性和流畅性

表4-5 高中英语学业质量水平对语音的要求

	序号	关于语音的学业质量描述
水平一	1-2	能根据重音、语调、节奏的变化,理解说话人所表达的意义、意图和情感态度
	1-7	能通过重音、语调、节奏的变化,表达特殊的意义、意图和情感态度
水平二	2-2	理解说话者选用的词汇、语法结构和语音手段所实现的特殊表达效果
水平三	3-4	与不同地域的人进行交流时,可以识别出其发音和语调的不同

《高中英语课标》关于英语语音教学的具体要求:其一,教授学生能够通过听力材料中说话人的语调、重音和节奏等对说话人的情感和意图进行推测。其二,利用英语语音知识提高学生词汇学习能力。高中阶段对学生的词汇量也提出了更高的要求,语音的学习能够极大地帮助学生记忆词汇,从而为学生的阅读打下坚实的词汇基础。其三,通过英语语音教学培养学生的交际能力,好的语音能够提高表达的自然性和流畅性,为学生增加自信心,加强学生交流的意愿。

(二)语音教学目的

依据英语课程标准的要求,教师应采取多种教学方式培养和提高学生的英语语音能力,并针对不同学段的学生开展适当的语音教学活动,从而达到以下目的:

(1)在感知和积累方面,能正确发音,能根据读音规则和音标正确拼读单词,用符合英文美感的节奏、语调朗读语篇。

(2)在习得和建构方面,能识别不同语调与节奏等语音特征所表达的意义,能根据重音、语调、节奏的变化,理解说话人所表达的特殊含义、意图和情感态度。

(3)在表达和交流方面,能围绕相关主题,运用所学语言,与他人进行日常交流,语音、语调、用词基本正确,语音语调字正腔圆,表达较自然、较流畅。

二、语音教学内容

英语语音教学的主要内容包括整个英语语音系统,可分为几个方面:音素、语流、重读、连读和节奏等。

(一)音素(Phoneme)

音素是语音和语音教学的最小单位。我国的英语教材有48个音素,这48个音素经过不同的组合,可以组成无限的英语单词、短语和句子。1889年,国际语音协会首次给音素配音,配上书面符号,即当今国际上最常用的48个国际音标(The International Phonetic Alphabet)。音素包括元音和辅音。元音应区分前元音和后元音,单元音和双元音,短元音和长元音等;辅音包括清辅音、浊辅音、鼻辅音、摩擦音、爆破音等。

1.英语元音共20个,其中单元音12个

前元音 /iː/ /ɪ/ /e/ /æ/

中元音 /ɜː/ /ə/(美式特有音素/əː(r)/ /ə(r)/)

后元音 /ɑː/ /ʌ/ /ɔː/ /ɒ/ /uː/ /ʊ/(美式特有音素/ɑ/ /ɑː(r)/ /ɔː(r)/ /ɔ(r)/)

双元音(8个)

合口双元音(其第二组成部分为/ɪ/或/ʊ/)/aɪ/ /eɪ/ /aʊ/ /əʊ/ /ɔɪ/

集中双元音(其第二组成部分为/ə/,美式为/ə(r)/) /ɪə/ /eə/ /ʊə/(美式特有音素/ɪə(r)/ /eə(r)/ /ʊə(r)/)

2. 英语辅音共28个,其中对立辅音(20个)

双唇塞音 /p/ pit — /b/ bit　　　齿龈塞音 /t/ tin — /d/ din

软腭塞音 /k/ cut — /g/ gut　　　齿龈塞擦音 /ts/ its — /dz/ goods

塞擦音 /tr/ tree — /dr/ drink　　齿龈塞擦音 /tʃ/ cheap — /dʒ/ jeep

唇齿擦音 /f/ fat — /v/ vat　　　齿间擦音 /θ/ thin — /ð/ then

齿龈擦音 /s/ son — /z/ zip　　　齿龈后擦音 /ʃ/ sugar — /ʒ/ seizure

软腭无擦通音 /w/ whine(也写成/hw/,仅用于美语) — /w/ we

鼻音(3个):双唇鼻音 /m/ map;齿龈鼻音 /n/ nap;软腭鼻音 /ŋ/ hang。

似拼音(4个):声门擦音 /h/ ham;齿龈无擦通音 /r/ run;齿龈边音 /l/ left;软腭化齿龈边音 /l/ cancel。

半元音(2个):半元音在语音学上指擦音中气流较弱,摩擦较小,介于元音跟辅音之间的音。英语半元音包括软腭无擦通音 /w/ whine(也写成/hw/,仅用于美语)—/w/ we;硬腭无擦通音 /j/ yes(浊辅音)。

(二)语流(Connected Speech)

以英语为母语的人说话时并非将每一个单词孤立地发出来,而是连续不断地发出若干个音,这种现象称之为语流。英语语流的特点是英语语流中各个音节总是以重读和非重读音节相伴出现。在连贯的话语语流中,一个音在话语中所处的地位不同或因说话人语速的快慢、音的高低和强弱会受到邻近音的影响,从而产生语流音变。英汉两种语音系统在读音方面存在着很大的差异,汉语中没有辅音结尾的现象,学生会在学习英语语音时受母语的影响,常出现词尾加元音、拖音的情况。

(三)重读(Stress)

重读指词、词组、句子里重读的音,英语中的重音为英语的声调奠定了基础。重读的音包括单词重音和句子重音。单词重音是指在双音节或多音节单词中将某个音节读得特别明显,音调较高,音量较大,读的时间较长,相对的其他音节就弱、短。单词重音的符号是上方的一个点,写在重读音节的左侧。句子重音,就是句子的节奏会有强弱变化,句子重音就是在强调部分读得较重,加强语气。单词重音相对稳定,句子重音就要根据需要来使用了。

(四)连读(Liaison)

连读指在连贯地说话或朗读时,在同一个意群(即短语或从句)中,词与词之间听不出有明显的分界线,前词的尾音同后词的首音通常连在一起发音。连读时的音节一般不重读,只需顺其自然地一带而过,也不可以读得太重。

(五)节奏(Rhythm)

语流中声音的轻重、缓急、长短按一定的规律自然结合,形成语言的节奏。英语的节奏特点是以重音计时,即重读音节与非重读音节交替出现。英语的句子重音是形成节奏的基础,一个句子有多少个重音,就有多少个节奏单位。要熟练掌握英语的节奏,必须多听多说,以养成英语语感。

三、语音教学模式

(一)语音教学原则

英语语音教学模式和教学方法选择取决于诸多因素,如学生语音学习的目标、教师的专业技能与观念、教学资源的可用性、对世界英语变体的社会态度、教育主管部门的支持等,但语音教学模式和教学方法一般应遵循以下原则:

(1)避免过分对单个音素进行孤立的操练,而应与重音、节奏、语调等方面的教学相结合。不能单纯靠听和模仿,要真正理解语音规则。

(2)把语音教学融入有意义、有语言情境的语言练习和任务型的语言训练中,在实践中学,边学边用。这样学,目标清晰,又有意义,能达到学以致用的目的。

(3)正确比较母语与外语的发音系统和规则。汉语和英语在语音系统方面有很大的区别,适当地比较和研究英汉两种语言在语音方面的差异和共同点,更好地帮助学生利用母语的语音去掌握目的语的语音等。

(4)大量接触真实、自然的语言。随着视听材料、互联网及现代科技的迅速发展,学生完全有条件接触真实的、自然的语言材料。

(5)注意情感因素在语音教学中的重要性。尽量让学生在轻松愉快、没有压力、互帮互助的语言环境中学习。

(二)语音教学模式

早期的语音教学主要通过教师传授与学习者模仿两种方式相结合来进行。20世纪后,国内语音教学模式与教学方法随着第二语言学习研究、教学理论的发展和各种先进技术的研发应用,发生了很大的变化。主要的教学模式有:直接教学模式、语音概念形成教学模式、语音概念获得教学模式。语音概念形成和获得的综合教学模式可定义为四维三段九步教学模式、五段十步教学模式、听说教学法(听语音的三段四步教学模式和说的三段十步教学模式)、交际教学模式、研究性学习模式、任务型教学模式等。

PPP教学模式是现在最常用的语音教学模式。在语言学习的初级阶段,首先突出准确性,在反复操练的基础上提高语音表达的流利性,PPP教学模式恰好能很好地提升准确性和流利度。PPP教学模式将教学环节分为三个部分:呈现阶段(Presentation)、训练阶段(Practice)和运用阶段(Production)。

1. 呈现阶段(Presentation)

在呈现阶段,目的有两个:一是教师介绍新的语音项目,二是导入话题,激活学生相关背景知识。呈现的方式有很多,教师通过示范口型、解释发音要点和举例等活动,借助于图片、录音和视频资料教单音、单词或短语发音,句子的重音、语调、节奏等。这一阶段的目标应该放在准确性上。学生通过这一阶段的学习,意识到新的语言知识的存在,从而建立初步的印象。

2. 训练阶段(Practice)

在训练阶段,目的是练习新的语音项目、重音和语调。可采用独立或分组的形式,对新知识做一些重复练习和扩展练习,促进知识的内化。常见的活动有看图说话、信息沟等,练习活动起初由教师严格控制,逐渐放宽。该阶段侧重训练学生辨音和发音的准确性。

该环节常见活动有跟读、最小对立体训练(Minial Pairs):soap—soup,bad—bed

听单词(对话)辨音:rain—lane,fill—feel

排除不同发音:bit bit pit bit

3. 运用阶段(Production)

在运用阶段,目的是运用新的语言知识解决相对实际的问题。教师可以设计不同层次的语言任务,迫使学生在解决问题的过程中,逐渐熟练地运用所学的语音。常见的活动有绕口令、语境练习如角色扮演、配音、看图说话、朗诵背诵等,学生很少或不受教师的控制。该阶段重点放在语音语调自然、语言表达流利度上面。

四、语音教学的重难点

为了提高语音教学效果,教师要关注以下各个方面。

(一)教师正确示范语音,提高学生语音语调的准确性

1.提高教师专业素质,细化语音教学的流程

在当下语音教学中,部分教师的语音示范不恰当。部分学生从幼儿园或小学开始学习英语,但一般的幼儿园和小学对教师专业知识的要求多于对教师本身语音语调的要求,学生难免遇到发音不够准确的教师。教师应不断提高自己的专业素质,面对语音教学中的问题,不断提高、发展和完善自我,选择适合学生的教学模式,满足学生的需求,形成自己的教学特色。

2.加强语音教学,减少应试教育的影响

受中考和高考应试教育的熏陶,大部分教师和学生忽视语音语调的学习,忽略了口头交流,"哑巴英语"的现象随处可见。而且教材的语音知识的内容安排散乱,不利于学生系统地掌握语音知识。

教师要思考如何整合教材中的语音知识,形成系统的语音知识,适当增加语音教学课时量,才能保证教学质量。教师通过细化语音教学流程,打好语音基础,只有在开始时掌握好音标的发音、音节的拼读和单词的发音,才能在日后能够拼读更多的单词,进而听懂句子,听懂对话,听懂语篇,提高听力理解能力,从而提高交际能力。教师必须加强音素、音节的拼读训练,切实帮助学生打好语音基础,过好语音关,让学生在英语课堂中熟练使用英语发音,养成良好的习惯。

3.创造英语语言环境

学生先接触汉语拼音,后接触英语语音,学生的英语发音会受到汉语拼音和口音的影响,容易混淆音标和汉语拼音,造成学习音标的效率低下。教师在教学中应该减少汉语拼音对学生的影响,让学生习惯英语的发音。学生学习语音知识无法离开语境,只有把语音教学与语境相结合,才能真正提高学生的语音能力。

(二)改变"灌输式"教学方式,发挥学生的主体作用

强调学生的主体地位,提升学生的语音能力是语音教学成功的保障。

对教材中所出现的有关语音语调的教学内容,教师往往让学生听录音,然后模

仿,很少让学生掌握语音规律。这种"灌输式"教学方式难以让学生有效掌握发音规则和培养良好的学习习惯,而且不能激发学生学习英语的兴趣,久而久之,学生因为发音不准,单词记忆困难,对英语失去兴趣。同时,很多教师没有对学生进行正确的引导,也不能使用有针对性的激励措施,使学生长期处于被动接受的地位,没有主动学习的机会。这种以教师为主的教学模式,既不能保证语音教学的质量,又不能激发学生的主体意识,最终使学生沦为语音学习的"背景板",难以真正提升学生的英语语感。

在语音教学中要强调学生的主体地位,激发学生语音的学习兴趣,提升学生的语音能力。新课标明确提出,教师应该在课堂中转变自己的地位,让学生成为课堂的主人,培养学生的综合素质,从而提高学生的学习效率,打造高效课堂。教师要运用信息化技术丰富教学资源库,从而为教学提供支撑。

教师可以通过设计多种形式的语音实践活动,引导学生进一步体验、感知、模仿英语的发音,注意停顿、连读、爆破、节奏等,帮助学生形成良好的英语发音和一定的语感,并通过学习相关的语音知识,形成一定的语音意识。

(三)将语音教学融入各种课型教学中,促进学生综合素养的发展

语音、词汇和语法是语言的三要素。学习英语要从语音开始,词汇需借助语音来拼写、记忆和理解。听说要靠语音来传递。语音能力决定着学习者在阅读中能否把单词或词汇的音、形、义联系起来并迅速反应,这将直接影响到阅读速度和阅读理解能力。但是,由于课时紧,绝大多数学校没有专门设置语音课,教师只能让学生随堂听课本上的语音内容或单元后的练习题,直接影响学生用英语交流的能力。

将语音与词汇、听力、阅读和写作教学等有机结合。学好英语语音是打好英语学习基础的关键,语音、语调学好了,记忆单词、输入句子、提高口语、进行阅读写作,乃至自学英语都有了坚实的基础。教师只有实现语音教学课与听说课、阅读教学课、写作教学课等各项教学活动的协调统一,引导学生建立对语音更全面的认识,才能真正提升学生的英语语音能力、为用英语交际服务。

✓ 请回答

1. 简述你对小学、初中和高中不同阶段语音教学目的的理解。
2. 简述中小学语音教学存在的问题及对策。

第二节 英语语音教学案例分析

一、教学内容分析

（一）教材宏观分析

本课采用的课程资源是《"美"音之旅英语语音教程》*Journey to Better Pronunciation*。该教材不仅可帮助学生系统化建立和完善音素意识，同时也摆脱了枯燥且传统的教学模式，学生可像闯关游戏一样集中、高频、短时学习语音，形成肌肉记忆。在故事中学习感知语音，利用音标会拼、趣拼、拼准；联系自然拼读，掌握拼写规律，解码拼读阅读。每单元穿插日常交际，帮助学生适应英文授课环境，规范书写，培养英语的学习习惯，提升自学能力。带领学生乐学趣学，获得成就感、提升自信心。本课程资源适用于初中七年级的学生，能帮助学生初步掌握语音知识，为以后的英语学习打好基础。

（二）单元整体分析

本单元的教学内容是 Unit 3，分两个课时完成。第一课时通过故事线索 Bill 如何向朋友小猪道歉，引入教学短元音/ɪ/和两组辅音音素（连缀）/θ/、/ð/、/ts/、/dz/；第二课时在掌握短元音/ɪ/的基础上，学习字母 Ii 的另一个主要发音/aɪ/，并感知 Ii 在开音节和闭音节中的不同发音。在第一课时中，学生通过感知和注意活动进入主题情境，激活已有的知识和经验，以主题意义探究和解决问题为目的，主题为学习内容提供了语境。通过观察、模仿、观看发音视频等方式，学生能掌握/ɪ/、/θ/、/ð/、/ts/、/dz/的发音技巧以及拼写规律，实现见词能读、听音能写、解码拼读阅读，这样开展获取与梳理、概括与整合等活动能让学生循序渐进地掌握语音知识。文化知识是学生认识世界、学会生活、涵养精神、启迪智慧的知识源泉,本课中学生能运用语音规则,实际解决问题,续编故事结尾,认识到不能因熟而失礼,并树立正确的人际交往价值观,帮助学生形成良好的品格和价值观。在学习过程中,学生通过语音练习,能掌握学习音素的具体方法和步骤,很好地发展了语言技能。接下来,从学习理解类活动到应用实践类活动,甚至实现迁移创新,能很好地促进能力向素养的转化。在第二课时,学生更多的是延伸和巩固本单元的知识。

(三)本课时教学内容分析

【单元主题】朋友和其他人

【主题语境】人与自我——家庭、朋友与周围的人

【适用年级】七年级

【授课时长】1课时(40 mins)

【语篇类型】绘本故事,语音

【语篇分析】基于六要素整合的英语课程内容,本课教学内容如下。

主题类型:"家庭、朋友与周围的人Family, friends and people around"中的"朋友Friends和其他人Other people"。

语篇类型:绘本故事,对话。

语言知识:(1)语篇知识:引导学生理解日常生活中常见的简单语言材料;(2)语音知识:掌握/ɪ/ /θ/ /ð/ /ts/ /dz/的发音技巧以及拼写规律,实现见词能读、听音能写、解码拼读阅读。

语言技能:通过语音练习,能掌握学习音素的具体方法和步骤。

学习策略:(1)通过听音跟读、观察、模仿、检测四个步骤学习音素;(2)活动的设计层层递进,由浅入深,采用小组学习的方式,培养学生合作学习、综合运用语言的能力;(3)通过比较,识别关键信息,综合、归纳、概括语音的规律,很好地发展了学生的逻辑性和批判性思维能力;(4)通过多种形式的评价,检测学习目标达成度。

文本分析如图4-1。

```
                          ┌─ 语篇主题 ── 人与自我——家庭、朋友与周围的人 Family, friends and people around
              ┌─ What ────┤
              │           └─ 语篇内容 ── 本课时所学语篇为一个绘本小故事。一个名叫Bill的小男孩
              │                          在路上遇见一头小猪,Bill用夹子去夹小猪的尾巴,猪就踢了
              │                          Bill,最后Bill向小猪道歉
Text          │
Analysis──────┤── Why ──── 情感态度 ── 建构对尊重他人的认知,有礼貌地与别人相处,树立正确的人
              │                        际交往价值观
              │           ┌─ 文本线索 ── 本课时有两条线,明线是以问题为导向的情境创设——Bill
              │           │              如何向朋友道歉,解决问题;暗线则是从掌握音素知识、拼读
              └─ How ─────┤              单词到运用规律
                          │
                          └─ 教学组织 ── 学生通过教师的带领,明晰学习音素的四个步骤(听音跟读;
                                         观察;模仿;检测),再以四人小组为单位,跟随步骤自学辅音
                                         音素。利用智慧设备、课堂四级制(即老师—助手—组长—组
                                         员),实现大班课堂"小班化",在单位时间实现全班高效学习
                                         和检测
```

图 4-1

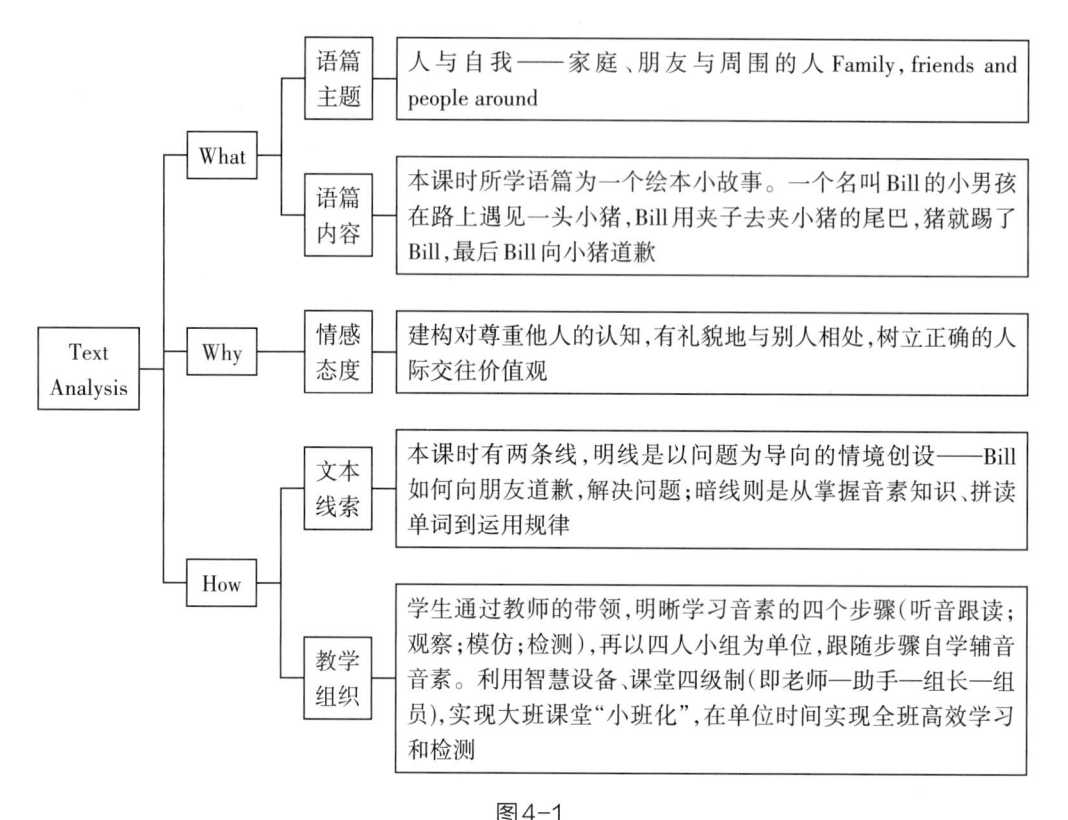

【评析】

本课对教材内容的分析较为精准和全面:首先,从宏观角度分析了课程资源的指导思想、特色、教学方法和组成部分;其次,从英语课程内容六要素分析了整个单元;最后,对本课时的课文语篇、语言知识与语言技能的学习活动,以及录音和视频材料进行了细致的分析。尤其是在语篇的分析上,从 What,Why,How 多角度全面分析,从课程目标的高度进行分析,把握课文语篇的设计理念,充分体现了英语课程是学生学习和运用英语语言、了解和传播中外优秀文化、工具性和人文性相融合的课程。

二、学情分析

七年级学生的普遍特点是语音学习观念不强。语音学习观念包括语音学习态度、语音学习动机和语音学习自我评价。同时,由于生源往往来自不同的片区,英语学习水平参差不齐,很大部分学生的语音基础不牢固。刚升入中学的学生虽然仍保留着小学生的习惯和特点,但智力和思维已经有了较好的发展,在课堂教学中如果适

当穿插游戏环节,能引导学生在愉快的环境中参与学习,促进学生由形象思维向抽象思维过渡,达到既长知识又长智慧的目的,使学生身心都能得到健康发展。

【评析】

本课在学情方面分析内容全面,既分析了学生的学习起点、原有的认知水平和知识结构、知识能力水平、已有相关知识储备与经验,又结合了学生的心理、生理特点、学习动机,思维品质特点,提示了学生在学习本课可能出现的困难及解决的对策,体现了英语课程是一门面向全体学生,旨在发展学生核心素养的基础课程。

三、教学目标分析

在准确了解学生已有知识经验、现有语言水平,以及语音课所需要的认知过程和认知结构的基础上,结合内容分析,本课的教学目标设计为:

通过本课的学习,学生能够:

(1)通过观察、模仿、观看发音视频等方式,掌握/ɪ/ /θ/ /ð/ /ts/ /dz/的发音技巧以及拼写规律,实现见词能读、听音能写、解码拼读阅读。

(2)通过语音练习,能掌握学习音素的具体方法和步骤。

(3)能运用语音规则,实际解决问题,续编故事结尾,认识到不能因熟而失礼,并树立正确的人际交往价值观。

(4)通过"课堂四级制"(即老师—助手—组长—组员)合作学习,培养学生合作学习和自主学习的能力,同时以四级制的方式完成学习检测,适配各层次学生的学能。

【课程思政理念】

帮助学生树立正确的人际交往观念,形成良好的品格和价值观。

【教学重难点】

1.重点

学生需要通过语音练习,重点掌握/ɪ/ /θ/ /ð/ /ts/ /dz/的发音技巧以及拼写规律,通过音标解码拼读及拼写。

2.难点

前元音/ɪ/和摩擦音/θ/ /ð/不存在于中文语音系统中,学生需要通过对比、观察等方式明确发音要领、掌握发音技巧,最后运用规律,补全给Bill的建议。

【评析】

教师在对本课的文本全面深入研读的基础上,设计制定了具体清晰且凸显主题意义探究的教学目标。本课教学目标符合英语学科特点及课改新理念,符合英语课程发展学生核心素养(语言能力、文化意识、思维品质、学习能力)的要求,体现了以学生发展为本的思想,符合中学生英语学习规律、身心发展规律、学生实际和教学要求。本课有两条线,明线是创设情境,Bill 如何向朋友道歉来解决问题,这是本课的文化知识目标;暗线则是从掌握音素知识、拼读单词到运用规律。音素的掌握是本课的语言目标,但不能让学生简单地跟读和模仿来掌握音素,而是通过听音跟读、观察、模仿、检测四个步骤学习音素。学生具有了学习语音的技能,从理解层次到实践层次,再到迁移创新层次,举一反三,逐渐能自主地学习语音知识。另外,本课强调学生以"课堂四级制"的方式合作学习,既培养了学生的学能,又能满足不同层次学生的需要。这样的教学目标能帮助学生获得知识,提升能力,发展思维,塑造品格。

四、教学过程分析

教学过程如表4-6。

表4-6 教学过程

Procedure	Activities	Intentions
Stage 1 Warm-up (5 mins)	Step 1 Revision Activity 1 Read aloud The whole class read some words with vowels A and E in class (CVC \ CVCe words). Let's review. | A		E		I	O	U | |---|---|---|---|---|---|---| | CVC | CVCe | CVC | CVCe | | | | | cap | cape | pet | pete | | | | | tap | tape | met | mete | | | | | hat | hate | gen | gene | | | |	1.激活学生旧知,复习元音字母 A、E 构成的 CVC,CVCe 发音规则。

续表

Procedure	Activities	Intentions
Stage 1 Warm-up (5 mins)	Activity 2 Rap Review the four vowel phonemes of letters A and E in the form of rap. Let's rap. Hello everybody. Do you really know my name? Hey hey yo yo hey hey hey. I say _____. You say _____. _____ _____ I'm MC. What can you see? Hello, MC. What can I see? I say _____. You say _____. _____ _____ Unit 1 /æ/ A /e/ CVC CVCe cap cape hat hate tap tape Unit 2 /e/ E /iː/ CVC CVCe met mete pet pete gen gene Step 2 Lead in Activity 3 Listen to the story Listen to the story and read aloud. Bill is a little kid. He meets a big pig. He ties its tail with a clip. It kicks Bill on the hip.	2. 用rap的形式活跃课堂氛围，并以此复习并运用已学内容。 3. 通过听力完成对文本的首次感知，在文本中初步感知短元音/ɪ/；由故事情节引出本课的主线，即get some tips for Bill，引发任务，在任务中完学习音标和检测学习效果
Stage 2 Presentation (10 mins)	Step 3 Learn vowel /ɪ/ Activity 4 Listen and repeat Listen and follow the words with /ɪ/? Activity 5 Watch and judge. Listen and watch the video carefully. The teacher demonstrates the pronunciation, and students judge the pronunciation parts, methods and characteristics in the form of tables. Watch and judge（判断）. 		/ɪ/	
Sound length 发音长度	long 长	short √ 短
Shape of mouth 嘴型		√
Gap between teeth 上下齿间距		√
Space between tongue and lower gum 舌尖与下齿龈间距	touch 轻抵	close √ 靠近		4. 通过听力输入，在词汇中感知短元音/ɪ/。 5. 带领学生明确音素学习应留意的要素，从发音长度、唇形、上下齿间距、舌尖与下齿龈间距五个维度，引导学生有意识地观察、模仿、纠正发音。

续表

Procedure	Activities	Intentions
| Stage 2 Presentation (10 mins) | Activity 6 Imitate and try<br>After watching the video and understanding the pronunciation mode, students imitate the pronunciation by themselves.<br>Activity 7 Check<br>The teacher uses the following chart to check the pronunciation of the assistant. Then the assistant checks the pronunciation of the team leader, and the team leader checks the pronunciation of the team members.<br><br>```
                    T
              /          \
            TA            TA
           /  \          /  \
         GL    GL       GL    GL
        /|\   /|\      /|\   /|\
      GM GM GM  GM GM GM  GM GM GM  GM GM GM
```<br><br>T—Teacher   TA—Teaching Assistant<br>GL—Group Leader GM—Group Member<br><br>Step 4 Learn consonant /θ/ /ð/ /ts/ /dz/.<br>Activity 8 Learning groups.<br>The teacher teaches the assistant. Then the assistant teaches the team leaders, and the team leaders teach the team members.<br><br>Use the steps and learn /θ/ /ð/ /ts/ /dz/ in groups.<br><br>Step 1 (2 mins) Listen and repeat. video 1 /θ/ /ð/ video 2 /ts/ /dz/<br>Step 2 (2 mins) Watch and judge.<br>Step 3 (1 min) Imitate and try.<br>Step 4 (1 min) Check.<br><br>| | /θ/ | /ð/ | /ts/ | /dz/ |<br>|---|---|---|---|---|<br>| What parts of the mouth do we use? 我们用了哪些发音器官? | 上齿、舌尖 | 上齿、舌尖 | 上齿龈、舌侧、舌尖 | 上齿龈、舌侧、舌尖 |<br>| How do they move? 这些发音器官如何运动? | 上齿轻咬舌尖送气摩擦 | 上齿轻咬舌尖送气摩擦 | 舌侧舌尖贴上齿龈、气冲阻碍 | 舌侧舌尖贴上齿龈、气冲阻碍 |<br>| Does the vocal cards vibrate? 声带是否震动? | NO | YES | NO | YES |<br>| Is the air flow strong? 气流强吗? | YES | NO | YES | NO | | 6. 通过了解发音技巧, 学生根据发音特点模仿练习。<br><br>7. 通过课堂"四级制"的方式, 实现课堂小班化、学生学习自主化, 充分发挥学生的学能, 在单位时间内实现全班参与, 有效检测评价的效果。<br><br>8. 培养学生学能和自主学习能力, 同时以"四级制"的方式完成四个辅音音标的学习, 适配各层次学生的学习能力 |
```

续表

Procedure	Activities	Intentions
Stage 3 Practice (15 mins)	Step 5 Practice spelling syllables. Activity 9 Read aloud With the teacher's help, students spell syllables (phoneme combinations), from CV to VC to CVC. ①Consonant+Vowel /p/ /b/ /t/ /d/ /k/ /g/ /s/ /z/ /f/ /v/ /θ/ /ð/ + /ɪ/ ②Vowel + Consonant /ɪ/+/p/ /d/ /k/ /g/ /s/ /z/ /b/ /t/ /f/ /v/ /θ/ /ð/ /ts/ /dz/ ③Consonant +Vowel + Consonant /p/ + /ɪ/ + /g/ — /pɪg/　　　/b/ + /ɪ/ + /g/ — /bɪg/ /h/ + /ɪ/ + /t/ — /hɪt/　　　/f/ + /ɪ/ + /t/ — /fɪt/ /s/ + /ɪ/ + /p/ — /sɪp/　　　/p/ + /ɪ/ + /k/ — /pɪk/ /θ/ + /ɪ/ + /k/ — /θɪk/　　　/ð/ + /ɪ/ + /s/ — /ðɪs/ /s/ + /ɪ/ + /ts/ — /sɪts/　　/k/ + /ɪ/ + /dz/ — /kɪdz/ Activity 10　Listen Listen and circle the phonemes you hear. (kits, thin, beds) Step 6 Explore and try spelling Activity 11 Game 1: Phonic racer Each pair of students spell words from both ends at the same time through phonetic symbols. Rules:(1)A reads the words from left, B from right. (A from left, B from right (2)When A and B meet, rock paper scissors. You win, continue; you lose, go back and re-read the first word, till one gets to the end. kick /kɪk/　this /ðɪs/　think /θɪŋk/　clip /klɪp/ kids /kɪdz/　hip /hɪp/　others /ˈʌðə(r)z/　little /ˈlɪtl/　big /bɪg/ Activity 12 Read and discuss Read the words, observe and summarize the spelling rules in pairs. | Phonemes | Examples | Your Try || |---|---|---|---| | /ɪ/ | kid, pig | /bɪg/ | b__g | | /θ/ | thank, math | /fɪfθ/ | fif____ | | /ð/ | the, with | /ðɪs/ | ____is | | /ts/ | cats, sits | /hæts/ | ha____ | | /dz/ | beds, hands | /siːdz/ | see____ |	9.学生在教师的领读下感知短元音音素/ɪ/在 CV，VC 和 CVC组合的发音，为下一步解码单词音素的铺垫。 10.通过解码单词音素，训练学生组合单个音素、分解音素组合的能力，为下一步能根据音标拼读单词做铺垫。 11.通过音标拼读单词，评估学生拼读组合音素能力，学生已基本达成"见词能读"的目标。 12.通过读词观察，学生完成解码字母、字母组合与音素对应的规律

续表

Procedure	Activities	Intentions
Stage 3 Practice （15 mins）	Activity 13 Game 2：Hit the fly Rules：Two students hit the phoneme they hear. The rest students read the words for them. Who can hit the "fly" first? 谁先打到苍蝇？ Game Rules Two students hit（打）the phoneme（音素）they hear. The rest（其余）students read the words for them. /ɪ/ /ts/ /dz/ /θ/ /ð/ Activity 14 Listen and fill Listen to the story and fill in the blanks. Listen and spell the words in the story. Bill /bɪl/ is a little kid /kɪd/. He meets a big /bɪg/ pig /pɪg/. He ties its tail with /wɪð/ a clip /klɪp/. It kicks /kɪks/ Bill on the hip /hɪp/.	13.检测学生解码单词拼读规律的掌握情况，实现教学目标——见词能读。 14.回归听力文本，通过运用拼读规律，检测是否实现"听音能写"的教学目标
Stage 4 Production （8 mins）	Step 7 Complete and act out Activity 15 Act out （1）Each group open the envelope and decode the clue. /θɪŋk twaɪs ænd rɪ'spekt ˈʌðə(r)z/ _____ twice and respect o__ers. /lets biː frendz/ Let's be _ rie___. /teɪk ðiːz gɪfts, pliːz/ Take _____ _____, please. （2）Through the decoded clues, the group uses the clues to complete the story and perform. The rest of the groups rated the performance according to the evaluation form on the screen. Bill is a little kid.　　　　He meets a big pig. He ties its tail with a clip.　It kicks Bill on the hip. Bill feels sad.　　　　　　He finds the pig and says, " I'll _____.　　　_____. _____."　　　　　The pig says, "..." | Super Helper Group 最乐于助人组	
---	---
发音标准	1 2 3 4 5
声音洪亮	1 2 3 4 5
表情自然	1 2 3 4 5
人人参与	1 2 3 4 5
有创造力	1 2 3 4 5		15.训练和检测学生在语境中的拼读阅读能力。培养学生合作学习、综合运用语言的能力。文本内容引导学生了解正确的人际交往原则，不因熟而失礼，树立正确的人际交往价值观

Procedure	Activities	Intentions
Stage 5 Summary & Homework (2 mins)	Step 8 Summary Activity 16 Summary The teacher leads students to summary what they have learnt in this class. ·I know the phonemes（5个音素）_____. ·I can read and write CVC words with letter ____（元音字母），and words with letters ____, ____, ____（字母及字母组合）. ·I know how to be a good friend, I'll _____ A. tie my friends' hair(头发). B. kick them on the hip. C. respect others. D. give friends gifts. E. think twice before I do something. Homework： Preview "Magic e". (1)Finish the KWL chart. (2)Finish the rest exercise	16.带领学生归纳、复盘整堂课的相关知识。学生自我评价学习成果，增强学生的学习目标感，让学生对自己学过并且掌握的知识做到心中有数

【评析】

整个教学过程依据PPP教学模式分为热身阶段(Warm-up)、呈现阶段(Presentation)、训练阶段(Practice)、运用阶段(Production)及总结和作业布置(Summary &Homework)五个阶段。热身阶段由复习(Step 1 Revision)和导入(Step 2 Lead in)构成，设计了3个活动(Activities)，帮助学生能够在文本中获取写作所需的话题词汇以及功能词汇并搭建支架；帮助学生激活旧知识，活跃课堂氛围，并通过听力完成对文本和新音素的初步感知。呈现阶段(Presentation)包括学习元音音素(Step 3 Learn vowel /ɪ/)和学习辅音音素(Step 4 Learn consonant /θ/ /ð/ /ts/ /dz/)，设计了5个活动(Activities)，由浅入深地让学生掌握元音音素/ɪ/的发音，进而通过课堂"四级制"的方式让学生学会/θ/ /ð/ /ts/ /dz/四个辅音音素的发音。训练阶段(Practice)包括训练拼读音节(Step 5 Practice spelling syllables)与探索和单词拼读(Step 6 Explore and try spelling)，安排了6个活动(Activities)，掌握短元音音素/ɪ/在CV，VC和CVC组合的发音，通过音标拼读单词，评估学生拼读组合音素能力，学生已基本达成——见词能读的目标。运用阶段(Production)包括完成和表演(Step 7 Complete and act out)，有1个活动(Activity)，学生通过角色扮演,树立正确的人际交往价值观。同时,教师检测学生在语境中的拼读阅读能力。总结和作业布置阶段(Summary & Homework)让学生总结本课所学,并做出评价,最后教师布置家庭作业。

本课教学整体安排合理,课堂结构层次清楚、逻辑关系密切,教学环节循序渐进、节奏合理、衔接自然。教学过程基于中学生的外语认知与学习规律特征,体现从语言接触到语言学习再到训练巩固、复习,最后到语言理解与运用,融合语言理解和表达。整节课的教学过程体现了目标—活动—评价三者的和谐统一。基于学生已有的知识准备和经验设计教学活动,活动紧扣教学目的,以学生为中心;教学活动的组织形式恰当,指导学生利用已有知识和能力学习和运用新语言,注重学生能力的发展;恰当地为学生创设自主学习的空间,引导学生开展自主、合作等学习活动;各环节教学活动的时间安排合理、有效;学习资源设计符合教学活动的实际需要,并有助于促进学生学习。因为重难点把握准确,所以突出重点、突破难点的教学活动有效。

五、教学评价分析

本课的评价内容及方法如下:
(1)设置音素评价表,课堂"四级制"分级检测学生是否读准音素和音节。
(2)"再生文本"——续写故事结尾,帮助 Bill 完成道歉,并表演故事,采用学生自评标准评价活动结果。
(3)设置结课券,检查学生学习目标的完成程度。

【评析】

本案例的学习效果评价紧紧围绕教学目标和活动意图展开,贯穿于教学的始终,凸显教师坚持"教—学—评"一体化实施的理念,确保学习真实发生并取得实效,符合国家教育评价改革理念与英语课程标准的要求以及中学生评价心理需求与特征,符合语言学习与评价基本规律。教学过程中的评价关注了结构化知识的梳理和内化,评价主体多元化,评价形式多样化,注重过程性评价及生成性问题解决和利用,使学生思维品质的培养层层递进,促进了学生的学习;体现了教师对学生语言、文化、思维协同发展的关注,确保学科育人目标落地课堂。

六、教学案例总体分析

(一)设计理念

本课设计理念符合立德树人的教育目标和英语课程目标,教学目标、教学过程与活动能够发展学生的英语学科核心素养。本课不仅注重语音知识目标的达成,也注重学生英语综合素养的培养,尝试解决当前语音教学中存在的问题。整个教学体现了目标导向性、问题导向性、整合性和情境性。教学中以学生为中心,基于学生的发展需求和社会的发展需求设计教学,采用情境教学法,明暗线交织的设计推进课堂教学。学生通过教师带领,明晰学习音素的四个步骤,再以四人小组为单位,跟随步骤自学辅音音素。教师利用智慧设备、课堂"四级制",实现大班课堂"小班化",在单位时间内实现全班高效学习和检测。教学评价游戏化,得到多感官的刺激,激发学生启用并协调各项认知功能,体现了"教—学—评"的一致性。教师通过融入形成性评价与终结性评价,培养学生的综合语言运用能力,提升了教学效果。

本课按照英语课程标准的教学理念,恰当选择与运用情境教学法、交际教学法、任务教学法和自主学习等教学方法,有利于教学目标的达成;教学方法符合初中七年级学生的实际与要求,学生能积极投入学习活动;新知识呈现、阐释、训练巩固活动具有情境性、趣味性、启发性、交际性、实用性和可操作性;突出了自主、探究、合作等教学方式,体现了多元化的学习方法,实现了师生有效互动。

(二)设计亮点

本节语音课没有枯燥的机械性操练,取而代之的是融入核心素养、符合课标要求的创新设计。

1. 以主题意义为主线,加强语音与文本语篇间的联系

教学设计中明线暗线串联起丰富的教学活动,讲解清晰。从整体视角出发,教师有意识地将英语语音教学与词汇教学、听说教学、阅读教学等紧密结合起来,解读各部分之间的关联,有选择地取舍重点内容和次重点内容,分析主题意义指向,发挥语言学习的整体性效应。

2. 围绕英语学习活动观,设计整合性输出任务

学生的英语学习水平高低直接体现其综合运用语言的能力和思维的广度与深

度。语音教学是为培养学生语言能力、文化意识、思维品质和学习能力打好基础,其重要性不言而喻。本课语音教学的开展将英语学习活动观贯穿其中,不是僵硬地按照模板一味地灌输,而是设计从学习理解到应用实践,再到迁移创新的探究活动,实现学生从"输入"到"输出"的灵活转变,使学生面对语音不再犯难,能够见词就读,提升其语言表达能力,增强语音教学的实效性。

3.明确语音教学目标,体现"教—学—评"一体化

本课很好地体现了"教—学—评"一体化设计。教师能把握英语学科核心素养的培养方向,设定精准的教学目标,创新地结合了音标教学和自然拼读两大体系的优势,帮助学生练习英语发音肌肉群,发好音、记好单词。学生在教师的指导下,培养了自身的语言能力、文化意识、自学能力和思维品质,并通过课堂"四级制",充分发挥组长的作用,进一步推动学生互学、自学,发现并运用语音学习规律。教师以教学目标为导向,依据教学目标确定了科学的评价内容和评价标准,通过组织和引导学生完成以评价为导向的多种评价活动,监控他们的学习过程,检测教与学的效果,实现以评促学、以评促教。

✓ 实作

1.该教学设计还存在什么问题?如何改进、优化该教学设计?

2.依据该教学内容,为初一年级学生设计一节新的英语语音课。

【拓展学习】

扫二维码获取教材原文。

(本案例由重庆市巴蜀中学初中部江映樾老师提供)

第三节
英语语音教学实作训练

一、分析教学内容

【教材】《"美"音之旅英语语音教程》*Journey to Better Pronunciation*

【主题语境、单元主题】人与自然——动物和植物 Animals and Plants

【本课主题】认识动物和植物

【适用年级】七年级

【授课时长】1课时（40 mins）

【语篇类型】绘本故事，语音

【语篇分析】

【What】Unit 6第一课时部分聚焦/æ/和/e/两个元音音素，包括发音方式、发音部位，以及这两个元音之间的发音区别。除此之外，这两个元音在通常情况下对应的字母或字母组合也在本课的教学范围之内。

【Why】/æ/和/e/这两个音素听起来相似，所以学生在区分这两个元音方面有障碍，这也会导致学生在听音拼写单词方面犯错。因此，本课将这两个元音合并教学，让学生能直观地感受它们之间的区别，同时，也能够培养学生听音正确拼写单词的能力。

【How】在感受/æ/和/e/的区别时，学生可以通过发声部位图来了解正确的发生部位，也可以通过本课的故事听力文本来直观地感受两者的区别。同时，学生还可以通过听音选择正确的音素来辨别两个音素。除此之外，学生根据单词来总结概括音标与字母或字母组合之间的关系，这不仅能够让学生加深记忆，也可以培养学生自主探索的能力。

✓ 实作

1.本案例中的教学内容从哪几个方面进行了分析?
2.你认为有什么需要改进和补充的教学内容?

二、分析学情

在小学时,大部分学生都接触过一些英语单词和简单的英语问候语,但是大部分的学生都没有系统地学过音标,所以本课的目标就包括引导学生系统地学习音标。在前面几个单元的学习中,学生已经接触过一些音素的内容,比如/i:/ /ʌ/ /t/ /d/ /k/ /g/ /h/等。在前面5个单元的学习中,学生已经学会在音节中拼读音素,比如辅+元、元+辅、辅+元+辅,所以大部分学生在单音节的拼读方面没有太大障碍。

✓ 实作

1.本案例中的学情分析主要分析了学生的学习起点,包括哪些方面?
2.对学情的分析还需要增加哪些内容?

三、叙写教学目标

在学习本课之后,学生要能够:

(1)知道并正确发音/æ/和/e/这两个音素,且能通过听音选择的方式辨别这两个元音的区别。

(2)根据所学的/æ/和/e/这两个音素与字母或字母组合之间的对应关系来听音正确拼读和拼写单词。

(3)通过标记升降调的方式来正确判断句子的语调并正确大声地朗读。

(4)通过音标卡、转盘、游戏等方式的活动对音标学习感兴趣。

(5)与同伴和小组成员合作探索,积极参与学习活动。

【课程思政理念】培养学生乐于助人的精神。

实作

1.请用SMART原则分析本案例的教学目标。

2.怎样改进本课的教学目标,使其更符合英语学科特点及课改新理念,符合英语课程发展学生核心素养(语言能力、文化意识、思维品质、学习能力)的要求?

四、设计教学过程

教学过程如表4-7。

表4-7 教学过程

教学环节	Procedure and Student's Activities	设计意图
Warming-up (1 min)	1. Greetings. 2. Practice everyday English	让学生进入英语的语言氛围中,更快进入课堂学习
Review (3 mins)	Students read the words with the phonemes /ʌ/ /juː/ /t/ /d/ /ʃ/ /ʒ/ | cut	cute	cheap | | --- | --- | --- | | page | sheep | vision |	激活学生旧知,复习上节课所学音标,为这节课的学习做准备
Presentation (7 mins)	1. Teacher shows a picture of a cat and tells students that the cat was lost somewhere in the house. Arouse students' interest to find the cat after 4 steps. The group who answers the most questions wins. 2. Challenge 1: play the record and feel the two vowels. man　Pat　has　bat　cat　pet　bread　bet 3. Teacher use pictures and cards to show how to pronounce the two vowels and identify them. /æ/　口腔大开　嘴角后收　肌肉稍紧　发音短促 /e/　口腔半开　唇型略扁　肌肉放松　发音短促 4. Students see the vowels falling from the apple tree, stand up and read loudly	1.学生刚进入初一学习,年龄尚小,依据闯关的游戏可以培养他们对英语学习的兴趣,并且给他们创设一个情境和小组竞赛机制,更能激发他们参与的积极性。 2.听音,感受两个元音的区别,给学生更直观的感受。 3.利用音标卡以及发音位置图示更直观地呈现音标的读音。 4.让学生积极参与苹果树上掉下带有音标的苹果的游戏,并且检测学生对两个元音的发音是否到位

续表

教学环节	Procedure and Student's Activities	设计意图
Practice (19 mins)	1. Challenge 2: Students read the phonemes in syllables by themselves (Consonant + vowel; vowel + consonant, consonant + vowel + consonant) and then check in pairs. (1) Consonant + Vowel /k/ /g/ /θ/ /ð/ /r/ /h/ /tr/ /dr/ /w/ /j/ /l/ /n/ + /æ/ /e/ (2) Vowel + Consonant /æ/ /e/ + /t/ /d/ /f/ /v/ /s/ /z/ /ʃ/ /ʒ/ /tʃ/ /dʒ/ /ts/ /dz/ /m/ /n/ /ŋ/ (3) Consonant + Vowel + Consonant /pæt/ /pet/ /bæd/ /bed/ /mæθ/ /meθ/ /bæt/ /bet/ /bæθ/ /beθ/ /pæn/ /pen/ (4) Read the following disyllabic (双音节) and polysyllabic (多音节) words. | /ˈkæri/ | /ˈtrævl/ | /dʒəˈpæn/ | /iˈmædʒin/ | | /ˈjeləu/ | /ˈentə/ | /əˈdres/ | /dɪˈsembə/ | 2. Teachers use cards with phonetic symbols on in and let students read out. (Consonant + vowel; vowel + consonant) 3. Turntable game: One student goes on the stage and turns one turntable with some consonants, another student turns the second turntable with vowels, the third student turns the turntable with consonants, and the other students read out the syllables. 4. Challenge 3: Students work in groups, put the words into the houses and find out the rules. Teacher picks two groups to show their answers and the check. Put the words into the houses and find out the rules. Pat　bet　bread　bat　pet　mat Ted　dead　tan　ready　merry　head Rule: 可发 /æ/ 的字母有＿＿＿＿＿＿＿。 Rule: 可发 /e/ 的字母或字母组合有＿＿＿＿和＿＿＿＿。 5. Challenge 4: (1) Listen and choose. (　)① A. /mæd/　　B. /mæp/　　C. /mæθ/ (　)② A. /glæd/　　B. /blæŋk/　　C. /θæŋk/ (　)③ A. /met/　　B. /dres/　　C. /red/ (　)④ A. heavy　　B. heaven　　C. spread (　)⑤ A. match　　B. left　　C. instead	1. 自己拼读，确保每一个学生过关，再两人互相听同伴发音是否正确，同时，培养两人合作的意识和能力。 2. 教师检测学生拼读是否正确，及时纠正错误发音。 3. 三名学生上台转转盘抽取相应辅+元+辅音标，其他学生拼读，将相对较难的拼读转化成游戏形式来检测学生拼读是否正确。 4. 培养小组合作的意识，讨论出相应的字母或字母组合与音标之间对应的关系。 5. 从听、读到写，从口头到笔头，让学生落实字母或字母组合与音标之间的对应关系。同时，学生完成所有挑战，找到了猫咪的所在地，完成了课堂开头的情境任务，培养学生乐于助人的精神

续表

教学环节	Procedure and Student's Activities	设计意图
Practice (19 mins)	(2) Listen, put the phonemes in order and write the words. ① /t/ /h/ /æ/ ② /æ/ /d/ /b/ ③ /g/ /e/ /＿ ＿ ＿/ /＿ ＿ ＿/ /＿ ＿/ ＿ ＿ ＿ ＿ ＿ ＿ ＿ ＿ ④ /g/ /t/ /e/ ⑤ /e/ /h/ /d/ ⑥ /e/ /v/ /i/ /h/ /＿ ＿ ＿/ /＿ ＿ ＿/ /'＿ ＿ . ＿ ＿/ ＿ ＿ ＿ ＿ ＿ ＿ ＿ ＿ ＿ ＿ (3) Students read and complete the story to review the story and help find where the cat is. Read and complete the story. 　　　　　　/mæn/　　 /hæz/　　/pet/ A ＿＿＿＿＿ ＿＿＿＿＿ a ＿＿＿＿＿. 　　　　　　　　　　　　/kæt/ It's a ＿＿＿＿＿ called Pat. 　　　　　　　　/bred/ Pat loves ＿＿＿＿＿. 　　　　/bet/　　　　/bæt/ Where is Pat? I ＿＿＿＿＿ it's under the ＿＿＿＿＿.	
Production (8 mins)	1. Teacher presents the rules of falling tone. 降调(Falling Tone) 语调(Tone)是声调高低、抑扬、轻重的配制和变化。英语的基本语调包括升调(Rising Tone)和降调(Falling Tone)，分别用"↗"和"↘"来表示。 降调常用来表示说话人态度肯定、坚决，表达结束，语意完整。 (1)用于陈述句:I love ↘China. (2)用于特殊疑问句:What is your ↘job? (3)用于祈使句: Go back to your ↘seat! (4)用在选择疑问句中"or"之后的部分:Is he your ↗brother or your ↘cousin? 2. Students make the tones and read. A man has a (　　) pet. Where is (　　) Pat? Open the (　　) door! Do you like (　　) apples or (　　) pears? 3. Students read the story and act it out	1.教师呈现降调,培养学生的语感 2.学生根据所学判断句子的升降调。 3.学生进行角色扮演,以故事为依托输出今日所学内容。教师检测学生的读音是否正确,课堂所学内容是否达成目标
Summary (2 mins)	Students summarize what they have learned today	学生总结今日课堂所学的主要内容

✅ **实作**

1.本案例的教学过程设计能否达到本课的教学目标,请具体分析。

2.本课的教学重难点是什么?教学活动能否突出重点,突破难点?

(五)设计教学评价

本课的评价采取的是形成性评价的方式。首先,教师在让学生感知两个元音音素并教授发音方法后,通过苹果树上掉苹果,学生看到后立即起立大声回答的方式来检测学生是否能够正确发音。其次,通过同伴合作以及小组合作的方式,为了检测学生在辅+元、元+辅、辅+元+辅多音节的拼读上是否正确以及在讨论之后是否有对音素与字母或字母组合之间的对应关系有所了解,教师采用音标卡片闪现的方式抽取大部分学生来达成师生之间的评价。再次,通过抽取三名学生上台转转盘选取音素,其他学生来拼读该音节,再抽取学生来评价拼读是否正确的方式来达到生生间的评价。最后,教师通过学生朗读及角色扮演的方式来综合检测他们对这两个元音音素的拼读以及升降调是否掌握。因此,在本课中,教师用了卡片、游戏、转盘等方式在学习过程中穿插形成性评价,以便在课堂教授过程中及时调整教学进度和教学方式以使学生更好地学习。

✅ **实作**

1.本课能体现评价主体多元化、评价形式多样化吗?请分析。

2.请依据以上案例的教学材料,参照语音教学设计评价表(如表4-8),重新为七年级学生设计一个课时的语音教学新授课。

表4-8 语音教学设计评价表

维度	具体内容	自我评价
设计理念	从英语学习活动观、教学目标、教学策略、"教—学—评"一致性等出发,分析设计理念	
教材分析	即教学内容分析,包括本课主题、适用年级、授课时长、语篇类型、语篇分析(包括英语课程内容六要素分析)、学习活动分析	
学情分析	学生已有的认知储备,以及学生学习本课时可能存在的困难	

续表

维度	具体内容	自我评价
重难点分析	本课学生应该掌握的重点内容,以及学生应该通过努力来完成的难点内容	
教学目标设计	结合文本体裁和语篇的主题意义,结合英语学科核心素养四个维度来设计教学目标	
教学过程&活动	完整的上课流程、各部分用时、各部分具体的教学活动(活动层次分明)、互动方式、活动所处的层次,以及活动设计意图	
教学评价	学生自评、互评、教师评价	
设计特色	分析本课的设计独特的亮点	

【拓展学习】

扫二维码获取教材原文。

(本案例由重庆市第十八中学初中部舒维兰老师提供)

第五章 英语词汇教学案例分析与实作训练

请思考

著名语言学家David Wilkins曾经说过:"Without grammar very little can be conveyed, without vocabulary nothing can be conveyed."这段话清晰地表明了词汇在语言交际中的重要性。词汇学习一直是中学生英语学习的重点,也是教师教学重点关注的方面。但是,如何有效地进行词汇教学一直困扰着中学一线教师。教师花了大量的时间来教词汇,学生花了大量的时间来学习、背诵词汇,但是在口头表达和写作时词汇匮乏现象依旧严重,词汇教学效果差强人意。近年来,基于新课标的要求,教师不再单独进行词汇教学,而是将词汇融入不同的课型中进行教授,基于语篇开展词汇教学,进行词汇教学新探索。那么,如果你班级里的学生也存在以上现象,你会如何在不同的课型中教授词汇呢?

学习目标导航

本章学习完成后,你能够:

1. 阐述英语课程标准对词汇教学的要求与词汇教学的目的。
2. 阐明词汇内容与词汇教学模式。
3. 解析典型的词汇教学设计案例。
4. 创新设计并实践词汇教学。

第一节
英语词汇教学概述

一、英语词汇教学目的

(一)英语课程标准对词汇教学的要求

词汇指语言中所有单词和固定短语的总和。词汇中的任何词语都是通过一定的句法关系和语义关系与其他词语建立起联系的,并在语境中传递信息。词汇学习不只是记忆单词的音、形、义,还包括了解一定的构词法知识,更重要的是在语篇中通过听、说、读、看、写等活动,理解和表达与各种主题相关的信息和观点。《高中英语课标》给词汇下定义:词汇又称语汇,是一种语言中所有词和词组的总和。词是语言的构建材料,也是最小的能够独立运用的语言单位。词汇是一种语言中所有词的总汇。词汇是词的集合体,词汇与词的关系是集体与个体的关系。在表述上,我们可以说"一个词",但是一般不能说"一个词汇"。词汇是学习英语的基础,词汇教学贯穿整个英语教学过程,学生只有具备扎实的词汇基础,才有可能真正学好英语。

1.《义教英语课标》对词汇的要求见表5-1(教育部,2022)

表5-1 《义教英语课标》词汇知识内容要求

级别	内容要求
三级	1.了解英语词汇包括单词、短语、习惯用语和固定搭配等形式; 2.理解和领悟词汇的基本含义,以及在特定语境和语篇中的意义、词性和功能; 3.通过识别词根、词缀理解生词,辨识单词中的前缀、后缀及其意义; 4.在特定语境中,根据不同主题,运用词汇给事物命名,描述事物、行为、过程和特征,说明概念,表达与主题相关的主要信息和观点; 5.围绕相关主题学习并使用约1600个单词进行交流与表达,另外接触并学习相关主题范围内200—300个单词,以及一定数量的习惯用语或固定搭配
三级+	围绕相关主题接触并使用约1800个单词进行交流与表达,另外接触并学习相关主题范围内约200个单词,以及一定数量的习惯用语或固定搭配

《义教英语课标》指出:就词汇知识而言,要让学生认识到词汇学习不是单纯的词汇记忆和机械的操练,而是要学会运用词语在特定情境中理解和表达意义。尽量以词块的形式呈现生词,引导学生关注词语的搭配和固定的表达方式,并在围绕主题意义建构结构化知识的过程中,提炼词语的搭配和固定表达方式,构建词汇语义网,积累词块,扩大词汇量。帮助学生在大量的语言实践活动中,规范语音,练习拼读,强化语感,加强运用,内化所学。结合主题,在课堂话语和学习活动中,有意识地通过对话、讨论等复现所学词语,引导学生围绕主题使用思维导图梳理词汇。指导学生借助构词法知识和词典、词表等工具学习词语,大胆使用新的词块自主表达意义、解决新问题。

2.《高中英语课标》对词汇教学的要求见表5-2(教育部,2020)

表5-2 《高中英语课标》词汇知识内容要求

课程类别	词汇知识内容要求
选择性必修	1.在语境中,理解具体词语的功能、词义的内涵和外延以及使用者的意图和态度等; 2.根据不同主题,梳理词语,并用于理解和表达相关的信息; 3.学习形容词与名词、动词与副词、动词与名词等的习惯搭配,逐渐积累词块,确切表达意思、描述事物; 4.在比较复杂的语境中,运用恰当词汇命名事物,进行指称,描述事件发生、发展的过程,描述特征,说明概念等; 5.学习使用1000—1100个左右的新单词和一定数量的短语,累计掌握3000—3200个单词

词汇教学不是通过简单的单词讲解就能让学生完全理解和掌握词汇的音、形、义,并能准确运用。教师必须根据听、说、读、写等不同课型确定相应的目标词汇,并制定具体、恰当的词汇教学目标,使教学目标的设定促进课堂教学有效性的提高。《高中英语课标》指出,在具体教学中,教师要引导学生利用词语的结构和文本的语境理解词语的意思,借助词典等资源,学习词语的用法,并大胆使用新的词语表达自己的意思。在日常教学活动中,教师要结合主题语境,不断地复现有关词语,其中包括教师自己的课堂教学话语和学生发言、对话、讨论的话语,譬如在小组活动前,教师提示相关词语运用的要求,有意识地促使学生在讨论中使用新学的词语。在学生词汇学习的过程中,教师可以根据主题,引导学生使用思维导图梳理词汇。在课堂上,教师要注意词块的呈现,帮助学生关注动词词组、介词词组、名词词组、形容词词组和副词词组的习惯搭配和表达。词汇学习是一个长期综合实践和有效积累的过程。

(二)词汇教学的目的

词汇教学是为了学生学会运用词语,在特定的情境中理解和表达意义。教师要尽量借助语篇语境,以词块的形式呈现生词,引导学生关注单词发音、练习拼读、强化语感;关注词汇的搭配和固定的表达方式,围绕主题构建词汇网,积累词块,使用思维导图梳理词汇,扩大词汇量,借助构词法知识和词典词表等工具学习词语,大胆使用新的词汇,自主表达意义、解决新问题。

教师需根据不同课型的不同教学目标来确定目标词汇,并按照词汇的学习要求,制定词汇教学目标。所谓目标词汇,就是学生在听、说、看、读、写等语言教学活动中需要习得的词汇。英语教学主要课型如阅读课、听力课、口语课、写作课等对词汇教学目标各有侧重(张威,2021)。针对不同课型的词汇学习要求,我们设定了以下词汇教学目标(如表5-3)。

表5-3 不同课型的词汇教学目标

课型	词汇教学目标
阅读课	阅读课第一课时的教学要求是通过阅读来理解文本内容,此时词汇教学的主要目标是帮助学生克服阅读的语言障碍,促进学生对文本的理解。在阅读课的第二、三课时,阅读教学的要求是深入理解文本以及语言学习,目标词汇应是核心的、常用的高频词。词汇学习的要求是了解这些词汇的语法模式、句式特征、常用搭配等深度知识,并且通过词汇学习来加深对文本的理解,同时为词汇的产出性使用做好准备
听力课	听是获得可理解语言输入的重要渠道,听力课中词汇学习是以意义为主的输入性学习。听力课的目标词汇主要是影响听力内容理解的词汇、在听中会产生歧义的词汇以及学生不易理解的词块。这些词汇的学习要求包括知道词汇的发音、了解词汇的意义、辨析发音接近的单词、了解特定语言功能的表达以及对习语等词块的理解。以上构成听力课词汇教学的要求
口语课	说的活动是以意义为中心的输出性语言学习,用于说的词汇量要远远低于用于写的词汇量。在教学中,教师应确定的目标词汇必须是与口语表达主题内容相关的词汇。词汇学习的要求是学生能准确地掌握目标词汇的发音,并根据意义表达的需要精准地使用词汇进行表达。以上应作为口语课的词汇教学要求
写作课	写作的过程就是语言输出的过程,是以意义为中心的输出性语言学习,从而习得词汇。相比同样是语言输出的口语学习,对运用在写作中的产出性词汇的知识要求更高,主要包括词汇的拼写、词汇的意义、词汇的语法模式、搭配形式等。所以,在写作教学中,教师要根据写作的主题、内容的要求和语用的需要来确定目标词汇,而词汇教学目标是帮助学生准确、熟练地掌握这些目标词汇的拼写、语法形式、句法特征等深度知识,并加以运用

二、词汇教学内容

词汇教学内容主要包括有关词形、词意、单词发音和用法的讲解、操练和运用,具体内容包括词汇信息、意义、语法和用法。

词汇信息是指词的拼写、读音,词类,词的语法属性,词的前缀、后缀等最基本的信息,要求学习时必须掌握。读音与拼写是单词存在的基础,是词与词区别的第一要素,在教学中要做到音和形的统一与结合,让学生把音与可能对应的形联系起来。反之,也要把一定的形同可能对应的音联系起来,要达到见形知音,听音而记形的效果。

词汇的意义在课堂教学中包括两层,一是单词本身的概念意义(即英语词典中所标注的意思);二是单词关联的意义,是指一个单词的文化含义,也就是说在具体的语言环境下的意义,也可叫语境意义。

词汇的语法是指种类词的不同用法。如:名词的可数或不可数、单数或复数;动词的及物或不及物,及物动词的句法结构,接什么样的宾语;副词、形容词的比较级和最高级形式等。

词汇的用法包括词汇的搭配、短语、习语、风格、语域。其中,词语之间的搭配关系能够正确掌握,将对提高词汇习得质量非常重要。学生说话、写文章的水平高低,词汇的搭配是重要的因素之一。英语词汇教学的主要内容如表5-4所示。

表5-4 英语词汇教学主要内容

词汇信息	词汇意义	语法	用法
拼写	概念意义	名词	搭配
读音		动词	短语
词类		形容词	习语
前缀	语境意义	副词	风格
后缀		……	语域

三、词汇教学模式

在新课程实施的环境下,英语教师应转变理念,制定精准的教学目标,采用精妙的教学设计,有效合理地进行词汇教学,从而激发学生的兴趣,充分发挥学生的积极性,提高他们的学习效率,最终达到新课标的要求。这就需要教师根据具体的目标词汇,结合真实语境,运用各种各样切合实际的教学方法,促使学生配合、积极、主动地学习词汇和运用所学词汇,这样才能使词汇教学富有成效。目前主要采用PPP教学模式开展词汇课堂教学。

(一)呈现(Presentation)

呈现环节,即新知呈现。教师通过呈现使学生了解单词的意义和用法。词汇呈现的内容包括单词的发音、拼写、语法信息、用法和记忆策略。教师把要学的新的语言知识介绍给学生,设法激发学生的求知欲和兴趣,让学生对目标词汇从试听、跟读、体验等通过感官参与进行全面感悟,在最短的时间内感知和接收新词汇,通过以下教学方法和活动调动学生的兴趣并让学生积极参与。

1.直观法

直观教学就是把词代表的客观事物直接使用到词汇教学中,使词与客观事物建立直接联系,促进学生理解其意义。这是最理想的揭示词义的途径。

(1)实物法。实物是最直观的教具之一,它能唤起学生的注意力,激发学生的兴趣,而且一目了然。如dessert,gift,photograph,bookcase,garbage,cash等都可利用实物进行直观教学。建立起单词与实物的直观联系,使教学真实形象,给学生留下深刻的印象。

(2)图示法。借助图片、简笔画、视频等工具帮助学生建立词语本义与所指事物的直接联系,有利于培养学生的英语思维能力。语言学家哈默(Harmer)认为,通过展示图片、照片和卡片等,教师可以确保学生理解单词的含义(Harmer,2000:55)。而简笔画比图画更显得简单快捷,几笔几画就能勾勒出来,大大增强了语言的直观效果和感染力。

(3)模拟动作表演。在呈现动词或动词短语时,通过动作表演可以动态、形象地展示词义。如dance,jump up...

2.语境法/列举法

词汇的呈现最好是结合语境材料进行。语境就是上下文,即词、短语、语句或语篇的前后关系。语境制约着语言单位的选择、意义的表达与理解。词汇意义必须在上下文中才能最终显示出来。单个词离开了语境,就显得呆板、生硬、没有活力。道格拉斯·布朗(Brown H.D.)曾说:"词汇的意义在具体的语言环境中才能最好地显示出来,不能孤立地去理解词汇或者只注重词汇的概念意义(Brown H.D. 2001:365)。"

英语中一词同义、多义甚至反义的现象非常普遍。一个词的真正含义要通过具体的语境表达出来。没有语境的帮助,词语的内涵就难以确定。词汇的意义是和其他的意义(其他词汇、词组、语句、语篇等意义)组合在一起存在的。若不了解这个词的多种含义,是很难理解整个句子的。学习词汇是为了运用词汇,并能正确运用到口笔头表达中。在英语教学中,教师创设一定的语言情境,使学生宛如置身于一种真实的语言环境之中,这样就能使学生自然而然地使用所学词汇来表达他们的思想感情,从而达到在生动活泼的课堂上有效复习词汇的目的。掌握通过语境学习词汇的方法,学生才能获得运用所学词汇的能力,知道在什么情境下使用哪些词语来得体地表达他们的思想。语境制约着词义的理解,词义的表达依赖着语境。

3.联想法

联想是指由看到或听到的语言材料引起对另一语言材料的回忆,并从中比较它们之间相同、相似或相反之处;或对有关内容予以大体的或细致的链式归纳或总结,从而建立起相互间的某种联系(李梅,唐国清,2003)。联想可步步深入,先从单词的语音、词形联想,继而联想到词与词之间的结构搭配,最后过渡到语义联想、文化联想等。联想主要有以下四种形式:

(1)相关联想:指由一特定语言点,经联想演绎推导出与之有某种相关内涵的其他语言点,并在其中建立起体系化联络的方法。如:sound 作系动词时,表示"听起来",与耳朵有关。学习这个词时,便应联想起其他与感官有关的系动词 look(看起来),smell(闻起来),taste(尝起来)等。同时还可以联想到这些词用法的相似性。

(2)对比联想:核心是由一个概念自然而然地引发对另一个概念的联想。尤其是一些反义词常常引起对比联想。反义词在同一语言中属于同一词性,它们意义相反,对比强烈,对大脑输入的刺激信号会强于一般的信号,引起众多的反应点,因此,我们常常建立联想。例如:open—close, pass—fail, present—absent, false—true, always—never, all—none, ancient—modern, coward—hero, increase—decrease, ancestor—descendant(袁玲丽,2004:31)。

(3)形象联想:这种记忆方法的核心是通过联想将一些本身相互无内在联系的单词和头脑里另一些鲜明、生动、奇特的形象结合起来,从而达到记忆的目的。当然联想的方式很多:可以根据读音的相近进行联想,如:Light, night, bright, right 等。也可以根据词形的结构进行联想,如 play,pay,lay,delay,gray,hay,gay,away,way,say 等。还可以将一些在音、形、义上容易混淆的词归类,如:whether—weather,leek—leak,plain—plane,adapt—adopt,temper—temple,contest—context,pleasant—present 等。

(4)文化联想:在词汇教学中需要考虑词汇所在的文化语境,文化语境对词语的含义有重要的作用。语言中受文化影响最大的是词汇(平洪,张国扬,2000:9)。因此,对词汇的文化内涵意义的讲授是英语词汇教学中必不可少的重要内容。英语教师应转变观念,在词汇教学中不再仅仅停留在词汇的音、形、义的表面上,而应该注重传授词汇的文化内涵,做到音、形、义(字面意义)和文化内涵四者相结合。在词汇教学中,在直接讲解其概念意义的同时,也应讲解其包含的文化内涵。例如:美国人认为黑猫 black cat 从眼前跑过会带来"厄运",而英国人则认为它预示"好运"即将来临。在不同的文化语境中,动物或颜色的词汇会产生不同的寓意。除了词的内涵意义存在文化上的差异外,日常生活中最常见的寒暄、称谓、道歉、致谢等用语,由于文化背景不同也存在明显的差异。对于说不同语言的人们,由于文化差异,同一个词或同一种表达方式可以具有不同的意义。所以,教师在英语词汇教学中应该注意传授词汇的文化内涵。

4.形态结构教学法

由于大量的英语单词都是加前缀或后缀之后变成的派生词,学生掌握一定的英语构词法知识如派生法、复合法、转化法、混成法、截短法、首字母缩略等构词法后能更好地学好词汇。在词汇教学中用构词法进行分析讲解,归纳总结,找出单词内部、单词与单词之间的联系,能够帮助学生产生联想记忆,扩大词汇量,使词汇学习达到事半功倍的效果。

派生法。将派生词缀和词根结合,就叫派生法。词根、前缀、后缀被称为扩大词汇量的三把钥匙。英语词汇非常丰富,但词根和词缀是有限的,因此使用频率相当高。通过词根加不同的前、后缀,可以转换词性、改变词义。(1)前缀。表贬义(否定):mal-,mis-;表程度大小:co-,hyper-,micro-,mini-,over-;表位置:fore-,inter-,sub-,super-;表方向、态度:anti-,contra-;表时间、次序:ex-,fore-,post-,pre-。(2)后缀。名词后缀:如-tion,-ness,-ment,-ist,-er 等;形容词后缀:-ful,-able,-less 等;副词后缀:-ly,-wise,-ward;动词后缀:-en,-ize,-ate,-fy 等。

合成法。两个或两个以上的独立词一起出现,可能构成复合词,也可能只是一个自由结合的词组或短语。复合词的种类繁多,从词性看有复合介词、复合连接词、复合副词、复合代词、复合数词、复合名词、复合形容词、复合动词等。很多复合词是用连词符连接构成的,例:English-speaking, paper-making, passer-by, man-made, blue-eyed;有的是连写的,如:everyone, outgoing, blackboard, classroom, broadcast, bedroom, everywhere, maybe, myself 等。

转化法。不改变词的形态,只改变词的功能,从而使该词具有新的意义,成为一个新词,这种构词法称作转化法。名词与动词的转化,例如:bottle, skin, list, sight, play, walk, shoulder 等;形容词与动词的转化,例如:slow, cool, clean, empty, clear, dry 等;名词与形容词的转化,例如:red, yellow, white 等。

5.词块教学法

词块指词汇短语(Lexical Phrase),就是事先预制好且被频繁使用的多个词的组合,有别于一般意义上的短语,是一种兼具词汇与语法特征的语言单位,这种词汇组合有自己特定的结构和相对稳定的意思,可整体或稍作改动后作为预制组块供学习者提取和使用(姚宝梁,2003:23)。例如:动词 remind 通常用于 remind sb. of sb./ sth.,该词块不但有清晰的结构,而且还传达了 cause sb. to think of sb./ sth. 的意思。

通过词块教学法进行词汇学习,我们可以有机地将语法融入词汇中,从而打破传统的语法课与词汇课的人为界限。教师除教词汇的概念意义外,还包括词汇之间的细微差别、词汇的派生关系、词汇的搭配关系、词汇的句法关系,以及词汇的话语或实用价值。用词块教学法进行英语词汇教学,我们不但可以帮助学生掌握单词的概念意义,而且还可以帮助和鼓励学生学会单词的正确用法,掌握地道的表达法,增强他们的词汇能力,从而更有效地提高学生的语言能力。

(二)操练(Practice)

在操练(Practice)环节,教师给学生提供大量操练的机会,鼓励学生尽可能运用刚介绍的新知识,进行反复的机械性练习巩固所学的词汇,学生观察新单词使用情况,不断尝试使用单词、提高新单词运用的正确率。从认知学的角度来看,要让学生对英语单词顺利完成从"识别"到"理解",然后到"正确使用"并不是一个简单的过程,必须进行大量的语言实践。在实践中先进行识别,然后进行理解,最后能够达到该词无论出现在何处,学生都能立即明白它的意思,且能正确使用。

1. 直观法

借助直观手段,如实物、图片、视频、手势比画等,让学生看图说单词、看比画猜单词、看图说话等。利用所学图片,让学生用所学单词进行口头看图说话或笔头描述图片。

2. 单词测验法

单词测验法可以采用单词与释义搭配、完成句子、完形填空、纵横字谜、宾果文字游戏(Word Bingo)等进行,将检测和单元主题结合,将单词检测任务置于语篇语境中,所选语篇语境要有趣味并和单元主题相结合。

3. 分类法

分类法操练词汇,就是把词汇按照事物的同一特点或属性,归在一类,使杂乱的构成条理,分散的趋于集中,零碎的组成系统有利于理解整体,形成完整的概念;便于展开比较,掌握各个特点;便于集中词汇,进行替换使用,有利于学生记忆、提取词汇,提高词汇学习和使用效果。英语单词的分类可以从以下几个方面进行,教师可采用 Odd One Out(排除法)的练习方式。

(1)按专题分类。人教版高中教材每一个单元都是一个专题,有关于体育、音乐、职业、交通运输、节日、诗歌等各方面的专题。在导入新课时,可让学生讨论找出某一专题的所有已知词汇,激活已知;在复习巩固阶段,可让学生运用已有的知识对所给单词进行分类,分类学习能促进学生对单词的深度加工与长期记忆。

(2)按词义关系分类:词义关系可分为同义关系、反义关系和上下义关系等。如同义关系,英国英语和美国英语由于所处的地域不同,对同一事物的英语表达也不同,但属于同义范畴。近义词按同义分类教学也容易识记,例如下列几组词:"静"(silent,still,quite,calm);"花费"(take,cost,pay,buy,sell,spend,afford,worth,offer)等;反义关系:在英语词汇学习过程中,教师要善于教会学生把反义词进行归类,学生不断地积累,经过一段时间的学习,学生不仅学会了方法,而且也通过把知识系统化而提高记忆效果。如:difficult/easy,wisdom/stupidity,visible/invisible。上下义关系:上下义关系是指在一对有包含关系的词中,一个上义词(super-ordinate)与一个下义词((hyponym)聚合在一起,或在词组有包含关系的词中,一个上义词与两个或两个以上的下义词聚合在一起,其中表示一般概念词的词义包含在表示个别概念词的词义中。例如:fruit 的下义词有 apple,pear,banana,strawberry,mango。

(3)按词的语法特点分类,如:带双宾语的动词有give,show,pass,buy等。带宾语+宾语补足语的动词有:forbid,elect,choose,warn等。带宾语+宾语补足语,不定式不带to的动词有make,feel,notice,have等。后接动词不定式作宾语的动词有hope,agree,promise,refuse,manage,fail,happen,pretend等。后接动名词作宾语的动词有suggest,advise等。后接动名词或不定式作宾语有区别的动词有hate,regret,try,mean等。用进行时表示将来时的动词有go,come,start,leave,arrive等。

4.编句子、编对话、编故事

教师给出主题或关键词,学生用单词通过口头或笔头编写句子、编对话、编故事。学生利用所学单词编故事;利用单词,组合故事或介绍自己的经历;或两人组编对话等。

5.游戏法

把游戏引入课堂,使教学形式多样化,有利于培养学生学习英语的兴趣,提高学习效率和教学效果。词汇教学游戏能有效防止学生疲劳或产生厌烦心理,有利于营造和谐的课堂气氛,让学生在轻松愉快的氛围中领会和掌握词汇。词汇教学游戏必须具备知识性、科学性、趣味性和竞争性等特征。从活动的形式来看,词汇教学游戏涉及听、说、读、写。教师应从实际出发,科学地设计各种各样的游戏,力求生动活泼,使学生积极参与。词汇教学游戏有很多,常见的有以下几类:(1)猜谜游戏:在引入新词时可采用猜谜的形式,使学生的思维能力得到锻炼,加深学生对生词的印象。(2)单词配对游戏,提升学生的识记能力。(3)给名词配上适当的形容词,锻炼学生对词性的掌握和应用能力。(4)单词竞赛,是一种很有用的复习和巩固词汇的游戏。(5)单词归类游戏。例如:选出table,chair,desk,house,bed五个词中哪个与其他四个词不属于同类的单词。(6)填词游戏,训练学生的词汇综合能力。

(三)运用(Production)

在运用环节中,教师要求学生创造性地运用所学单词,做到灵活并自由地运用词汇,实现正确并流利地进行交际的目标,了解学生当堂对单词的掌握和运用情况。学习者在实践中不断地使用所学的语言知识完成活动,教师创设交际情境、问题情境,给学习者创造使用外语的机会,让学生用新学会的词汇或词块进行真实的交流,解决问题。教师可以通过以下活动促进学生的词汇运用。

1.结对子交流活动(Pair Work)

我们可以要求学生自由地结成对子。课上课下、茶余饭后、教室内外、林荫道上，让他们用英语自由交谈，在真实的听说过程中灵活运用所学词汇。

2.小组讨论(Group Discussion)

将学生分成若干小组，定期设立专题，以小组为单位进行讨论。设立的专题如"空气污染问题"(The Problems of Air Pollution)、"能源危机"(Energy Crisis)等。学习者用所学的单词自由表达，不仅可以充分地生成和创新所学的知识，还可以充分地调动学习的积极性。

3.演讲比赛(Speech Competition)

在一学期中，定期举行两次演讲比赛是可行的，既不会冲击正常课堂学习，也可以活跃学习气氛，给学习者提供很好的锻炼机会。

4.辩论会(Debate)

用辩论会的形式上课，也是一种调动学生积极性、主动性的极好的方式，能使学生思维等方面的能力得到比较集中的锻炼。学生不再感到他们是教学活动的被动者，而是主动者和参与者。整个过程是鼓励学生参与语言的实践和交际过程。

四、词汇教学的重难点

词汇是语言的构成基础，是学生英语学习的难点与重点。一般来说，掌握的词汇越多，运用语言的能力就会越强。词汇贫乏是英语学习的最大障碍。而英语词汇丰富繁多，再加上一词多义现象，给学生的记忆造成很大的困扰。为了有效地提高词汇教学效果，教师在词汇教学中应该重视以下重点。

1.培养学生的正确发音习惯

语音教学在中小学教育阶段是经常被忽视的教学部分，系统地掌握自然拼读法可以帮助学生正确拼读单词，减轻记忆单词音形的负担。在培养学生的正确发音习惯时，可以采取以下几种措施：多种方式教学、增强语音学习趣味、结合已学词汇、构建完整知识结构、利用汉语拼音、语言迁移辅助记忆(刘凤峨,陈一点,2019)。在词汇教学中，教师应该有针对性地选择教学方法及教学策略，恰当地运用拼音、听音、模仿等方法，并及时纠正学生的错误读音。在拼读单词时，要牢记拼读规则、字母组合的各种读音，掌握正确的语音语调。

2.在语境中猜测词义、在语篇语境中讲解词汇

语境是语言表达所处的环境,受到不同社交场合的制约。而词汇是语言交流的基础,语言的表达会受到不同语境的影响。在语境中学习生词是课堂词汇教学的重要手段,也是词汇自然习得的主要途径,语境在词汇教学中的作用举足轻重。所以,对于词汇的理解,不能停留在简单的词义上面,而要结合不同的语言环境对其进行理解,这样不仅能帮助学生完成完形填空和阅读的练习,还能培养学生锻炼口语的意识。

运用直接语境线索。在阅读的过程中,对学生来说生僻词汇是不可避免的,此时,英语教师并不能直接让学生借用一些工具,而是应该让学生坚持读下去,在读的过程中,学生结合上下文便可以将陌生词汇的意思推测出来。教师可以借助案例引入的形式让学生展开讨论,并给予特定的引导使其能够通过自主探究以及小组合作攻克"英语长难句",让学生结合语境来理解句子。

运用反义词语境线索。在阅读中,教师还可以引导学生借助所给出句子的意思进行推测。比如,可以根据句子中的一些词汇让学生从中推断出其相反的含义。学生通过对熟悉的词汇进行解读,能够根据词根词缀来进行发散,教师应当给予学生探究的空间,使其能够借助反义词的语境来推测句意。

使用词的联想语境线索。在英语教学过程中,借助词的联想进行句子含义推测十分有必要,同时,通过词的联想,学生能够获得更多帮助来高效掌握句子所传达的含义。所以,教师应当在注重词汇教学的基础上培养学生的词汇联想能力,为其提升英语综合能力奠定基础(马雪梅,2020)。

3.训练学生的单词记忆策略

阅读是记忆单词非常有效的方法。在阅读中,单词被放到了具体的语言环境中,变得更加具体和形象,没有了孤立枯燥的感觉。学生进行大量的阅读能够提高词汇量。大量的课外阅读,一方面能增加对单词的熟悉程度,达到反复复习的效果;另一方面是为了获取单词的具体使用实例,增强对英语的语感。大量的课外阅读还可以增加知识面,提高英语学习的兴趣,增强学英语的信心。阅读材料的选择,应根据自己的实际水平选择生词率合适的英汉对照的书籍,然后再逐步深入(卢烈宏,2022)。

开展词汇联想教学,培养学生的发散思维。英语词汇的词根、前缀、后缀相当于汉语的偏旁和部首,在学习汉字的过程中,遇到生词时往往是根据其偏旁、部首进行

猜想和联想，英语也是如此。例如"pro-""-ness""-less"等，都是极为常见的前缀和后缀，为此，教师在开展英语词汇教学过程中，也应将英语词汇中常见的词根、后缀以及前缀等内容进行整理，使学生明确其代表的含义，使其在遇到生词时能够进行联想，这对学生的阅读理解具有极强的现实意义（水兆宝，2021）。

英语初学者词汇量较小，要经过多次重复、反复记忆等方法才能记住单词。随着词汇量的增加，教师要指导学生找出规律，利用新、旧词汇之间的联系去记忆，通过讲授语体规则，使学生掌握单词的词性及词形的变化。思维导图可以把大脑的思维以图像的方式进行表达，以帮助理解和记忆信息。在英语教学中，教师把思维导图和词汇教学结合起来，引导学生进行语音训练，对单词进行联想，绘制词汇思维导图，通过这种方式来全面提高学生的词汇量，从而提高学生的英语水平（谭记翠，2011）。

结合信息技术开展直观记忆教学。一般情况下，初中教材中的单词表往往仅是词汇的排列，不利于学生的记忆。为此，教师可以结合信息技术开展直观的词汇教学活动，帮助学生在脑海中建立立体的词汇形象，从而加深学生对词汇的记忆。

✓ 请回答

1. 词汇教学的目的和重点是什么？
2. 词汇学习目前的问题主要有哪些？解决的有效途径有哪些？

第二节

英语词汇教学案例分析

一、教学内容分析

【教材】人教(2019年)版高中《英语》必修一 Unit 2 Travelling around 中 Reading and Thinking 板块

【单元主题】人与社会——国内外旅游

【本课主题】探索秘鲁

【适用年级】高一年级

【授课时长】1课时(40 mins)

【语篇分析】基于六要素整合的英语课程内容,本课教学内容分析如下。

主题类型:国内外旅游。

语言知识:单词应用与辨析、词根与词缀、词义的内涵和外延与同义词:apply, rent, recognize/recognize, transport, admire, contact, request, comment, view, sight, detail, arrangement, power, amazing, narrow, extremely;短语使用与拓展,积累词块:take control of, other than, make up。

语言技能:能将核心词汇和短语用于听、说、读、看、写中,表达意义。

学习策略:(1)在语境中学习词汇;(2)通过分类等手段加深对词汇的理解和记忆;(3)在新旧语言知识之间建立有机联系;(4)通过自评、同伴互评,检测学习目标达成度。

【评析】

基于英语课程标准分析了教材的教学指导思想和特色,结合英语课程内容六要素从教材、单元、课时三个方面对教学内容进行了梳理,对教材内容的把握较全面得体,为本节词汇课学习点明了方向。

二、学情分析

在学习本单元之前,学生已经通过教材的 Welcome Unit 和 Unit 1 的学习初步养成了学习的习惯,清楚了单元学习流程。在本单元开始之初,学生已经通过反复诵读,熟悉了教材 Unit 2 Words and Expressions 的单词、短语的语音语调及词性词义;依据本单元主题,学生已大致对单词有了轮廓式的了解,对"旅游"话题产生了浓厚的兴趣,形成了词汇地图(单词或短语在单元语篇的分布),但对单词或短语的具体操作方式和成句形式模糊不清,或是对单词背记规律没有头绪。铺垫好话题单词基础,为后续展开语篇阅读和文化知识的学习拓宽了道路,也避免了在语篇分析过程中不必要的停顿和重复,以保持文本的完整性。

该案例上课班级为我校高一(3)班,57名学生整体素质较高,初中阶段已经培养了较强的背记能力。但是,他们对单词的使用和转换还存在着短板,并且对一词多义的概念了解不深,单词背记扁平化、中式化,较严重地影响了单词短语的实际应用,是语言技能形成过程中的最大问题。

【评析】

学情分析内容全面,包括学生原有的认知水平、知识结构、已有相关知识储备与经验以及学生的心理特征、思维品质;学习预测本课可能出现的困难并提出解决的对策。分析准确,关于学生认知特点和英语水平的表述恰当,学习习惯和能力分析合理准确。

三、教学目标分析

基于教学内容和学情分析,本课教学旨在引导学生先建立简易的思维导图,然后重点解决单词和短语的理解和应用,并进行跟进式练习和基础单词复习。

通过该课学习,学生能够:

(1)通过观看世界地图和做头脑风暴游戏,对旅游产生浓厚的兴趣,激发全球旅游意识。

(2)绘制简易的思维导图,将单元词汇分类汇编并关注一词多义和一词多性。

(3)基于课文例句、词块和练习,熟练运用本单元核心词汇及其"固定搭配"。

(4)通过小组合作、查阅词典和组词游戏,辨析相近词汇各自适用的领域及其异同。

(5)将本单元所学词汇按类别运用到制订个人旅行计划当中。

【课程思政理念】

本课基于单元主题语境内容"国内外旅游",帮助学生了解中外旅游景点及历史,思考各国之间的文化差异,关注旅游途中如何待人接物以及必要的礼节。语篇通过描述不同国家和地区的景观、文化和人们的生活方式,引导学生拓宽国际视野,增强学生对祖国大好河山的热爱,培养学生的国际意识和跨文化交际能力。通过描述旅行者的感受和体验,引导学生反思自己的人生观、价值观和人生目标,鼓励学生勇于探索、勇于挑战,培养积极向上的人生态度。引导学生关注自然环境的美好与脆弱,培养学生的环境保护意识。

四、教学过程分析

教学过程如表5-5。

表5-5 教学过程

Procedures & Time	Activities	Interaction Pattern & Level of Activities	Intentions
Stage 1 Presentation (7—8 mins)	Activity 1: Brainstorming. Q: Which continent do the countries on the map belong to? (Students view the map and identify the continent the countries belong to.) Q: If you want to go there, what will you do for preparation? (Students express their opinions. Teacher writes some of their words or expressions on the blackboard for the coming step.) Activity 2: Categorize the words. Q: If you have the vocabulary of these words, can you recognize your preparation again? (Students observe the words category given on the screen and retell their answer to the last question.)	师生互动(T-S) (T-SS) 个体学习(I) 学习理解、实践应用	

续表

Procedures& Time	Activities			Interaction Pattern & Level of Activities	Intentions
Stage 1 Presentation (7—8 mins)	主题词汇	旅游准备	apply for visa, rent pack, arrangement, package	师生互动(T-S) (T-SS) 个体学习(I) 学习理解、实践应用	紧扣单元话题，激发学生全球旅游意识，并了解旅游应做的各项准备。同时，将单元话题文章中涉及的地点渗透进来，为阅读文本做好准备。 将单元词汇初次分类，引导学生进行分类记忆。 1. 引导学生对散乱词汇进行多种汇编以便记忆。 2. 通过词汇思维导图，帮助学生了解英语词汇一词多词性的特征
		旅游计划	site type, flight, accommodation, path, destination, package, tour credit card Other than detail		
		旅游活动	take command of recognize, admire, contact, transport, hike make up, check in, check out, request, unearth comment		
		风土人情	castle, source, empire, emperor, architecture, architect, soldier, economy, economic view, sight, stature		
		描述感受及其他	amazing, amazed, extremely, narrow, flat, powerful, official, unique		
	Activity 3. Recite by category. Q: Step by step to find out all the verbs/nouns/adjs/advs in the "Words and Expressions" part. (Students find them out and count the number. Teacher shows them on the screen and asks the students to pay attention to the words in pink.) Q: Can you circle the words that have more than one category? (Students circle all the words that are multi-category. Teacher shows them on the screen.)				
		v.	apply, recognize, admire, unearth		
		n.	castle, visa, arrangement, source, empire, emperor, site, flight, accommodation, path, destination, credit architecture, architect, soldier, economy, detail, statue		
		adj.	amazing, amazed, powerful, economic, unique		
		adv.	extremely		
		v./n.	contact, comment, package, rent, request sight, view		
		adj./v.	narrow		
		adj./n.	flat, official		

续表

Procedures & Time	Activities	Interaction Pattern & Level of Activities	Intentions
Stage 1 Presentation (20—22 mins)	Activity 4: Learn the details. The details about: apply/rent/recognize/transport/admire/contact/request/commentare on the screen. Groups compete to answer the questions in the exercise. [Students learn the above words via 3 parts: examples (some are originally from the textbook, citing the paper number), lexical chunk, and exercise.] Activity 5: Learn the details. The details about view/sight are shown on the screen. Two groups are to compare the similarities and differences of the two words. (Students learn the details carefully and try to look the two words up in the dictionary to find the similarities and differences.) Activity 6: Learn the details. The details about: detail/arrangement/power are on the screen. Groups compete to answer the questions in the exercise. [Students learn the above words via 3 parts: examples (some are originally from the textbook, citing the paper number), lexical chunk, and exercise.] Activity 7: Learn the details. The details about amazing/narrow/extremely are shown on the screen. Groups are to compare the similarities and differences of amazing and amazed and try to tell more words to exchange "extremely". (Students learn the details carefully and try to look the words up in the dictionary to find the differences between amazing and amazed, then they discuss about more words holding the meaning of "extremely" with their partners in the group.) "极其地" greatly　intensely awfully　exceedingly very　extraordinarily extremely	师生互动(T-S) (T-SS) 生生互动(SS) 个体学习(I) 学习理解、实践应用、迁移创新	创设语境学习词汇，时刻关注与话题文章有关的表达，告知学生词汇例句来源有课本和词典，引导学生关注一词多义并应用，适当配图加深学生的印象，令词汇生动形象。 引领学生探索词汇中一义多词的规律，并指导学生依据语境辨析同义词之间的区别和通用性。 1. 对英语语言当中的词根和词缀进行初探。 2. 引导学生了解一词多义的重要性。 3. 引导学生了解短语当中核心词汇不变，替换其他介词、名词等就会形成新的短语

续表

Procedures & Time	Activities	Interaction Pattern & Level of Activities	Intentions
Stage 1 Presentation (20—22 mins)	Activity 8: Learn the details. The details about: take control of/other than/make up are shown on the screen. Groups compete to recall more relative phrases about the core words. (Students learn the above phrases and try to recall more relative phrases)	师生互动(T-S) (T-SS) 生生互动(SS) 个体学习(I) 学习理解、实践应用、迁移创新	
Stage 2: Practice (10—13 mins)	Activity 1: Fill in the blanks. Groups compete with others to fill in the blanks to recall what has been learnt during the last step. (Students compete to complete the blanks with lost words, phrases and expressions.) Activity 2: Play a game. Game: Organize letters into a word. (Students compete to organize the words to gain points.)	生生互动(SS) 个体学习(I) 学习理解、实践应用	在学习核心词汇之余,不能忽略教材原句,更加要学会将词汇、短语置于句子中,让它们以正确的语言现象方式出现。回归基础,以打乱的字母扰乱学生死记硬背的心理,创设娱乐性和趣味性较强的记忆方式
Stage 3: Production (1—2 mins)	Activity: Make a travel plan. Try to use some words in this section to make sentences about your travel plan after class		紧扣课堂单元主题,夯实单词基础

【评析】

整个教学过程以学生为中心进行设计,由 Stage 1 Presentation,Stage 2 Practice,Stage 3 Production 三部分构成。Stage 1 设计 8 个活动,Stage 2 设计 2 个活动,Stage 3 设计 1 个活动。在教学过程中,教师持续利用各种方式方法协助学生打开思路,鼓励学生转换思考的角度,增强表述欲望和能力,借助多媒体手段使学生更直观地看到词汇词性的多样性;能适时利用组间竞争,有效提升竞争氛围,营造出热烈的讨论氛围,并

-137-

产生强烈的解决问题的意愿;能高效且直接引导学生进入话题语境,结合语境进行词汇初探,并能预测到学生会出现的问题,预先准备有效解决方法,更快引导学生接触单元核心词汇;辅助学生进行学习策略的搭建,引领学生多角度运用方法进行新知识的熟悉与记忆,体现了新课程标准中对学习能力的培养;时刻关注话题,关注语境,不将单词孤立于语境之外。同时,引导学生自己找寻词汇语境,利用现有课本和求助字典,是英语课程标准中对学习策略的要求;引导学生探索同义词的辨析,贯彻了带领学生了解多种语言现象的目标;注重不断发现学生的思路漏洞,按照学生思路漏洞举出反例,以子之矛,攻子之盾,是基于学生为中心的教学理念的最好体现。教师注重协助学生查阅、记忆,最关键的是总结。设置题目较简单,能够有效给予学生自信心,并营造较轻松的氛围让他们互帮互助,养成查字典的习惯。

教学过程设计始终围绕教学目标,各教学环节都与教学目标和谐统一,活动设计紧扣教学目的;教学整体安排合理,课堂结构层次清楚,教学环节循序渐进、节奏合理、逻辑联系密切、衔接自然;体现英语学习活动观中的学习理解、实践应用、迁移创新的三个层次;各环节教学活动的时间安排合理、有效;课堂活动以学生为中心,关注学生的兴趣、记忆特征等;基于学生已有的知识准备和经验设计教学活动,注意到新旧知识与能力的联系,指导学生利用已有知识、学习能力并运用新语言,注重学生能力的发展;据教学目标与学生实际进行教学设计,考虑到全体学生、不同层次学生、不同目的学生的学习需求;能为不同学生的发展提供空间、因材施教,使不同水平的学生都有所提高,难度适合学生水平,可操作性强;教学活动的组织形式(个人、配对、小组、全班等)恰当;恰当为学生创设自主学习的空间,引导学生开展自主、合作等学习活动;有合理的师生互动、生生互动、生师互动;活动内容重难点把握准确,重点突出、难点清楚,突出重点、突破难点的教学活动有效,是一节较为成功的词汇学习课。

五、教学评价

评价是词汇教学中的必要环节。学生是评价活动的主体,通过评价,可以检测学生本节课学习目标的达成度,并能提供改进方向。词汇评价量表包括学生自评、互评,通过多维度客观评价,为学生提供真实有效的反馈。评价量表的设计指向教学目标的实现,评价维度包括目标中通过语境掌握词汇意思、了解词块及语言现象、正确运用核心词汇及其现象,从而实现"教—学—评"的一致性。(如表5-6)

表5-6　学生学习达成情况自我评价表

Words or Phrases	I can understand the meaning in the example sentence			I can remember the lexical chunks			I can use the words correctly			Self-assessment	Peer-assessment
Apply	3	2	1	3	2	1	3	2	1		
Transport	3	2	1	3	2	1	3	2	1		
Other than	3	2	1	3	2	1	3	2	1		
Make up	3	2	1	3	2	1	3	2	1		
...											

在本课完成相关词汇学习和练习后,学生利用评价量表进行小组内的互评,明确何为对词汇的基本掌握,同时了解和比对其他同学的记忆及运用效果,了解改进方向。评价标准的第一条为对词汇所在语境中的意思是否掌握(I can understand the meaning in the example sentence.);第二条为词块记忆效果(I can remember the lexical chunks.);第三条为词汇知识运用(I can use the words correctly.)。三项皆以完全(3)、基本(2)、没有(1)的程度标示,便于学生自检自查和同伴互评。

【评析】

教师给的评价标准,实现教学评一致,评价表用于对学生自己和同伴的词汇掌握情况进行评价,让学生建立明确的评价机制和评价准则,是对自我词汇掌握水平的有效指导,便于学生以后从这些角度查找问题,寻找方法,不断提高。

六、教学案例总体分析

(一)设计理念

词汇教学设计的重点在于引领学生理解、分类、背记和运用语言知识,了解词汇现象。教学流程完整,师生互动、生生互动性强,难度适宜,符合学生的学习能力和认知水平。在课堂伊始,教师就以主题为引领,使课程内容情境化,并设计两种词汇分类法:主题分类法和词性分类法。通过具体的形式,传授学生背记词汇的方法。教师在讲解词汇细节的过程中也要贯穿这一主线,尽量将词汇按照词性分类,让学生潜移默化地采取分类的学习策略,将词汇背记简化、明朗化。与此同时,教师还要注重使用语境词汇教学。语境词汇教学是英语教学中的重要部分,教师要适当地创造和设计语境进行教学。语境词汇教学在英语教学中的作用体现在:(1)语境词汇教学有助于学生清楚词义,消除歧义。英语词汇多是一词多义,必须是建立在理解的基础上才能有效地理解词义。(2)语境词汇教学有利于学生分辨词汇差异。语境通过具体词义与搭配的呈现,使学生在阅读上下文时可以一目了然。3.语境词汇教学有助于提高学生猜测词义的能力。心理学研究表明:信息加工水平对记忆有很大的影响,加工水平越深,有利于信息更长地保存在记忆里,并且根据语境猜测词义就是信息深度处理的过程。教学生在语境中学习词汇,不仅能提高学生的信息处理能力,还能提高学生在语境中判断词义的能力。

落实英语学习活动观。教师创设了环环相扣的具有层次性的活动。在 Lead in 环节创设全球旅游的情境,教师发动学生自主探究和生成主题相关词汇,适时有效地给予词汇引导,引领他们润色、拔高、提升自己的词汇运用,让表述更得体;在词汇讲解环节不断"挑起学生斗学生",以组间合作与竞争的方式加快、加深语境词汇教学,敦促学生夺得词汇准确定义的头筹,且不断传授学生适时查阅词典的方式方法,以辅助学生掌握拓展词汇的词义,且进一步辨析同义词和近义词;在最终生成练习的环节里,也循序渐进地带领学生由单词到短语,再到短句表达的过程,继续加强组间竞争,完成简单任务。课尾安排的重组字母以成词游戏的设计意图,主要是传授学生背记词汇要学会多角度、多方式地尝试,而非死记硬背,并非仅有一种单一的自我检测方式,而这种游戏本质就是让学生参与进来,与其干巴巴地讲方法,不如直接给方法,以激励他们想出更多的方法。

教学目标明确。在本课开始之前、之中和之后都有明确且始终居于核心的目标:借由讲单词的过程,传授学生大量背记单词的手段与方法。直接给出主题词汇分类表,带领学生自行生成词汇词性分类表;创设语境、拓展词块、跟进练习三板块教学流程,穿插词根词缀探索、同义词近义词辨析和替代,都是为了达成教学目标,让学生从多个层面接触方法的实际操作,学会学习。

在教学策略方面,教师通过各种手段和方法,协助学生发展元认知策略,有重点地分类安排词汇学习,并适时进行新知识巩固与检测,并在此过程中善用词典、参考资料,有意识地积累某个核心词汇的相关词块;再训练其发展认知策略,透过语境学单词,反过来用单词适应和操作特定语境。不断调动学生的词汇探索欲望和积极性,为后续通过语篇阅读增强语言能力奠定扎实的基础。

在"教—学—评"一致性方面,本课在教学流程框架的呈现方式上强调了活动形式、设计意图、学生预期反应与措施以及效果评价等与教学要素之间的横向关联,有利于引导教师落实"教—学—评"一体化的设计和实践。基于教师的课堂观察与即时评价和反馈是"教—学—评"一致性落实的另一途径。在本课中,从学生的课堂表现来看,本课的主要目标已达到。学生对英语词汇及其语言现象有了多角度、多方式的探索,能够初步形成立体化词汇的理念,逐步开始了解词典和课外教辅资料及阅读文本的重要性,明白英语词汇不是单独的个体,而是放诸句子中才有意义的基本语言符号,并能够探索将词汇分类背记和使用。

学生既是学习的主体,也是评价的主体。应提倡学生开展自评和互评,加强学生之间、师生之间评价信息的互动交流,促进自我监督式的学习(教育部,2020)。在本课完成词汇学习后,学生利用评价量表,进行小组内的互评,明确何为初步掌握了词汇,同时了解改进方向。在评价量表的设计上,本课遵循了两个呼应:呼应教学内容、呼应教学目标,体现了对"教—学—评"一致性的理解,评价和教学内容的设计都指向教学目标的实现。

(二)设计亮点

首先,本课开端利用"全球旅游的准备工作"作为导入,并选取单元语篇内旅游景点作为探讨对象,是为了紧紧围绕单元主题展开词汇讲解热身活动,让学生得以在学习过程中有稳定的内核,不至于随着学习时间的延续,而忘记了本课所涉猎的词汇皆是为了阅读后续语篇进行主题输出而进行的。此外,课堂导入是从日常生活中截取的,带有快乐的构想,使课堂具有亲和力,更容易激发学生的参与感,并能适时为学生提供语境的相关词汇,丰富了学生的语句色彩,提高了准确度。

其次,让学生将单词表中按照出现在单元语篇的先后列出的单词以词性的方式归类重排,是对学生形成刻板生词背记方法的突破,也教授他们灵活的背词技巧,同时兼顾一词多词性的体现,帮助他们画出词汇思维导图,一目了然地按词性查看单元词汇,更方便学生了解词汇的内涵与外延,且为后续使用提供了便利。

再次,主体讲解过程中遍布的图片是为了学生更好地创设语境、产生联想、形成印象,这是必不可少、画龙点睛的细节。它让单词不再是冷冰冰的字母,而变得具象化。

最后,重组游戏是在发现了学生僵化背单词,将单词作为生硬字母拼接这个问题后,应运而生的一个小技巧。游戏本身固然在于活跃气氛,督促学生以字母组合的方式背记单词。

教师根据学生的需要,围绕"形式—意义—使用"采用和设计不同类型的学习实践活动,以既有层次又强调整合的多种教学活动,既能吸引学生,又能发展学生的英语语言能力,达到减负增效的目的。

课堂教学实行了多样化的教学组织形式,既有小组展示,又有个人展示;既有组间合作,更有组间竞争,活跃了课堂气氛,将教师在词汇课的存在感降低,凸显学生的合作学习是让人喜闻乐见的。根据学生学习的实际情况及教学内容设计科学化、专业化、系统化的教学方针和教学方案,充分发挥了学生学习的主观能动性,从而达到激发学生的学习兴趣和提高教学效率的目的。

✓ 实作

1. 请研读上述案例,发现、分析该教学设计的优缺点,讨论如何优化词汇教学设计。

2. 请根据上述教学材料,为高一学生创新设计一个课时的词汇新授课。

(本案例由河南师范大学附属中学高中部关子涵老师提供)

第三节
英语词汇教学实作训练

一、分析教学内容

【教材】仁爱版初中《英语》九年级下册 Unit 5 China and the world；听说课融入词汇教学

【主题语境、单元主题】人与社会——中国吸引了各国游客

【本课主题】中国人民引以为傲的人物

【适用年级】九年级

【授课时长】1课时（40 mins）

【语篇类型】对话

【语篇分析】

单元大观念：以介绍中西方文化为主线，通过学习描述各种具有鲜明文化特色的建筑、人物和事物，完成本单元三个话题中相关语言知识的学习，激发学生使用英语介绍本国文化和了解西方文化的兴趣，培养他们预测、理解大意、推断等听读的技能，同时帮助学生发展自主学习的意识，进一步增强其对祖国文化的热爱和对西方文化的了解。本单元的主要活动以Susanna向高老师询问孔子的事迹及他留给我们的精神财富作为切入点引出本课的学习，了解伟大的教育学家孔子的生平及其著名的教育论著。本课主要解决词汇问题，侧重于词汇的实践和词汇的学习策略，帮助学生巩固和应用新学词汇。

◯ 实作

你认为本案例的教学内容分析如何？哪些地方需要修改和补充？请结合已学理论、参考第二节案例的评析部分，对本案例的教学内容进行分析。

二、分析学情

在学习本课之前,学生在九年级 Unit 5 Topic 1(仁爱英语九年级下册)已经初步学习并积累了中国国内风景名胜和历史文化的相关词汇、短语和语句。虽然学生对孔子和秦始皇这两位中国历史名人十分熟悉,但是用英语来介绍中国人物,并且还有不少中国古汉语原文的相应英文词汇与短语,学习难度就陡然上升了。所以,本节听说课采取上台阶式学习法,即由浅入深,由表及里,由易到难,最终教师通过带领学生由粗到细地反复听取材料,多次进行小组讨论活动,并结合思维导图的梳理和总结,让学生最终积累足够的英语词汇、短语和句子,总结词汇学习策略就成为本课的教学重难点。

实作

请基于本课教学内容对学生学习所需要的认知过程、认知结构等进行反思,也对学生现有水平、认知基础、认知能力及学习本课可能存在的问题等进行分析。

三、叙写教学目标

结合英语学科核心素养,通过本课时的学习,学生能够:

(1)通过观看与孔子相关的视频和图片,激活已有知识,并对新词汇进行理解记忆。

(2)通过预测和关注关键词以及句子排序,获取和梳理有关孔子职业和成就的事实性信息。

(3)通过小组讨论和听读活动,运用和主题相关的词汇归纳孔子的优秀品质。

(4)运用所学词汇和表达介绍孔子或描述另一个对国家和人民做出重要贡献的历史人物。

【课程思政理念】

本课属于"人与社会"这一主题范畴,涉及"文化自信及对世界、国家、人民和社会进步有突出贡献的人物",基于"中西方文化"这一单元主题,注重在增强学生对语篇的理解和梳理的基础上,引导学生通过听读活动了解孔子的伟大思想和成就,学习孔子的优秀品质,涵养家国情怀,培养学生用英语讲好中国故事的能力,增强学生对中华优秀传统文化的鉴赏和传播。对话中介绍了孔子的职业和成就,引导学生了解和学习历史伟人和文化传统,提升其文化自信,增强学生对中华优秀传统文化的鉴赏和传播。对话中提到的孔子的主要思想是关于善良和礼仪,强调了道德品质的重要性。这有助于引导学生树立正确的价值观,培养良好的品德和人文精神,学习和传承中华优秀传统美德。

✓ 实作

1.请结合所学教学目标相关理论知识,分析本课的教学目标叙写和设计是否符合ABCD原则、SMART原则、BLOOM目标分类原则和英语课程标准相关要求,是否基于学科核心素养。哪些地方需要补充、修改?

2.叙写该课时的教学目标。

四、设计教学过程

教学过程如表5-7。

表5-7 教学过程

Procedures & Time	Activities	Interaction Pattern & Level of Activities	Intentions
Stage 1 Pre-listening (Section A—1a) (8 mins)	Activity 1: Show the picture. Daily greetings. And then show a picture of Confucius. T: Hello, everyone. Do you know who the man is in the picture? Ss: Kongzi. T: Yes. But do you know what people in English-speaking countries calls him? Ss: No... Activity 2: Enjoy the videos. Show students two videos about the origin of Confucius which comes from the word "confuse" and two ways calling the names of the ancient Chinese ideologists. (One is the name which ends with "-cius", the other is the name which ends with "-tzu")	• 学生预期反应及应对措施:学生看到孔子的图片,会很快说出"孔子"的中文姓名,但是对于他的英文名字应该几乎回答不上来,或者直接说拼音"Kongzi"。预习过的部分学生也许会回答出"Confucius",但是也会对这个英文名字有很多疑问,不知道它的来历。所以教师要了解学生的兴趣,及时引导,引入话题。 • 活动层次:感知与注意	1.导入图片并播放短视频,吸引学生的注意,激发学生的学习兴趣。 2.从孔子英文名Confucius的词根来自英语单词confuse,激活学生的已有知识,并对新词汇进行理解记忆,加深印象。

续表

Procedures & Time	Activities	Interaction Pattern & Level of Activities	Intentions
Stage 1 Pre-listening (Section A—1a) (8 mins)	Activity 3:Teach new words Teach（students）to understand the new words "pioneer" and "behavior" by analyzing the structures of the words and guessing the meaning of the words in a sentence or a passage	•效果评价:通过教师提出问题"Why Kongzi is called Confucius?",学生产生探索的兴趣和学习的热情,再通过视频导入了解其由来后,自然引入本课的主要人物,并拓展、铺垫必要的背景文化知识	3.引入新词和话题内容,为后者的听力训练做准备。 4.从情感、语言等角度为学习本课主要人物"孔子"的开展做好准备
Stage 2 While-listening (Section A—1b) (15 mins)	Activity 1: Read and predict Students read the information in 1b in order to predict the content first. Activity 2: Read and learn Lead students to pay attention to the key words (pioneer, thinker, philosopher) which are used as the hints while listening. Activity 3: Listen and find main idea Students listen to 1a as they close their books, in order to get the main idea and check what they have predicted before. Activity 4: Listen for the second time Students listen to 1a again and finish 1b. Activity 5: Listen for the third time Check the answers in 1b. Then students listen to 1a for the third time, paying attention to the pronunciation, intonation and the attitude of the two speakers. Activity 6: Find out and underline the attribute clauses Find out and underline the attribute clauses in 1a. Activity 7: Work in pairs Work in pairs to act out 1a. Teacher chooses two groups to presentation.	学生预期反应及应对措施:学生能够根据教师的提示,迅速找到听力题中的三个关键词,并理解材料的大意。如不能,教师应放慢听力材料的速度或者逐句播放,降低听力难度。 活动层次:获取与梳理 效果评价:通过三遍播放同一个听力材料的方式,细化听力任务,并由易到难地逐层理解听力材料,最后达到听出对话人的语气、语调,能够揣测出孔子的态度的听力最高目标	1.训练学生通过题目预测听力重难点,注意关键词在获取听力细节信息过程中的作用。 2.引导学生通过表格信息预测听力内容,同时培养学生关注关键词,获取有效信息

续表

Procedures & Time	Activities	Interaction Pattern & Level of Activities	Intentions
Stage 3 Post-listening (Section A—2) (15 mins)	Activity 1: Read and understand Let students read each sentence in pairs and understand the meanings. Lead them to know the logical relationship between lines according to the time clues and conjunctions. Activity 2: Make the sentences in the right order Work in groups of four. Make the sentences in the right order according to the clues and conjunctions they have found before. The group leader should collect the reasons which are given by the group members. Activity 3: State reasons (1) Teacher checks the answer and chooses two or three groups to state their reasons of their answers. Activity 4: Make a project in groups Make a poster of introducing Confucius based on what they have learnt in 1a. (2) They can also add more information about Confucius through other ways like their history books or the Internet. Ask students to pay attention to use the attribute clauses led by "who, whose, whom" which they have learnt in 1a.	学生预期反应及应对措施： 1. 学生能够根据限速和句子之间的逻辑关系，较快地找出正确的排列顺序，并较好地阐述排序的理由和根据。如不能，教师应予以示范和引导，提供阅读策略和逻辑指导。 2. 在小组讨论并完成孔子的宣传海报时，学生能很好地抓住描述人物生平和事迹的关键词以及顺序，补充自己课外对孔子的了解。如果不能，教师应该及时补充和指导。 活动层次：描述与阐释、概括与整合 效果评价：学生能够从听力材料中整合内容，在用语言进行输出、书面进行表达时，达到锻炼其"听说读写"综合能力的目的	1. 引导学生在听力训练后就该话题进行口头表达的技能练习，发展学生的口语表达能力和交际能力。 2. 让学生小组讨论并清晰阐述出自己排序的依据能帮助学生关注到文章的逻辑结构和叙述顺序，有助于学生听力和阅读技能的提高。 3. 复习本课中所学的重要语法——定语从句，并将知识、技能话题融合在一起进行综合语言能力训练
Stage 4 Assigning homework (2 mins)	Activity 1: Sum up Sum up what they have learnt. Activity 2: Assign the homework (1) Complete the poster of Confucius in class. Add more information and the character illustration, especially using the attribute clauses. (2) Preview the rest of Section A and find the experiences of Qin Shihuang, thinking about expressing them in English	学生预期反应及应对措施： 学生在预习作业中能够很好地找到对秦始皇相关信息的地道英语表达。如不能或者进行中式英语的翻译，教师应该就学生作业中出现的问题，进行提前引导和课后问题收集活动。 活动层次：获取与梳理、概括与整合 效果评价：学生能够在文本中获取写作所需的话题词汇以及功能词汇，并复习本课新学到的语法知识，学以致用	1. 帮助学生总结本课所学的知识，特别是定语从句的使用。 2. 作业兼顾口头和书面、复习和预习，通过海报的进一步完善，为下一个课时的写作搭建语言支架

五、设计教学评价

自我评价如表5-8。

表5-8 Assesment

	Items	Scores
1	能够借助语境和例句理解、掌握本单元的重点话题词汇及其相关用法	
2	能够归纳总结出3—4条学习拓展词汇的有效方法	
3	能够借助已学词汇和短语,听懂有关人物介绍的英文对话或短文	
4	能够使用所学词汇复述课文或描述一个历史人物。	
	Assessible 1 ⟷ 10 Excellent	

实作

1.结合英语学习活动观的六要素对本案例进行分析。

2.分析本课时具体的教学环节是否完备。教学活动是否体现了英语学习活动观？是否能有效达成教学目标？

3.根据仁爱版初中英语九年级Unit 5 Topic 2 Section A的内容完成一个课时新授课的词汇教学设计。

【拓展内容】

扫二维码获取教学内容和词汇教学案例。

（本案例由河南师范大学附属中学初中部杜丹丹老师提供）

第六章 英语语法教学案例分析与实作训练

请思考

小馨在实习期间观摩了不同学段、不同教师教授的多种类型的英语课。在各种课型中,语法教学课引起了她特别的关注。她发现,愿意选择语法课进行研讨、示范或赛课等"公开献课"的教师少之又少。大多数教师认为语法课枯燥乏味,上不出新意,不适合作为公开课展示。小馨还发现,在众多英语课型中,似乎只有语法课一成不变。多数教师仍然采用语法翻译法教授语法,学生学习语法的方式也主要是对语法内容反复背诵记忆和机械化地刷题。所以,学生虽然记住了语法规则,但无论在口头表达还是书面表达中仍然反复犯语法错误。可以看出,这种传统的语法教学方式是低效的。其实,除了小馨的观察发现,当前的语法教学还存在另一种现象。英语教学中重交际,轻语法,甚至忽视语法学习,这导致当前的语法教学呈现出零散化、碎片化的趋势,阻碍了学生英语综合能力的提高。

请思考:语法教学的核心任务是什么?如何通过有效的语法教学帮助学生正确理解和使用英语,以满足学生用英语完成交际和表达的需要?

学习目标导航

完成本章的学习后,你将能够:

1. 掌握英语课程标准对语法教学的相关要求及了解语法教学的目的。
2. 阐述语法教学内容与教学模式。
3. 解析不同学段的语法教学案例。
4. 创新设计并实践不同学段的"三维"语法教学。

第一节 英语语法教学概述

一、英语语法教学目的

(一)英语课程标准对语法教学的要求

《义教英语课标》和《高中英语课标》都明确提出,主题、语篇、语言知识、文化知识、语言技能和学习策略等六要素构成了英语课程的核心内容。而语法知识是语言知识的重要构成要素,它直接影响着语言意义的表达和理解,是语言正确性和得体性的保障。在语言运用中,语音、词汇、语法、语篇和语用知识总是交织在一起,成为语篇意义建构的最重要基础。语法知识是"形式—意义—使用"的统一体,与语音、词汇、语篇和语用知识紧密相连,直接影响语言理解和表达的准确性与得体性。语法参与传递语篇的基本意义,语法形式的选择取决于具体语境中所表达的语用意义。语法知识的使用不仅需要做到准确和达意,还要做到得体,因为语法形式的准确并不等同于语言使用的有效。有效的语言使用还涉及说话人的意图、情感态度及其对具体语境下参与人角色和身份的理解,这些都离不开语用意识和相关的语用知识。语法知识的学习在英语课程中具有不可或缺的地位。

英语课程标准所倡导的英语教学语法观,是以语言运用为导向的"形式—意义—使用"三维动态语法观。语法教学应注重"形式—意义—使用"的统一,在语境中通过各种英语学习、实践活动理解和运用所学语法知识。

1.《义教英语课标》对语法教学的要求

《义教英语课标》和《高中英语课标》将语法知识的内涵定义为词法知识和句法知识,并具体指出:词法关注词的形态变化,如名词的数、格,动词的时、态(体)等;句法关注句子结构,如句子的种类、成分、语序等。词法和句法之间的关系非常紧密,即人们常常说的词不离句,句不离词。在《义教英语课标》中,义务教育阶段语法学习的目标设定为学生能在语境中通过各种英语学习、实践活动理解和运用所学的语法知识,初步建立英语语法意识。语法知识的学习应贯穿义务教育阶段和高中阶段的英语课程学习,两个阶段的语法知识学习是连续的。对于每个学段的语法教学内容,从教什么,教多少,到怎么教,英语课程标准都做出了详尽的规定和建议(如表6-1)。

表6-1 《义教英语课标》语法知识内容要求

级别	内容要求
一级	1.在语境中感知、体会常用简单句的表意功能; 2.在语境中理解一般现在时和现在进行时的形式、意义、用法; 3.围绕相关主题,在语境中运用所学语法知识描述人和物,进行简单交流
二级	1.在语篇中理解常用简单句的基本结构和表意功能; 2.在语境中理解一般过去时和一般将来时的形式、意义、用法; 3.在语境中运用所学语法知识描述、比较人和物,描述具体事件的发生、发展和结局,描述时间、地点和方位等
三级	1.初步意识到语言使用中的语法知识是"形式—意义—使用"的统一体,明确学习语法的目的是在语境中运用语法知识理解和表达意义; 2.了解句子的结构特征,如句子的种类、成分、语序及主谓一致; 3.在口语和书面语篇中理解、体会所学语法的形式和表意功能; 4.在语境中运用所学语法知识进行描述、叙述和说明等

(教育部,2022)

从上表中可以看出,《义教英语课标》提出,学生学习语法遵循"感知—体会—理解—运用"的过程,循序渐进,强调所有的学习活动在语境中进行。因此,在实施语法教学时,教师要按照英语课程标准的指导原则,创设语境,依托语篇,做到形式、意义和使用三结合,根据学段发展,由简到难地安排语法教学内容,不要拔苗助长,也不盲目拓展,最终帮助学生实现从知识到能力的转化。

2.《高中英语课标》对语法教学的要求

《高中英语课标》要求高中阶段英语语法知识的学习要在义务教育阶段语法学习打下的基础上进行延伸和继续,指出高中阶段英语语法学习的目标是"在更加丰富的语境中通过各种英语学习和实践活动进一步巩固和恰当运用义务教育阶段所学的语法知识,学会在语境中理解和运用新的语法知识,进一步发展英语语法意识(如表6-2)"。

表6-2 《高中英语课标》语法知识内容要求

课程类别	语法知识内容要求
必修	1.意识到语言使用中的语法知识是"形式—意义—使用"的统一体,学习语法的最终目的是在语境中有效地运用语法知识来理解和表达意义; 2.运用所学的语法知识,理解口头和书面语篇的基本意义,描述真实和想象世界中的人和物、情景和事件,简单地表达观点、意图和情感态度,在生活中进行一般性的人际交流; 3.在语篇中理解和使用过去将来时态、现在进行和现在完成时态的被动语态、非谓语动词、限制性定语从句和简单的省略句
选择性必修	1.通过在语境中学习和运用语法知识,认识英语语法在哪些主要方面不同于汉语语法; 2.运用所学的语法知识,理解所学语篇的基本意义和深层意义,恰当地描述真实和想象世界中的人和物、情景和事件,表达观点、意图和情感态度,进行人际交流; 3.在语篇中正确地理解和使用过去完成、将来进行和现在完成进行时态、过去进行和过去完成时态的被动语态、非谓语动词、非限制性定语从句、主语从句和表语从句; 4.在语篇理解中借助五类句子成分(动词短语、名词短语、形容词短语、副词短语、介词短语)有选择地对长句和难句进行分析

(教育部,2020)

《高中英语课标》的语法知识内容要求是在义务教育阶段打下的基础之上,对义务教育阶段的学习成果进行延续。该内容凸显了语篇在语法知识学习中的必要性,对每一项语法的理解和使用都要求在语篇中进行。王蔷、周密和孙万磊(2022)认为语篇是语言知识的载体,语言知识是语篇的构成,语篇与语言知识二者密不可分。语法知识作为语言知识的重要组成部分同样离不开语篇这一载体,因此,语法学习必须在语篇中开展。王蔷等(2022)认为英语课程内容六要素的深层结构包含语言类知识、文化类知识、方法类知识和价值类知识四类知识。这四类知识是一个有机的整体,它们相互依存、相互关联,形成了一个更具教育价值的内核知识体系。简单拼凑英语课程内容的六要素不能盘活英语知识。在实际教学中,教师将语法的形式、意义与功能割裂开,以机械的练习题代替以语篇为载体学习语法,导致学生在理解和表达中反复出现语法错误。因此,在语法教学中,教师应按照英语课程标准的规定,合理制定对应学段的语法教学内容,创设主题语境,在多模态的语篇中实施语法教学活动,激发学生学习英语的积极性和热情,帮助学生达成正确理解和使用语法知识的目标,促进学生核心素养的形成。

(二)语法教学目的

学习语法的最终目的是能在语境中有效地运用语法知识来理解和表达意义。语法教学旨在基于语篇或语境,引导学生感知理解语法的形式和意义,发现并归纳语法规则,并迁移到新的语篇语境中运用语法恰当地表达意义、传递信息、表达情感等,完成真实的交际目的。

二、语法教学内容

语法是用词造句的规则系统的总和。根据三维动态语法观,美国语言学家弗里曼(Larsen-Freeman D.,1997)首次提出"形式、意义、使用"(Form—Meaning—Use)关联的三维语法理论。《义教英语课标》亦将三维语法理论纳入语法教学的原则中,明确提出语法知识是"形式—意义—使"的统一体,学习语法的最终目的是在语境中有效地运用语法知识来理解和表达意义。语法教学的内容包括三个维度:(1)语法的形式、结构(Language Form / Structure),包括词法和句法。(2)语意(Language Meaning),指语法形式与结构所表达的语法意义和内容意义。(3)语用(Language Use),指运用语法在一定的语境或语篇中的表意功能、交际功能。

弗里曼(Larsen-Freeman D.,1997)用饼图(图6-1)清晰地展示语法的三个维度及三者之间的关系。语法包含形式、意义和得体使用三个维度,它们相互依赖,相互依存,一个维度变化会导致另一个维度的变化。从三维语法理论的视角来看,语法不仅仅是静态的知识,更是动态的过程。如果教师将语法看作静态的知识,他们就会让学生通过背诵、反复机械操练来学习语法知识。而英语课程标准倡导的三维语法教学要求学生学习语法时,要学习语法的形式、意义和使用,缺一不可,鼓励学生在主题情境中体会、发现、理解、探究和使用语法,最终能准确、有意义、得体地运用语法完成交际。

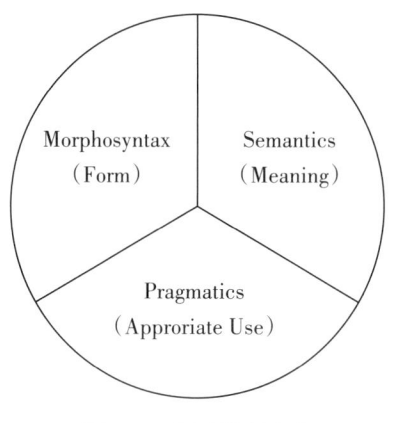

图6-1 语法教学内容

三、语法教学模式

语法教学通常采用PPP教学模式。

（一）呈现（Presentation）

在呈现环节，即新知呈现，教师通过实物、视频、图片、歌曲、故事语篇等创设语境，引导学生在语境中感知、理解语法的形式和意义，观察、发现、归纳语法规则。常用的方法有演绎法、归纳法、发现法。

1.演绎法

演绎法是指由教师先给学生逐条列举语法规则，讲述其构成方式、概念和表达的意义，然后通过大量的例子说明语法规则的方法，是从抽象到具体，由一般到个别的方法。演绎法的优势是教师对语法规则解释清楚、准确，简单明了，直截了当，不兜圈子，省时有效，比较符合理性思维的学生的需求，符合部分中国学生的学习期待。但缺点是容易出现以教师为中心的填鸭式的教学，学生被动学习，缺乏主动性，课堂学习气氛沉闷，学生虽然记住了语法规则，但是迁移到新的语境中运用语法时常出现语用错误。

2.归纳法

归纳法是指先让学生通过大量的实例、语篇、语境等接触具体的语法现象，感知、理解语法的形式和意义。随后，教师给出大量的例子，引导学生进行观察、对比、分析、体验，通过引导学生逐渐认识到语法规律，总结出语法规则。归纳法从具体到抽象，符合学生的认识规律，易于激发学生的学习兴趣和动机、调动学生的主观能动性；

有利于学生体验、感悟、发现,并参与语法教学活动;通过在大量语言环境中学习语法,有利于增加学生和语言的接触,理解结构的实际意义,深化对语法用法的理解,发展观察、分析能力,而且容易记住语法、将新的语法项目迁移到新的语境中,正确理解和表达意义。

3.引导发现法

引导发现法结合了"引导法"和"发现法",指学生在教师的引导下,在大量的语篇、语境中感知、理解语法,自主去发现、归纳、总结语法规则的教学方法。教师需要创设语境,重视在语境中呈现新的语法知识,在语境中指导学生观察、发现所学语法项目的使用场合、表达形式、基本意义和语用功能。引导发现法主张"在做中学",其核心是在教师的指导下,激发学生积极参与对语法的感知理解、观察发现、对比分析、归纳总结等思考过程,在探究、体验中发现语法规则,在语境中运用语法理解和表达意义、解决问题。

这样的探究学习、自主学习过程不仅能使学生有效地理解和记忆语法知识,加深对语法形式和意义的印象,夯实基础,促进学生将语法知识的内化后迁移到新的语境中恰当运用,还能促进学生的思维能力和自主学习能力的发展,养成通过思考进行观察、自我发现的学习习惯。

(二)操练(Practice)

操练环节侧重语法形式的正确性。教师给学生提供大量操练的机会,帮助学生记住语法的形式,深入理解语法的意义,初步将语法正确的形式和语序用于理解和表达意义。教师为学生的语法理解与初步使用提供反馈和纠正错误的机会,帮助学生建立运用新语法项目的信心。语法操练环节常用活动有直观法、替换练习和转换练习等。

1.直观法

教师借助直观的手段,如实物、图片、视频、手势比画等,让学生找到图片间的差异,根据图片编句子、编故事、排序等,让学生用所学语法看图说话或笔头描述图片。

2.替换练习

学生用新的语法结构替换句子或语篇中的部分内容,以理解语法结构在句子中的含义与功能。

3.转换练习

学生用新的语法结构变换句子中某个类似的部分,以深入理解语法结构的形式和意义,以及如何运用语法。

(三)运用(Production)

运用环节侧重在互动(真实的交际)活动中正确、恰当地运用语法。学生在语境中通过各种课内外和信息化环境下恰当运用所学的语法知识,在语境中学会应用语法知识理解和表达意义,不断提升准确、恰当、得体地使用语法的意识和能力。教师需要创设情境,设置任务,让学生在完成任务的过程中自由地、自然地运用所学语法做真实的事情并解决问题。

1.编句子、编对话

教师给出主题或问题情境,学生用所学语法通过口头或笔头编写句子和对话。

2.故事链

教师设置故事情境,学生用所学语法通过口头或笔头编故事;组合故事或介绍自己的经历、编想象的故事;教师给出故事线索(如时间、地点和动词),或给出故事的开头,由学生接龙编出一个有逻辑、有关联的故事。

3.真实交流活动

通过设置真实的交际情境,学生在访谈、辩论、演讲等真实交流活动中,恰当运用语法表达意义、交流信息。

四、语法教学重难点

学生在语法学习过程中通常会遇到以下问题:(1)语法内容抽象难懂。学段越低,该问题就越突出。学生理解不了语法,在英语学习中体验到的是挫败感,长此以往将失去对英语的学习兴趣。(2)语法知识没有形成系统的知识结构。如果语法学习没有在语境中依托语篇探究意义,学生采用死记硬背和机械地做大量的语法练习题的低效学习方式,所学的语法知识是零散的,难以形成系统的知识结构,学生的思维品质等核心素养难以得到全面的发展。(3)语法知识难以内化。具体表现为:同样的语法知识换一个语境就不会了,或者做了大量的语法练习,仍然在输出性的语言表达中不能运用得体。从语法课堂教学去溯源会发现语法知识的形式、意义和使用没有有机结合,是割裂的。为解决这些问题,教师在语法教学中要抓住以下几个重点。

（一）创设符合学生认知水平的主题情境，激发学生的学习兴趣和探究意识

《高中英语课标》强调了语境在语法教学中的重要性，要求"教师应重视在语境中呈现新的语法知识，在语境中指导学生观察所学语法项目的使用场合、表达形式、基本意义和语用功能"。因此，语法教学的重点之一就是创设合适的语境，引导学生初步体会、发现语法的"形式—意义—使用"，激发学生对学习语法和进一步探究语法的兴趣。

（二）培养学生"形意用"的三维语法意识，让语法知识结构化

教师在实施语法教学时应有意培养学生形成三维语法意识，练习和活动在语境中进行，帮助学生在语篇中应用语法知识准确、恰当、得体地理解和表达意义，让学生习得的语法知识形成有机整合的结构，而不是孤立的语法知识碎片。

（三）设计有层次的、整合的语法学习实践活动，内化语法知识

《高中英语课标》建议"在练习和活动的选择和设计上，教师应根据学生实际需求，围绕形式—意义—使用，采用和设计不同类型的学习实践活动，以既有层次又强调整合的多种教学活动来引导学生发展英语语法意识和能力"。要解决学生背了语法规则却不会灵活使用的问题，教师就需要尽量使用多模态语篇，帮助学生内化语法知识，灵活又正确地运用语法知识。

✅ 请回答

1. 概述义务教育学段和高中学段语法教学的目标。

2. 回顾你中学阶段教师的英语语法教学及你的英语语法学习，分析和评价其有效性。

第二节 英语语法教学案例分析

一、教学内容分析

（一）教材宏观分析

本课采用的课程资源是人教版初中英语 Go for it 八年级上册教材。本课程资源按照"话题—结构—功能—任务"的模式来安排教学内容，每个单元的语法结构服务于该单元话题的表达，语法学习是为了语言的表达。不同于传统教学模式中教师"满堂灌"、学生被动地机械记忆的做法，本课程资源各单元的语法内容是按照"感知、发现、总结、练习、运用"的顺序来编排的，强调学生对语法学习过程的参与，重视调动学生的学习思维，鼓励学生在语境中学习语法。通过从控制性、半控制性到开放性的分层次练习，引导学生发现、总结语言规律，最后能够在新的语境中运用该语法项目解决新的问题。

（二）单元整体分析

《义教英语课标》的核心内容由主题、语篇、语言知识、文化知识、语言技能和学习策略等六要素构成。

本单元的教学内容是"Unit 10 If you go to the party, you'll have a great time!"，分为 Section A 和 Section B 两个部分。Section A 围绕"派对"（Party）的话题展开，集中呈现了有关假设或推论的词汇和句型。本部分的核心句型是第一条件句"If...will..."，对未来事件进行假设和推断。此外，Section A 部分通过对班级聚会（Classparty）的讨论，包括举办时间、活动内容、组织形式等，要求学生能够围绕假设与推论，尝试做简单的语言输出,为Section B部分对假设与建议的讨论奠定语言基础。Section B在Section A的基础上,围绕青少年生活中的问题,进一步讨论对不同事件结果的预测。本部分通过听、说、读、写活动拓展相关语言表达,巩固if引导的第一条件句,并引导学生正视困难,学会与人沟通,寻求帮助,解决问题。

(三)课时教学内容分析

1.课文语篇

【单元主题】参加聚会

【本课主题】围绕"派对"(Party)的话题,开展对于派对活动的假设与建议,属于"人与自我"和"人与社会"主题范围,涉及的话题项目为"个人、家庭、社区及学校生活"中的"社区及学校生活",以及"良好的人际关系与社会交往"。

【适用年级】八年级

【授课时长】1课时(40 mins)

【语篇类型】书信

【What】本课时所采用的语篇为一篇书信。一个名叫Tina的小女孩想去参加好友Mike的生日聚会,但是她的父母想要她在家复习英语准备考试。如果Tina要去参加聚会,她就没有好看的衣服可以穿,也不知道怎么到达聚会现场。于是Tina写信给Su Mei,提出了自己的担忧并寻求建议。

【Why】关注中西方青少年生活中常见的问题并了解西方社交聚会的知识,初步建构国际理解意识。让学生学会用恰当的方式表达请求、建议等,在遇到困难时正视困难,学会与人沟通,寻求帮助,解决问题。

【How】本课时以"帮助Tina"为导向创设情境任务,包括为Tina准备聚会、帮助Tina解决担忧和向Tina介绍荣昌,在真实的语境中发现、总结if引导的第一条件句的语法规律来学会谈论事情的结果和提出请求、建议,最后能够在新的语境中结合所学语法知识,以小组为单位解决新的问题,即向Tina介绍荣昌。

2.语言知识与语言技能学习活动

本节语法课将语言知识和语言技能融入真实的情境任务中,学习活动强调学生综合运用语言的能力。引导学生从关于"聚会准备"的短语篇中感知、归纳if第一条件句的语法规则。通过活动设计的层层递进,对语言练习控制的逐渐放开,让语法在使用中达到"形式—意义—使用"的统一。组织学生通过听、读、看的同时获取信息,用所学相关语法以说、写的方式陈述信息，表达思想。课堂组织学生小组合作，培养学生合作学习的能力。教学活动设置了各种问题，引导学生思考，发展了学生的逻辑性和批判性思维能力。

3.视频材料

本课的视频材料为重庆市荣昌区旅游宣传片。在教学过程中，让学生通过观看视频，了解荣昌的美食、人文和旅游资源，积累素材以便向他人介绍家乡的风土人情。

【评析】

本课对教材内容的分析较为精准和全面：首先，从宏观的角度分析了课程资源的指导思想、特色、教学方法和组成部分；其次，从英语课程内容六要素分析了整个单元；最后，对本课的课文语篇、语言知识与语言技能、学习活动，以及视频材料进行了细致的分析。尤其是在语篇的分析上，从What, Why, How多角度全面分析，从课程目标的高度分析课文语篇，把握课文语篇的设计理念，充分体现了英语课程是学生学习和运用英语语言、了解和传播中外优秀文化、工具性和人文性相融合的课程。

二、学情分析

该班的学生有良好的课堂氛围与学习习惯。学生在课堂上积极配合教师，愿意尝试用英语表达，英语口语表达超过本校同层次的其他班级；愿意并能够开展小组合作学习，能够基本听懂英语常见的课堂用语。作为八年级的学生，他们已经有了一定的英语知识储备，在学习本单元之前已经学习了一般将来时（will）的用法，为本课学习If...will第一条件句打下动词时态基础。尽管学生之前接触过一些复合句，但是掌握if条件状语从句仍然是他们的难点。本课创设"邀请朋友到家乡荣昌来参加派对"的语境真实且紧贴日常生活，有利于充分调动学生学习的主动性和"用英语"的积极性。

【评析】

学情分析关系着课堂设计最后的生成和目标达成。本课的学情分析比较全面，既分析了八年级学生已有的知识准备和语言能力水平，又分析了该学段学生的学习动机、学习风格和心理特点，预设了学生在学习本课可能遇到的难点，为本课的教学策略选择和教学活动设计提供依据。

三、教学目标

在准确了解学生已有的知识经验、现有的语言水平,以及语法课所需要的认知过程和认知结构的基础上,本课的教学目标为:

(1)感知理解if第一条件句的形式和意义。

(2)通过观察和思考,总结、归纳if第一条件句的语法规则。

(3)运用if第一条件句谈论事情的结果和提出请求、建议。

(4)迁移运用if第一条件句介绍家乡荣昌的风土人情,表达自己的观点。

【课程思政理念】了解西方青少年生活中的常见问题并了解西方社交聚会的知识,初步建构国际理解意识;挖掘家乡之美,培养对家乡的热爱、自豪之情,并向世界宣传家乡荣昌,用英文讲好中国故事。

【教学重难点】

1.重点

掌握if第一条件句的语法规则,并用if第一条件句谈论事情的结果,表达请求和建议。

2.难点

if从句和主句之间的时态有别,容易混淆,学生需要通过观察、思考、总结规律,并在语境中灵活运用。

【评析】

教师在对本课的文本全面深入研读的基础上,设计并制定了具体清晰且凸显主题意义探究的教学目标。本课教学目标符合英语学科特点及课改新理念,符合英语课程发展学生核心素养(语言能力、文化意识、思维品质、学习能力)的要求,体现了以学生发展为本的思想,符合中学生英语学习规律、身心发展规律、学生实际和教学要求。本课呈现阶梯式任务链,在各个情境的创设下,学生需要在为Tina准备聚会的过程中感知和总结if条件句的语法规则,这是本课的语言知识;学生需要帮助Tina解决困难,合理恰当地提出建议,表达观点,这是本课的语言知识目标和语言技能目标;还需要向Tina介绍家乡荣昌的风土人情,在此过程中培养对家乡的热爱,这是本课的文化知识目标;在帮助Tina解决问题、合理预测事情结果的过程中,强化思维品质。学生在教师的引领下,在与同伴的合作中,从理解层次到实践层次,再到迁移创新层次,举一反三,逐渐能自主地学习语法知识。

四、教学过程

教学过程如表6-3。

表6-3 教学过程

教学环节	Procedure and Students' Activities	设计意图
引入	1. The teacher shares the learning objectives Unit 10 If you go to the party, you'll have a great time! Learning objectives • By the end of the class, we will be able to 1. use the if-clause sentences to show opinions; 2. conclude the rules of if-clause by observing and thinking; 3. talk about the specials of Rongchang by using if-clause; 4. advertise for Rongchang and love Rongchang. 2. Brainstorm the topic word "party" from a set of sentences providing some clues warming-up Brainstorm　Guess a word You can be happy. You wear beautiful dresses. You really have a great time. You can drink tea or juice. Young people like it very much. party!	分享课时学习目标，帮助学生建构目标意识，培养自我监控学习进度和学习成效的能力 用猜谜语的形式激发学生的学习兴趣，并以此为本课的话题导入
呈现	1. Observe the pictures and sentences and summary the rules of if-clause Presentation　party! If you come to my party, how will you go there? If you come to my party, what will you wear? If you come to my party, when will you come? Presentation　Observe and think　探究发现 If I prepare a party for Tina, I will wear jeans.　What If I prepare a party for Tina, I can wear a dress. If I prepare a party for Tina, I will walk.　How If I prepare a party for Tina, I can take a taxi. If I prepare a party for Tina, I will go tonight.　When do/does something, somebody will / can do something.	1. 创设语境，为Tina准备一场聚会。通过回答参加聚会How，What，When相关的三个问题，组成语境呈现给学生。 2. 观察句子，总结归纳if条件句的形式

-163-

续表

教学环节	Procedure and Students' Activities	设计意图
呈现	2. Observe and think of the meaning and the use of if-clause **Observe and think** 探究发现 if从句（表假设）：If I prepare a party for Tina, 主句（预测结果）：I will wear jeans. / I can wear a dress. / I will walk. / I can take a taxi. / I will go tonight. What do you find out? 注意时态 If从句用__一般现在__时态，主句用__一般将来__时态或者情态动词。 （"主将从现"原则）（"主情从现"原则）	思考并归纳if条件句的意义和功能
操练	Listen and repeat 1. Listen and follow the words with vowel /mm/ **Practice** — Tina replies. Dear Carrie, I don't _know_ (know) what to _do_ (do) about going to your party tonight. My parents _think_ (think) I should study for my English exa..., I _go_ (go) to the party, they _will be_ (be) upset. I'd really love t... ur party in Rongchang, but there are still some _problems_... _wear_ (wear) nice clothes, but I don't _have_ (have) any. If I wea... s, I will _look_ (look) the worst. Also, I'm not sure how to _go_ (g... y. If I _walk_ (walk), it _will take_ (take) me too long. If I _take_ (take) a taxi tonight, it _will be_ (be) too expensive. Can you give me some advice please? Thank you very much! Tina **Practice** Carrie, there are still some problems Tina's worries: What to wear / How to get there / English exam 2. Brainstorm suggestions that help Tina come to the party. **Practice** Tina's worries: What to wear / How to get there / English exam If she _wears a dress_, she _will/can_ _look very beautiful_.	1. 创设语境，收到一封Tina受邀参加聚会后的回信。 2. 在语境中灵活运用if条件句完成短文填空，强化if条件句的功能性。 3. 组织同伴讨论，总结Tina关于参加聚会的三点担忧，培养学生提取关键信息的能力和合作学习的意识 结合语境设置开放性问题，引导学生在新语境中运用if-clause解决新问题，提高语法运用能力，锻炼学生的逻辑思维能力

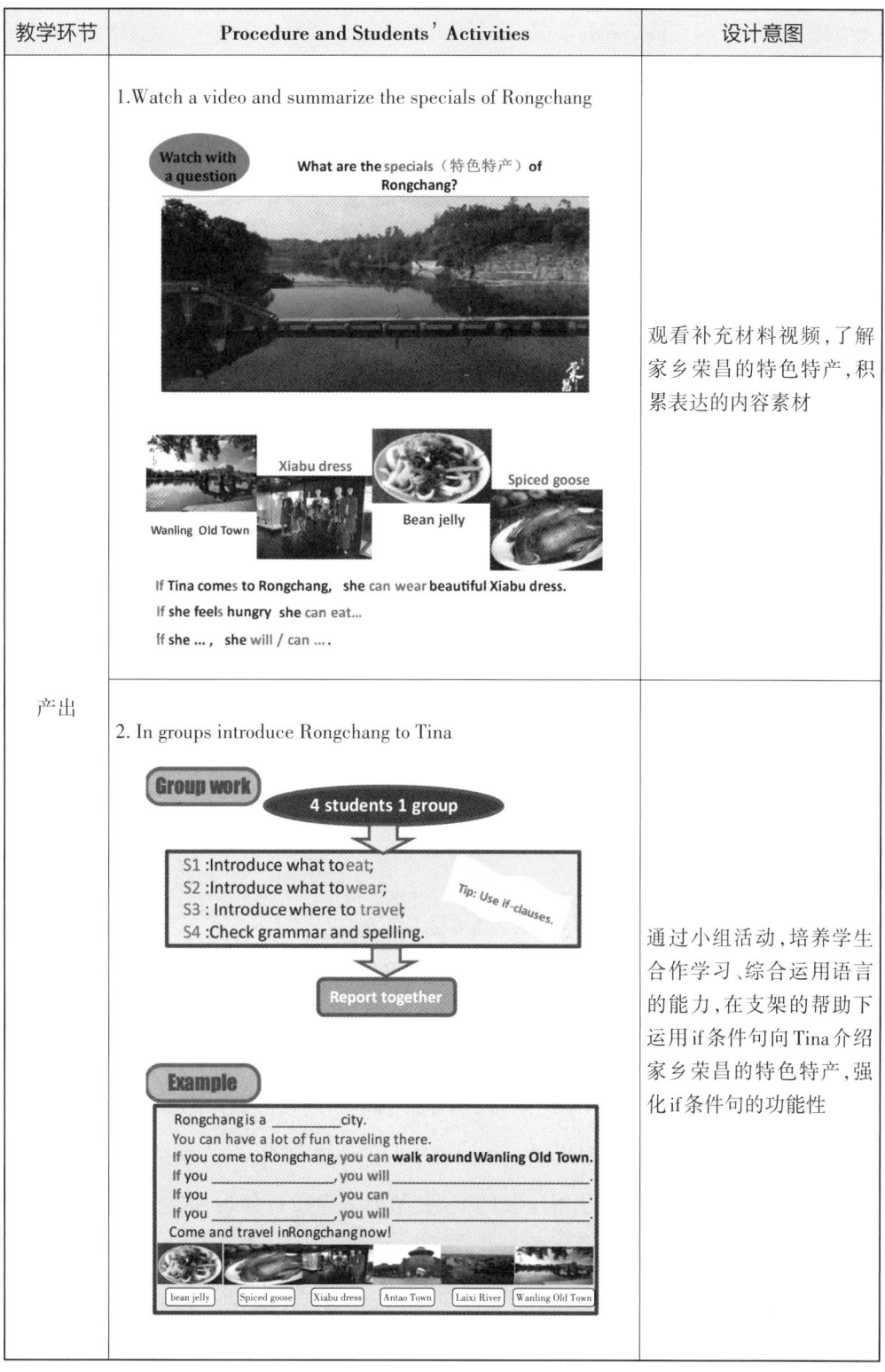

续表

教学环节	Procedure and Students' Activities	设计意图
产出	1. Watch a video and summarize the specials of Rongchang Watch with a question — What are the specials（特色特产）of Rongchang? Xiabu dress　Spiced goose Wanling Old Town　Bean jelly If Tina comes to Rongchang, she can wear beautiful Xiabu dress. If she feels hungry, she can eat…. If she …, she will / can …. 2. In groups introduce Rongchang to Tina Group work — 4 students 1 group S1: Introduce what to eat; S2: Introduce what to wear; S3: Introduce where to travel; S4: Check grammar and spelling. Tip: Use if-clauses. ↓ Report together Example Rongchang is a _____ city. You can have a lot of fun traveling there. If you come to Rongchang, you can walk around Wanling Old Town. If you _____, you will _____. If you _____, you can _____. If you _____, you will _____. Come and travel in Rongchang now! bean jelly　Spiced goose　Xiabu dress　Antao Town　Laixi River　Wanling Old Town	观看补充材料视频，了解家乡荣昌的特色特产，积累表达的内容素材 通过小组活动，培养学生合作学习、综合运用语言的能力，在支架的帮助下运用if条件句向Tina介绍家乡荣昌的特色特产，强化if条件句的功能性

续表

教学环节	Procedure and Students' Activities	设计意图
学生自评	Check the introduction according to the checklist Production　　Check list 1. Use if-clause correctly. ★ 2. Introduce Rongchang's specials. ★ 3. Make us want to travel in Rongchang. ★ 4. Good teamwork and loud voice. ★	培养学生自主学习的能力,用checklist的方式检测关于荣昌区的介绍质量如何
自我检测 （8 mins）	Finish the self-assessing Production　Self Check By the end of the class, I can　good　ok　try hard 1. use if-clause sentences to show opinions; 2. conc... by ob... If I prepare a party for Tina, I will wear jeans.) what 3. talk a... If I prepare a party for Tina, I can wear a dress. by if-... If I prepare a party for Tina, I will walk.) How 4. adve... If I prepare a party for Tina, I can take a taxi. Rong... If I prepare a party for Tina, I will go tonight. → when	引导学生回顾课时目标,复盘整堂课的相关知识,学生自我评价学习成果,增强学生的学习目标感,让学生对学过且掌握的知识做到心中有数
家庭作业	Assign homework Write a passage to invite your friends to visit Rongchang	口头和笔头相结合,提高学生语言综合运用的能力,运用所学知识用书面的形式表达内容

【评析】

本课教学安排结构清晰、逻辑严密,活动紧扣教学目的,凸显了"任务型语言教学思想",强调在语境中学习和使用语言,凸显语言学习的实践性。教学过程符合学生的心理特点、认知水平和学习规律。从语境中归纳语法规则,在语境中使用语法进行表达,再在新语境中运用语法解决新的问题,整体教学设计体现为"任务链"的形式,从学习理解到应用实践再到迁移创新,小步推进,螺旋上升,各个环节和活动之间衔接自然,循序渐进。教学过程以学生为中心,体现了目标—活动—评价三者的和谐统一,注重发展学生的学能,恰当为学生创设自主学习的空间,引导学生开展自主、合作等学习活动各环节。教学注重学生思维的发展，活动环节合理恰当地留白，给予学生思考的空间，锻炼逻辑性、批判性和创造性思维品质。学习资源设计符合教学活动的实际需要，并有助于促进学生学习。

五、教学评价

本课采用了以下评价方式，培养学生自我评价的能力。

1.设置评价表，分点检测学生介绍荣昌特产的口头产出质量。

2.课堂结尾设置学生自评标准评价活动，引导学生复盘整堂课知识，帮助学生监控自己的学习进度和效果。

【评析】

本案例的学习效果评价紧紧围绕教学目标和活动意图展开，凸显教师坚持"教—学—评"一体化实施的理念，确保学习真实发生并取得实效，符合国家教育评价改革理念与英语课程标准的要求和中学生评价心理需求与特征，符合语言学习与评价基本规律。教学过程中的评价关注了结构化知识的梳理和内化，促进了学生的学习，体现了教师对学生语言、文化、思维协同发展的关注，确保学科育人目标落地课堂。

六、教学案例总体分析

(一)设计理念

本课设计理念符合立德树人的教育目标和英语课程目标，教学目标、教学过程与活动能够发展学生的英语学科核心素养。本课不仅注重语法知识目标的达成，也注重英语综合素养的培养，是符合"形式—意义—功能"三维语法教学规则的经典案例。整个教学体现了目标导向性、任务导向性、整合性和情境性。教学以学生为中心，基于学生学习规律、认知水平和兴趣爱好设计教学，内容符合学生的发展需求和社会的发展需求。采用情境教学法，教师带领学生在解决任务问题的过程中，学习理解语法规则，应用实践语法知识，迁移创新语法功能，鼓励学生通过"用语言做事情"来学习和使用英语。真实有趣的任务帮助降低学生学习枯燥语法的心理障碍，激发学生的热情和兴趣，帮助学生顺利达成学习目标。课堂使用有效便捷的教育信息技术促进学习,恰当有效利用多种教学媒体、教学辅助手段等教学资源,为学生创造了良好的语言学习环境。

(二)"教—学—评"一致性分析

本案例凸显"教—学—评"一体化实施的理念,在任务活动之间融合形成性评价和终结性评价,确保学习真实发生并取得实效。本课的教学方法按照英语课程标准的教学理念,恰当选择与运用情境教学法、交际教学法、任务教学法和自主学习等教学方法,有利于教学目标的达成;教学方法符合初中八年级学生的实际与要求,学生能积极参与学习活动;新知识呈现、阐释、训练、巩固活动具有情境性、趣味性、启发性、交际性、实用性和可操作性;突出了自主、探究、合作等教学方式,体现了多元化学习方法,实现了有效的师生互动。

(三)设计亮点

本节语法课没有传统的机械性操练,取而代之的是融入核心素养、符合课标要求的创新设计。教学设计突出体现了"任务型语言教学思想",采用阶梯式任务链的设计,将原本枯燥的语法知识融入真实有趣的任务过程中,强调在语境中学习和使用语言,凸显语言学习的实践性。在语法教学中,关注语法的形式、意义、运用,注重培养学生的语用能力,以及发现规律、运用规律的思维品质。

✓ 实作

1.请研读上述教学案例,分析该教学设计中的问题,讨论如何优化语法教学设计。

2.请根据该案例的教学内容,为高一学生创新设计一个课时的语法教学新授课。

【拓展内容】

扫二维码获取教材原文。

(本案例由重庆市荣昌初级中学余灿老师提供、西南大学附属中学王琛琛整理)

第三节
英语语法教学实作训练

一、分析教学内容

【教材】人教(2019年)版高中《英语》必修二 Unit 4 History and Traditions 中 Reading and Thinking 板块

【主题语境、单元主题】人与社会——历史与文化传统

【本课主题】What's in a Name 介绍英国历史的简要发展历程

【适用年级】高一

【授课时长】1课时(45 mins)

【语篇类型】说明文

(一)单元整体分析

本课的教学内容是人教(2019年)版高中《英语》必修二的Unit 4,本单元主题围绕着"历史和传统"展开,设计介绍了中国、英国、爱尔兰等国家的悠久历史和文化传统等内容。这些国家在悠久的历史文化长河中,孕育了一些特有的文化传统和风俗习惯。了解这些历史和传统,对学生理解英语语言、世界重要文明的历史文化内涵及其蕴含的思维方式具有重要意义。本单元共分为两个部分,五个课时。其中第一个部分是中国文化(Listening and Speaking & Listening and Talking),第二个部分是外国文化(Reading and Thinking & Reading for Writing & Workbook 的补充阅读材料)。语法教学的重点是过去分词作定语和宾语补足语。

(二)课时教学内容分析

1.内容分析

本板块基于Reading and Thinking的文本,教师引导学生通过观察、分析与归纳总

结,掌握过去分词作定语和宾语补足语的用法,并运用这一结构表达情感及描述情境。以本单元上个课时的阅读文本作为引入,学生能更好地感知语法在语篇中的使用。该语篇中有多处是过去分词作定语和宾语补足语的用法。如:Most people just use the shortened name: "the United Kingdom" or "the UK".; They use the same flag, known as the Union Jack,…; They had castles built all around England...(如图6-2)

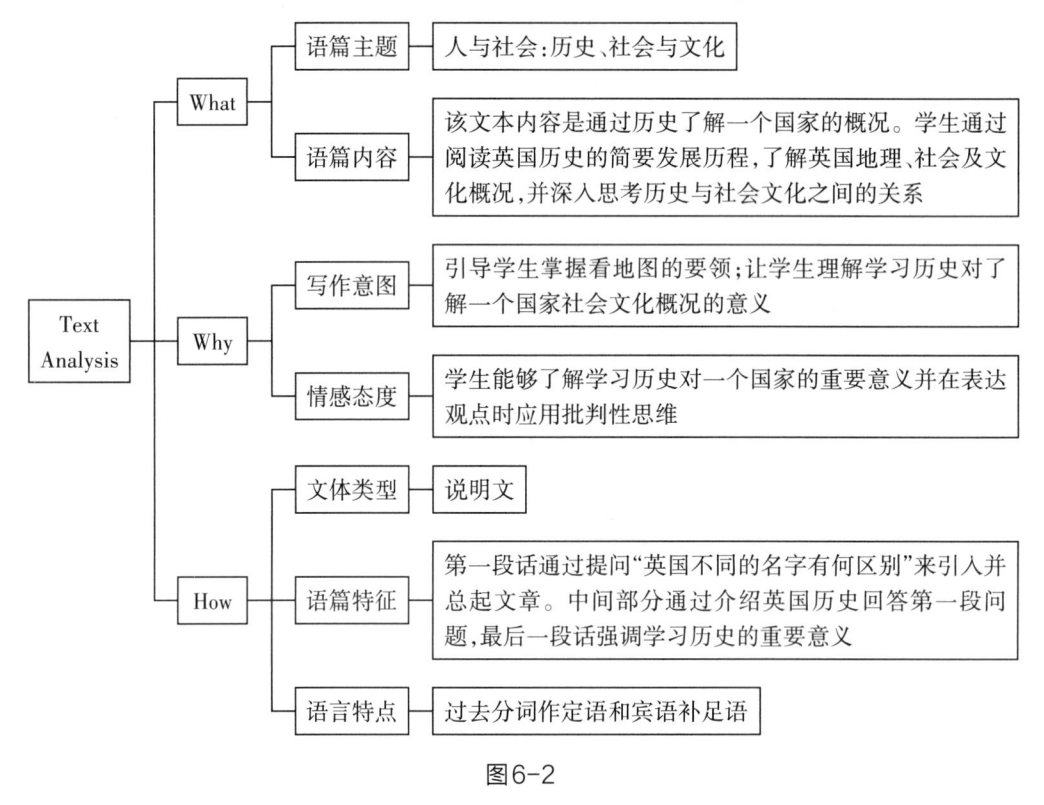

```
Text Analysis
├─ What
│   ├─ 语篇主题 ── 人与社会:历史、社会与文化
│   └─ 语篇内容 ── 该文本内容是通过历史了解一个国家的概况。学生通过阅读英国历史的简要发展历程,了解英国地理、社会及文化概况,并深入思考历史与社会文化之间的关系
├─ Why
│   ├─ 写作意图 ── 引导学生掌握看地图的要领;让学生理解学习历史对了解一个国家社会文化概况的意义
│   └─ 情感态度 ── 学生能够了解学习历史对一个国家的重要意义并在表达观点时应用批判性思维
└─ How
    ├─ 文体类型 ── 说明文
    ├─ 语篇特征 ── 第一段话通过提问"英国不同的名字有何区别"来引入并总起文章。中间部分通过介绍英国历史回答第一段问题,最后一段话强调学习历史的重要意义
    └─ 语言特点 ── 过去分词作定语和宾语补足语
```

图6-2

2.目标结构

过去分词作定语和宾语补足语的主要功能是较生动地描述情境、事物和个人情感。

3.活动设计

通过歌曲填空引入过去分词,给出学习目标。活动1让学生观察在阅读文本中出现的三个句子,进一步思考过去分词在句子中的用法,并且复习定语和宾语补足语的基本概念。活动2是基于学生对过去分词有一定理解的基础上,提出它作"定语"时的重点和难点问题,并让学生进行分组讨论。活动3是在学生填空后,在语境中重新思考活动2的问题。活动4提出它作"宾语补足语"时的重点和难点问题,并让学生进行分组讨论。活动5是在学生填空后,在语境中重新思考活动4的问题,并进行补充。活动6是一些相关填空练习。活动7给出语境,学生进行运用。

4.教学重难点

学生需要通过阅读中的句子和教师提供的例句,归纳总结出过去分词作定语和宾语补足语的相关概念和用法,并应用过去分词生动地描述情境。

✅ 实作

请结合所学理论和第二节案例的教材内容分析评析,简要评价本案例的教材内容分析,思考哪些地方需要补充或修改。

二、分析学情

在上一节阅读课中,学生已经学习并分析了包含相关语法内容的文本。通过本课的学习,学生从上一节课文本中提取出的典型例子,总结过去分词作定语和宾语补足语的基本用法的规律。学生对相关知识有一定的了解,但尚未形成系统的语法知识且在应用该语法项目的过程中仍会犯错。

潜在问题:学生对语法学习的态度表现得较极端。要么根本不重视,要么太在意语法规则的死记硬背,忽视了语境的作用。

对策:教师需要合理地使用教材,让学生在理解句子的过程中感知语法。教师应注意教学方法和课堂活动的多样性,增加学生学习英语的兴趣。除此之外,教师应注意多与学生交流,指导学生找到适合自己的学习方法,并关注学生的身心健康发展。

✅ 实作

该学情分析是否全面?是否分析了学生已有的相关知识与能力水平、思维特点、身心特点、学习动机等基本情况?是否预设了学生在学习本节课的难点并提出对策?

三、叙写教学目标

课程核心素养是《义教英语课标》的终极育人目标。在准确了解学生已有的知识经验、现有的语言水平,以及语法课所需要的认知过程和认知结构的基础上,本课时的教学目标设计为以下几点。

通过本课的学习,学生能够:

(1)辨认过去分词作定语和宾语补足语的不同用法。

(2)归纳过去分词作定语和宾语补足语的规则。

(3)运用过去分词描述图片中的场景。

实作

请用SMART原则、BLOOM目标分类原则或者英语课程标准等相关理论知识分析本课的教学目标设计是否科学合理,是否有利于发展学生的英语学科核心素养。请思考该教学目标的表述是否规范。

四、设计教学过程

教学过程如表6-4。

表6-4 教学过程

教学环节	教学活动(Activities)	设计意图
Warm-up (5 mins)	1. Listen to a song and take down the key words.(师生活动T-SS) The whole class listen to part of the song *Seasons in the Sun* and note down the key words. **▶ Listen and take notes ▶** Seasons in the Sun Goodbye to you my <u>trusted</u> friend We've <u>known</u> each other since we were nine or ten Together we've <u>climbed</u> hills and trees <u>Learned</u> of love and ABC's <u>Skinned</u> our hearts and skinned our knees They are called the non-finite verb. past participal(*pp.*) ⟶ 非谓语 2. Present the learning objectives. Students read and talk about what they've known about the key concepts: past participle; attribute and object complement Learning objectives By the end of the lesson, I will be able to 1. tell when the past participal are used an attribute and object complement. 2. sort out the rules and tips of the use of past participal in the sentences. 3. work my imagination and describe a situation or feeling based on a picture.	1.用音乐激发学习的学习热情,学生听一小段音乐并填空过去分词,感知过去分词在歌词中的作用,借此引出今天的教学内容。 2.呈现学习目标,学生朗读目标并讨论对关键语法概念的已有知识

续表

教学环节	教学活动（Activities）	设计意图
Present （15 mins）	1. Observe and learn.（师生活动 T-SS，学习理解） **Tell the difference** （定语） Most people just use the shortened name: "the United Kingdom" or "the UK".　as the attribute They use the same flag known as the Union Jack.　as the attribute They had castles built and had the legal system changed." 　　as the object complement　　as the object complement （宾补） 　・attribute 　・object complement Tell the role and function of the colored words in each sentence. And lead students to tell the use of attribute and object complement	判断句子中彩色单词的用法。（这些句子均选自上个课时的阅读课）并引导学生在具体语境中区别"定语"和"宾语补足语"
	2. Summarize the rules by question & answer.（师生活动 T-SS，学习理解） Based on what students are aware and unaware of the use of -ed form as attribute, raise four questions for discussion **Attribute** *Activity 1 Talk and share what you've known about the pp. as attribute.* 1. As an attribute, what is the difference between -ing and -ed? 2. Do all the forms of -ed share the same use? 3. Why are some pp. postioned before the center noun, while some after? 4. Besides -ed and -ing, do you know other forms of an attribute? （1）Answer the first question. *Activity 2 Describe the picture and summarize the rules.* The crying boy called Tom was hurt by the boiled water. *Activity 2 Describe the picture and summarize the rules.* 1. As an attribute, what is the difference between -ing and -ed? -ing: 主动或进行 -ed: 被动或完成 The crying boy called Tom was hurt by the boiled water.	1. 通过问题唤醒学生对于过去分词作定语的已有知识，同时引导学生明确重难点。问题如下：第一个问题讨论作定语时，-ing 和 -ed 的区别。第二个问题讨论过去分词在语境中的作用有哪些。第三个问题讨论前置定语和后置定语的区别。最后一个问题讨论其形式的定语有哪些。 2. 通过例句和补充例子让学生通过范例总结规则，并依次回答以上四个问题

-173-

续表

教学环节	教学活动（Activities）	设计意图
Present （15 mins）	（2）Answer the second question. *Activity 2 Describe the picture and summarize the rules.* 1. As an attribute, what is the difference between -ing and -ed? 　-ing: 主动或进行 　-ed: 被动或完成 2. Do all the forms of -ed share the same use? 　-ed: 被动或完成　 *vt. or vi.* 　decided by the **verb** and **context**. The <u>crying</u> boy <u>called</u> Tom was hurt by the <u>boiled</u> water. （3）Answer the third question with added examples. Finish Activity on textbook. *Activity 2 Describe the picture and summarize the rules.* my **trusted** friend an **honoured** guest **fallen** leaves a **retired** teacher two **broken** glasses a **divided** country 1. As an attribute, what is the difference between -ing and -ed? 　-ing: 主动或进行 　-ed: 被动或完成 2. Do all the forms of -ed share the same use? 　-ed: 被动或完成　 *vt. or vi.* 　decided by the **verb** and **context**. 3. Why are some *pp.* positioned before the center noun., while some after? 　Generally, it's decided by **the length** of the attribute except for some particular words. 4. Besides -ed and -ing, do you know other forms of an attribute? The <u>crying</u> boy <u>called</u> Tom was hurt by the <u>boiled</u> water. Complete the phrases in the right column by using the past participles in the left column. **tired** visitors a **well-organized** trip beautifully **dressed** stars visitors <u>tired</u> of the long wait/… a trip <u>organized</u> well by my workplace/… stars <u>dressed</u> beautifully at the event/… pre-modifier（前置定语）　　post-modifier（后置定语） （4）Answer the fourth question with added examples. *Activity 2 Describe the picture and summarize the rules.* a good friend the ability **to learn** the girl **who's in red** the girl **in red** **apple** trees 1. As an attribute, what is the difference between -ing and -ed? 　-ing: 主动或进行 　-ed: 被动或完成 2. Do all the forms of -ed share the same use? 　-ed: 被动或完成　 *vt. or vi.* 　decided by the **verb** and **context**. 3. Why are some *pp.* positioned before the center noun., while some after? 　Generally, it's decided by **the length** of the attribute except for some particular words. 4. Besides -ed and -ing, do you know other forms of an attribute? The <u>cry</u> was hurt adj; to do; attributive clauses; prep. phrases; noun.	

续表

教学环节	教学活动（Activities）	设计意图
Presentation （10 mins）	Based on what students are aware and unaware of the use of -ed form as object complement, raise two questions for discussion. ▶ Object complement *Activity 3 Talk and share what you've known about the pp. as object complement.* 1. Which verbs are more likely to be followed by object complement? 2. Is *pp.* the only form of the object complement? What are the others? 1. Fill in the blanks and get students better understand object complement. *Activity 4 Describe the picture and summarize the rules.* Anxious and concerned, Tom's mother called the ambulance and had him sent to hospital instatnly. 2. Answer the second question with added examples. *Activity 4 Describe the picture and summarize the rules.* 1. 使役动词 2. 感官动词 3. call, name, think, leave, keep (保持), nominate (任命), choose, elect, define, regard (认为), recognize, treat, take, consider, refer to, accept, acknowledge (承认), describe, declare (宣称), employ, use, show, organize, express等 常接-to do作宾补的； 常接-ing作宾补的； 都接意义相同；都接意义不同的 4. with+宾语+过去分词结构 Which verbs are more likely to be followed by object complement? 3. Answer the third question with added examples. *Activity 4 Describe the picture and summarize the rules.* The UK is often referred to as Britain. We all regard Summer pretty. I left a case on the train. Country road, take me home. I see him beating three men in the room. I saw him beaten in the room. I see him being beaten in the room. I saw him beat three men in the room. She had her son sent to hospital. She had her son clean the room. She got her son **to clean** the room. 1. Which verbs are more likely to be followed by object complement? 2. Is *pp.* the only form of the object complement? What are the others?	唤醒学生对于过去分词作宾补的已有知识，同时明确重难点。第一个问题讨论宾语补足语一般跟在哪类动词之后。第二个问题学生思考其他形式的宾语补足语。 通过例句和补充例子让学生通过范例总结规则，并回答以上问题

续表

教学环节	教学活动（Activities）	设计意图
Practice (8 mins)	Finish the exercise on Workbook part **Practice (P80)** Complete the sentences using the past participles of the verbs or phrases as the **object complement**. 1. His gaining admission to Peking University made his parents very **pleased** (please). 2. The Harry Potter films were well **received** (receive) because of their highly imaginative storylines. 3. If you want to make the food tastier, you could have more spices **added** (add) to the dishes. 4. She found herself **impressed** (impress) by the beauty of the landscape in Australia. 5. Getting back from her business trip, Judy was happy to see her puppies well **taken care of** (take care of) by her friend. 6. Remember to get your battery **charged** (charge) before setting off from the camping ground. **Practice (P80)** Complete the sentences using the past participles of the verbs as the **attribute**. 1. The first engine **driven** (drive) by steam was invented by James Walt, an inventor, engineer, and chemist. 2. It's dangerous for the villagers to drink from wells **polluted** (pollute) with poisonous chemicals. 3. Rosemary shares her **packed** (pack) lunch with two friends every day. 4. Westminster Abby is a typical Gothic church, **completed** (complete) in the 10th century. 5. These are English textbooks specially **designed** (design) for primary school students. 6. In the car park of the National Museum there are parking spaces **reserved** (reserve预留) for people with disabilities. **Practicing (P80)** Complete the sentences using the past participles of the verbs as the **attribute** or the **object complement**. 1. What a pity! That beautiful vase in the National Museum Collection got **broken** (break) during the move. 2. The director got the actors **positioned** (position) so that everyone could fit into the picture. 3. Do you know how long a (an) **opened** (open) jar of peanut butter can stay fresh. 4. This is a well-written book which lists the things to do if one gets **lost** (lose) on a bike. 5. Claire went to the hairdresser's and had her hair **cut** (cut) and **styled** (style) before the piano performance.	通过练习题巩固-ed作定语和宾语补足语的用法
Reflections (2 mins)	**Reflections** By the end of the lesson, I'm able to 1. tell when the past participal are used an attribute and object complement. 2. talk about the rules and tips of the use of past participal. 3. work my imagination and describe a situation or feeling based on a picture.	反思本节课的内容，根据自己的情况，课下查漏补缺

续表

教学环节	教学活动（Activities）	设计意图
Production （Homework）	Use your imagination and describe the pictures *Activity 5 Work your imagination and describe the pictures. (You can add details)* With the final exam approaching, Jack ... Requirements: 1. Focus on the situation and feeling. 2. Employ different forms of attributes and object complements to help you. 3. You can at most write down 5 sentences.	通过看图说话，应用相关语法用法编写文段

✓ 实作

1.本案例的教学过程设计是否符合英语学习活动观的要求？学习理解、应用实践、迁移创新三个层次分别有哪些活动？是否围绕本课主题创设了情境？教学活动是否围绕设定的教学目标开展？

2.教学活动设计是否符合英语课程标准的语法教学观？是否帮助学生积极主动地参与到探究主题意义的学习活动中，学会运用所学语言分析问题和解决问题？

3.请根据人教（2019年）版高中英语必修二Unit 4的内容完成一个课时的语法教学设计。

【拓展学习】

扫二维码获取教学内容。

（本案例由西南大学附属中学校范可星老师提供）

第七章 英语写作教学案例分析与实作训练

请思考

关于英语写作教学,席尔瓦认为,教师的作用在于帮助学生形成一套可行的写作策略:动笔前的酝酿(选题、收集资料、构思、确定中心思想、拟提纲、定步骤)、起草、修改(增补、删减、更改、调整思路),以及校订(注意修辞、句子结构和语法等)。但是,在我国中学英语教学中,教师对写作教学的认识有不同的观点。以下是对某中学6位英语教师对写作教学看法的访谈结果。

李老师:中学生用英语写作文难度太大,词汇量小,语法知识不够用,因此,写不出什么有思想的东西来,还不如让他们照葫芦画瓢,造造句子就行了。

王老师:中学生英语作文是为了考试,中考、高考都要考写作。因此,我总让学生模仿标准范文进行练习或背诵优秀作文,这样训练的效果比较好,所谓"熟读唐诗三百首,不会作诗也会吟",在考试中这方法还挺管用。

邓老师:我基本上没在课堂上教过学生写英语作文,只是给他们一个相关的题目回去自己写,他们可以模仿课文中的句子、表达方式,这样可以巩固刚学过的词汇、语法。我批改他们作文的时候,主要给他们改语法和拼写错误。

陈老师:我教写作基本上是在题库中找些题目让学生自己写,"自己动手,丰衣足食",最后让全班同学一起来改错。

黄老师:我偶尔也上作文课,主要是教他们如何开头,如何结尾,如何分段,如何断句;让学生仿照一个模板或按讲解过的篇章结构,比如英语书信的基本结构来进行写作。

杨老师:我常常让学生在课堂内外用英语随意写一些东西,称不上"作文",比如,记录他们说过的一段英语小对话,写几句可以押韵的"诗",或相互写便条或发邮件,这样可以帮助学生学习用英语来表达想法,还可以培养他们英语写作的兴趣和习惯,使他们感到用英语写作并不难,从而调动他们学习英语的积极性。

你认可这些教师的观点与做法吗?为什么?你自己对写作教学有什么样的看法?

学习目标导航

完成本章的学习后,你能够:
1. 阐释英语课程标准对写作教学的相关要求。
2. 阐述写作教学内容与教学模式。
3. 解析写作教学案例。
4. 优化、创新写作教学设计。

第一节 英语写作教学概述

一、英语写作教学目的

(一)英语课程标准对写作教学的要求

《高中英语课标》指出,语言技能是语言运用能力的重要组成部分。语言技能包括听、说、读、看、写等方面的技能。听、读、看是理解性技能,说和写是表达性技能。理解性技能和表达性技能在语言学习过程中相辅相成、相互促进。发展学生英语语言技能,就是使学生能够通过听、说、读、看、写等活动,理解口头和书面语篇所传递的信息、观点、情感和态度等;并能利用所学语言知识、文化知识等,根据不同目的和受众,通过口头和书面等形式创造新语篇。这些活动是学生发展语言能力、文化意识、思维品质和学习能力的重要途径。

英语学科核心素养的基础要素之一是英语语言能力。语言能力指在社会情境中,以听、说、读、看、写等方式理解和表达意义的能力,以及在学习和使用语言的过程中形成的语言意识和语感。写作是学习者在语言方面输入和输出能力的体现,也是学习者认识能力、思维能力以及语言应用能力的综合反映。英语写作不仅可以在一定程度上检测出学生对于英语这门学科的掌握程度,同时还是衡量教学效果的重要标准之一。

1.《义教英语课标》对写作的要求如表7-1(教育部,2022)

表7-1 《义教英语课标》关于写作的要求

级别	关于写作的学业质量要求
三级 (7—9年级)	1.能选用正确的词语、句式和时态,通过口语或书面语篇描述、介绍人和事物,表达个人看法,表意清晰,话语基本通顺。 2.能用所学英语,通过口语或书面语篇简单介绍中外主要文化现象(如风景名胜、历史故事、文化传统等),语义基本连贯。 3.能讲述具有代表性的中外杰出人物的故事,如科学家等为社会和世界作出贡献的人物,表达基本清楚。 4.进行书面表达时,能正确使用所学语言,格式较为规范。 5.能参照范例,仿写简短的文段(如回复信函等),语言清晰,表意得体。 6.能结合图片、文字等提示信息,对语篇进行补充、续编或改编,语言基本准确

《义教英语课标》关于初中英语的写作教学要求具体表现在以下几点:

第一,对义务教育阶段学生英语语言的综合应用能力要求有了明显的提高。比如,要求"以书面语篇的形式描述和介绍身边的人和事物,表达情感、态度和观点"。同时,还要求学生在口头和书面表达中,能够自我修正,用语得当。第二,新课标的英语写作不仅是要求模式化写作,而是要学生发表自己的观点,做到"言之有物,言之有理,言之有序";要求学生用掌握基本的语言知识来描述事物、表达观点。第三,要求学生能用语言介绍我国文化,增强文化自信;要求学生写作规范、语言得体。第四,在"核心素养导向"的目标下,要求学生具备"批判性思维",指向英语学科的核心素养;要求学生掌握不同的写作类型,例如续写、改写、仿写等,提高学生的写作技能。

2.《高中英语课标》对写作的要求如表7-2和表7-3(教育部,2020)

表7-2 《高中英语课标》关于写作的要求

课程类别	语言技能	语言技能内容要求
选择性 必修	表达性 技能	1.以口头或书面形式描述、概括经历和事实; 2.以口头或书面形式传递信息、论证观点、表达情感; 3.通过重复、举例和解释等方式澄清意思; 4.运用语篇衔接手段,提高表达的连贯性; 5.根据表达意图和受众特点,有意识地选择和运用语言; 6.根据表达的需要,设计合理的语篇结构; 7.在书面表达中有目的地利用标题、图标、图表、版式、字体和字号等手段有效地传递信息、表达意义; 8.在口头表达中运用目光、表情、手势、姿势、动作等非语言手段表达意义; 9.讲话时进行必要的重复和解释; 10.使用语言或非语言手段预示和结束谈话; 11.使用恰当的语调、语气和节奏,提高表达的自然性和流畅性

表7-3 《高中英语课标》学业质量水平中对写作的要求

序号	质量描述
1-13	能以书面形式简要描述自己或他人的经历,表达观点并举例说明;能介绍中外主要节日和中华优秀传统文化;书面表达中所用词汇和语法结构能够表达主要意思
1-14	能运用语篇的衔接手段构建书面语篇、表达意义,体现意义的逻辑关联性;能借助多模态语篇资源提高表达效果
2-13	能在书面表达中有条理地描述自己或他人的经历,阐述观点,表达情感态度;能描述事件发生、发展的过程;能描述人或事物的特征、说明概念;能概述所读语篇的主要内容或续写语篇
2-14	能在表达过程中有目的地选择词汇和语法结构,确切表达意思,体现意义的逻辑关联性;能使用多模态语篇资源,达到特殊的表达效果
3-13	能通过书面方式再现想象的经历和事物,对事实、观点、经历进行评论;能根据需要创建不同形式的语篇
3-14	能使用衔接手段有效提高书面语篇的连贯性;能使用特殊词汇、语法创造性地表达意义

《高中英语课标》关于高中英语的写作教学要求具体表现在以下几点:

第一,在进行高中英语写作教学的过程中,学生要能够用语言描述经历、阐述观点,要发展学生以读促写、读后续写的能力。第二,学生要能够对观点进行评论,且能创造性地表达自己的观点,在该过程中,教师要关注学生词汇、语法的使用情况。第三,教师要关注学生对于语篇语用知识的学习,学生要掌握不同类型语篇的写作格式。第四,学生要掌握语篇衔接手段,且能够通过使用不同的衔接手段使整体篇章保持通顺。

(二)写作教学目的

依据英语课程标准的要求,结合教材与学情,通过仿写、故事续写、看图写报告、命题作文和概要写作等各种方式培养学生的英语写作能力,包括写作的准确性、流利性和得体性。针对不同学段的学生开展不同的写作活动,以达到下列目的。

1. 训练英语书写

训练学生规范的书写,比如书写字母、单词、句子、标点符号等,以帮助学生养成良好且规范的英文写作习惯。

2. 操练语言

通过控制性写作操练语言。在英语写作教学中,教师可以通过书写字母培养学生的写作习惯、仿编对话、仿写段落、仿写课文的语言操练等活动,从句子结构、篇章结构和文体格式等方面入手,引导学生在写作中发挥想象力,分清辨明文内各事物之间的联系,有计划、有步骤、有针对性地创作,从而培养学生篇章建构的能力,掌握写作技巧。通过控制性操练,学生能掌握写作形式,即通过写作教学使学生掌握句子模式、篇章结构和文体格式,并熟练运用。

3.运用语言

通过半控制性操练,学生能运用语言。写作旨在表达,而表达的前提需要语言的支持,还要有想法。教师可以采用半控制性操练来激发学生的想象力,培养学生的思维,例如:故事续写、看图写报告、命题作文和概要写作等。只有有了想法,学生才能展开自己的想象表达观点、情感。

4.真实交际、表达观点

《高中英语课标》强调了要表述与表达事实、观点、情感和想象力,写作最主要的目的是表达。英语是用来交流的一种语言,除了谈话,还有一些邮件、书信(例如:建议信、道歉信、感谢信,以及邀请信等)的往来,比如今天"我看到、听到了什么新鲜事,我迫不及待地想告诉对方",那么英语写作教学的最终目的是让学生逐步掌握英语知识和技能,提高语言实际运用能力,让学生学会在真实的语境中用英语进行写作交流。

二、写作教学内容

写作是使用书面语传递信息的一种交际方式和交际能力,是一项综合全面的脑力活动。写作者可以通过书面文字来表达自己的思想,具有非常重要的意义。教师需要基于语篇进行写作教学设计。写作的输入阶段需要教师带领学生去感悟认知各类语篇,了解不同的语篇特点,给学生搭好支架。在输出阶段,学生才能逐步地开展各项各类写作训练,不断提升其写作能力。英语写作教学主要由以下要素组成:

(一)语言知识

构成语言的三个基本要素是语音、词汇和语法。足够的词汇量是写作的基础,而写出合乎英语表达习惯、语法又正确的句子是最终要达到的目的。

(二)思想内容

语言是思想的载体。书面表达是用来书面交流的,可以用来反映作者的思想、情感态度和对于某一事物的观点。具有鲜明的中心思想是一篇好作文的标志,每一段或者每一层次都应该有与中心思想相关的主题论证,所有的描述、例子的使用都应该围绕中心思想进行。

(三)表达交流

Halliday的语篇理论指出,语篇衔接主要通过语法手段、词汇手段和逻辑联系语言来完成。代替、省略、照应等都属于语法手段,而复现关系和同现关系则属于词汇衔接。逻辑关系语可分为增补、转折(让步)、原因(结果)和时间四类。在写作过程中,句与句之间、段与段之间都应该有较为严谨的连贯性和逻辑性,不宜太过跳跃。

(四)书写规范

书写规范是得高分的第一块敲门砖,一手漂亮的书写能给阅卷老师留下很好的第一印象,甚至可以让他忽略掉一些细微的语法错误。因此,一手漂亮的书写是必备实力。再者,不同的文体有不同的格式要求,如说明文、信件、日记等都有其独特的格式要求,因此,在写作过程中,也要注意格式规范。

(五)文化背景

中西方文化存在着很大的差异,思维习惯、表达方式也大不相同,西方人的表达比较直接,而中国人的表达则比较含蓄委婉。

三、写作教学模式

写作教学模式有很多,常见的有成果教学法、过程教学法、体裁教学法、过程体裁教学法和支架式教学法5种。

(一)成果教学法

成果教学法以行为主义理论为依据,认为教学过程是一个教师提供刺激,学生做出反应,再进行强化的过程。鼓励对输入信息(input)的模仿和再创造,并且由教师支配并控制着整个教学过程,学生没有太多自由发挥的空间,最后写出的作文是评价学习成果的唯一依据。教师强调文章中要使用适当的词,并对学生作文的用词、句法和段落进行严格的修改和评价。对于段落来讲,强调主题句、段落的组织结构,常见的模式有:对比与比较、因果关系、分类、列举、举例、下定义等。成果教学法有以下教学过程:(1)熟悉范文(Familiarization)。在这个阶段,教师选取一篇范文进行讲解,分析其修辞选择模式和结构模式,并介绍修辞特点和语言特点。(2)控制性练习(Controlled Writing)。在这个阶段,教师就范文中所体现的常见的相关句式要求学生进行替换练习,并在教师的指导下渐渐过渡到段落写作。(3)指导性练习(Guided Writing)。在这个阶段,学生模仿范文,使用经过训练的句式尝试写出相似类型的文章。(4)自由写作(Free Writing)。在这个阶段,学生可以自由发挥,使写作技能成为自身技能的一部分,并用于现实写作中。

(二)过程教学法

过程教学法以交际理论为基础,把写作视为一个过程,主要关注语言技能,不重视语法、词汇、文章结构等语言知识。Tribble(1996)把写作过程分为四个阶段:(1)写前准备(Planning)。这主要是帮助学生构思的阶段,教师通过各种活动,比如小组讨论、头脑风暴、思维导图、启发式提问等,使学生就某一主题获得尽量多的素材。(2)草稿阶段(Drafting)。学生就上一阶段中所得到的信息进行整理,拟定写作提纲,并以此为基础写出初稿。(3)修改阶段(Revising)。在完成初稿后,学生再次在教师的组织下,以分组讨论等形式与教师及同学讨论自己的初稿,按照他们的意见和建议进行修改。(4)编辑阶段(Editing)。在这一阶段中,学生对修改后的文章进行最后润色,并做适当的补充和删减。需要特别注意的是,过程教学法中的写作过程是一个不断完善的过程,在任何一个阶段,学生都可以回到上一个阶段或者最初阶段。教师不再仅仅提供信息输入,而是一直在为学生完成写作提供指导。

(三)体裁教学法

体裁教学法建立在语篇的体裁分析基础上,即把体裁和体裁分析理论自觉地运用到课堂教学中,围绕语篇的图式结构开展教学活动。体裁理论认为交际目的是体裁的决定性因素,不同的语篇体裁(如求职信、科研论文、法律文书等)被用来实现不同的目的。另外,交际内容、方式、读者、媒介等许多因素也影响着特定体裁的语篇建构。体裁法认为写作教学的主要目的应是向学生介绍不同类型的体裁,使他们认识到写作是一种社会意义的建构过程。在写作课上,教师利用范文对不同文章的体裁进行分析,引导学生掌握各种语篇的图式结构,从而帮助他们掌握某一体裁的结构特征和语言风格,并独立撰写同类体裁的文章。

体裁写作教学法的具体操作步骤为：(1)示范分析(Modeling)。教师通过范文介绍某一体裁，讲解其目的、语篇结构和语言特点，让学生对此体裁有一个直观、全面的感性了解。(2)协商(Joint Negotiation of Text)。在这一阶段学生与教师、学生与学生之间相互沟通，共同创作一篇文章；也可让学生运用体裁分析的方法解析同一体裁的不同语篇，目的是让他们通过实践将范文中学到的体裁分析知识融会贯通。(3)独立创作(Independent Construction of Text)。此阶段也是模仿写作阶段。教师给学生一个新的题目，让他们根据范文体裁的特点进行自我创作，目的是让学生学以致用。

(四)过程体裁教学法

基于建构主义、语言习得理论、体裁分析理论、图式理论，Badger 和 White 在 2000 年提出了过程体裁法，他们认为写作包括语言知识、语境知识、写作目的和写作技巧等要素。在此基础上，韩金龙(2001)总结出了可操作的"过程体裁教学法"的教学步骤：(1)范文分析。教师应选择特定体裁的典型范文，向学生讲解与这种体裁相关的社会语境、交际目的，使学生充分了解这一体裁的语境(Context of Situation)，包括话语范围、话语基调和话语方式，并在此基础上分析、总结这一体裁的体裁结构、语言特点，使学生对这一体裁的形式和内容都有全面的了解，为写作阶段打下坚实可靠的基础。(2)模仿写作/集体仿写。这里的模仿不是简单地模仿范文，而是有意识地运用上一个步骤中所获得的有关某一特定体裁的知识，包括体裁结构、语言特点等。通过模仿，学生将对这一体裁有更好的理解，同时还能把这些结构特点、语言特点"内化"(Internalize)到其知识结构中，确保其在以后写作同一体裁文章时能做到得心应手，发挥自如。(3)独立写作。学生根据给定的题目/情境和有关这一体裁的知识进行实际的创作，包括编写提纲、打草稿、成文等写作过程。(4)编辑修订。这一步骤包括作者修改、小组互改和教师批改。

(五)支架式教学法

支架式教学(Scaffolding Instruction)是建构主义的一种教学模式。它是一种以学生为中心，利用情境、协作、会话等学习环境要素充分发挥学生的主动性、积极性和首创精神，最终达到使学生有效地实现对当前所学知识的意义建构目的的教学方法。支架式教学法的最直接理论基础源自于苏联著名心理学家维果茨基的"最近发展区"理论。常见的学习支架可以分为范例、问题、建议、工具、图表等。

(1)范例支架:范例即举例子,它是符合学习目标要求的学习成果(或阶段性成果),往往包含了特定主题学习中最重要的探究步骤或最典型的成果形式。如教师在要求学生通过制作某种电子文档来完成学习任务时,他可以展示前届学生的作品范例,也可以从学生的视角出发制作范例来展示。好的范例在技术和主题上会对学习起到引导作用,同时避免拖沓冗长或含糊不清的解释,帮助学生较为便捷地达到学习目标。范例并不一定总是电子文档等有形的实体,还可以是教师操作的技巧和过程。教师在展示这种非实体的范例时,可以边操作边用语言指示说明,对重要的方面和步骤进行强调。

(2)问题支架:问题是指在一定情境中人们为了满足某种需要或完成某一目标所面临的未知状态。它是学习过程中最为常见的支架,相对"框架问题"而言,支架问题的系统性较弱,有经验的教师会在学生的学习过程中自然地、随机应变地提出问题,搭建支架。同时,在特定主题的学习中,"支架问题"往往比"框架问题"更具结构性,更加关注细节与可操作性。当教师可以预测学生可能遇到的困难时,对支架问题进行适当设计是必要的。

(3)建议支架:当学生在独立探究或合作学习遇到困境时,教师提出恰当的建议,以便于学习顺利进行。当问题支架的设问语句改成陈述语句时,"问题"支架就成了"建议"支架。与"问题"支架相比,"建议"支架的建议少了一些系统性和整体的逻辑性。但它更直白,往往能直截了当地指出问题的关键所在。

(4)工具支架:在以学为主的教学活动中,教师为了保证学生学习过程的顺利实施,提供的认知、会话、协作、展示平台、共享平台等都可以算是工具支架,如知识库、语义网络、专家系统、概念图、BBS、电子白板、新闻组、PPT等。

(5)图表支架:图表包括各种表格和图式。它可以直观地表达事物之间的联系,系统把握复杂问题的脉络。用可视化的方式对信息进行描述,尤其适合支持学生的高阶思维活动,如解释、分析、综合、评价等。图表的形式也是多元化的,常用到的如表格、流程图、概念图、思维导图、维恩图、时间线以及统计学里的比较矩阵等。

支架式教学是一个动态的过程,始终以学习者为核心,其最终目的就是使支架消失,让学习者独立,进而提高其知识、能力和核心素养。因此,在教学的不同阶段,教师应基于学生个性化差异搭建不同跨度的教学支架,以提高教学的有效性,打造高效课堂,大幅度提高学生的学业水平,整体推进学生知识、能力和素养的层级攀升。

四、写作教学的重难点

从英语写作教学现状来看,主要存在以下难题:学生基础知识不足。首先表现在词汇量的缺乏上。大部分学生却没有达到英语课程标准的要求;其次表现在语法错误上,在写作过程中,很多学生语法不通,经常会出现错误句型、结构混乱、含义不清楚等情况。学生缺乏良好的思维习惯。大部分学生的思维缺乏拓展,导致他们写的文章缺乏衔接,忽略了篇章结构,主要表现为写作中关联词的使用,导致句子间、段落间没有关联,显得呆板,整篇文章不严谨、不流畅,而且常忽略了主题句。汉语影响。很多学生在进行英语写作时,经常会使用中文进行构思,随后再将中文内容翻译成英文,造成写作中经常会出现中式英语,并且会影响整篇内容的流畅性。

(一)加强学生的基本知识与技能训练

要想使学生达到英语课程标准的要求,就要加强学生写作的基本技能训练,具体可以通过以下几方面来进行:

1.加强词汇、句子训练,语法精讲、课后多练

首先,夯实学生的词汇、语法、句子等语言基础。词汇是文章的基础,没有一定的词汇量很难写出好文章。词汇选择是否准确、贴切,对于文章是否能收到预期的效果至关重要;句子是文章中表达思想的最基本单位,在交际中,同一意思可选用不同的句式表达,所以要用关键词和语法加强句型练习;除此之外,教师要加强听写结合训练、说写结合训练,以及读写结合训练。听写结合教学手段不仅能提高学生的拼写能力,而且还能提高他们的听力和写作能力。说和写也是相互贯通的,中学英语教学在强调听说结合的同时,也应重视说写结合的练习。读是语言信息的输入,它是写的基础,与写的关系最为密切。其次,在语法讲授上,教师要着重讲解英汉语法之间的区别;为了能保证学生在课后多加练习语法内容,教师也要对知识点进行精讲;与此同时,教师要注意引导学生在日常会话中使用语法规则,积极自主地总结归纳语法。

2.加强语篇训练,善于积累素材

在英语教学中,写作、词汇、阅读是学生基本技能的重要组成部分。学生要学会遣词、造句和谋篇,就要积累大量的词汇。要想为写作提供丰富的语言素材和各种范例,就要大量阅读各种篇章,长期坚持会让学生逐渐掌握更多词汇、语句和表达方式。

加强语篇分析是解决语篇问题、提高学生写作能力的有效途径,准确把握语篇的整体性和衔接性是英文写作的关键。在进行英语写作之前,学生需要有不同语篇类型的输入,以此来为写作做准备。写作目的不同,输入的语篇类型可能就不同,例如:记叙文、说明文、应用文、新闻报道、新媒体语篇,以及其他语篇类型(如歌谣、歌曲、图片等)。由于英语篇章结构逻辑顺序的训练本身就是一种英语思维方式的训练,所以指导写作时必须分析如何组织文章、安排提纲。

(二)培养学生的英语思维意识和能力

为了确保学生写出的作文更加规范,教师也要在平时的教学中关注学生英语思维的培养与养成。以建议信为例,建议信是日常交际中的常用应用文体,如何使用合适、简洁而有效的语言表达自己的建议,如何逻辑有序地谋篇布局是建议信写作教学的重点。根据学生的实际语言运用水平和日常交际要求,教师要对语言和内容进行拓展和延伸;教师也可以运用支架理论,通过搭建问题支架、情境支架和范例支架,帮助学生实现语言有效输出,达到交际的目的。教师要多鼓励学生通过阅读多种英文作品,丰富和提升自己的知识量,如果有必要可以背诵一些经典的句子和文章。在泛读的基础之上,学生也要对英语原著的选词、句子模式、风格等进行研读。从长远的角度来看,通过这样的学习方式可以更好地激发学生写作的兴趣,也很好地锻炼和提升了学生的书面表达水平。在此基础上,教师也要积极地为学生构建更多学习和运用英语的机会,比如可以多引导学生观看一些英语题材的电影、收听英语电台等。学生通过接触大量的英文输入以后,会获取更加丰富的英语语感,自然也能够真切地应用英语表达自己的情感和思想,有助于进一步提升英语写作质量。

(三)强化学生的英语文化意识

为了减少汉语的影响,要强化学生的英语语言意识,加强学生的英语写作习惯培养。教师要在教学过程中善于引导学生有效区别英汉表达的差异性,发现深层次的文化内涵和思维方式,从而帮助学生消除潜意识中的障碍,形成正确的跨文化意识。在练习写作的过程中,教师首先要给予学生一个良好的英语语言氛围,让他们能潜移默化地形成用英语去思维的习惯。在教学过程中,教师要尽可能用英语与学生交流对话,逐步培养学生的语感。学生用中文思维去写作,这是影响我国学生英语写作能力的主要原因。因此,教师除了用英语营造氛围外,首先,可以在课堂中播放一些关于西方文化的短片,这样可以调动学生学习英语的积极性。这些视频短片作为资料库可以有效帮助学生在英文写作中进行举例论证,增加素材积累。其次,英汉互译也是一种可在书面表达中锻炼语言意识的办法。有些学生缺乏造句能力是因为习惯按照汉语模式去转换词汇、语法和句型。我们应该将语言和文化结合起来,从单词、句法、篇章结构、思维方式和表达习惯等不同层面指导学生分析、比较和了解英汉两种语言的异同。通过比较英汉句型之间的共同性和差异性,让学生自然而然地克服汉语的干扰,从而提高学生中英文思维转换的能力。

【请回答】

1.《高中英语课标》中对写作的具体要求是什么?

2.阐述主要的英语写作教学模式。你认为作为中学教师可以采用哪些方法进行写作教学?

第二节
英语写作教学案例分析

一、教学内容分析

【教材】人教版（2019年）版高中《英语》必修一 Unit 1 Teenage Life 中 Reading for Writing 板块

【主题语境、单元主题】人与自我——个人、家庭、社区及学校生活；青少年的生活

单元大观念：了解中外青少年在学习生活、课外活动和成长中可能面临的身心问题。学生能够通过对比审视自己的高中生活，树立良好的心态，正确面对学习和生活中的困难和挫折。学习和了解中外青少年学习生活的异同，开阔文化视野。

【本课主题】属于"人与自我"主题范围，案例的语篇"Write a letter of advice"涉及的话题项目为"个人、家庭、社区及学校生活"。

【适用年级】高一年级

【授课时长】1课时（40 mins）

【语篇类型】应用文——建议信

【语篇分析】基于六要素整合的英语课程内容，本课教学内容如下。

主题类型："人与自我"——个人、家庭、社区及学校生活

语篇类型：应用文

语言知识：(1)有关建议的表达：I recommend that...；I think you should...；Why not...等。其他有关建议的表达：You'd better do sth. Why don't you do sth.? How about doing sth.? I'd like to suggest that you（should）do sth. It might be a good idea to do sth.

(2)语篇知识:建议信紧密联系主题,就青少年网瘾问题说明害处,给出解决建议。语篇结构为:知晓问题—了解感受—说明害处—提出建议。

语言技能:(1)梳理文本信息,进行概括总结;(2)了解信件的格式,建议信的常见内容构成,以及提出建议的表达法;(3)在实际生活中,能够熟练运用建议信,表达自己的建议。

学习策略:(1)在语境中学习词汇,并借助思维导图给词汇分类,加深记忆;(2)利用思维导图梳理文章的主要内容和结构;(3)通过快速浏览理解篇章大意,通过扫读获取篇章的具体信息;(4)有合作学习的意识,主动在小组讨论中发表对生活中问题的建议,讨论写作内容;(5)通过自评、同伴互评,检测学习目标达成度。

文本分析如下图 7-1。

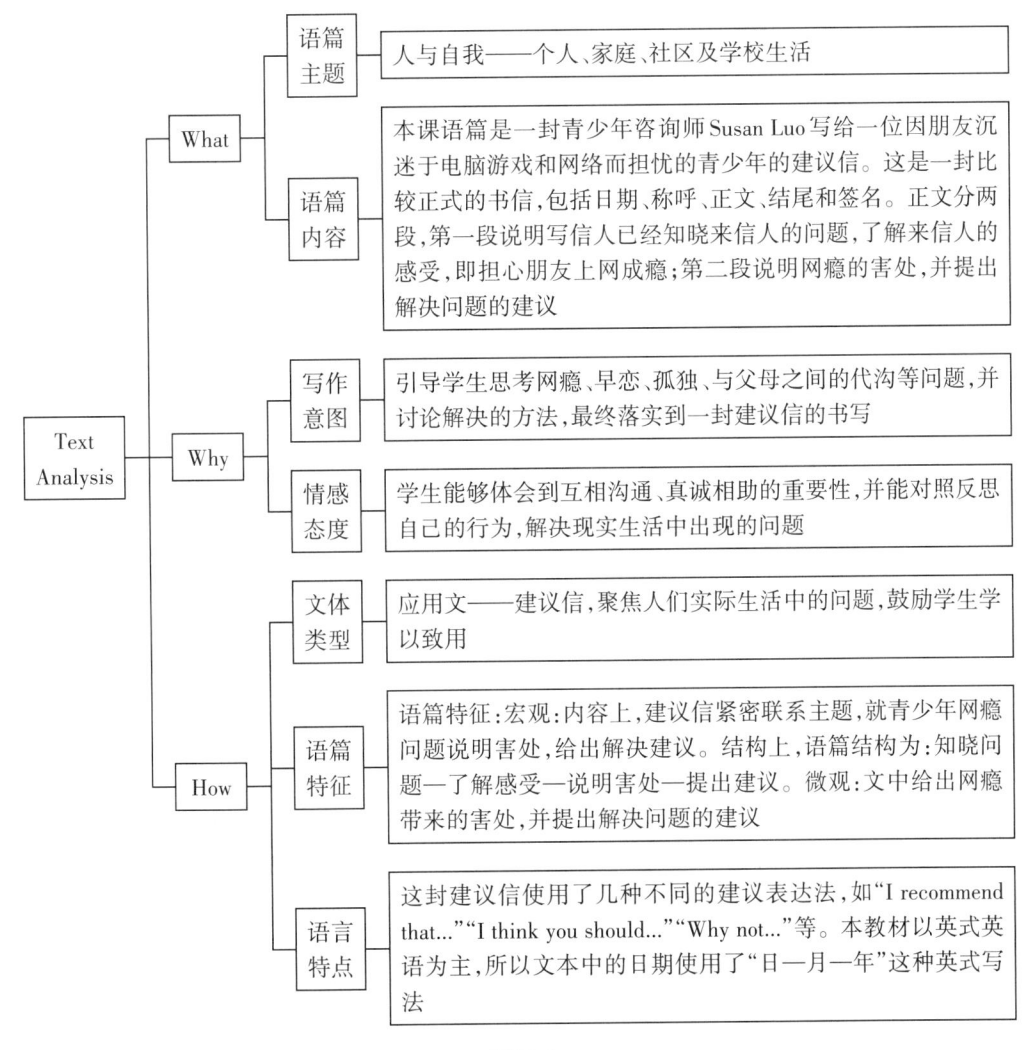

```
Text Analysis
├─ What
│  ├─ 语篇主题: 人与自我——个人、家庭、社区及学校生活
│  └─ 语篇内容: 本课语篇是一封青少年咨询师 Susan Luo 写给一位因朋友沉迷于电脑游戏和网络而担忧的青少年的建议信。这是一封比较正式的书信,包括日期、称呼、正文、结尾和签名。正文分两段,第一段说明写信人已经知晓来信人的问题,了解来信人的感受,即担心朋友上网成瘾;第二段说明网瘾的害处,并提出解决问题的建议
├─ Why
│  ├─ 写作意图: 引导学生思考网瘾、早恋、孤独、与父母之间的代沟等问题,并讨论解决的方法,最终落实到一封建议信的书写
│  └─ 情感态度: 学生能够体会到互相沟通、真诚相助的重要性,并能对照反思自己的行为,解决现实生活中出现的问题
└─ How
   ├─ 文体类型: 应用文——建议信,聚焦人们实际生活中的问题,鼓励学生学以致用
   ├─ 语篇特征: 宏观:内容上,建议信紧密联系主题,就青少年网瘾问题说明害处,给出解决建议。结构上,语篇结构为:知晓问题—了解感受—说明害处—提出建议。微观:文中给出网瘾带来的害处,并提出解决问题的建议
   └─ 语言特点: 这封建议信使用了几种不同的建议表达法,如"I recommend that...""I think you should...""Why not..."等。本教材以英式英语为主,所以文本中的日期使用了"日—月—年"这种英式写法
```

图 7-1

【学习活动分析】

首先,就该语篇的具体内容而言,教材设计了细节理解活动,给出了三个细节性的问题帮助学生理解语篇意义。其次,教材设计了与语篇结构和语言特点相关的活动,帮助学生进一步学习语篇知识。语篇知识有助于学生根据交流的需要选择恰当的语篇类型、设计合理的语篇结构、规划语篇的组成部分、保持语篇的衔接性和连贯性。最后,教材还设计了小组活动:利用本课所学的知识写一封建议信,并且进行同伴互改。这一活动不仅有助于学生学习语用知识,还可以帮助学生在特定的语境中准确地理解他人和得体地表达自己,而且还能提升学生的学习能力。

【评析】

教师从三个维度What,Why和How对语篇的主题、内容、文体类型、语篇结构特征和语言特点等方面对文本做了深入解读。建议信是日常交际中的常用应用文体,如何使用合适、简洁而有效的语言表达自己的建议,如何逻辑有序地谋篇布局是本课的重点。根据学生的实际语言运用水平和日常交际要求,教师对语言和内容进行了拓展和延伸。

二、学情分析

语篇体裁为应用文中的书信体,这种体裁学生早已不陌生,需要教师在布置写作任务之前引导学生进行写作文体知识的新旧迁移。作者在阐述个人观点及原因时所用的句式,也值得学生在读后仿写中借鉴使用。

所教授的班级学生具备了基础的阅读策略和写作能力,第一课时输入了青少年生活方面的背景知识;并且学生在课前已经对文本内的词汇进行了预习,所以他们对这篇文章进行浅层理解的难度不大,课堂重点放在引导学生完成建议信的写作。

本课语篇引导学生思考网瘾、早恋、孤独、与其父母代沟等问题,并讨论解决的办法,最终落实到一封建议信的书写。因此,正式进入语篇的学习之前,需要教师引导学生激活已有的知识,输入建议方面的表达,铺垫基础的文化背景知识,引导中学生要思考自己所面临的问题,讨论解决办法,对语篇主题有较为全面深入的理解。借助逻辑清晰、内容连贯、结构紧凑的范文,为写作搭建支架,是提升学生写作水平的一条有效途径。

【评析】

本部分对学情分析较为全面,阐述了学生的认知储备,包括在学习本课之前已经具备的与本主题的春节习俗相关的背景、语言知识与能力的基础、学生已有的与本课相关的学习经验,目的在于根据学生的学习兴趣、学习需要和学习潜能对教学进行有效的教学设计。同时也阐述了学生学习本课可能存在的困难,如学生现有阅读水平、写作基础均处在薄弱的水平,学习本课需要学生具备的基础与学生已有的基础之间的差距。

三、教学目标分析

通过该课的学习,学生能够:

(1)仔细阅读和理解给定的建议信文本,梳理出信件的主要内容和结构。分析文本的语言特点,如使用的句型、词汇和表达方式并根据文本的情境和目的,设置适当的写作情境,在完成写作任务后,通过朗读、展示或小组分享等展示写作成果。

(2)仔细研究给定建议信的语篇结构,即知晓问题、了解感受、说明害处和提出建议;提取有关建议的句型、词汇和表达方式。

(3)根据自己的经历或同伴的问题,表达个人对于这些问题的建议。运用所学的建议表达方式与语篇结构,写一封建议信,注意建议明确、合理和具体;语言有准确性、连贯性和逻辑性。

(4)通过参与写作活动和分享建议,体会到沟通和相互帮助的重要性。认识到通过与他人分享经验和建议,可以解决现实生活中的问题并改善人际关系。对照自己的行为和反思,思考如何运用所学的建议技巧来解决自己或他人在生活中遇到的问题。

【课程思政理念】

本案例关注青少年的成长问题、开阔文化视野、引导思考和解决问题,以及培养学生的社会责任感。通过引导学生思考网瘾、早恋、孤独以及与父母之间的代沟等社会现实问题,培养学生正确面对学习和生活中的困难与挫折,分析和解决问题的能力。通过写建议信关注朋友的问题并提出建议,体现了关心他人、关爱社会的精神。

培养社会责任感和同理心,使他们意识到自己可以通过实际行动来帮助他人和改善社会。帮助学生认识自我、关心他人,并培养问题解决能力和社会意识。

【评析】

每一堂课从开始到结束都是围绕教学目标展开的,所以教学目标的设定对一堂课最为重要。此处的教学目标结合了文本体裁和语篇的主题意义,考虑到了文本的结构、语言和文化、逻辑资源,使用了可观察、可检测的行为动词来描述目标;其中目标1、2、3来自文本,目标1主要通过获取实时性信息,让学生能够理解语篇的主要内容;目标2在目标1的基础上,归纳出文章的语篇结构和逻辑关系,是对所获取的知识的整合,是阅读较高层次的要求;并且回到语言本身,积累写作所需的语言,模仿结构搭建写作框架,通过理解记忆阅读语篇中的看法和表达句型进行读后仿写。目标3、4、5要求学生能完成一篇有现实意义的写作。总体而言,本案例的教学目标难度适中,能使语言能力、思维品质、文化意识和学习能力等四个英语学科核心素养交融互进,形成具体的任务和教学方向。

四、教学过程分析

教学过程如表7-4。

表7-4 教学过程

Procedure & Time	Activities	Interaction Pattern & Level of Activities	Intentions
Stage 1 Pre-writing (12 mins)	Step 1 Set up the writing scaffolding Activity 1 Appreciate the following letter and conclude its writing framework. Activity 2 Read it again and find the sentence structures of expressing suggestions. 有关建议的表达:I recommend that…; I think you should…; Why not… 等。其他表达:You'd better do sth. Why don't you do sth.? How about doing sth.? I'd like to suggest that you (should) do sth. It might be a good idea to do sth.	学生能够依据范文,从problems /feelings/ suggestions /expecta-tion 四个方面梳理相关词汇。 【个体学习(I)】 学生所找到的词汇可能不完整,教师可以邀请学生分享并总结 【师生互动(T-SS)】 活动层次:获取与梳理、概括与整合	帮助学生熟悉写作所需的相关表达,为写作搭建语言支架

Procedure & Time	Activities	Interaction Pattern & Level of Activities	Intentions
Stage 1 Pre-writing (12 mins)	Step 2 Read to discover details concerning advice letters' writing style. A letter: Date/Greeting/Body/Close/Signature	学生能够就身边朋友所遇之事提出自己的建议。为防止学生无话可说,教师预先提供补充阅读材料;为防止学生想法单一,教师可组织学生进行小组讨论。【生生互动(SS-SS)】活动层次:推理论证	1.教师要创造性地设计有意义的写作任务,激发学生的写作动机。因此,教师将课文为咨询师写给因朋友沉迷而担忧的青少年的建议信这一语境,迁移到写作任务,使得写作活动更加真实,有目的性。2.选择学生熟悉的话题,学生写信对网瘾发表观点,让学生有话可说。3.通过学案补充材料为学生搭建写作内容与语言上的支架,解决"What to write"。4.以小组讨论的方式激发学生学习的积极性
Stage 2 While-writing (15 mins)	Step 3 Explore and try writing Activity 3 After learning the passage on Page 18, the teacher leads students to figure out the organization of the letter and appreciate its language features. (1) Find and mark the parts of the letter that match the following points. A. I know what the problem is. B. I understand how you feel. C. This is my advice and reasons. D. I think my advice will help. (2) What expressions does Ms. Luo use to make suggestions? Circle them in the letter. Activity 4 Use what you have learnt to write a letter of advice to one of the teenagers in Page19—3.1. In this step, the teacher asks students to sum up some ideas regarding the following topic: Work in groups. Choose one of the teenagers and discuss his or her problems. List possible suggestions and reasons.	学生能通过小组讨论,确定组内的一致观点。【生生互动(SS)】经过教师解释和举例后,学生能根据观点,选择对应的阅读补充材料。【师生互动(T-SS)】活动层次:迁移创新	培养学生良好的写作习惯和写作技巧:1.写前列提纲并组织内容要点。2.学生选择阅读学案1中关于网瘾的补充材料。阅读之后,进行小组讨论,梳理出自己的建议,记录在学案上。这一步聚焦了学生的写作需求,使学生在内容传达方面,做到围绕主题,有话可说。

续表

Procedure & Time	Activities	Interaction Pattern & Level of Activities	Intentions
Stage 2 While-writing (15 mins)	Activity 5 Use what you have learn to draft a letter offering advice to any of those students above. Complete the outline in Page 19—3.2 and use it to draft your writing	学生可能遇到不会使用的新词汇。教师引导学生使用建议相关表达进行写作。 【师生互动(T-SS)】 活动层次：迁移创新	深化学生对网瘾这一话题的理解,培养学生的逻辑思维能力和写作能力
Stage 3 Post-writing (10 mins)	Step 4 Share your works and evaluate and perfect your works Activity 6 Pair work or group work: Share the writing products by exchanging partners' first drafts and correct the mistakes with the help of "the mutual evaluation criteria of writing". Activity 7 Try writing the second draft based on the suggestions given by others. Activity 8 The teacher corrects the mistakes of some students' second drafts chosen with the help of "the evaluation criteria of advanced writing". Activity 9 Try writing the third draft based on the suggestions given by the teachers	学生对评价具体要求不清晰。在评价前教师就评价量表上各维度的评价做出示范。 【师生互动(T-SS)】 活动层次：批判与评价	学生利用评价量表进行小组内的互评。明确一篇好的作文应该包含的结构和内容要素,同时学习其他同学的写作亮点,了解改进方向。评价标准的第一条量规为内容的完整性,包括问题、感受、建议、期望;第二条为主题清晰,第三条为围绕主题,有话可说。前三条评价了内容传达的教学目标的达成度。最后两条分别评价了原因的逻辑性和语篇结构是否清晰,指向了对语篇连贯这一教学目标的检测。评价量表的设计上,遵循了两个呼应。呼应教学内容和教学目标。这也是我对此次教学设计的主题"教—学—评"一致性的理解。评价和教学内容的设计都要指向教学目标的实现
Stage 4 Assignment (3 mins)	Step 5 Polish your letter according to peer-editing, and write the last draft		让学生在课后继续对文章进行修改

【评析】

整个教学过程依据PWP教学模式分为写前、写中、写后和作业四个阶段。写前阶段由"Step 1 Set up the writing scaffolding"和"Step 2 Read to discover details concerning advice letters' writing style"构成，不仅能帮助学生在文本中获取写作所需的话题词汇以及功能词汇并搭建支架，还能帮助学生就网瘾这一话题结合语篇进行讨论，发表自己的观点，并找出原因。写中阶段包括"Step 3 Explore and try writing"，设计了3个活动，引导学生能够基于支架、就网瘾这一话题谈论观点、原因等；大部分小组能在讨论中梳理出作为原因来支撑观点的信息。进而，学生能够根据所学，利用课堂信息借助支架进行写作。写后阶段包括"Step 4 Share your works and evaluate and perfect your works"，设计了4个活动，引导学生能够根据评价量表展开自评、互评，并分享。

从整体来看，教学过程设计合理，逻辑性强。注意了支架的建构及应用；活动设计既有师生互动(T-S)(T-SS)，又有生生互动(SS)和个体学习，活动的层次分明，从学习理解类活动到实践应用类活动，再到迁移创新类活动，层层递进。写作前的准备环节，学生依据思维导图分类激活写作所需要的词汇和相关表达，为写作搭建语言支架。写中环节，让学生列出提纲并组织内容要点，同时能通过小组讨论，确定组内的一致观点，学生能根据观点，梳理出作为原因来支撑观点的信息，有助于培养学生良好的写作习惯和写作技巧。深化学生对网瘾这一话题的理解，培养学生的逻辑思维能力和写作能力。写后的多元评价环节，学生与同伴互改作文，符合新课标中的合作、交流和探究的学习方式，也符合学生在写作教学中对语言的实际运用。学生在小组合作中相互倾听、相互帮助，同学之间的讲解比较容易接受，采用学生互相找错的方式不失为一种操作性强而且效果不错的纠错办法，让学生思考后加以修正，重在启发，以培养学生自主学习的能力。在学生进行修改形成最终文稿后，可以让学生以多种方式展示，同时教师对学生普遍问题和典型错误应在课堂上进行及时讲评，将这些信息反馈给学生，让他们逐步提高写作水平和写作技巧。

五、教学评价分析

评价是写作教学中的重要环节,学生是评价活动的主体,通过评价,检测本课学习目标的达成度,并能提供改进方向。在读后环节,设计了写作评价量表,包括学生自评、互评、教师评价,多维度客观评价,为学生提供真实有效的反馈。评价量表的设计指向教学目标的实现,评价维度包括目标中关注写作部分的语篇内容、语篇结构,从而实现"教—学—评"的一致性(如表7-5)。

表7-5 学生课堂学习达成自我评价表

Dimensions	Assessment Items	Level					Self-Assessment	Peer-Assessment
Content	The letter includes experience, attitude, reasons and opinion	5	4	3	2	1		
	The attitude is exact and effective	5	4	3	2	1		
	The reasons are topic-related	5	4	3	2	1		
Structure	The latter reason is more important than the previous one	5	4	3	2	1		
	The letter summarizes the opinion at the last paragraph	5	4	3	2	1		
Language	Phonetics	5	4	3	2	1		
	Vocabulary	5	4	3	2	1		
	Grammar	5	4	3	2	1		
	Discourse	5	4	3	2	1		
	Pragmatics	5	4	3	2	1		

在本课完成写作后,学生利用评价量表进行小组内的互评,明确一篇好的作文应该包含的要素,同时学习其他同学的写作亮点,了解改进方向。评价标准第一条呼应教学目标中写作内容达成度,最后两条分别评价了原因的逻辑性和语篇结构是否清晰,指向了对语篇连贯这一教学目标的达成。

【评析】

本评价量表依照前面的教学目标,评价了目标的达成度,根据教学目标设计了相应的评价任务,运用表格法标明评价任务和教学目标之间的对应关系,遵循了"教—学—评"一致的原则。教师给的评价标准,对自己和同伴的写作产出进行评价,让学生需要不断思考评分标准来对比写作,是进行批判性思维和提升自身评价素养的好时机,这在无形中也会让学生对优秀写作的标准内化于心,并让学生在无意识的状态下提高批判思维能力。

六、教学案例总体分析

(一)设计理念

本课的教学设计重点在于指导学生理解、运用、仿写和生成,教学流程完整,师生互动性强,难度适宜,符合班上学生的学习能力和认知水平。在阅读阶段,教师帮助学生落实的本案例是从理顺语言内容、语言结构、表达观点的框架结构等支架,为学生搭建阅读和写作之间的桥梁,使学生在写作过程中根据阅读文本进行有效的语言输出。此外,教师还通过问题链,梳理关键信息,引导学生思考网瘾、早恋、孤独与父母的代沟等问题的解决方法,构建思维导图等教学活动,帮助学生找出阅读材料与写作素材之间的结合点,通过设问、写提纲等方法进行过渡,以达到阅读与写作的有效结合。

落实英语学习活动观。在过程性写作教学过程中,教师将英语学习活动观体现在教学设计的各个环节中:教师在写前帮助学生深入理解语篇,让学生阅读建议信,并就信中所提建议进行讨论,理解语篇的主要内容,包括朋友遇到的问题,作者的感受、建议、期望,归纳文本语篇结构"所遇问题—作者感受—提出建议—表达期望",提炼出原因递进的逻辑关系,理解和记忆阅读语篇中提出建议及理解安慰的表达,并用于读后仿写,体现学习理解、应用实践的学习活动观;在写作过程中,表达个人对于朋友所遇问题的看法及建议,运用语篇结构,内化与运用,完成写作,将写作思路内化于心,体现了应用实践和迁移创新的学习活动观;写作结束后,小组间进行互评交流,给予学生充足的学习和反思的空间,更好地促进学生思维品质和迁移创新能力的提升。

教学目标明确。以读促写教学是为了让学生积累、掌握并了解相应的词汇和短语。在对文本材料有了较为深入的语言、文化、情感的感悟后,学生可运用英语完成交流,书写表达自己的情感和思想,逐渐提高自己的学习能力。逆向设计活动。在教学设计过程中,教师明确读与写结合的设计目的。在读写结合/以读促写的训练中,阅读活动的设计旨在帮助学生梳理文章的脉络,理解作者的情感及态度,预测题目的内涵等阅读要点,聚焦词汇、表达等相关知识,为写作活动扫清障碍。在写作训练时,教师进一步明确训练目的,有的放矢地帮助学生运用所学的词汇、短语、句型进行语言表达,从而达成语言从输入到输出的转换,最终提高学生的英语学习能力及水平。

在教学策略方面,教师通过各种手段和策略,激发学生的阅读欲望,调动他们的积极性,为读后的写作储备语料和素材。教师在读后和写前对阅读材料和写作素材进行合理的内拓和外延,通过分配任务、指导操练、拟写提纲等方式,由浅入深地帮助学生梳理思维脉络,搭建写作框架,从而提升学生英语写作的热情和质量。另外,在教学过程中,学生有读和写的双重任务,这就要求教师在阅读和写作的教学时间分配、阅读内容和写作内容及形式的选择上要进行合理规划,以求达到最佳效果。

"读写结合,以读促写"的教学,有助于提高学生的英语语言综合素质,能有效地提高高中学生英语学科的核心素养。教师应设计层次分明、涉及学生核心素养、更加全面的教学活动,切实提高学生的语言能力、文化意识、思维品质和学习能力等学科核心素养。

在"教—学—评"一致性方面,本课在教学流程框架的呈现方式上强调了活动形式、活动层次、学生预期反应与措施、效果评价与设计意图等教学要素之间的横向关联,有利于引导教师落实"教—学—评"一体化的设计和实践。

基于教师的课堂观察与即时评价和反馈是"教—学—评"一致性落实的另一途径。在本案例中,从学生的课堂表现来看,本课的主要目标已经基本达到。学生对语篇内容和结构的理解比较到位,能够掌握建议信的常见结构和语言特征,并能写出一封语意连贯、结构清晰的建议信;能在教师的引导下,概括出书信的语篇结构,理解作者按照重要性给出原因的逻辑关系;通过阅读补充材料和小组讨论,能够形成观点,并在语境中梳理得出支撑观点的原因;较多学生能够运用"所遇问题—作者感受—提出建议—表达期望",对朋友所遇问题及时地给出自己的建议。完成写作后,及时地评价反馈能够促进写作的有效性,评价过程中应该强调学生的主体性。

在本课完成写作后,学生利用评价量表进行小组内的互评,明确一篇好的作文应该包含的要素,同时学习其他同学的写作亮点,了解改进方向。在评价量表的设计上,该案例遵循了两个呼应,即呼应教学内容和教学目标。体现了对"教—学—评"一致性的理解,评价和教学内容的设计都指向教学目标的实现。

(二)设计亮点

1.基于核心素养深入分析阅读语篇,落实英语学习活动观

《高中英语课标》强调,学习活动观在活动中培养学生的理解性技能。学习理解能力指学习者体验和参与英语语言学习的能力,以及利用英语学习学科知识和获取信息的能力(王蔷、胡亚琳,2017)。在英语教学过程中,按照《高中英语课标》在语篇知识部分的内容要求和教学提示,教师有层次地引领学生去发现、分析、论证和解决一个个理解性问题,促进学生对文本中有关表达建议和理解安慰他人的语言文化知识进行探究与思考,进而提升学生的理解性技能和表达性技能。

(1)语境中积累写作词汇,培养学生的语言能力

从problems/feelings/suggestions/expectation四个方面分析语言。

(2)找寻行文逻辑,提升学生在思维品质中的行文逻辑分析能力

教师创造机会,让学生根据语言材料用英语解析论点和论据之间的因果关系。学生通过阅读建议信,对文中信息有基本的理解,并对文本中的建议做出评价并阐述原因,以培养他们的批判性思维能力。同时,教师让学生针对文本中的问题提出自己的建议,以培养学生的创造性思维能力。呈现出递进的逻辑关系,体现了对"分析论证、整合运用"能力的训练,发展了学生的思维能力和写作的认知策略。

(3)树立文本框架意识,培养学生的学习能力

教师让学生根据行文逻辑、材料所提供的语境、篇章结构、逻辑关系等特点用英语系统地组织、合并信息,提高了学生的"感知与注意、获取与梳理"等学习理解能力以及应用实践能力。

(4)设置精确的主题任务,培养学生的文化品格

教师通过询问学生在生活中是否遇到网瘾、早恋、孤独等问题,引出如何写一封建议信来帮助身边人解决类似问题,激活学生相关的背景知识;了解学生已知,检验学生阅读前对话题的理解;在文本分析过程中帮助学生梳理建议信的常见结构和语言特征,学生在情境化的学习活动中激活了生活中的经历和情感体验,从而激发了参

与课堂的热情和探究有关建议信的主题意义的兴趣,给学生一个换位思考的机会,从另一个视角看待自己这一代人的问题,反思自己的行为,解决现实生活中出现的问题。

2.搭建写作支架,实行多元评价

写前环节的活动,依据思维导图分类激活写作所需要的词汇和相关表达,对话题进行观点原因陈述,为写作搭建语言和思维支架。教师要求学生围绕"对网瘾问题提出建议和安慰"这一话题进行语句表达,学生能够根据思维导图,从 problems/feelings/suggestions/expectation 四个方面梳理相关词汇,熟悉和积累写作所需的相关表达;教师将文本语境迁移到写作任务,让学生选择熟悉的话题"与父母之间的代沟"发表观点,通过补充的阅读材料以及小组讨论的方式为学生搭建写作内容与语言上的支架,完成一篇关于"与父母之间的代沟"的习作。

写中环节,教师引导学生明确写作意图,理解活动要求。教师注意观察并调动学生已有的实践知识,并将其运用到"有生活味"的活动情境设计中,使读写训练情境化、话题化和生活化,让实践性知识在互动情境中相互碰撞。根据问题提示,教师在语句组织上搭建支架,让学生在个性表达的基础上合理、审慎地选择语句时态,精确表达语句意义,形成辨析能力。同时,教师提供多个参考句型,丰富学生的语句表达。结构图则为段落形成提供了框架,学生可以按照步骤进行富有逻辑的表达。

写后环节,教师组织学生开展多元评价反馈活动。在教学过程中,及时对学生的学习进行积极有效的评价是提高教学质量的关键。教师提供评价标准,围绕教学目标等方面展开评价。活动采取"自评互评—结果反馈"的方式进行。评价既包括学生在"学用"过程中的即时评价,也包括对学生习作的延时评价。即时评价让所有学生参与课堂评价。评价是调动学生主观能动性的有效机制。开展以学生为中心的课堂教学评价,也是促进学生发展和提高读写课堂教学质量的有效措施和保障机制。以往学生在课堂中倾向于用下意识的印象选出自己认为好的作文,忽视使用评价量表为同伴的作文打等级这一步骤。针对这一现象,教师应在平时的写作练习中培养学生运用评价量表自评和互评的意识与能力。本案例设计了针对本节读写课的学习评价记录表,让学生对自己的课堂表现及学习效果进行自评,记录学习难点和收获。在教师的强调和引导后,学生明白写作评价的指标,能用此标准尝试着给出等级。

◯ 实作

1.该教学设计还存在什么问题？如何改进该教学设计？

2.依据该教学内容,重新为高一年级学生设计一节英语写作课的新授课。

【拓展学习】

扫二维码获取教学内容。

(本案例由河南省郑州市第七中学中原名师刘向阳老师提供)

第三节
英语写作教学实作训练

一、分析教学内容

【教材】人教(2019年)版高中《英语》必修一 Unit 5 Languages around the World 中 Reading for Writing 板块

【主题语境、单元主题】人与自我——语言学习的规律与方法

【本课主题】写一篇关于英语学习的博客

【适用年级】高一

【授课时长】1课时(45 mins)

【语篇类型】博客

【语篇分析】

【What】阅读文本是三名网友对 Wang Le 在网上提出的"英语学习最大的困难是什么?"的回答。他们的回复各有侧重,分别提出了听母语人士讲英语、得体使用英语、记忆单词三方面的困难,这也是我国高中生的常见问题。

【How】教材分为四个部分。第一部分是阅读,了解三位网友的问题与建议;第二部分是研讨,列举学习中的困难与建议;第三部分是写作,仿照课文写一篇网络博文;第四部分是展示,在班级中分享文章,交流经验。三篇网络跟帖的语言简洁,用词灵活,比较随意,个性化强,符合网络互动的非正式文体的典型特点。

【Why】每一位跟帖者不仅提出自己的问题,还有针对性地回答了前一位网友提到的困惑,旨在给具有同样困惑的学生以启发。

✅ 实作

你认为本案例的教学内容分析如何？有需要修改和补充的地方吗？请结合已学理论，参考第二节的案例分析，用思维可视化方式分析本案例的教学内容。

二、分析学情

本单元的主题围绕语言发展和语言学习展开，在本课之前学生已经学习了解了联合国的工作语言、汉字的发展以及英式英语和美式英语的主要区别，从而唤起自我对英语学习的体验与思考，激发了进一步提升英语能力的动机与愿望。在此基础上，探讨英语学习中的困难并提出解决办法成了学生的主动需求。经过本单元前期的学习，本节写作课已具有文化铺垫、语言储备和动机驱使的学习条件。

✅ 实作

请基于本课教学内容对学生学习所需要的认知过程、认知结构等进行反思，也对学生现有水平、认知基础、认知能力及学习本课型可能存在的问题等进行分析。

三、叙写教学目标

(一)教学目标

(1)通过阅读，理解三位网友在学习英语过程中所遇到的具体问题，掌握三位网友对于解决这些问题的建议和方法，思考并分析这些问题和建议的可行性和实用性，为后续的写作提供语言准备和思路。

(2)分享个人在英语学习中遇到的困难，并与同学进行讨论和交流。分析这些困难的原因和影响，并提出解决办法。培养学生的批判性思维和创新思维，通过研讨过程中的思考和交流，提升学生的思维品质和学习能力。

(3)仿照课文的形式和语言风格，撰写一篇关于英语学习的博客。在博客中准确表达个人在英语学习中遇到的困难和相应的解决方案，运用适当的语言表达自己的观点和建议。培养学生的书面表达能力，包括文体的选择、语言的准确性和流畅性，同时培养学生将英语运用于实际问题解决的能力。

(4)在班级中分享自己撰写的博客,与同学交流和反馈。通过互评互学的方式,共同探讨并改进自己的写作,提升语言表达和写作能力。增强学生之间的情感认同和合作意识,形成良好的学习氛围,提高语言水平和解决问题的能力。

【课程思政理念】

本案例所体现出的课程思政理念体现为培养学生的自我反思和解决问题的能力。通过阅读三位网友的回答,学生了解到学习语言存在的困难。每一位跟帖者针对性地回答了前一位网友提到的困惑。这种互动的方式旨在给具有同样困惑的学生以启发,促使他们思考和解决自己的问题。本案例要求学生积极探索解决英语学习中的困难的方法。学生在写作博客的过程中,需要思考并提出解决困难的具体方法和建议。这培养了学生的问题解决能力和创新思维。这三篇网络跟帖的语言简洁、用词灵活,这种个性化和非正式的表达方式鼓励学生自由地表达自己的观点和想法,增强学生对于问题的个人理解和解决方案的创造力。

(二)教学重难点

(1)重点:引导学生自主反思和总结英语学习中遇到的困难,共同探讨切实有效的解决方法,完成一篇思路清晰、有逻辑的关于英语学习的博文。

(2)难点:如何提出有效的英语学习建议,如何写出地道的网络博客跟帖。

实作

请分析本课的教学目标:教学目标叙写和设计是否符合ABCD原则、SMART原则、BLOOM目标分类原则和英语课程标准相关要求?是否基于英语学科核心素养?行为动词是否需要修改?如何改进目标叙写?

四、设计教学过程

教学过程如表7-6。

表7-6 教学过程

Procedures & Time	Activities	Interaction Pattern & Level of Activities	Intentions
Stage 1 Reading			
Step 1 Pre-reading (3 mins)	Q： (1) Do you have any difficulty in learning English? (2) If so, how can you solve it? By yourself or turn to somebody for help? (3) Have you ever tried to find solutions on the Internet? Here, a student Wang Le came across such a situation. Let's see how he dealt with the trouble	师生互动(T-S)(T-SS)、生生互动(SS)、个体学习(I) 学习理解、实践应用、迁移创新	通过学生有着切身经历的问题情境，把学生径直带入本课主题
Step 2 While-Reading (5 mins)	Activity: Scan for information Q: On page 66, here are three posts following the question of Wang Le. Please scan the posts and tell: (1) Are they related? (2) What are they saying? (3) Can you divide each of their posts into sections? (Students scan the posts and analyze the contents of each post and the relationship between them)	个体学习(I)、师生互动(T-S) 学习理解	通过三个问题提高学生的快速阅读能力、信息检索能力，同时提升学生的语篇逻辑
Step 3 Post-reading (4 mins)	Activity: Information processing Part 1： After reading, please fill in the columns of "Name, Problem and Advice" in the table on Page 67. (Students fill in the table with key words) Part 2： Exchange your answers in your group. (Students check their answers in their group)	个体学习(I)、生生互动(SS) 学习理解	通过填空的形式帮助学生筛选加工信息、发展语言能力
Stage 2 Writing			
Step 1 Find useful expressions (5 mins)	Activity： Reread the text, and find out some useful expressions on raising problems and giving advice	生生互动(SS) 实践应用	教师优化学习策略，通过生生互动的学习方式提高效率、效益

续表

Procedures & Time	Activities	Interaction Pattern & Level of Activities	Intentions
Step 2 Discussion and Brainstorm (10 mins)	Activity: Group work and exploration. List your problems in learning English and brainstorm some useful advice. Each member in your groups raise one problem that puzzles you most and share in your group. For each problem, group members please discuss and seek for the solution	个体学习(I)、 生生互动(SS) 学习理解	通过头脑风暴来发展学生的思维品质,通过讨论,学生还能够提升其语言表达能力
Step 3 Choose one of the problems from your group discussion and write a blog about it (7 mins)	Activity: Describe the problem clearly. Write one or two ideas on how to solve the problem. Organize your language clearly and logically	生生互动(SS) 实践应用	通过自主合作探究活动,在实践应用中提高学习效益
Stage 3 Presentation and peer assessment			
Presentation and peer assessment (5 mins)	Activity: Peer assessment Exchange drafts and assess each other's work according to the checklist. (1)General content ①Does the writer give a clear description of the problem? ②Is the advice clearly explained? ③Does each sentence relate to the main idea? (2)Basic writing skills ①Does the writer use pronouns to refer to things or people correctly? ②Does the writer use correct spelling, punctuation? ③Are there any grammar mistakes? (3)Revise the draft Teacher selects one (or two) outstanding passages and show the class. Teacher analyses and comments on the passage	个体学习(I)、 生生互动(SS)、 师生互动(T-S) 实践应用、迁移创新	通过完整的写作过程培养学生的书面语言表达能力。通过同伴互评还能锤炼学生的语言能力,发展他们的批判性思维
Assignment (1 min)	Refine your passage and hand it in tomorrow		学生进一步修改作文,在修改作文的过程中提高学生的反思意识与能力

【解析】

本课整体设计严密,各个活动环环相扣、紧密相连。本课共分为三个环节,"阅读—写作—展评"。

第一阶段,阅读环节采用PWP模式。第一步,"读前"启发,导入本课的阅读任务。第二步,"阅读"并思考"读前"的问题,在文中搜寻相关信息。第三步,"读后"填写课文后的信息表格。写作之前的阅读活动,引起学生对英语学习困难的思考,快速进入语言学习的真实情境中,为写作准备了语言材料,开阔了思路,反映了学习理解层级的活动要求,提升了语言能力。

(1)在读前互动环节(T-SS),首先通过三个问题询问学生是否存在英语学习困难,迅速把学生带入情境。

措施:要给学生留出思考的时间,鼓励他们放松地交流。

(2)在阅读环节,要让学生独立阅读(个体学习I)并思考三个问题:这三篇帖文是否相关联?每篇的内容是什么?能否篇内分层?

措施:①要求学生运用scan的阅读技巧,领略文段大意;②启发学生留意文中句号的数量与位置,在文段内分层。

(3)在读后环节,学生首先独立完成信息表格(个体学习I),而后在组内交流答案(互动学习SS),通过自主、合作的学习方式,训练信息提取和归纳,提升语言能力。学习小组内的优等生要帮助成员统一意见,形成精要的答案。

第二阶段的写作环节分为语言准备、撰写初稿和同伴互评三个步骤。

(1)语言准备。首先个人再读文本,根据文后"问题与建议"表格的启发,提取相关的语言表达方式。而后在小组互相交流,彼此通过"头脑风暴",收集更多更优的相关语言材料。鼓励优等生在组内踊跃发言,帮扶学困生;教师引导学生积极思辨,从具体问题开始提问。

(2)撰写初稿。要留给学生足够多的时间安静地思考并写作。启发学生根据书中的问题提示和评价要求,从"提问题"和"想办法"两个角度组织信息。要鼓励学生列提纲,从宏观到微观,由上而下地谋篇布局,遣词造句。提醒学生写文章要学会先短后长,从要点拓展到语段、语篇;也要学会锤炼语言,优化逻辑,删繁就简,使文章地道精当。教师在各组巡视,表扬先进,鼓励多数,帮助解决写作中的具体问题;选取一两篇特别优秀的文章,通过多媒体在班级展示。

(3)同伴互评。组员间互评作文,相互提出修改建议。引导学生关注一般性内容,让学生检查或反思对方的作品和自己的作品再清晰描述学习问题、明确提出改进建议和充分阐述主题等方面的对比情况。鼓励先进,树立典型,充分发挥组内优等生的示范引领作用,通过正向引导,启发学生积极思考,学会归纳总结。利用组间竞争,有效提升学习热情,营造学习氛围。优等生要多承担帮扶的工作;在小组研讨后,可以把几篇优等作文在组间互评,而后择优在班级展评。

五、设计教学评价

教学评价如表7-7。

表7-7 教学评价表

\multicolumn{5}{c	}{Assesment}
评价任务	评价标准	自我评价	学生互评	教师评价
通过阅读,画出三位网友在学习英语上的问题与建议,为写作提供语言准备	能够画出相关语句,并使用相关单词和句式复述	☆☆☆☆☆	☆☆☆☆☆	☆☆☆☆☆
通过研讨,分析英语学习中的困难并提出解决办法,提升思维品质和学习能力	能够发现英语学习的困难,提出自己的解决办法	☆☆☆☆☆	☆☆☆☆☆	☆☆☆☆☆
通过仿写,模拟真实情境,提升书面表达能力和运用外语解决实际问题的能力	能够模拟真实情境进行文章的仿写	☆☆☆☆☆	☆☆☆☆☆	☆☆☆☆☆
通过分享,在互评互学的过程中,促进语言发展,增强情感认同,凝聚学习合力	能够在课堂上对同学的答案和表现做出评价	☆☆☆☆☆	☆☆☆☆☆	☆☆☆☆☆
\multicolumn{5}{l	}{请根据评价标准进行评价,给出1—5星级}

✓ 实作

1.请分析该教学设计中存在的问题。如具体的教学环节是否完备？教学活动是否围绕教学目标展开？请结合英语学习活动观的六要素对本案例进行分析。

2.请根据该教学内容,对本案例进行重新设计。

3.根据人教(2019年)版高中《英语》必修一Unit 5 Languages around the world的内容完成一节写作新授课的教学设计。

【拓展学习】

扫二维码获取高中英语写作教学案例。

第八章

英语读写结合教学案例分析与实作训练

请思考

　　小羽是一名高中英语教师,平时在教学设计时,她会安排读写结合的教学活动,但无非是"跟着感觉走","只是补充学生在写作中不会写的词汇和常见句型,或者翻译句子,并没有思考从哪些方面帮助学生进行以读促写的练习","课堂时间分配不均衡,学生缺乏学习兴趣"。因此,她想知道读写结合课的背后有什么框架可以用来模仿。在实际教学中,不少教师也如小羽老师一样,对读写结合教学存在困惑。比如,在读与写的关系上,教师在理解教材中阅读和写作教学活动的安排和意图上存在误区;教学中存在割裂地看待阅读、写作板块活动,孤立地设计阅读教学和写作教学的情况;"读归读、写归写",难以体现教材单元读写整合教学的理念,无法实现以读促写的目标,不利于学生学习能力和语言能力的发展;教师未能准确解读教材写作活动安排,不理解"从单一到综合"的过程写作活动要求,容易出现写作教学目标模糊、纯粹练习写作技巧、学习活动孤立散乱、语言运用缺乏主题语境等问题,以及不明确如何对学生的写作进行合适的评价和提供有效的反馈等。

　　你认为为什么要把阅读与写作结合起来教学呢?读写结合教学应该如何开展?

学习目标导航

完成本章的阅读后,你能够:

1. 阐释英语课程标准对读写结合教学的要求。
2. 阐明读写结合教学的目的、教学内容和教学模式。
3. 分析评价典型的读写结合教学案例。
4. 优化与创新读写结合教学设计。

第一节
英语读写结合教学概述

一、英语读写结合教学的目的

(一)英语课程标准对读写结合教学的要求

1.《义教英语课标》对读写教学的要求

《义教英语课标》指出:英语课程内容由主题、语篇、语言知识、文化知识、语言技能和学习策略等要素构成。语言知识包括语音、词汇、语法、语篇和语用知识,是发展语言技能的重要基础。语篇是表达意义的语言单位。语篇知识是有关语篇如何构成、如何表达意义,以及人们如何使用语篇达到交际目的的知识。语篇类型包括口语和书面形式,涵盖不同文体形式的语篇,如记叙文、说明文、议论文、应用文、访谈、对话等连续性文本,图表、图示、网页、广告等非连续性文本,以及音频、视频等多模态形式的语篇。语篇中各要素之间存在复杂的关系,如句与句、段与段、标题与正文、文字与图表之间的关系。语篇知识在语言理解与表达过程中具有重要作用。学生在义务教育阶段应侧重建立初步的语篇意识,学习一些语篇知识,通过大量的专项和综合性语言实践活动,发展读、看、写等语言技能,理解口语和书面语篇所传递的信息、观点和态度等,并能利用所学语言知识、文化知识等,根据不同的受众、交流的需要选择恰当的语篇类型、设计合理的语篇结构、规划语篇的组成部分、保持语篇的衔接性和连贯性,通过口头和书面形式等创新语篇。具体要求见表8-1(教育部,2022)。

表8-1 初中阶段英语读写的质量描述(7-9年级)

语言技能	内容要求
理解性技能 (阅读相关)	1.分析和梳理常见书面语篇的基本结构特征和内容的主次关系; 2.从书面语篇中判断和归纳作者的观点及语篇的主旨要义; 3.辨别语片中的衔接手段,判断语篇中句子之间、段落之间的逻辑关系; 4.根据上下文和构词法推断书面语篇中生词的含义; 5.根据不同目的,运用各种阅读策略有效获取语篇信息; 6.阅读名人传记和报刊文章时,整体理解和简要概括所读内容; 7.建立语篇与语篇、语篇与个人、语篇与世界的关联,探究和发现语篇的现实意义
表达性技能 (写作相关)	1.根据所读语篇内容和所给条件,进行简单的书面改编、创编; 2.根据写作要求,收集、准备素材,独立起草、修改和完成语篇; 3.为所给图表或自己创作的图片写出简单的说明; 4.围绕相关主题,用所学语言,以书面语篇的形式描述和介绍身边的人和事物,表达情感、态度和观点; 5.使用常见的连接词表示顺序和逻辑关系,连接信息,做到意义连贯; 6.进行适当的自我修正,用语得当,沟通与交流得体、有效

根据《义教英语课标》的要求,学生能够在本学段要求的主题范围内,围绕相关主题群和子主题,根据规定的语言知识和文化知识等内容要求,有效运用听、说、读、看、写等语言技能和学习策略,依托三级内容要求规定的语篇类型,归纳并分析不同的语言和文化现象,使用较为规范的语言进行口头和书面表达,定期反思学习情况,调整学习计划,学会自主探究,主动与他人合作,共同完成任务。

总之,读写结合课的教学目标既要兼顾阅读能力和写作能力的训练,又要关注对学生英语学科核心素养的培养。

2.《高中英语课标》对读写教学的要求

《高中英语课标》指出,学生能够围绕选择性必修课程内容所涉及的人与自我、人与社会和人与自然等主题语境,使用所学的语言知识和文化知识,综合运用学习策略,理解选择性必修课程所规定的不同类型语篇所传递的意义、意图和情感态度,理解语篇中不同的文化元素及其内涵,分析不同语篇类型的结构特征和语言特点,并能以口头或书面形式陈述事件、传递信息、再现真实或想象的经历、阐释观点和态度等。具体要求见表8-2(教育部,2020)。

表8-2 高中英语读写学业质量水平二

序号	学业质量描述
2-8	能判断和识别书面语篇的意图,获取其中的主要信息和观点;能识别语篇中的主要事实与观点之间的逻辑关系,理解语篇反映的文化背景;能推断语篇中的隐含意义
2-9	能识别语篇中的内容要点和相应的支撑论据;能根据定义线索,理解概念性词汇或术语;能理解文本信息与非文本信息的关系
2-10	能识别语篇中新旧信息的布局及承接关系;能理解语篇成分之间的语义逻辑关系,如:次序关系、因果关系、概括与例证关系;能识别语篇中的时间顺序、空间顺序、过程顺序等
2-11	能在语境中理解具体词语的功能、词语的内涵和外延以及使用者的意图和态度;能理解语篇中特定语言的使用意图以及语言在反映情感态度和价值观中所起的作用
2-12	能根据所学概念性词语,从不同角度思考和认识周围世界;能识别语篇间接反映或隐含的社会文化现象
2-13	能在书面表达中有条理地描述自己或他人的经历,阐述观点,表达情感态度,能描述事件发生、发展的过程;能描述人或事物的特征、说明概念;能概述所读语篇的主要内容或续写语篇
2-14	能在表达过程中有目的地选择词汇和语法结构,确切表达意思,体现意义的逻辑关联性;能使用多模态语篇资源,达到特殊的表达效果

《高中英语课标》指出,发展听、说、读、写技能是语言教学不可或缺的有机组成部分,并在"语言技能"的"教学提示"部分提出,"在语言运用过程中,各种语言技能往往不是单独使用的,理解性技能与表达性技能可能同时使用"。具体而言,在语言技能的教学中,要将专项训练与综合训练结合起来,如:在阅读训练中穿插看图预测、提取表格信息、读前、读后的讨论或写概要、续写等看、说、写的活动,避免孤立的单项技能训练(教育部,2020)。

(二)英语读写结合教学的目的

阅读和写作都是英语教学中重要的一环,读写结合教学作为英语教学中的重要组成部分,能够发挥出更好的效果。读写结合的语言实践活动不是单纯地将英语阅读和写作当作两项技能进行训练,而是使学生有效地参与到对文化知识的获取和理解活动中,提高其语言能力,提升思维能力和学习能力,促进单元整体教学目标的达成(张绍杰,2010)。读写结合教学的目的包含下列三个方面:

首先,读写教学旨在促进学生深入研读语篇,透彻理解文本内容。"读后写"的教学可促使学生更有目的地深入理解课文细节,领悟课文内涵,发现段与段、句与句之间的逻辑关系,体会其中的情感,从而获得对课文内容完整而透彻的理解。例如,"读后写"教学能引导学生关注语言形式并增强其敏感度,促使学生积极运用所学的词汇、句型及行文框架写一篇跟阅读材料的文体和主题相关的文章,通过层层递进的活动设计逐级铺垫,最终完成写作任务。这类语言训练和最终输出的情境贴近学生的生活世界,设计真实可操作,有助于学生学科核心素养的发展。

其次,读写教学旨在发展学生的语篇能力和语用能力。针对课文整体意义的"读后写"教学,要求学生从语篇层面把握课文内容,认识语篇的结构、意图及其之间的关系,增强语篇意识,提高他们对文本中字词、短语、句型结构等表达的敏感度;引导学生回归文本,在真实、自然、完整的语境中学习和建构语言,有助于培养学生谋篇布局和得体表达的能力。

最后,读写教学旨在发展学生的思维能力,提高其写作能力,因此,读写教学成为写作教学的重要途径之一。在写作过程中,教师必须引领学生不断理清思路,使之更加条理化和明晰化;同时,好的写作活动还可以激发学生的想象力,培养学生的推理能力和概括能力。

二、英语读写结合教学的内容

读写结合教学以语篇为依托,以读促写,既包含对语篇的阅读理解,也包含基于阅读材料的写作。语篇是语言学习的基本单位,是语言知识、文化知识、语言技能和学习策略等学习内容的依托。课标指出,词汇、语法、阅读、口语听力等教学都应该建立在语篇层面上,在主题引领下进行,而不是脱离主题语境的碎片化教学。具体而言,阅读教学的内容涉及主题语境、语篇类型、语篇知识、文化知识、语言技能和思维品质等多个板块。而写作是使用书面语传递信息的一种交际方式和交际能力。写作者可以通过书面文字来表达自己的思想,具有非常重要的意义。教师需要基于语篇进行写作教学设计。写作的输入阶段需要教师带领学生去感悟和认知各类语篇,了解不同的语篇特点,给学生搭好支架,学生在输出阶段才能逐步地开展各项各类写作训练,不断提升其写作能力。前期的语篇阅读便能帮助学生深入了解语篇特点和结构,学生可以在教师的帮助下获得写作支架,以读促写。

三、英语读写结合教学的模式

英语读写结合教学应遵循"关注主题语境和英语学习活动观"这一基本原则。研究者们提出了不少读写结合教学模式,如 ACTIVE 读写结合教学模式(张强,2015),即激活背景图示(Activate Schema)、发展词汇技能(Cultivate Vocabulary)、关注文本结构(Train Destruction)、积累表达语料(Increase Corpus)、迁移表达策略(Versify Strategies)、评估文本结构(Evaluate Construction);钟楚希等(2021)将"产出导向法(Product-Oriented Approach,简称 POA)"运用在读写结合教学中,采用"输出—输入—输出"的教学顺序,让学生在尝试写作输出后,由于难度和差距而产生求知欲,再由教师提供恰当的阅读文本输入,最终帮助学生完成写作输出任务。具体而言,可以分为"尝试产出"前、"尝试产出"中和"尝试产出"后三个步骤。在学生"尝试产出前"("尝试产出"前),教师首先深入研读目标文本,结合学生的学情,明确本节读写课的教学目标,再基于此创设真实、能激发学生兴趣的情境并设计相应的教学活动;其次,教师呈现具有交际性的写作任务,让学生进行讨论并尝试产出。此时学生由于当前水平还不足以完成该写作任务而处于"饥饿状态",由此激发其进一步学习的兴趣和动机;最后,教师从内容、语言、结构等方面提供恰当的输入材料帮助学生完成最终的写作输出并给予相应的评价,加深其对所学知识的理解。

李燕飞、冯德正(2019)将多元读写教学法与系统功能理论结合起来总结出读写结合教学四步骤:实景实践(Situated Practice)、明确指导(Overt Instruction)、批评框定(Critical Framing)、转化实践(Transformed Practice)。第一步实景实践是指英语教学应置于真实的语境中,因此有必要让学生沉浸在真实的实践中。例如,在高中英语教材中一篇关于英国动物学家 Jane Goodall 的科学成就及对非洲黑猩猩等野生动物的保护的传记中,教师可以通过提出问题创设情境,让学生从 Jane Goodall 的视角了解她的经历以此来解决并回答教师的问题。第二步明确指导是指教师对学生的指导。指导的中心从语法中心变为语义中心。教师不仅要关注学生的语法问题,更关键的是要关注学生的语篇所表达的情感、思想、态度等方面。例如,教师要善于合理设计问题,指导学生通过与课文相关的图片、视频等推测和理解语篇内容,引导学生建构故事意义。第三步批评框定是让学生了解(多模态)语篇中的价值观与意识形态。其核心是培养学生的分析能力,使其能够对语篇及其蕴含的社会文化现象进行客观理性的分析。如为了介绍Jane Goodall这一伟大女性,教师在导入环节可以利用图片、视频等多模态资源对比古代及现代女性在家庭、工作等环境中的差异性,介绍屠呦呦等取得重大成就的女性,明确指出女性的角色不仅仅局限于家庭,也可以在科学等领域做出卓越的成就。第四步转化实践是指学生在新的社会文化语境中应用所学知识的过程,即多元读写能力。如教师在课堂上设计有关Jane Goodall不同的真实场景与学习任务,如以Jane Goodall的身份让学生进行故事的读后续写或是对语篇进行简要概括。

读后续写和概要写作是最常见的读写结合方式。在新高考的背景下,读后续写和概要写作成为最新的高考写作题型,教师要密切关注如何有效地提升学生读后续写和概要写作的能力。王初明(2010,2011,2012)指出,读后续写能将语言输入与输出紧密结合,将语言的模仿与创造性使用有机结合,将语言的学习与运用切实结合,而且符合英语环境下听说机会较少且读写条件充分的特点,是提高英语学习效率的好方法。在续写之前,教师可以借助思维可视化工具帮助学生厘清写作思路,建构逻辑思维,提升思维品质。具体而言,首先,教师借助思维可视化工具"五个W和一个H框架图表"帮助学生厘清文本内容,搭建基本信息框架图;其次,利用思维流程图引导学生对情节进行合理的联想和设计,完成段落之间的自然过渡和合理衔接;最后,利用思维导图进行上下文合理推断,确定一个预设的故事结尾,将故事的可能走向、人物反应、情感表现补充在思维导图中(姜庆燕,2022)。此外,在读后续写的过程中,教师要适时地帮助学生在分析阅读文本时搭建好结构支架和思维支架,随后在正式写作前引导学生搭建写作的内容支架和评价支架,让学生能够逐步适应这一写作新题型。

概要写作促使英语教学由单纯重视词汇、语法、句子结构转向重视语篇和文体,强调学生对信息的整合概括能力和思维品质的提升。概要写作可采用RIGOR五步法(葛炳芳,2017),即阅读(Read)、辨析(Identify)、收集(Gather)、组织(Organize)、反思(Reflect)。韩媛媛(2017)归纳出概要写作"五步法",第一步,阅读文章、分析结构;第二步,回顾文章、重组信息;第三步,定位要点、删减枝节;第四步,替换人称、转换语言;第五步,扩展文本、连句成篇。

总体来说,读写结合教学通常包含D—A—P教学环节。

(一)深入分析语篇(Deep Reading)

深入分析语篇是读写结合的前提,该环节旨在一定主题引领下为写作奠定语言和结构支架。在读写结合的教学中,教师在教学前应深入解读阅读语篇,理解单元结构和主题意义内容,分析语篇,整合设计教学活动。语篇阅读是一个文本解读和解构的过程,而读后的写作则是借鉴文本结构、重构文本的过程,两者相互依赖、相辅相成。在阅读教学过程中,教师应善于利用文本特征,设计有效的学习活动,以完整的结构化视觉表象将课文主要内容、人物和事件等清晰地呈现给学生(陈卫兵、沈华冬,2020)。教师在阅读文本的教学过程中渗透写作意识,点明课文的写作方式,帮助学生建立阅读该类文章的图式,并引导学生认知不同体裁的篇章结构,逐步提高学生的英语写作能力。

(二)解析写作任务（Analysis of Writing Task）

该环节的目的是引导学生解析写作任务,明确写作目的、写作受众。读写结合课堂教学的重点在于写作而不在于阅读。因此,该课堂的重点聚焦于写作任务,而对于阅读内容的分析不必过于精细。教师要精心设计写作任务,写作既要考虑学生现有的英语水平和已有的知识,又要贴近学生的生活世界,还要选择与阅读话题相近,或者与其结构和体裁类似的写作任务。内容要具体化,使学生明确为何写,为谁写以及怎么写等问题,激发学生的写作兴趣与热情,并提供问题导向,让学生在情境中利用写作解决问题,使语言学习与学生的实际生活相对应,激发学生利用所学解决问题的兴趣,使阅读环节的任务目标与写作任务相契合。

(三)开展过程性写作（Process Writing）

开展过程性写作,通过写前准备、起草初稿、初稿讨论、初稿修改、教师评价、确定终稿六个步骤完成写作任务,提高学生的英语写作能力。在具体的教学实践中主要围绕写前、写中和写后三个阶段进行。写前的准备环节,教师应通过各种教学手段导入写作主题,激发学生的写作兴趣和表达愿望;再引导学生通过小组合作或主动发言的形式共同剖析和讨论主题,集思广益,并拟定写作提纲。写作中的活动包括起草初稿、初稿讨论、初稿修改三个子步骤。学生起草初稿时,教师应鼓励学生根据写作提纲大胆尝试、自由创作,且不必过度纠结表达方式;同时,教师要关注学生,发现阻碍学生写作的问题并及时解决。初稿讨论环节,教师要组织学生积极讨论,并合理安排讨论环节。初稿修改环节,教师可以集中性地讲解语法、时态等共性错误,再引导学生针对性地修改自己的文章。写作后,教师要对学生的作文进行集中评析和指导,引导学生再次进行修改和润色,直至定稿。定稿后,为进一步提高学生写作的积极性,教师可以举办多种形式的优秀范文展示和评比活动(严若芳,欧光安,2018)。

四、读写结合教学的重难点

近年来,虽然读写结合在英语教学中得到了越来越多的重视和运用,但是在实际教学中还存在以下问题:(1)阅读和写作教学仍处于割裂状态。阅读和写作活动之间缺少逻辑关联,缺乏对阅读的内化,教师也未利用阅读文本搭建相应的写作支架,导致学生无法迁移所学内容,没有达到以读促写的目的。(2)读写活动失衡,阅读教学有余而写作教学不足。教师仍然把读写结合当成普通的阅读课来上,将大部分时间用于分析和解读阅读文本,常常将写作任务设为家庭作业,缺乏写作的过程性指导。为提高读写结合教学效果,教师要侧重以下几方面。

(一)充分利用阅读文本,落实以"读"促写

读写结合强调要在阅读过程中充分理解文本意义,铺垫写作时需要相应的支架,对其进行应用实践,同时也将写作时的构思、语言准备、初步写作等过程分解到阅读的应用实践环节。因此,教师应突破面面俱到式的知识讲解惯例,把握重点、合理分配好读与写的时间。在阅读环节,做到深入分析阅读文本,从多个角度带领学生进行文本解读,善于利用多种资源、方法,根据不同语篇类型设计不同的阅读方式,学会使用图形组织器将语言转化为图形,以培养学生的逻辑思维(夏倩,2022)。首先,教师要设计恰当的、具有层次性的学习理解活动促进学生对文本内容的深入理解,为写作奠定基础。其次,教师应设置分析判断等聚焦于文本内容和形式的应用实践类活动,促进学生对文本意义的深层次理解和对语言的内化,为写作做好铺垫。最后,读写结合的表达能力主要通过迁移创新活动来培养。教师要设计凸显读写文本的形式特征的活动,如画出形式类似但内容不同的思维导图,为学生从读到写做好铺垫(钱小芳、王蔷,2020)。

(二)有效连接阅读和写作,促进读写能力协同发展

读写结合的重要理论依据是读写能力的双向发展和相互促进。阅读和写作的有效连接是指阅读和写作相互促进,读写协同发展。首先,读写连接的起点是教师对阅读文本的深入分析。教师不仅要分析文本的内容、主题、组织方式和结构特征等,还

要分析其题材特征和写作手法是否典型以及是否值得学生模仿,确定学生在写作中可以迁移创新的点。其次,教师要根据阅读文本的类型确定阅读和写作之间的连接点,并依据连接点设计不同迁移创新层次的写作任务,包括内容迁移类写作(如改写、改编)、形式迁移类写作(如仿写)和完全创新类写作(如续写、创造性写作)(钱小芳、王蔷,2020)。董海丽(2020)提出巧妙设置合理的情境也可以连接读写,促进读写能力协同发展。教师要分析学生的生活经验和认知特点,分析能促进其深度理解的关键点和突破点,并以此为基础创设与学生具有"相关性"的写作情境,以读助写。教师创设具有"真实性"的情境则可以为学生提供学为所用的机会,促进其在写作过程中回归文本,寻找可用的信息和语言,在进一步深入文本和内化语言的同时也达到了以写促读的目的。

✅ 请回答

1. 简述初高中生在读写结合方面的强弱项和应对措施。
2. 简述初高中生在读写结合学习方面的侧重点。

第二节
英语读写结合教学案例分析

一、教学内容分析

【教材】外研(2019年)版高中《英语》必修二"Unit 2 Let's celebrate!"中Developing Ideas板块

【主题语境、单元主题】人与社会——不同民族文化习俗与传统节日

【本课主题】春节习俗的变迁

【适用年级】高中一年级

【授课时长】2课时

【语篇类型】专栏文章

【语篇分析】对于本课的教学内容,教师分别从基于六要素整合的英语课程内容的角度和具体的文本分析的角度对本课进行分析,以期多元化地解读文本,提高教学效能。

(一)教学内容六要素分析

单元大观念:了解中外节日的意义和内涵,辩证地思考传统节日的演变和传播,增强文化认同感,形成对传统文化传播的正确观念。

语言知识:(1)词汇知识:occasion, editor, embrace, admit, effort, loss, eve, software, adult, token, process, retired, exist;阐述观点的表达 be keen on, to me, for me, in my opinion, ... doesn't matter, ...;(2)语篇知识:根据标题和图片预测文章的主要内容;主题鲜明,结构清晰"呈现观点—给出原因—分享经历—总结观点";要点连贯,两个支撑观点的原因呈现重要性递增的逻辑关系。

语言技能:(1)理解语篇标题、插图的意义,预测语篇的主题和内容;(2)从语篇中提取主要信息和观点,理解语篇要义;(3)把握语篇的结构特征;(4)识别语篇中的衔接关系,在写作中借助句间逻辑建立逻辑关系。

学习策略:(1)在语境中学习词汇,并借助思维导图分类词汇,加深记忆;(2)利用思维导图梳理文章的主要内容和文章结构;(3)通过快速浏览理解篇章大意,通过扫读获取篇章具体信息;(4)有合作学习的意识,主动在小组讨论中发表对传统节日变迁的观点,讨论写作内容;(5)通过自评、同伴互评,检测学习目标达成度。

文化知识:通过阅读,理解中国春节传统习俗年夜饭所象征的家人团圆的文化内涵,并就年夜饭和红包的变迁发表观点。

语篇类型:专栏文章——读者来信。

2.文本分析(如图8-1)

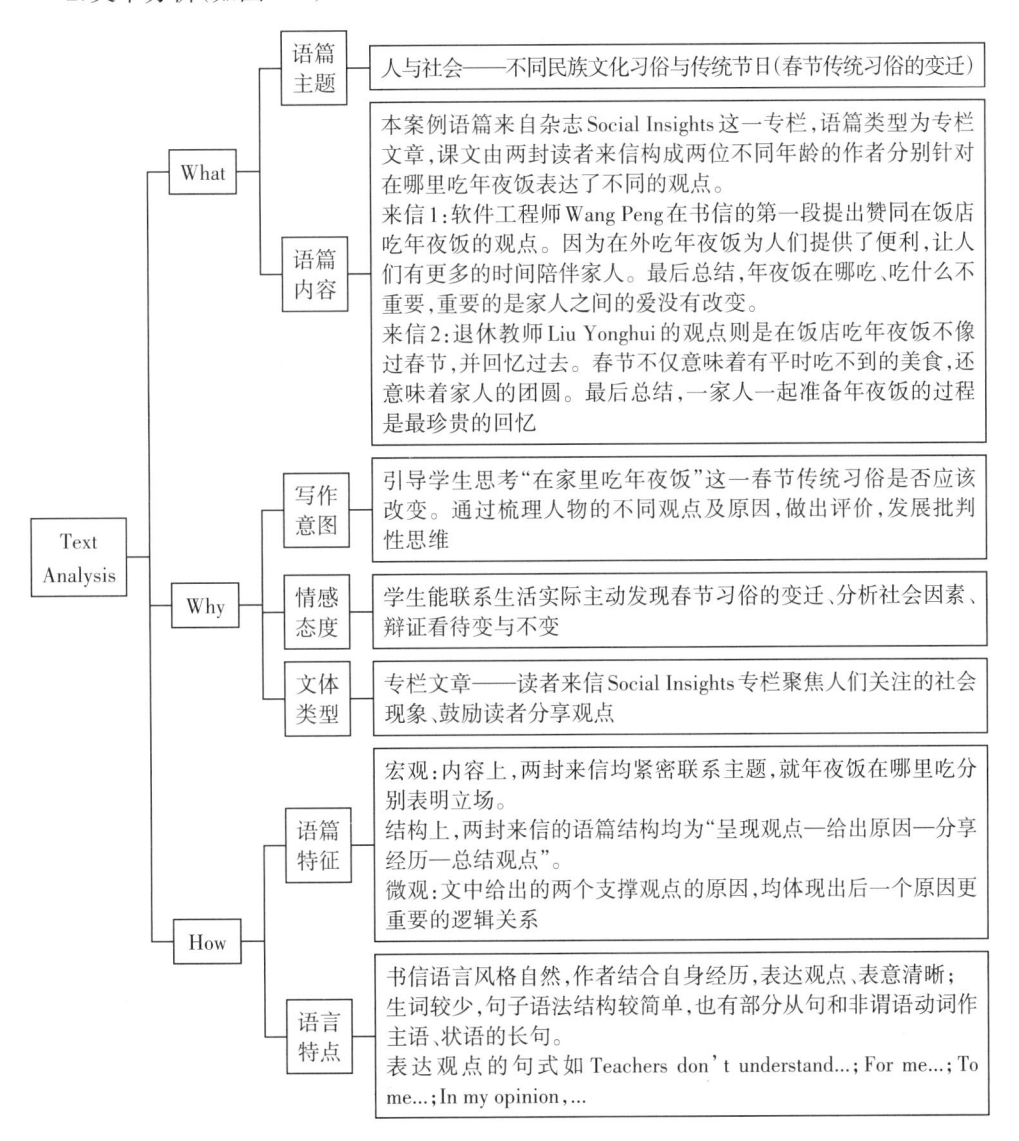

Text Analysis
- What
  - 语篇主题：人与社会——不同民族文化习俗与传统节日(春节传统习俗的变迁)
  - 语篇内容：本案例语篇来自杂志 Social Insights 这一专栏,语篇类型为专栏文章,课文由两封读者来信构成两位不同年龄的作者分别针对在哪里吃年夜饭表达了不同的观点。
    - 来信1:软件工程师 Wang Peng 在书信的第一段提出赞同在饭店吃年夜饭的观点。因为在外吃年夜饭为人们提供了便利,让人们有更多的时间陪伴家人。最后总结,年夜饭在哪吃、吃什么不重要,重要的是家人之间的爱没有改变。
    - 来信2:退休教师 Liu Yonghui 的观点则是在饭店吃年夜饭不像过春节,并回忆过去。春节不仅意味着有平时吃不到的美食,还意味着家人的团圆。最后总结,一家人一起准备年夜饭的过程是最珍贵的回忆
- Why
  - 写作意图：引导学生思考"在家里吃年夜饭"这一春节传统习俗是否应该改变。通过梳理人物的不同观点及原因,做出评价,发展批判性思维
  - 情感态度：学生能联系生活实际主动发现春节习俗的变迁、分析社会因素、辩证看待变与不变
  - 文体类型：专栏文章——读者来信 Social Insights 专栏聚焦人们关注的社会现象、鼓励读者分享观点
- How
  - 语篇特征：
    - 宏观:内容上,两封来信均紧密联系主题,就年夜饭在哪里吃分别表明立场。
    - 结构上,两封来信的语篇结构均为"呈现观点—给出原因—分享经历—总结观点"。
    - 微观:文中给出的两个支撑观点的原因,均体现出后一个原因更重要的逻辑关系
  - 语言特点：书信语言风格自然,作者结合自身经历,表达观点、表意清晰;生词较少,句子语法结构较简单,也有部分从句和非谓语动词作主语、状语的长句。
    表达观点的句式如 Teachers don't understand...; For me...; To me...; In my opinion,...

图 8-1

【评析】

教师进行教学文本分析需要认真研读语篇,从三个维度What,Why和How对语篇的主题、内容、文体类型、语篇结构特征和语言特点等方面做深入解读之后,把握"在家里吃年夜饭"这一传统春节习俗变迁的主题意义,挖掘"春节传统习俗的变迁"的文化价值,补充其他的春节传统习俗的相关信息,在培养学生阅读文本理解能力的同时,引导学生联系生活实际,主动发现春节习俗的变迁背后的文化意义,分析社会因素,辩证看待变与不变,发展学生的批判性思维。本节读写课的教学内容用两课时完成。在第一课时,学生阅读课文语篇"Time for a Change?",理解两位作者对于年夜饭这一传统习俗变迁的观点,总结语篇结构:呈现观点—给出原因—分享经历—总结观点,读懂年夜饭蕴含的文化内涵,辩证看待节日传统的变迁,并积累主题词汇表达;在第二课时,学生阅读关于红包这一春节传统习俗的补充材料,并基于课文语篇搭建的写作内容、结构支架,对红包的变迁发表个人观点。

二、学情分析

【学生已知】我校为一所普职融通的综合性高中,该案例授课对象为高一年级学生。该班40名学生均为美术专业学生,整体英语水平薄弱。在学习本单元之前,学生在九年级"Unit 2 I think that mooncakes are delicious!"(人教版 Go for it! 九年级全一册)已经初步学习并积累了基础的节日传统、活动庆祝的表达,已有一定的节日主题下的文化知识和语言知识基础,因此,对本单元的主题并不陌生。同时,节日的主题与学生日常生活联系紧密,能够引起学生的情感共鸣,激发学生的背景知识,让他们产生学习的兴趣。在阅读能力方面,部分学生能够通过阅读获取文章大意,基于文本进行简单推理判断。

【学生未知】虽然部分学生能够通过阅读获取文章大意,基于文本进行简单推理判断,但是不擅长批判性地看待问题,并给出自己的评价;在写作方面,缺乏主题词汇的积累,无法形成合理、有效的论据证明观点,在组织文章结构、使文章条理清晰、衔接自然等方面存在困难。同时,大部分学生对于国外的节日文化了解不多,对中外节日背后的文化内涵缺乏关注与思考。对于本案例选用语篇"Developing ideas: Time for a Change?",学生没有专门学习过中国传统节日——春节这一特定节日主题,相关表达积累不足。本案例语篇聚焦春节传统习俗年夜饭的变迁这一现象,关联节日背后家人团聚的文化内涵,前提是激发学生已有的关于春节这一主题的文化和语言知识。

【对策】正式进入语篇的学习之前,需要教师引导学生激活关于春节的已有知识,输入春节传统习俗的表达,铺垫基础的文化背景知识。在引导中学生要思考两位作者对于年夜饭变迁的不同观点,对语篇主题有较为全面深入的理解。语篇体裁为专栏文章,书信体的体裁学生早已不陌生,而专栏文章是学生在之前的学习中从未接触过的,这需要教师在布置写作任务之前引导学生对写作文体知识进行新旧迁移,激发学生在真实情景中的写作动机。两位作者在阐述个人观点及原因时所用的句式,也值得学生在读后仿写中借鉴使用。因此,借助逻辑清晰、内容连贯、结构紧凑的范文,为写作搭建支架,是提升学生写作水平的有效途径。

【评析】

本案例对学情分析较为全面,阐述了学生的认知储备,包括在学习本课之前已经具备的与本主题春节习俗相关的背景、语言知识与能力的基础、学生已有的与本课相关的学习经验,目的在于根据学生的学习兴趣、学习需要和学习潜能对教学进行有效的设计。同时也阐述了学生学习本课可能存在的困难,如学生现有阅读水平较低、写作基础较为薄弱,学生学习本课需要具备的基础与学生已有基础之间的差距等。

三、教学目标分析

通过两个课时的学习,学生能够:

(1)比较两位作者对年夜饭变迁的不同观点,理解语篇的主要内容,包括作者的经历、态度、原因、观点。

(2)归纳文本语篇结构"分享经历—表明态度—列出原因—总结观点",提炼出原因递进的逻辑关系。

(3)理解和记忆阅读语篇中发表看法和节日的表达,并用于读后仿写。

(4)表达个人对于"用微信收发红包"这一传统变化的主题观点,运用语篇结构,完成读者来信的写作。

(5)讨论习俗变化的原因,解释习俗的"变"与"不变"。

【课程思政理念】

本课语篇内容聚焦春节传统习俗年夜饭的变迁,有助于增强学生对中国传统习俗内涵理解、增强文化认同感,同时培养学生批判性思维、辩证地看待传统文化变迁的能力,把握新时代中国传统文化的变与不变。通过对"在家里吃年夜饭"主题意义的深入解读,增加学生对春节习俗的了解,引导学生理解和尊重传统文化,同时认识到传统文化在时代变迁中的适应与发展。这种对传统文化的尊重与传承,有助于培养学生的文化自信和民族自豪感。教学内容注重挖掘"春节传统习俗的变迁"的文化价值,引导学生辩证地看待变与不变,这既是对学生批判性思维的培养,也是对立德树人中"树人"目标的践行。通过引导学生主动发现春节习俗变迁背后的文化意义,分析社会因素,学生不仅能够提升阅读文本理解能力,还能够增强对社会的认知和理解,形成正确的世界观、人生观和价值观。

【评析】

一堂课从开始到结束都是围绕教学目标展开,所以目标的设定对一堂课最为重要。此处的教学目标结合了文本体裁和语篇的主题意义,考虑到了文本的结构、语言和文化资源,使用了可观察、可量化的行为动词来描述目标;其中目标123来自文本,目标1主要通过获取实时性信息,让学生能够通过比较两位人物不同的观点,包括他们各自的经历、态度、原因和观点从而理解年夜饭变迁的原因。目标2在第一个目标的基础上,归纳出文章的语篇结构和逻辑关系,是对所获取的知识进行整合,是阅读较高层次的要求。目标3回到语言本身,积累写作所需的语言,模仿结构搭建写作框架,通过理解记忆阅读语篇中的看法和表达句型进行读后仿写。目标4要求学生能完成一篇有现实意义的写作。目标5给学生留出了不同的思维空间以便思考,注重引导学生讨论习俗变化的原因,理解习俗的"变"与"不变",突出了对学生思维品质的培养。总体而言,教学目标难度适中,能使语言能力、思维品质、文化意识和学习能力等英语学科核心素养交融互进,形成具体的任务和教学方向。

四、教学过程分析

第一课时:阅读课的教学过程如表8-3。

表8-3 第一课时的阅读教学过程

Stage & Learning Objectives	Teaching Activities & Interaction Mode	Activity Level & Core Competencies Covered	Design Purposes
Pre-reading (7 mins)	1. Lead in. Activity 1 Q: How do you spend the Spring Festival with your families? Vote: Where did your family have the Spring Festival family dinner last year, at home or in the restaurant? Activity 2 Viewing: What's the text type of the passage	•感知注意 •师生互动(T-S) •学生能联系生活选择自己在家吃年夜饭还是在饭店吃,在老师的引导下对比两幅图片,发现年夜饭在变化;引入"Time for a Change?"话题,为阅读理解铺垫必要的背景文化知识	1.利用微博热词"干饭人"引出春节习俗——年夜饭的话题,激活学生相关的背景知识,激发学生课堂参与的热情和探究有关春节习俗的主题意义的兴趣。 2.根据学生投票的结果发现各自家庭年夜饭的变化,了解学生已知,检验学生阅读前对话题的理解
	2. Predict. Where do Wang Peng and Liu Yonghui have the family dinner? 〔Clues: (1)Observe the pictures (2)Think about their jobs〕 3.Try to complete the title: (Is it time for a change? When is it time for a change?)	•感知与注意 •师生互动(T-S) 生生互动(SS) 个体学生(I) •学生根据自己的预测提问,并能快速查找到目标信息	发展学生阅读前的预测能力和看的能力;从学生的预测出发,引导学生根据两位来信者的职业和年龄来猜测,充分激发学生的阅读兴趣
While-reading (22 mins)	4. Skim the passage and answer the questions. Q1: Where does he choose to have the dinner? Q2: How does he think of eating the dinner in a restaurant? Q3: Why does he think so? Q4: What's his opinion	•学习理解 •学生能够根据教师提出的问题在文中找到对应内容,并概括总结本文行文框架: •experience, attitude, reason, opinion	学生分组阅读两封表达不同立场的书信,降低了阅读难度;通过略读全文,回答四个问题,从Where, How, Why, What这几方面概括归纳出experience, attitude, reason, opinion的语篇结构,为后续写作搭建语篇内容的支架

-231-

续表

Stage & Learning Objectives	Teaching Activities & Interaction Mode	Activity Level & Core Competencies Covered	Design Purposes
While-reading (22 mins)	5. Scan the passage and find. Q4: What do the authors' family usually do when preparing the dinner? (Ss: Fill in the blanks and summarize the contents with a single word: experience)	•学习理解	扫读环节帮助学生从What的角度来帮助学生梳理作者准备年夜饭的过程,同时提升学生对中国传统节日习俗的文化意识
	6. Draw the structure mind map of the letters. (Ss: Draw the mind map based on the contents, including experience, attitude, reason, opinion) 7. Find the logic of reasons. (Ss' answer: The latter reason is more important)	•获取与梳理 学生能够完成本文的结构框架图并理解支撑细节的两个原因之间的内在逻辑。上课时发现有的学生不知道从何下手,这时,教师给出开头部分,学生受到了启发,很好地完成了剩下的部分。接着,由教师呈现语篇结构图,引导学生注意reasons help to support your opinion,明白本课写作重点之一在于写好"支撑观点的原因",并在学案上做好记录。若学生在寻找作者原因逻辑之间存在困难,教师可组织学生开展同伴讨论或者予以适当提示	帮助学生宏观上从How的角度把握文章行文结构,为学生后续写作搭建框架
	8. Discussion: For both authors, what's the most important meaning of the Spring Festival family dinner? (Ss' answer: Wang: The love between family members; Liu: Preparing the dinner together) Why do they have different attitudes? (Different ages and life experience—software engineer and retired teacher)	•获取与梳理 学生能够总结出两位作者对年夜饭最看重的部分	引导学生从Why的角度理解语篇,帮助学生理解春节年夜饭所蕴含的文化内涵

续表

Stage & Learning Objectives	Teaching Activities & Interaction Mode	Activity Level & Core Competencies Covered	Design Purposes
Post-reading (15 mins)	9. Suppose you are a reader of the magazine. As a senior high student, share your opinion on the change	•实践运用 学生能够就文本信息，发表自己对"是否应该改变"这一问题的看法	就文本内容，结合学生自身经验展开讨论，拉近学生与书本的距离，更有利于学生将文本内容与新情境结合起来，探讨年夜饭蕴含的文化内涵与传统节日的变迁，有利于培养学生的批判性思维
	10. Brainstorm. • Listen to more readers' experience of the change of Spring Festival traditions. • Share your experience of the change around you	•迁移创新 •学生能够意识到除了年夜饭习俗的改变之外，给红包的方式也在变迁	为下一活动的开展做准备
	11. Think and share. • What has changed? What remains the same? • Why does the change happen? （A："Eating out may change the form of this tradition, but the love between family members remains the same." Because of the development of the society and wealth of human life, people have more needs and choices.）	•实践运用	
Assignment (2 mins)	12. Assignment. Read the textbook passage and classify the topic-related words and expressions in the mind map. Phrases about reasons — The Spring Festival — Traditions/Activities — Phrases about opinions Preview the supplemental material about red packets (paper and WeChat red packets) and find the topic-related expressions	•学生能够在文本中获取写作所需的话题词汇以及功能词汇	帮助学生熟悉写作所需的相关表达，为写作搭建语言支架

【评析】

(1)读前活动的导入部分新颖自然,利用有趣的图片和生活中熟悉的话题来激发学生的兴趣,导入新单词和主题,让学生很自然地用所学词汇描述他们的情况。

(2)教师让学生通过文章的题目和图片预测文章内容,帮助学生做好阅读准备,提高阅读的兴趣。

(3)读中活动分成几个层次进行。第一个层次是理解文章大意,概括归纳。略读环节设计一系列逻辑性强的问题链,帮助学生由浅入深地理解文本,从开始让学生思考他选择在哪里吃年夜饭到最后让学生回答作者的观点态度,这些问题链的设计遵循了学生的认知规律。读中的分组阅读既降低了学生的阅读难度,同时也培养了学生的合作意识,提高了学生的阅读兴趣。第二个层次是细节信息提取,学习语言,归纳信息。细读环节过渡自然。第三层次是概念图整理信息,获得结构化语言。让学生根据书信的文本结构来画思维导图,让学生自主探究文章结构以及段落间构成的深层逻辑,把每一个环节的写作内容分解细化、内化于心,从而为搭建写作框架做铺垫。

(4)经过了读中活动的信息提取和归纳,在读后活动的讨论环节(Discussion)中设计了语言内化以及深层次思维的输出活动。读后活动的输出也分为两个层次进行。第一个层次是基于文本的输出。学生通过文本解读获取内容信息,并总结出两位作者对年夜饭最看重的部分,帮助学生理解春节年夜饭的文化内涵。第二个层次是联系学生经验的输出。结合学生自身经历有利于将文本内容与新情境结合起来,学生对"是否应该改变"这一问题发表看法,探讨年夜饭蕴含的文化内涵与传统节日的变迁,有利于培养学生的批判性思维。若在该环节中让学生围绕传统习俗变迁的利弊进行分组讨论能够更好地训练学生的批判性思维。

(5)读后环节创造新情境,假设学生是以杂志读者的身份给专栏发表自己对社会某习俗变化的见解,对话题进行了适当的延伸,有一定的深度和开放性,与文本话题紧扣,加强了学生对课文的理解和运用,有利于拓展学生的思维深度和广度。

第二课时:写作课的教学过程如表8-4。

表8-4 写作课的教学过程

步骤	过程和活动	活动层次和效果评价	设计意图
Pre-writing (10 mins)	1. Vocabulary preparation. Check the topic-related expressions	•学习理解 •学生能够在文本中获取写作所需的话题词汇以及功能词汇	帮助学生熟悉写作所需的相关表达,为写作搭建语言支架
	2. Receive the writing task Ss: Receive the writing task: Social Insights wants students' voices on the change of red packets, and write a letter to the editor. 3. Develop your ideas Ss: Work in groups of four. Step 1: Discuss the attitude on the change of red packets in the group. Step 2: Read the supplementary material, sort the information and discuss about reasons and experience. Step 3: Share with the class	•迁移创新 •学生能够就春节另一习俗变迁——纸质红包还是微信红包这一话题谈论观点、原因等	1.教师要创造性地设计有意义的写作任务,激发学生的写作动机。因此,教师将课文为写给专栏主编的信这一语境迁移到写作任务,将写作任务布置为专栏征稿,创设社会洞察力(Social Insights)情境,使得写作活动更加真实,有目的性。 2.选择学生熟悉的话题,学生写信对纸质红包—微信红包的变化发表观点,让学生有话可说。 3.通过学案补充材料为学生搭建写作内容与语言支架,解决"What to write"。 4.小组讨论的方式激发学生学习的积极性
While-writing (24 mins)	4. Compose the outline. Ss: Use the structure mind map of the textbook passage to write an outline including opinions, reasons, experience and summary	•迁移创新 •学生能通过小组讨论,确定组内的一致观点。经过老师解释和举例后,学生能根据观点,选择对应的补充材料阅读,大部分小组能在讨论中梳理出能够作为原因来支撑观点的信息	1.培养学生良好的写作习惯和写作技巧:写前列提纲并组织内容要点。 2.学生先确定个人的观点,再对应地选择阅读学案1中关于红包的补充材料,例如,观点为支持纸质红包的小组,选读passage 1,支持微信红包,就选读passage 2。阅读之后,小组讨论,梳理出可以作为"原因"来支撑观点的信息,记录在学案上。这一步聚焦了学生的写作需求,使学生在内容传达方面,做到围绕主题,有话可说

续表

步骤	过程和活动	活动层次和效果评价	设计意图
While-writing（24 mins）	5. Write a letter to the editor of Social Insights Ss: Work individually, and use the contents discussed above to write a letter. Pay attention to the structure and the logic between reasons	•实践运用 •学生能够根据所学，利用课堂信息进行写作	•深化学生对节日习俗变迁这一话题的理解，培养学生的逻辑思维能力和写作能力
Post-writing（10 mins）	6. Assessment. Ss: Do self-editing and peer-editing to assess their letters, and choose the best letter in the group. Show the best letter of their groups in the class	•实践运用 •学生能够根据评价量表展开自评、互评，并分享	•学生利用评价量表，进行小组内的互评，明确一篇好的作文应该包含的结构和内容要素，同时学习其他同学的写作亮点，了解改进方向。评价标准的第一条量规为内容的完整性，包括经历、态度、原因、观点；第二条为主题清晰；第三条为围绕主题，有话可说。前三条评价了内容传达的教学目标的达成度。最后两条分别评价了原因的逻辑性和语篇结构是否清晰，指向了对语篇连贯这一教学目标的检测。在评价量表的设计上，遵循了两个呼应，呼应教学内容和教学目标。这也是我对此次教学设计的主题"教—学—评"一致性的理解。评价和教学内容的设计都要指向教学目标的实现

续表

步骤	过程和活动	活动层次和效果评价	设计意图
Post-writing (10 mins)	7. Think and share: Ss: Discuss in groups of four: Q1: Do you think it is time for a change? Why? Q2: What remains the same when the changes are happening to red packets	•迁移创新	•强化主题,了解变化背后不变的东西。 •提升学生的批判思维能力和挖掘文化背后的意义
Assignment (1 min)	8. Assignment. Polish your letter according to peer-editing, and write the second draft		

【评析】

(1)写作前的准备环节,学生依据思维导图分类激活写作所需要的词汇和相关表达,为写作搭建语言支架。

(2)写中环节,教师让学生列出提纲并组织内容要点,同时能通过小组讨论,确定组内的一致观点。学生能根据观点,梳理出能够作为原因来支撑观点的信息,有助于培养学生良好的写作习惯和写作技巧。深化学生对节日习俗变迁这一话题的理解,培养学生的逻辑思维能力和写作能力。

(3)写后的多元评价环节,学生将自己的作文与同伴互改,符合新课标中的合作、交流和探究的学习方式,有助于培养学生自主学习的能力。

(4)在学生进行修改形成最终文稿后,可以让学生以多种方式展示,同时教师对学生普遍问题和典型错误应在课堂上进行讲评,及时将这些信息反馈给学生,帮助他们逐步提高写作水平和写作技巧。

五、教学评价分析

评价是写作教学中的重要环节,学生是评价活动的主体,通过评价,检测本课学习目标的达成度,并能提供改进方向。在读后环节,设计了写作评价量表包括学生自评、互评,教师评价,多维度客观评价,为学生提供真实有效的反馈。评价量表的设计指向教学目标的实现,评价维度包括目标中关注写作部分的语篇内容、语篇结构和语言运用(维度1-3检测了语篇内容的目标,维度4-5检测了语篇结构的目标,维度6-8检测了语篇结构的语言运用目标),从而实现"教—学—评"的一致性(如表8-5)。

表8-5 写作评价标准

Dimensions	Assessment Items	Level	Self-Assessment	Peer-Assessment	Teacher-Assessment
Content	The letter includes experience, attitude, reasons and opinion	1—5			
	The attitude is exact and effective	1—5			
	The reasons are topic-related	1—5			
Structure	The latter reason is more important than the previous one	1—5			
	The letter summarizes the opinion at the last paragraph	1—5			
Language	Correct: There are no spelling, grammar or punctuation errors	1—5			
	Rich: There are some excellent words, expressions or sentence patterns	1—5			
	Coherent: There are some wisely-used linking words and the sentences flow smoothly	1—5			

在本课完成写作后,学生利用评价量表进行小组内的互评,明确一篇好的作文应该包含的要素,同时学习其他同学的写作亮点,了解改进方向。评价标准的第一条为内容的完整性,包括经历、观点、原因、结论;第二条为主题清晰;第三条为围绕主题,有话可说。前三条评价了内容传达的教学目标的达成度。第四、五条分别评价了原因的逻辑性和语篇结构是否清晰,指向了对语篇连贯这一教学目标的检测。最后三条则从语言使用的准确性、丰富度和连贯性三个方面检测语言表达方面的教学目标完成情况。

【评析】

该评价量表依照前面的教学目标,评价了目标的达成度,如比较两位作者对年夜饭变迁的不同观点,理解语篇的主要内容,包括作者的经历、态度、原因、观点,设计相应的评价任务,运用表格法标明评价任务和教学目标之间的对应关系,遵循了"教—学—评"一致的原则。基于教师给出的评价标准,学生需要对自己写作和同伴写作进行评价。学生不断思考评分标准来对比写,是发展批判性思维和提升自身评价素养的好时机。这在无形中也会让学生对优秀写作的标准内化于心,并在无意识的状态下提升批判思维能力。

六、教学案例总体分析

(一)设计理念

总体而言,本课的教学设计重点在于指导学生理解、运用、仿写和生成,教学流程完整,师生互动性强,难度适宜,符合班上学生的学习能力和认知水平。在本案例中,在阅读阶段,教师帮助学生梳理表达观点的框架结构、语言内容、语言等支架,为学生搭建阅读和写作之间的桥梁,使学生在写作过程中根据阅读文本进行有效的语言输出。此外,教师还通过设计问题链、梳理关键信息、探求传统习俗变化线索、构建思维导图等教学任务,帮助学生找出阅读材料与写作素材之间的结合点,通过设问、写提纲等方法进行过渡,以达到阅读与写作的有效结合。

落实英语学习活动观。在过程性写作教学过程中,教师将英语学习活动观体现在教学设计的各个环节中:教师在写前,帮助学生深入理解语篇,比较两位作者对年夜饭变迁的不同观点,理解语篇的主要内容,包括作者的经历、态度、原因、观点,归纳文本语篇结构"分享经历—表明态度—列出原因—总结观点",提炼出原因递进的逻辑关系,理解和记忆阅读语篇中发表看法和节日的表达,并用于读后仿写,体现学习理解、应用实践的学习活动观;在写作过程中,表达个人对于"用微信收发红包"这一传统变化的主题观点,运用语篇结构,内化与运用,完成写作,讨论习俗变化的原因,解释习俗的"变"与"不变",将写作思路内化于心,体现了应用实践和迁移创新的学习活动观;写作结束后,小组间进行互评交流,给予学生充足的互相学习和反思的空间,更好地促进学生思维品质和迁移创新能力的提升。

在教学设计的过程中,教师明确读与写结合的设计目的。在读写结合、以读促写的训练中,阅读活动的设计协助学生梳理文章脉络和作者情感及态度,预测题目内涵及找准文章作者观点等阅读要点,聚焦词汇、表达等相关知识,为写作活动扫清障碍。

在写作训练时,教师进一步明确训练目的,有的放矢地帮助学生运用所学的词汇、短语、句型进行语言表达,从而达成语言从输入到输出的转换,最终提高学生英语学习能力及水平。

读写结合,以读促写的教学,有助于提高学生的英语语言综合素质,能有效地提高高中学生英语学科的核心素养。教师应设计层次分明、全面体现学生核心素养的教学活动,切实地提高学生的语言能力、文化意识、思维品质和学习能力等学科核心素养,在这方面还需要教师去探究、运用和总结。

"教—学—评"一体化。在本案例中,从学生的课堂表现来看,本课的主要教学目标已经达到。学生对语篇内容和结构的理解比较到位,能够通过阅读比较两位作者对年夜饭变化的不同态度,并找出阅读语篇的主要信息——观点、原因、经历、总结;能在教师的引导下,概括出书信的语篇结构,理解作者按照重要性给出原因的逻辑关系;通过阅读补充材料和小组讨论,能够形成观点,并在语境中梳理得出支撑观点的原因;较多学生能够运用"呈现观点—给出原因—分享经历—总结观点"的语篇结构,对红包这一春节习俗的变化发表观点。完成写作后,及时的评价反馈能够促进写作的有效性,评价过程中应该强调学生的主体性。学生既是学习的主体,也是与教师一样同为评价的主体。应提倡学生开展自评和互评,加强学生之间、师生之间评价信息的互动交流,促进自我监督式的学习(教育部,2020)。在本课完成写作后,学生利用评价量表进行小组内的互评,明确一篇好的作文应该包含的要素,同时学习其他同学的写作亮点,了解改进方向。在评价量表的设计上,该课例遵循了两个呼应,呼应教学内容和教学目标,体现了对"教—学—评"一致性的理解,评价和教学内容的设计都指向教学目标的实现。

(二)设计亮点

1.搭建写作支架

搭建写作语言支架。在写作之前的活动中,教师依据思维导图分类激活写作所需要的词汇和相关表达,对话题进行观点原因陈述,为写作搭建语言和思维支架。要求学生围绕"传统习俗变迁"这一话题进行语句表达,学生能够依据思维导图,从traditions/activities,reasons 和 opinions 三个方面梳理相关词汇,帮助学生熟悉和积累写作所需的相关表达。

搭建写作内容支架。教师将文本语境迁移到写作任务,创设社会洞察力(Social

Insights)情境,让学生选择熟悉的话题——对纸质红包—微信红包的变化发表观点,通过阅读补充材料以及小组讨论的方式为学生搭建写作内容的支架,完成一篇关于"春节另一习俗变迁——纸质红包还是微信红包"的习作。

搭建写作结构支架。在写作过程中,教师引导学生明确写作意图,理解活动要求。教师注意观察并调动学生已有的实践知识,并将其运用到"有生活味"的活动情境设计中,使读写训练情境化、话题化和生活化,让实践性知识在互动情境中相互碰撞。根据问题提示,教师在语句组织上搭建支架,让学生在个性表达的基础上合理、审慎地选择语句时态,精确表达语句意义,形成辨析能力。同时,教师提供多个参考句型,丰富学生的语句表达。结构图则为段落形成提供了框架,学生可以按照步骤进行富有逻辑的表达。

2.开展多元评价

完成写作后,教师组织学生开展多元评价反馈活动。在教学过程中,及时对学生的学习进行积极有效的评价是提高教学质量的关键。教师提供评价标准,围绕教学目标等方面展开评价。活动采取"自评互评—结果反馈"的方式进行。评价既包括学生在"学用"过程中的即时评价,也包括对学生习作的延时评价。即时评价让所有学生参与课堂评价。评价是调动学生主观能动性的有效机制。开展以学生为中心的课堂教学评价,也是促进学生发展和提高读写课堂教学质量的有效措施和保障机制。以往学生课堂中倾向于用下意识的印象选出自己认为好的作文,忽视使用评价量表为同伴的作文打等级这一步骤。针对这一现象,教师应在平时的写作练习中培养学生运用评价量表自评和互评的意识与能力。本案例设计了针对本节读写课的学习评价记录表,让学生对自己的课堂表现及学习效果进行自评,记录学习难点和收获。在经过教师的强调和引导后,学生明白写作评价的指标,能用此标准尝试着给出等级。

3.为写作提供真实生活情境

写作时,教师应该提供另一种情境,指导学生运用本课所学的知识选择一种情境写一篇"春节另一习俗变迁——纸质红包还是微信红包"的作文。这一设计不仅有利于满足不同学生对写作目的的不同取向,同时可生成更多课程资源供全班学生分享,通过交流和相互批改,实现班集体学习效益的最大化。学生的问题在于,艺术班的学生基础比较薄弱,教师需要一步步地引导写作。在最后的讨论环节,教师设计了一个思辨性强的活动。该活动让学生发表自己对于传统习俗变迁的观点和"什么没变"。

由于学生底子薄弱,在仿写环节表现出语言较为机械、思路不够开阔等问题。教师应在平时适当增加话题式讨论的活动,补充阅读材料,帮助学生积累语料。最后一个环节,学生小组合作组内互评,由于时间的限制,并未能够全面开展,每个小组的优秀作文并没有一一得到展示。

【拓展学习】

扫二维码获取教材原文。

（本案例由山西省太原市第五中学校赵宁老师提供）

第三节

英语读写结合教学实作训练

一、分析教学内容

【教材】人教(2019年)版高中《英语》必修二 Unit 4 History and Traditions 中 Reading for Writing 板块

【主题语境、单元主题】人与社会——历史与文化传统

【本课主题】Beautiful Ireland and Its Traditions 介绍爱尔兰的自然景观与文化习俗

【适用年级】高一

【授课时长】1课时(45 mins)

【语篇类型】说明文

教学内容六要素分析如表8-6。

表8-6 教学内容六要素分析

课程六要素	具体分析
主题语境	人与社会——历史、社会与文化——物质与非物质文化遗产
语篇类型	描述性说明文,介绍地点 What:介绍爱尔兰的自然景观和文化传统与习俗 How:运用首句尾句进行总结性归纳,通过感官感受的描写以及比喻和拟人的运用,让对爱尔兰风土人情的介绍更加生动活泼,富有吸引力 Why:介绍爱尔兰的风土人情,表达对当地风光和文化传统的欣赏,引起读者对爱尔兰的喜爱和向往
语言知识	语篇知识:掌握记叙文和说明文语篇的主要写作目的以及这类语篇的结构特征;掌握语篇中段首句、主题句、过渡句的作用、位置及行文特征

续表

课程六要素	具体分析
语言技能	从语篇中提取主要信息和观点,理解语篇要义;把握语篇的结构以及语言特征 使用文字手段描述事物特征;根据表达目的选择适当的语篇类型
文化知识	感悟其他文化的魅力,欣赏其风土人情,并在阅读思考中增进对本文化的认同和理解
学习策略	通过图书馆、计算机网络等资源获得更广泛的英语信息,扩充学习资源 根据语篇类型和特点,了解篇章的主要内容和写作意图

语篇分析如下:

【What】本文是一篇主题为"人与社会"的描述性说明文。文章生动地描绘了爱尔兰乡村的美景和风土人情。

【How】本文内容丰富、语言优美精练。作者用五感描写手法,从视觉、嗅觉、味觉、听觉和触觉等方面直观、生动形象地描绘了爱尔兰的丘陵、大海、群山等景物。本课涉及了许多用五感描写的重点句式。如"...is a true feast for the eyes..." "And down by the sea, the roar of the ocean waves and cries of the seabirds make up the music of the coast."等。

【Why】作者通过对爱尔兰的生动刻画,使读者深刻感受到爱尔兰之美,同时也表达了作者对于爱尔兰风光的欣赏、向往以及喜爱之情。

✓ 实作

1.你认为对教学内容的分析应该包含哪些方面?本案例的分析是否全面、准确?如何改进?

2.文本分析应该从哪些方面着手?你认为本案例的文本分析如何?如何提升?

二、分析学情

学生已具备一定的英语表达能力,能够使用定语从句,本课学习了用过去分词作定语的结构,可以在写作过程中体现(语言能力)。学生可能会对身边的文化现象感到习以为常,难以直接用语言尤其是书面语进行总结和表达。学生虽然可能害怕写作,但模仿能力强,尤其是在课堂写作中学生能够根据对文章的分析进行仿写,根据检查单进行改进。

> ✓ **实作**

你认为学情分析应该包含哪些方面？请完善本案例的学情分析。

三、叙写教学目标

(1)通过略读从语篇中提取主要信息和观点,理解语篇要义。

(2)通过精读能够完成对自己喜欢的地点风景与习俗的英语描写,学习习俗描写框架。

(3)通过作文实践,运用描述性语篇的结构和语言,进行描述性语篇写作。

【教学重难点】

(1)对练习1例文的分析。

(2)对五感的理解。

> ✓ **实作**

你认为本案例的教学目标是否符合英语学科特点及课改新理念是否符合英语课程发展学生核心素养？目标陈述是否符合SMART原则,目标陈述是否合理、明确、具体,具有层次性和可操作性？目标是否明确,且体现目标、过程与评价一致性？

四、设计教学过程

教学过程如表8-7。

表8-7 教学过程

Step	Teaching Activities	Purposes
\multicolumn{3}{c}{Stage 1 Pre-writing}		
Step 1 (1 min)	Create a situation to contribute to a travel magazine. Let students think about which place they want to contribute to	Stimulate students' enthusiasm for writing
Step 2 (3 mins)	Take the recommended places in the travel magazine as an example, show the students pictures of different environments and different customs, and ask students to match them	Knowing that the environment affects the customs, thinking about what customs are around you and thinking about the environment in which those customs are formed
Step 3 (3 mins)	Briefly write down the customs and environment of the place you recommend	Preliminary accumulation of exercise materials
Step 4 (3 mins)	Let students consolidate the vocabulary and phrases they have learned about scenic spots	Give English words for students to say Chinese meaning or give Chinese meaning for students to say English words
Step 5 (10 mins)	Ask the students to read the passage, analyze the structure and description of the passage, and appreciate the excellent words	Give the students a writing template and accumulate some good words and phrases
Step 6 (5 mins)	By analyzing the sensory description obtained from the excellent examples, students are asked to think about the second question of exercise 3 again	Enrich students' knowledge and understanding of the place, and further increase the description of materials
\multicolumn{3}{c}{Stage 2 While-writing}		
Step 7 (5 mins)	Show the framework of question 3 in exercise 3 and ask students to fill in the material they have accumulated before	Students can organize the logic of their own essay and complete the draft of the essay
Step 8 (5 mins)	Show recommended words and expressions	Students can improve their writing expression

续表

Step	Teaching Activities	Purposes
Step 1 (4 mins)	Do peer response according to Exercise 4	To further understand the requirements of the essay, and can help each other to improve the composition
Stage 3 Post-writing		
Step 2 (4 mins)	After the whole class is upset, asking the students about their feelings and expectations for the recommended place they got, and write down the reasons	Let students know the appeal of their works to readers
Homework		
	Further improve your composition according to peer response	Complete the final draft of the paper

五、设计教学评价

教学评价如表8-8。

表8-8　教学评价

评价内容	自己	同伴
用到5个及以上关于感官的词汇表达		
用到5个及以上表达地理位置的表达		
用到5个及以上关于风土人情的表达		
按照作文框架写作		
使用5个及以上的过渡词		
条理清晰,作文流畅		
发现同伴作文超过3处错误		

✓ 实作

1.各教学活动的时间分配是否合理?(如导入环节是否迅速？读和写环节教学活动的时间安排是否合理?)

2.各教学活动的内容设计是否基于语篇且真实？是否紧紧围绕教学目标展开？是否体现"教—学—评"的一致性？

3.各教学活动的组织形式(个人、配对、小组、全班等)是否恰当？是否引导学生开展自主、合作等学习活动？

4.根据该教学内容,为高一年级学生设计一个课时读写结合教学新授课。

（本案例由重庆四十八中学林欢老师提供）

第九章

英语单元整体教学案例分析

请思考

林老师是一位有着初中三年和高中三年任教经验的教师。在和她的交流中，我们发现，熟练型教师也有自己的困惑和苦恼："我觉得自己对初中和高中的教材都很熟悉，也很清楚英语课程标准的要求，对于哪些知识点在哪个年级的哪个单元，甚至哪一页我都记得。我觉得自己教学非常认真，而且教学效果还不错。直到我在教高二的那一年，有一天，我和几个成绩还比较好的学生聊天（当时我们刚刚结束所有新课的学习，进入复习阶段），他们都纷纷表示自己非常担心即将到来的高考，因为他们甚至回忆不起初中和高中阶段学过哪些英语的知识点，觉得脑子里像一团糨糊，没有一个清晰的框架……在和学生的那次谈话后，我开始意识到自己的教学存在一定的问题：每一个知识点或者考点我都给学生讲到了，学生为什么还会觉得脑子里一团糨糊呢？"教师给学生讲授清楚了单个的知识点，是否就意味着教师培养了学生的英语核心素养？学生掌握好了单个的知识点，是否就意味着已经具备了英语核心素养呢？

学习目标导航

学习完本章后，你能够：

1. 阐述单元整体教学的目标和要求。
2. 了解单元整体教学的对策和程序。
3. 分析单元整体教学典型案例的教学设计。
4. 创新设计单元整体教学。

第一节
英语单元整体教学概述

一、英语单元整体教学的目的与意义

单元整体教学是指基于主题意义对单元语篇进行系统建构和分析,在育人目标的统领下整合知识与经验、生活与学科的关系,让学生在相互衔接的单元课时学习中实现知识的结构化掌握以及素养的综合化发展。

(一)英语课程标准对单元整体教学的基本要求

1. 核心素养导向的单元目标体系构建

单元整体教学需以发展学生英语学科核心素养为根本目标,建立层次分明、内在关联的单元目标育人体系。教师应在深入解读单元主题的基础上,统筹规划语言能力、文化意识、思维品质和学习能力的融合发展路径,形成具有关联性、递进性和系统性的目标序列。目标设定要突破传统知识点罗列模式,注重语言知识与主题意义的深度融合,体现从表层信息处理到深层价值建构的认知升级。同时要建立单元目标与课时目标的逻辑关联,确保各教学环节始终指向核心素养的整体提升。

2. 主题意义统领的教学内容整合

教学内容组织应遵循"主题—语篇—活动"三位一体的整合原则,以主题意义探究为主线,实现语言知识、文化知识、语言技能和学习策略的有机融合。教师需要突破教材线性编排的局限,依据单元主题对教学资源进行二次开发,构建结构化、情境化的内容体系。在语篇处理上,要建立多模态文本间的意义关联,引导学生通过比较、分析、批判等思维活动,形成对主题的立体化认知。同时要注重语言形式与功能的内在统一,在意义建构中自然渗透语言要素的学习。

3.以学生为中心的深度学习活动设计

教学活动应遵循英语学习活动观,设计具有实践性、关联性和综合性的学习任务链。教师需要创设真实的问题情境,设计从学习理解到应用实践,最终实现迁移创新的层级化活动体系。活动设计要突出学生的主体地位,通过合作探究、项目学习等方式,促进认知参与和情感体验的深度结合。要关注学习策略的渗透培养,引导学生在主题探究过程中自主构建知识网络,发展元认知能力。同时要建立课内外学习的有机衔接,设计具有延续性和拓展性的实践任务。

4."教—学—评"一体化的多元动态评价

评价机制要贯穿单元教学全过程,建立诊断性、形成性与终结性评价相结合的多维评估框架。教师需设计体现核心素养发展水平的评价指标,采用观察记录、学习档案、表现性评价等多元方式,对学生的学习过程进行全面跟踪。要重视评价主体的多样性,通过师生共评、同伴互评、自我反思等方式,增强评价的教育功能。同时要建立及时有效的反馈机制,将评价结果转化为教学改进的依据,实现"以评促学、以评促教"的良性循环。评价设计应特别关注学生的个体差异,提供差异化的发展建议。

(二)单元整体教学目的

单元整体教学有助于教师在教学中树立单元整体意识和统筹全局意识,强化教师的目标导向意识,也有助于引导学生深化对主题的认知和主题意义的思考,发挥学生的主体作用。

英语单元整体教学的目的是通过系统化、结构化的教学设计,整合单元各语篇和课程内容六要素,帮助学生在真实语境中实现深度学习与综合语言运用能力的提升。单元整体教学突破碎片化学习,将语言知识、文化知识、语言能力融入主题意义探究中,促进学生语言能力整合与知识结构化建构;通过任务链设计(如主题探究、项目式学习等),让学生在实践中整合语言技能(如阅读输入→口语输出→写作表达),强化综合运用;围绕单元主题,通过主题情境设计,引导学生分析问题、批判思考,深化主题意义探究,培养文化比较与价值判断能力,培养家国情怀,从而提升学生的文化意识与思维能力,达到培育学生的核心素养,完成立德树人根本任务。

二、单元整体教学的实施流程

单元整体教学设计注重引导学生从单元视角展开对单元内容语篇主题意义的探究,指向学生核心素养的综合发展。程晓堂(2018)从主题意义的原理归纳了基于主题意义的单元整体教学思路:(1)教学目标应围绕主题和语境进行设计。在制定教学目标时,教师应充分考虑学生的现有经验,结合主题特点,制定具有针对性的教学目标,以引导学生有效学习。(2)围绕主题设计教学内容与活动,将不同的教学板块通过主题串联,使得教学过程更为连贯和紧凑。同时,并以主题和内容为核心,辅以语言线索设计教学活动与环节,使学生在深入探究主题的同时,也能够自然而然地学习和运用语言知识。(3)学习内容应当围绕单元主题调动学生已有的知识、经验与情感,引导学生将新知识与旧知识相结合,形成完整的知识体系。(4)主题意义的学习过程中包含了语言知识的学习,同样语言知识的学习也离不开语篇的主题意义。因此,应当将主题意义探究与语言知识学习有机结合,灵活调整二者学习活动的顺序。

单元整体教学设计的具体过程如下:(1)教师首先应在研读单元各语篇的基础上,提炼单元主题意义及各板块的主题意义;(2)厘清各语篇之间的关系,初步整合教学内容、确定"子主题",并明确"子主题"与"单元主题"之间的逻辑关系;(3)基于学科核心素养维度和单元主题规划育人蓝图,确定单元目标;(4)进一步整合教学内容、分配课时、设计课时目标及教学重难点;(5)设计进阶性的学习活动并最终指向单元总目标的达成;(6)设计贯穿整个单元教学的持续性的学习评价,并在单元目标设计、学习活动设计的同时予以考虑(如图9-1)。

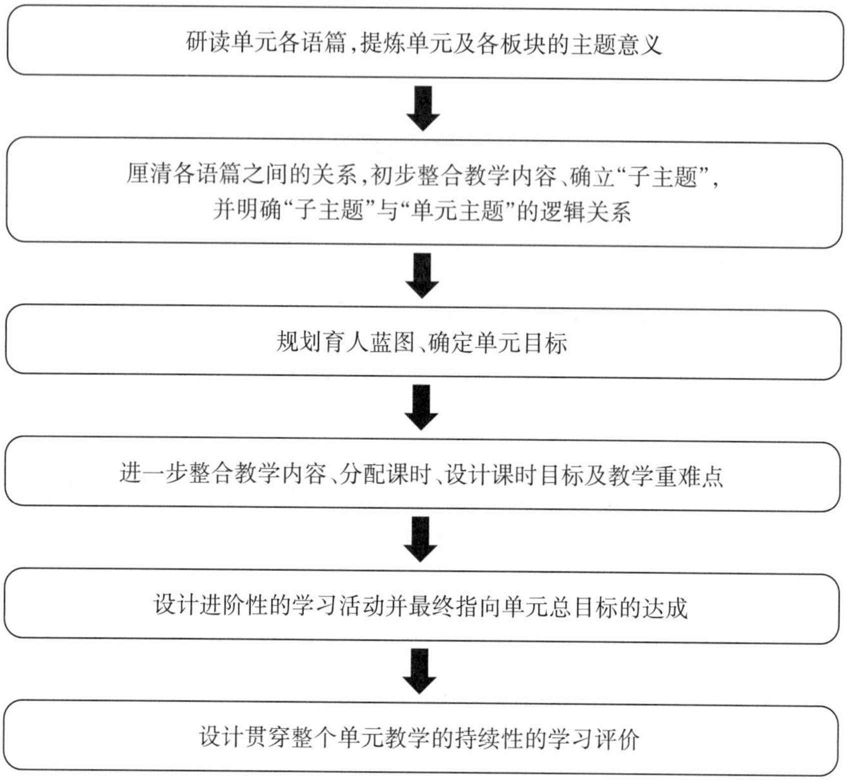

```
┌─────────────────────────────────────────────────┐
│     研读单元各语篇,提炼单元及各板块的主题意义      │
└─────────────────────────────────────────────────┘
                        ↓
┌─────────────────────────────────────────────────┐
│  厘清各语篇之间的关系,初步整合教学内容、确立"子主题", │
│      并明确"子主题"与"单元主题"的逻辑关系           │
└─────────────────────────────────────────────────┘
                        ↓
┌─────────────────────────────────────────────────┐
│              规划育人蓝图、确定单元目标              │
└─────────────────────────────────────────────────┘
                        ↓
┌─────────────────────────────────────────────────┐
│    进一步整合教学内容、分配课时、设计课时目标及教学重难点    │
└─────────────────────────────────────────────────┘
                        ↓
┌─────────────────────────────────────────────────┐
│        设计进阶性的学习活动并最终指向单元总目标的达成      │
└─────────────────────────────────────────────────┘
                        ↓
┌─────────────────────────────────────────────────┐
│          设计贯穿整个单元教学的持续性的学习评价         │
└─────────────────────────────────────────────────┘
```

图9-1

✓ 请回答

1. 单元整体教学对于培养学生核心素养有哪些优势?
2. 单元整体教学设计的具体操作有哪些注意事项?

第二节 英语单元整体教学设计案例分析

一、单元分析

本案例教学内容选自人教(2019年)版高中《英语》必修一 Unit 1 Teenage Life

(一)教学内容分析

本单元是人教(2019年)版高中《英语》必修一 Unit 1 Teenage Life。本单元在"人与自我"的主题下围绕青少年的生活展开,内容包括中外青少年在学习生活、课外活动、兴趣爱好和人际交往等方面的状况以及面临的问题和挑战。本单元旨在帮助学生真实客观地认识高中生的学习生活以及青少年成长中的烦恼、以积极乐观的态度迎接学习和生活的挑战、科学合理地规划自己的学习和生活,成就更好的自己。从单元整合角度来看,我们以"构建青少年对生活的认知、态度和行为选择"为本单元的大概念,统整以下三个子主题:子主题1:梳理认知,客观了解在高中新环境中的学习和生活。子主题2:形成态度,培养学生以积极乐观的心态面对学习生活中的困难与挫折,体会自我反思与真诚互助的意义。子主题3:行为养成,学会换位思考与主动沟通、自我管理与人生规划。(如图9-2)

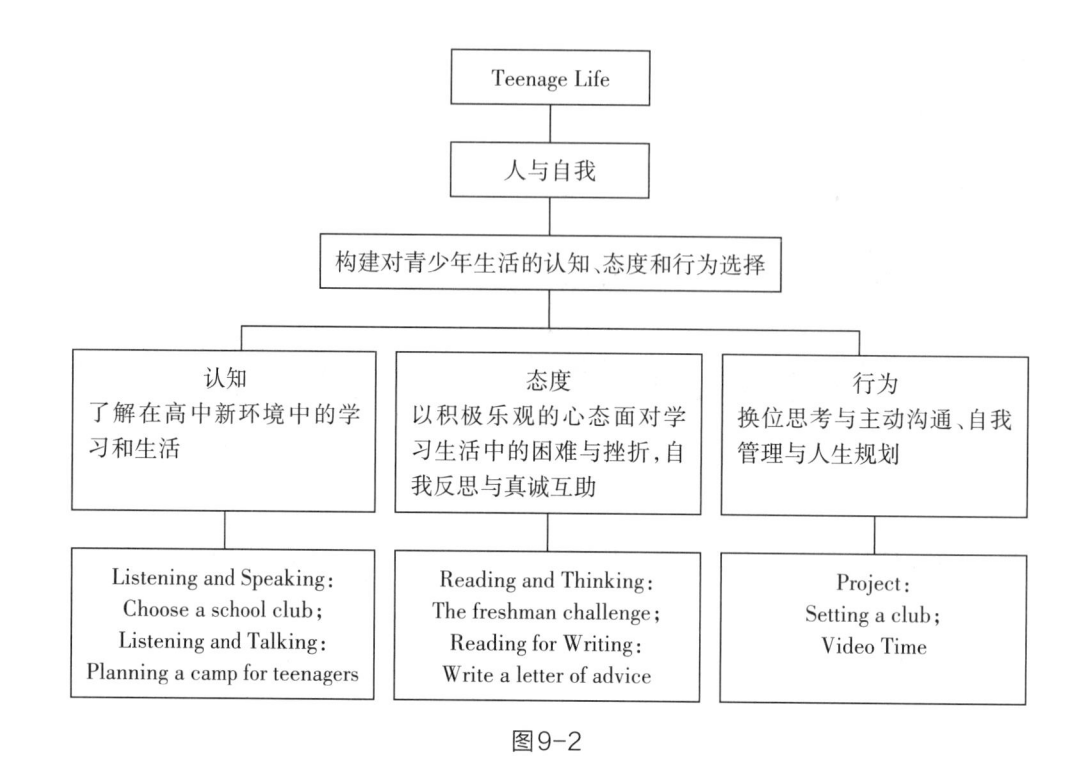

```
                    Teenage Life
                         │
                       人与自我
                         │
         构建对青少年生活的认知、态度和行为选择
                         │
    ┌────────────────────┼────────────────────┐
    认知                  态度                 行为
  了解在高中新环境中的学    以积极乐观的心态面对学   换位思考与主动沟通、自
  习和生活              习生活中的困难与挫        我管理与人生规划
                      折,自我反思与真诚互助
    │                    │                    │
  Listening and Speaking:  Reading and Thinking:   Project:
  Choose a school club;   The freshman challenge;  Setting a club;
  Listening and Talking:   Reading for Writing:    Video Time
  Planning a camp for     Write a letter of advice
  teenagers
```

图 9-2

(二)学情分析

高一学生已基本具备在阅读中获取细节信息的能力,部分学生能用英语自信地表达观点,部分学生在理解和整合信息、利用所学知识表达观点方面的能力都有待提高。此外,虽然学生对高中的社团等学习生活有一定的了解,但对中外青少年学习生活的异同、青少年时期将要面临的学习和生活的困难及挑战等方面的认识还不够充分,尤其是理性分析青少年面临的困惑并提出解决方案的能力相对欠缺。

(三)教学目标

教学目标分析如表9-1。

表9-1 教学目标分析

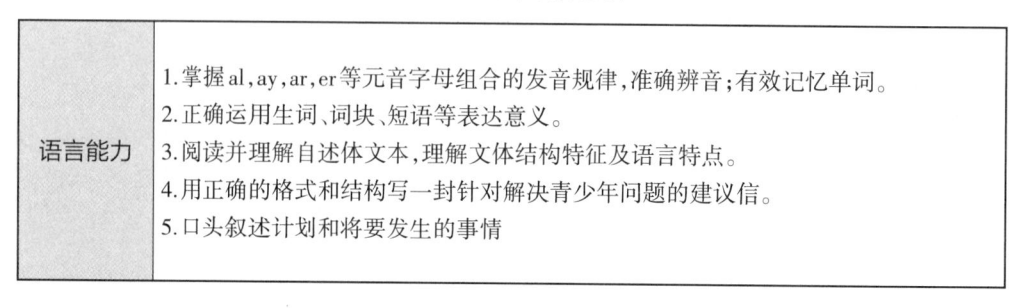

语言能力	1.掌握al,ay,ar,er等元音字母组合的发音规律,准确辨音;有效记忆单词。 2.正确运用生词、词块、短语等表达意义。 3.阅读并理解自述体文本,理解文体结构特征及语言特点。 4.用正确的格式和结构写一封针对解决青少年问题的建议信。 5.口头叙述计划和将要发生的事情

续表

学习能力	1.通过阅读问题和选项预测将听到的内容。 2.利用语篇标题、图片、关键词、主题句等获得语篇大意。 3.掌握合成的构词法,根据其组成猜测词义,提高词汇认知能力。在听录音前预测内容。 4.通过精读和泛读,获取文章的关键信息和主要结构。 5.在写作部分通过同伴互评互相学习
思维品质	1.谈论青少年所面临的挑战,并以批判和理性的方式给出建议。 2.比较国内外高中生活的异同
文化意识	1.了解国内外高中生活的异同。 2.树立良好的心态,积极面对和处理挑战

【课程思政理念】

学生了解国内外高中生活的异同,以积极的心态应对从初中到高中生活的转变,以及高中生活的各种挑战。

(四)教学重难点分析

重点:

(1)引导学生学会根据题目、选项等信息对听力材料的内容进行预测。

(2)掌握本单元的词汇和表达,熟练运用名词短语、形容词短语、副词短语等结构。

(3)了解青少年常见的身心问题,能够针对青少年问题进行批判性思考并给出合理的建议及原因,树立正确的态度恰当处理自己可能面对的困难。

(4)引导学生总结并掌握建议信的基本格式、结构和语言表达。

难点:

(1)正确认识并比较中外高中生活的不同。

(2)有逻辑地表述自己的计划或向他人推荐社团。

(3)针对青少年问题写一封格式正确、结构完整、语言流畅、内容清晰的建议信。

(五)教学方法

交际教学法、合作学习法、探究法。

二、整合教学内容、构建单元育人蓝图(如图9-3和表9-2)

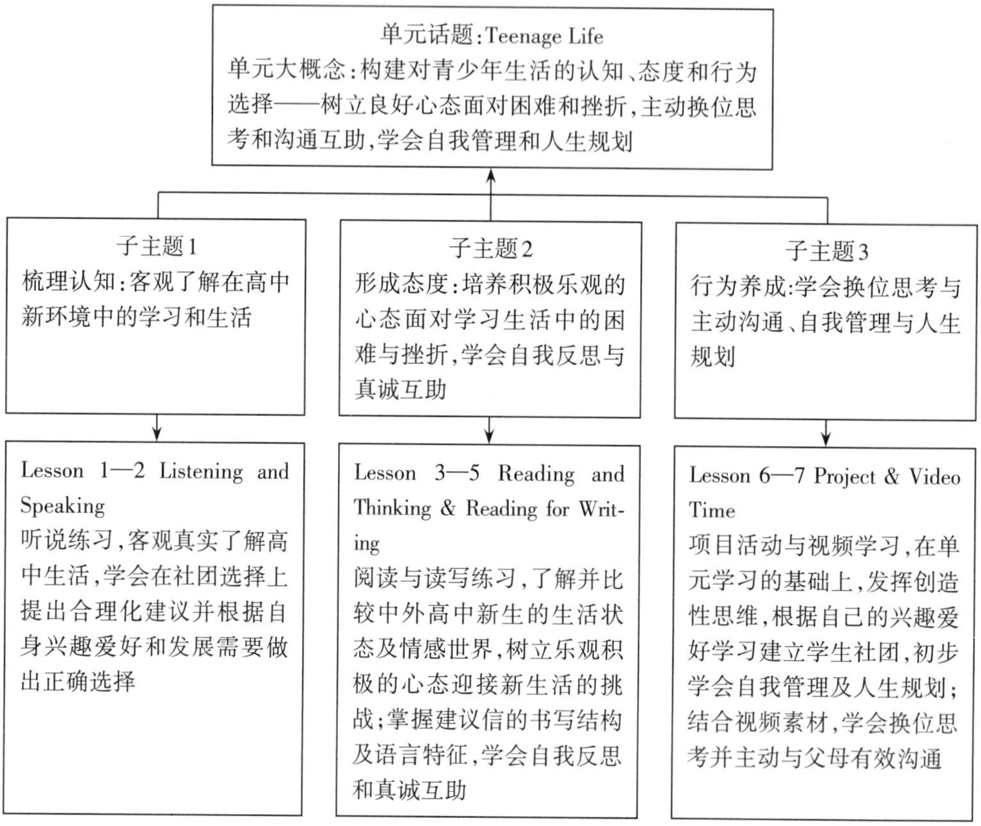

```
单元话题:Teenage Life
单元大概念:构建对青少年生活的认知、态度和行为
选择——树立良好心态面对困难和挫折,主动换位思
考和沟通互助,学会自我管理和人生规划
```

子主题1	子主题2	子主题3
梳理认知:客观了解在高中新环境中的学习和生活	形成态度:培养积极乐观的心态面对学习生活中的困难与挫折,学会自我反思与真诚互助	行为养成:学会换位思考与主动沟通、自我管理与人生规划
Lesson 1—2 Listening and Speaking 听说练习,客观真实了解高中生活,学会在社团选择上提出合理化建议并根据自身兴趣爱好和发展需要做出正确选择	Lesson 3—5 Reading and Thinking & Reading for Writing 阅读与读写练习,了解并比较中外高中新生的生活状态及情感世界,树立乐观积极的心态迎接新生活的挑战;掌握建议信的书写结构及语言特征,学会自我反思和真诚互助	Lesson 6—7 Project & Video Time 项目活动与视频学习,在单元学习的基础上,发挥创造性思维,根据自己的兴趣爱好学习建立学生社团,初步学会自我管理及人生规划;结合视频素材,学会换位思考并主动与父母有效沟通

图9-3 单元育人蓝图

表9-2 单元教学课时划分安排表

课时安排	上课内容板块划分	单元"子主题"	分课时教学目标	单元教学目标
1	Listening and Speaking P11: Saying; Teaching objectives; P12: activity 1; activity 2; activity 3	梳理认知:客观了解在高中新环境中的学习和生活	1.通过了解单元目标,培养设立学习目标的习惯,并通过学习目标监控自己的学习过程。 2.根据阅读题目和选项预测可能听到的内容。 3.运用听力文本的句型向他人介绍自己喜欢的社团活动	语言能力: 1.能够正确拼读元音字母组合,通过发音记忆单词。 2.能够向他人介绍社团,并用英语提出选择社团的建议。

续表

课时安排	上课内容板块划分	单元"子主题"	分课时教学目标	单元教学目标
2	Listening and Talking P17: activity 1; activity 2; P13: activity 4; pronunciation	梳理认知:客观了解在高中新环境中的学习和生活	1.从录音中获取关键信息并提取计划将来的表达方式。 2.掌握ai,ay,al等的发音规律,并能在遇到新单词时根据发音规律进行拼读。 3.熟练使用描述未来活动的表达方式来进行交谈。 4.有逻辑地介绍营地计划,包括名称、目的、口号、活动、要求、时间地点等。 5.从爱好、自身需要和未来发展等方面为他人挑选社团提供建议	3.能够正确、恰当地运用生词、词组等相关表达 4.能够用正确的格式和结构写建议信。 5.能够口头叙述计划和将要发生的事情。
3	Reading and Thinking P14: activity 1; activity 2; context: The Freshman Challenge; P15: activity 3; activity 4; activity 5; P16: activity 1	形成态度:培养积极乐观的心态面对学习生活中的困难与挫折,体会自我反思与真诚互助的意义	1.学会快速略读文本获取所需信息。 2.能够分析文章内容结构、归纳总结并列出提纲。 3.初步认识NP,AdjP,AdvP并能够分析它们在句子中充当的成分。 4.深刻理解高中生活即将面临的挑战和应对方法。 5.初步认识到不同国家学生学情不同与背后文化的差异	

续表

课时安排	上课内容板块划分	单元"子主题"	分课时教学目标	单元教学目标
4	Reading for Writing P18:activity 1; activity 2; P19:activity 3.1,3.2	形成态度:培养积极乐观的心态面对学习生活中的困难与挫折,体会自我反思与真诚互助的意义	1.快速阅读,获取建议信的基本格式、感知语言特征。 2.分析建议信的内容结构。 3.通过小组讨论认识青少年阶段通常会遇到的烦恼和困惑。 4.通过讨论客观分析青少年面临的问题,给出合理建议	学习能力: 1.能够在听录音前预测内容。 2.能够通过精读和泛读,获取文章的关键信息和主要结构。 3.能够通过同伴互评互相学习 思维品质: 1.能够谈论青少年所面临的挑战,并以批判和理性的方式给出建议。 2.能够比较国内外高中生活的异同。
5	Reading for Writing P19:activity 3.3; activity 4		1.运用正确的格式、完整的结构、恰当的语体、流畅的语言完成针对青少年问题的建议信写作。 2.运用评价标准对同伴的建议信进行评价和修改。 3.通过修改前后的作文对比,提高写作能力	
6	Set up a Club P17: activity 3; P21: Project	行为养成:学会换位思考与主动沟通、自我管理与人生规划	1.通过团队协作,以小组为单位,讨论并设计一个包括社团名称、口号、特色活动、成员要求等内容完整的社团,完成社团的创建。 2.以小组为单位制作社团海报,要求信息完整、结构清晰、富有创造性和吸引力	

续表

课时安排	上课内容板块划分	单元"子主题"	分课时教学目标	单元教学目标
7	Review and Video Time P20：Assessing Your Progress； P22：Video Time	行为养成：学会换位思考与主动沟通、自我管理与人生规划	1.正确运用本单元所学的词汇和语法完成练习。 2.正确、恰当运用本单元所学词汇、语法等语言知识，逻辑清晰、语言流畅、具有感染力地展示、推荐和介绍本组设计的社团。 3.通过观看视频，获取视频中母女工作、学习和生活的基本信息，推测她们之间观念存在差异的原因。 4.通过讨论，学会换位思考、与父母长辈良好交流沟通	文化意识： 1.能够了解国内外高中生活的异同。 2.能够树立良好的心态，积极面对和处理挑战

【评析】

结合单元主题，在对单元语篇系统梳理的基础上，提炼单元大概念"构建对青少年生活的认知、态度和行为选择"，并进一步将教学内容分为三个单元子主题。子主题内涵清晰、内容层层递进，符合学生的认知发展规律，便于引导学生分步骤理解单元的主题意义，逐步达成教学目标。

三、分课时教学设计分析

第一课时 Listening and Speaking

授课内容：P11：Saying；Teaching objectives

P12：activity 1；activity 2；activity 3

（一）教学内容分析

【What】本单元在"人与自我"的主题下，围绕青少年的生活展开。封面页主要分为三个部分：名人名言、单元目标和针对学生生活的讨论。亚里士多德的名言"Good habits formed at youth make all the difference"与单元主题相关联,作为对学生生活的建议。单元目标部分介绍了本单元的主要内容。讨论部分的三个问题循序渐进,引导学生对他们现在的生活状况和未来理想生活的思考。听说部分的活动主题是选择学校社团,主要介绍了四个社团以及如何选择社团。听力文本分为两部分,第一部分听力文本是两段学生和老师在社团活动中的对话。第二部分听力文本是 Adam 和他的朋友讨论喜好和社团选择。文本引导学生根据自己的兴趣爱好和未来发展方向选择社团,鼓励尽早为自己的未来发展做好规划。

【Why】该部分作为单元内容的第一部分,以贴近学生生活的学校社团引入单元主题,为后面更深入的学习奠定基础。开篇页的主题图寓意青少年要珍惜时光,积极向上,放飞梦想;听力文本让学生联系自己的真实情况对社团有更清晰的认识,并根据兴趣爱好和未来发展方向选择社团。

【How】听力文本的内容以对话的形式,按时间和逻辑的顺序展开,语言简洁,语境真实且贴近学生生活,分别呈现了学生社团的活动场景以及学生是如何根据自己的喜好选择社团的过程,同时也引导了学生应该如何选择社团。

(二)教学目标分析

通过本节课的学习,学生能够:

(1)通过了解单元目标,培养设立学习目标的习惯,并通过学习目标监控自己的学习过程。(学习能力)

(2)根据阅读题目和选项预测可能听到的内容。(学习能力)

(3)运用听力文本的句型向他人介绍自己喜欢的社团活动。(语言能力)

(三)教学重难点分析

重点:(1)准确理解听力内容。

(2)掌握听前预测技能。

难点:结合活动主题表达自己的喜好及社团选择。

(四)教学过程分析

教学过程如表9-3。

表9-3 教学过程

Procedures	Activities	Interaction Pattern & Level of Activities	Intentions
Getting ready	Activity 1 Share your ideas about the saying. Teacher invites students to talk about their ideas about the saying and list more relevant sayings	Interaction pattern: 师生互动(T-S) Level of activities: 学习理解	认识养成良好习惯的重要性,引入这一单元的主题
	Teacher explains the teaching objectives	Interaction pattern: 个体学习(I) Level of activities: 学习理解	讲述单元目标,培养设立学习目标并用目标监控、调适学习过程的习惯
	Activity 2 Observe the pictures and answer questions: (1)What are the teenagers doing in the picture? (2)What do you do to relax after class	Interaction pattern: 师生互动(T-S)、生生互动(SS) Level of activities: 学习理解	引导学生认识当下生活,憧憬理想生活,为单元学习做铺垫
Pre-listening	Activity 3 Match the pictures with the names of the clubs. Teacher shows more clubs and leads students to list more clubs and discuss: (1)What do you think students do in these clubs? (2)What kind of abilities do the clubs need?	Interaction pattern: 师生互动(T-S)、生生互动(SS) Level of activities: 学习理解、应用实践	1.积累关于喜欢的表达方式。 2.对各种社团的活动内容有基本的了解,为听力练习做内容准备
While-listening	Activity 4 Listen to the tape and finish Task 2. (1)Teacher leads students to predict the listening contents according to the pictures and questions. (2)Students listen to the conversations and finish the exercises. (3) Students listen for the second time to check answers and try to repeat after every sentence in a low voice	Interaction pattern: 个体学习(I) Level of activities: 学习理解、应用实践	1.学习听前预测的听力技巧,并实际运用。 2.训练学生的推断能力,培养听力策略

-263-

续表

Procedures	Activities	Interaction Pattern & Level of Activities	Intentions
While-listening	Activity 5 Listen to the tape and finish Task 3. (1) Students listen to the conversation and choose the right answer. (2) Students listen for the second time to check the answer and take down key information. (3) Students listen for the third time with the right answer	Interaction pattern： 个体学习(I) Level of activities： 应用实践	对社团活动有进一步的认识，了解从喜好、自身需要和未来发展来选择社团
Post-listening	Activity 6 Review the expressions about liking. Teacher asks students to summarize the expressions about liking they learned in this lesson	Interaction pattern： 个体学习(I) Level of activities： 应用实践	对本堂课的重点内容进行回顾
Homework	Talk about the clubs you like and reasons by using different expressions	Interaction pattern： 生生互动(SS) Level of activities： 迁移创新	回顾运用课堂上学习的关于"喜欢"的表达，为后续关于社团的讨论做语言铺垫

【评析】

本课是本单元的第一节课，课型为听说课。教师通过教材呈现的名人名言以及教师补充的其他名言警句引入本单元内容，并与学生分享单元目标，帮助学生形成对单元内容的整体感知。在对听说文本分析的基础上，通过学生熟悉和喜欢的社团活动的讨论引出听力内容，激发学生的兴趣。听力活动设计有层次，引导学生泛听、精听并掌握听前预测和边听边记录的策略。

第二课时 Listening and Talking

授课内容：P17：activity 1；activity 2

P13：activity 4；pronunciation

(一)教学内容分析

【What】本课的活动板块是"为青少年策划营地活动"。听力文本是一段对话，

Max与Cao Jing谈论周末各自参加探险营和国际青年营的计划,两人分别介绍了营地的活动内容,表达了对营地生活的期待。

【Why】该板块旨在激发学生的兴趣和想象力,引导学生策划同龄人喜欢的营地活动,并使用听力文本中表示将来打算或意愿的句型进行交流和讨论。

【How】该听力语篇以对话的形式,围绕周末的营地活动展开讨论,以及完整的营地计划设计包括名称、目的、口号、活动、要求、时间、地点等;重点呈现了"be going to+动词原形"及"will+动词原形"两种结构,用以表达将来要做的事情及对将来的计划。

(二)教学目标分析

通过本课的学习,学生能够:

(1)从录音中获取关键信息并提取计划将来的表达方式。(学习能力)

(2)掌握ai, ay, al等的发音规律,并能在遇到新单词时根据发音规律进行拼读。(语言能力)

(3)熟练使用描述未来活动的表达方式进行交谈。(语言能力)

(4)有逻辑地介绍营地计划,包括名称、目的、口号、活动、要求、时间、地点等。(思维品质、语言能力)

(5)从爱好、自身需要和未来发展等方面为他人挑选社团提供建议。(思维品质、语言能力)

(三)教学重难点分析

1.重点

(1)掌握含有元音字母的常见字母组合的发音规律,巩固含有该发音规律的单词及相关语音知识。

(2)听懂并正确运用be going to, will do, plan to do, there will be, hope to do等形式表达将来的计划。

2.难点

能够条理清晰地谈论将来要做的事情或计划。

(四)教学过程分析

教学过程如表9-4。

表9-4 教学过程

Procedures	Activities	Interaction Pattern & Level of Activities	Intentions
Getting ready	Activity 1 Review the expressions about liking. Teacher invites students to use the expressions learned last time to talk about their liking. Activity 2 Talk about your camp experiences. Teacher invites students to share their camp experiences or introduce the camp they are interested in	Interaction pattern： 师生互动(T-S) Level of activities： 应用实践	1.回顾上节课的重点内容，巩固旧知，随机检测学生作业的完成情况。 2.通过同学分享夏令营等活动经历、感兴趣的营地活动以及介绍一些特别的营地活动引入本课内容
Pre-listening	Activity 3 Predict the listening contents according to the sentences and pictures. Teacher asks students to look at the pictures, sentences and questions quickly and predict the listening contents	Interaction pattern： 师生互动(T-S) Level of activities： 学习理解	引导学生听前预测，帮助学生获取关键信息，了解对话内容
While-listening	Activity 4 Listen and tick the correct information. Teacher asks students to listen to the conversation and tick what they hear about the camps. Activity 5 Listen again and underline the expressions the two speakers use to talk about the future. Teacher asks students to listen again and make some notes while listening	Interaction pattern： 个体学习(I) Level of activities： 应用实践	引导学生关注语言形式，学习如何用恰当的语言表达将来要做的事情和计划，为后续的口语表达提供更加丰富的语言支持
Post-listening	Activity 6 Summarize the expressions about preference, giving suggestions and future activities. Teacher asks students to summarize the expressions and write them down on the blackboard	Interaction pattern： 生生互动(SS) Level of activities： 迁移创新	与学生生活联系起来，学以致用，化输入为输出。锻炼学生口语表达能力，谈论如何选择社团

续表

Procedures	Activities	Interaction Pattern & Level of Activities	Intentions
Pronunciation	Activity 7 Listen and repeat (1) Teacher asks students to listen to the tape and repeat. (2) Teacher leads students to summarize the rules of pronunciation. (3) Teacher leads students to find more words with the same rules of pronunciation. (4) Read aloud the words and sentences and help revise the pronunciation with partner	Interaction pattern： 个体学习(I)、 生生互动(SS) Level of activities： 应用实践	学习部分元音发音规律，能够在遇到新单词时根据字母组合的发音规律进行拼读，同时利用读音记忆单词
Homework	Practice reading the Pronunciation and preview the text in Reading and Thinking	Interaction pattern： 个体学习(I) Level of activities： 学习理解、 应用实践	巩固复习发音规律，养成复习与预习的学习习惯

【评析】

本课为听说课的第二课时，内容包括听、说以及语音。在对文本详细分析的基础上，教学活动设计以让学生谈论自己的营地经历为导入，激发了学生兴趣爱好的同时，又为接下来的听力活动做了内容和情感的铺垫；同时导入环节对上节课语言点的复习则为本节听说课做了语言上的准备。语音训练环节，引导学生跟读并发现规律，同时启发学生回忆其他符合这些发音规律的词汇，在训练学生语言能力的同时也观照到了学生的思维发展。

第三课时 Reading and Thinking

授课内容：P14：activity 1；activity 2；context：The Freshman Challenge

P15：activity 3；activity 4；activity 5

P16：activity 1

(一)教学内容分析

【What】语篇的话题是"新生的挑战"，阅读文本的内容是美国学生Adam讲述自己进入高中后面临课程和社团的选择以及高中生活的适应等问题，从中体现了Adam在面对挑战时的积极态度和责任心。

【Why】本篇文章能让学生认识和比较不同国家的学情差异与文化影响，意识到进入新环境后人人都会面临挑战,并且引导学生要以积极乐观的态度克服成长过程中的困难,为接下来的高中新生活做好心理准备。

【How】语篇以第一人称的角度,运用了一般过去时、一般现在时和一般将来时,按照"面临挑战—自我感受—处理方法"的逻辑顺序,讲述了美国高中生Adam所面对的高中新生活的挑战,表现了他乐观向上的态度、积极进取的决心和责任心。

(二)教学目标分析

通过本节课的学习,学生能够:

(1)快速略读文本,找出作者进入高中生活后面临的具体挑战及应对方式。(语言能力)

(2)能够分析文章内容结构、归纳总结并列出提纲。(学习能力)

(3)分析评价作者面对挑战时的情感态度和意志品质。(思维品质)

(4)初步认识NP,AdjP,AdvP,感知它们在句子中充当的成分。(语言能力)

(5)比较不同文化背景的国家青少年学生面临挑战的异同。(文化意识)

(三)教学重难点分析

1.重点

(1)分析语篇结构,获取文本主要信息。

(2)比较和思考中外高中生活的异同。

(3)初步认识NP,AdjP,AdvP,感知它们在句子中充当的成分。

2.难点

分析评价作者面临挑战时的情感态度和意志品质。

(四)教学过程分析

教学过程如表9-5。

表9-5 教学过程

Procedures	Activities	Interaction Pattern & Level of Activities	Intentions
Pre-reading	Activity 1 Talk about your daily life in high school. Teacher invites students to describe their school life. Activity 2 Imagine the high school life abroad. (1)Teacher asks students to talk about the high school life abroad they've imagined	Interaction pattern: 师生互动(T-S) Level of activities: 学习理解	激发学生对本课学习内容的兴趣,初步建立跨文化比较的意识

续表

Procedures	Activities	Interaction Pattern & Level of Activities	Intentions
While-reading	Activity 3 Read the text quickly and find out the main idea of each paragraph. (1)Teacher introduces the reading strategy—skimming and scanning. (2)Teacher asks students to read the text quickly and find the main idea of each paragraph	Interaction pattern： 师生互动(T-SS)、 个体学习(I) Level of activities： 学习理解、应用实践	训练学生掌握速读获取段落大意的技巧
	Activity 4 Read again and complete Exercise 4 on P15. (1)Teacher invites students to read the text again and answer questions： ①What courses did Adam choose? ②What is Adam worried about? ③ls Adam confident that he will get used to senior high school life? How do you know? (2)Teacher leads students to complete Exercise 4 on P15 based on the questions discussed above	Interaction pattern： 师生互动(T-SS) Level of activities： 学习理解、应用实践	训练学生通过细读获取信息的能力和概括能力，提高对文章内容的把握度，了解国外学生学习生活中面临的挑战，意识到多元文化的不同
	Activity 5 Find examples in the text with NP,AdjP and AdvP. Teacher introduces NP,AdjP and AdvP briefly, and leads students to understand their meanings and functions	Interaction pattern： 师生互动(T-SS)、 个体学习(I) Level of activities： 学习理解、应用实践	使学生初步认识NP,AdjP,AdvP,并能够分析它们在句子中充当的成分
Post-reading	Activity 6 Discuss with your group about the similarities and differences between Adam's school life and yours. Teacher asks students to discuss in groups and compare Adam's school life and theirs then share with the classmates	Interaction pattern： 生生互动(SS) Level of activities： 迁移创新	使学生能够初步意识到不同国家学校的差异并训练阅读后的口语输出能力
Homework	1. Finish activity 1 on page 16 and activity 5 on page 15. 2. Think about what other troubles you meet and how you deal with them, and then write them down without name or print them out	Interaction pattern： 个体学习(I) Level of activities： 学习理解、 迁移创新	1.巩固词汇及语法点。 2.引导学生思考高中生活即将面临的挑战和应对方法，为写作准备素材

【评析】

本课为读思课,旨在依托阅读文本启发学生的思维。所设计的教学活动在训练学生阅读技能的同时,启发学生分析评价主人翁美国高中生 Adam 在面对青少年时期的挑战时的情感态度和意志品质,较好地促进了学生的思维发展;同时,在阅读文本的基础上让学生比较不同国家文化背景的青少年学生面临挑战的异同,培养了学生的文化意识。对于读思课中的语法点的处理,活动设计也体现了让学生首先在语篇中学会感知语法表意的语法教学观。

第四课时 Reading for Writing

授课内容:P18:activity 1;activity 2

P19:activity 3.1,3.2

(一)教学内容分析

【What】该板块的活动主题是"写一封建议信",阅读语篇是一封青少年咨询师 Susan Luo 写给一位因朋友沉迷于电子游戏而担忧的青少年的建议信。Susan 在信中首先回顾了来信的问题,并对这位青少年的感受表示理解,在主体部分说明了网瘾的害处,并建议这位青少年帮助朋友发展新的爱好,最后表达了自己的祝愿。

【Why】通过分析范文内容、讨论青少年问题并提出合理建议等活动,引导学生思考网瘾、早恋、孤独、代沟等青少年的常见问题,帮助学生学会自我反思,并采取正确的态度来处理可能会遇到的困难。

【How】该语篇呈现了建议信的基本格式和内容,包括时间、称呼、主体、祝愿、落款等基本要素,内容上包括明确来信人问题、共情性回应、提出建议及原因、表达祝愿等;采用正式语体。

(二)教学目标分析

通过本课的学习,学生能够:

(1)快速阅读,获取建议信的基本格式、感知语言特征。(语言能力、学习能力)

(2)分析建议信的内容结构。(语言能力)

(3)通过小组讨论认识青少年阶段通常会遇到的烦恼和困惑。(语言能力)

(4)通过讨论客观分析青少年面临的问题,给出合理建议。(思维品质)

(三)教学重难点分析

重点:

(1)归纳建议信的基本格式、内容结构和语言特征。

(2)归纳关于提建议的不同表达。

难点:客观分析青少年面临的问题,给出合理建议并阐述原因。

(四)教学过程分析

教学过程如表9-6。

表9-6 教学过程

Procedures	Activities	Interaction Pattern & Level of Activities	Intentions
Getting ready	Activity 1 Talk about your troubles. Teacher shares his troubles and invites students to talk about theirs	Interaction pattern: 师生互动(T-S) Level of activities: 学习理解	反馈学生的作业情况,引出如何写建议信
Reading and summarizing	Activity 2 Read the letter quickly and find out what the Worried Friend's problem is. Teacher directs students to read the letter and answer question: What is the Worried Friend's problem?	Interaction pattern: 师生互动(T-S) Level of activities: 学习理解	帮助学生了解文章的讨论话题,梳理文章内容,为针对文章内容的讨论做铺垫
Reading and discussing	Activity 3 Find out and evaluate the advice Ms. Luo gives. Teacher asks students to read the letter again and answer questions: (1)What advice does Ms. Luo give? (2)Do you think Ms. Luo's advice is useful? Why or why not? (3)What other advice would you give	Interaction pattern: 师生互动(T-S) 生生互动(SS) Level of activities: 学习理解、迁移创新	引导学生对文中观点进行批判性思考并创造性地提出自己的建议,锻炼学生的批判性思维能力和创造性思维能力
Discovering structures	Activity 4 Read again, find out and mark the parts of the letter. (1)Teacher asks students to summarize the structure of a letter of advice. (2)Teacher asks students to finish exercise 2.1: Find and mark the parts of the letter that match the following points. A. I know what the problem is. B. I understand how you feel. C. This is my advice and reason(s). D. I think my advice will help.	Interaction pattern: 个体学习(I)、 师生互动(T-S) Level of activities: 学习理解、迁移创新	引导学生关注建议信的基本结构:明确问题、表示理解、提出建议及原因、表达祝愿,为写建议信做铺垫;引导学生总结书信的基本格式并掌握:日期、问候、主体、祝愿、落款,为完成写作任务进行结构上的准备

续表

Procedures	Activities	Interaction Pattern & Level of Activities	Intentions
Discovering expressions	Activity 5 Underline the expressions Ms. Luo uses to make suggestions. (1) Teacher asks students to underline the expressions Ms. Luo uses to make suggestions and finish exercise 2.2. (2) Teacher motivates students to think about some other expressions that can be used to make suggestions	Interaction pattern： 师生互动(T-S) Level of activities： 学习理解、迁移创新	引导学生自主发现文中有关提出建议的表达方式并总结掌握,为完成写作任务进行语言上的准备
Discussing among a group	Activity 6 Discuss with your group about your suggestions and reasons based on exercise 3.1. Teacher asks students to work in groups and finish task 3.1：Read through the three situations on Page 19. Sum up the problems and talk about the possible suggestions and reasons. | Person | Problem | Suggestion | Reason | |---|---|---|---| | Eric | | | | | Xu Ting | | | | | Min Ho | | | |	Interaction pattern： 生生互动(SS) Level of activities： 迁移创新、应用实践	引导学生对某一青少年问题进行头脑风暴,提出可能性的建议及原因,小组内交换想法,为完成写作任务进行思路训练和准备

【评析】

本课为读写课的第一课时。教学设计从 What, Why, How 三个角度,对建议信的基本格式、内容结构和语言特征等进行了准确、深入的分析。详细的文本解读为教学设计做了较好的指引,活动设计围绕教学目标展开。通过本课的学习,学生掌握建议信的基本要素,同时围绕青少年阶段面临的常见问题展开讨论,为下节课完成建议信的写作搭建支架。

第五课时 Reading for Writing

授课内容：P19：activity 3.3；activity 4

(一)教学内容分析

本课为读写课的第二课时,学生将对匿名同学的困难写一封建议信,以此来巩固上一节课所学的内容,完成从读到写的迁移。学生完成初稿后,根据评价标准(建议信结构、内容结构、语体风格、语言表达、标点使用等)采取同伴互评的方式对初稿进行讨论、修改,最后完成作文终稿并展示分享。

(二)教学目标分析

通过本课的学习,学生能够:

(1)运用正确的格式、完整的结构、恰当的语体、流畅的语言完成针对青少年问题的建议信写作。(语言能力)

(2)运用评价标准对同伴的建议信进行评价和修改。(学习能力)

(3)通过修改前后的作文对比,提高写作能力。(学习能力)

(三)教学重难点分析

重点:掌握建议信的格式、内容结构及语体特征。

难点:针对青少年面临的问题完成一封建议信写作。

(四)教学过程分析

教学过程如表9-7。

表9-7 教学过程

Procedures	Activities	Interaction Pattern & Level of Activities	Intentions
Lead-in	Activity 1 Review what you learned last time. (1) Teacher asks students to review the main parts and content structure of a letter of advice and write them down on the blackboard. (2) Teacher asks students to review the expressions of giving advice and write them down on the blackboard	Interaction pattern: 师生互动(T-S) Level of activities: 学习理解	引导学生回顾上节课所学的内容,为本课完成新的写作任务打好基础

续表

Procedures	Activities	Interaction Pattern & Level of Activities	Intentions
Writing	Activity 2 Think and write down your problem anonymously. Teacher distributes paper to students and asks them to write down their problems anonymously. Activity 3 Write a letter of advice. (1)Teacher collects the paper and distributes them to students randomly. (2)Teacher asks students to write down a letter of advice on the same paper according to the problem they received. (3)Teacher asks students to pay attention to the main elements of a letter of advice when they write	Interaction pattern： 个体学习(I) Level of activities： 迁移创新	运用上节课所学知识完成写作任务，检测学生对建议信格式、结构、表达等方面的掌握情况
Peer review	Activity 4 Exchange your writing, discuss and give feedback. (1)Teacher asks students to exchange writings with their deskmates and use the checklist on the blackboard to give feedback. (2)Teacher asks students to discuss in groups about how to revise the writing. Teacher walks around and observes the students' performance and gives some advice if necessary	Interaction pattern： 生生互动(SS) Level of activities： 迁移创新	根据清单同学互评作文，在修改过程中有利于帮助学生巩固已有知识，在发现同伴问题的同时也能反思自身是否存在相应的问题
Revising	Activity 5 Revise your writing. Teacher asks students to exchange their writings back and revise their writings independently	Interaction pattern： 个体学习(I) Level of activities： 迁移创新	及时纠正错误，自我完善和巩固知识体系

续表

Procedures	Activities	Interaction Pattern & Level of Activities	Intentions
Sharing with each other	Activity 6 Share your writings. (1)Teacher asks students to share their problems and letters in class. (2)Teacher reviews several letters in the class, gives feedback and summarizes. (3)Teacher asks students to get back the paper they wrote down their problems independently and read the suggestion on it	Interaction pattern：师生互动(T-S)、生生互动(SS) Level of activities：迁移创新	1. 通过分享书信的活动可以帮助做得好的学生建立自信，鼓励他们继续努力，不断进步；对于做得不太理想的学生来说是一次宝贵的学习机会，鼓励他们向做得好的同学学习，共同进步，引导同学互相学习。 2. 帮助学生在相互分享中了解对于不同的困难有哪些解决办法，能够在以后的学习生活中采取正确的态度和方法面对困难与挑战
Homework	1. Review the letters after class. 2. Think about how to deal with your own problem and try to give yourself some advice.	Level of activities：迁移创新	1. 进一步巩固课堂内容。 2. 培养积极应对困难与挑战的态度

【评析】

本课为读写课的第二课时。学生在上节课建议信范文的学习和关于青少年困惑讨论的基础上尝试建议信的写作。教师先让学生匿名写下自己的烦恼和困惑，然后全班随机分发，学生针对自己拿到的困惑和烦恼写一封建议信；在完成建议信的写作之后和同桌交换，并讨论修改建议；随后和小组同伴进一步讨论修改意见，最后完成修改。在完成修改后教师邀请部分学生展示，展示学生读出烦恼和困惑以及相应的建议信，教师评析；教师收集所有学生的建议信并放到讲台，让他们独自取回自己写的烦恼和困惑并阅读上面的建议信；最后的作业布置，让学生结合同学给自己的建议信进一步思考自己的烦恼和困惑，并思考应对方法。整节课的活动设计目标清晰、层层递进且前后呼应，学生的困惑和烦恼都得到了回应。课后作业的设计从语言能力和思维品质层面着手，这也是对学生课堂学习的有效、有益延伸。

第六课时 Set up a Club

授课内容：P17：activity 3

P21：Project

(一)教学内容分析

【What】该部分的活动主题是"建立一个学生社团"，以项目活动的形式综合考查学生本单元所学的内容，要求学生设计一个包括社团名称、口号、活动、成员要求等内容完整的社团并向他人介绍。

【Why】学生的社团活动是学生丰富多彩的校园生活的重要组成部分，该板块旨在让学生充分讨论，根据自己的兴趣爱好，发挥创造性思维，在创建社团的过程中探讨校园社团的意义。

【How】P17 activity 3 的四个问题及 Project 部分作为策划、建立社团的引导提示。教师也可提供一些国内外社团信息给予学生参考。

(二)教学目标分析

通过本课的学习，学生能够：

(1)通过团队协作，以小组为单位，讨论并设计一个包括社团名称、口号、特色活动、成员要求等内容完整的社团，完成社团的创建。

(2)小组为单位制作社团海报，要求信息完整、结构清晰、富有创造性和吸引力。

(三)教学重难点分析

1.重点

设计一个信息完整的学校社团，包括名称、口号、特色活动、成员要求等内容。

2.难点

(1)掌握学校社团的基本要素。

(2)制作富有创造力和吸引力的社团海报。

(四)教学过程分析

教学过程如表9-8。

表9-8 教学过程

Procedures	Activities	Interaction Pattern & Level of Activities	Intentions
Lead-in	Activity 1 Talk about what kind of student club you want to set. Teacher asks students to talk about their favorite student club	Interaction pattern: 师生互动(T-S) Level of activities: 学习理解	联系学生实际,激发兴趣爱好
Grouping	Activity 2 Find your partners with the same/relevant favorite student club and form your group. Teacher asks students to find the partners with the same/relevant favorite student club, change their seats and form new groups	Interaction pattern: 师生互动(T-S)	根据学生的兴趣爱好进行分组,调动学生的积极性,使每个学生都能在小组内发挥自己的才能
Setting up a club	Activity 3 Discuss the key elements of a student club. Teacher leads students to discuss the key elements the students club should include and write them down on the blackboard. Discuss the questions: What kind of club is it? Who will be there? What will they do? What do they need to join the club? The name of it. The slogan of it. How often do you have activities and the exact time to hold the activities. ... Teacher walks around and observes students' performance and offers help if necessary	Interaction pattern: 师生互动(T-S)、生生互动(S-S) Level of activities: 迁移创新	引导学生开展头脑风暴,为学生设计自己的社团提供指导,帮助学生搭建框架

续表

Procedures	Activities	Interaction Pattern & Level of Activities	Intentions
Sharing	Activity 4 Share your student club to the class. (1)Teacher asks students to share their clubs and the class assess them together with the checklist on the blackboard. (2)Teacher gives feedback to students' performance	Interaction pattern： 生生互动(SS)、 师生互动(T-S) Level of activities： 迁移创新	学生展示自己设计的社团,并引导全班同学根据之前搭建的社团框架完成评价；在相互评价中反思、巩固所学
Homework	1. Revise your draft and design a poster for your student club and present it next time. (Group work) 2. Activity 4,P21.	Interaction pattern： 生生互动(SS) Level of activities： 迁移创新	进一步巩固所学；学生分工合作,树立学生合作意识和集体荣誉感

【评析】

本课的内容为"建立一个学生社团",以项目活动的形式综合考查学生本单元所学的内容。学生需要运用本单元所学的内容并通过团队合作完成项目。教学活动设计从学生谈论自己喜欢的社团引入,并打破固定的课堂分组模式,根据学生的兴趣爱好,将喜欢相同或相近社团的学生分为一组,有利于学生主动性、积极性的充分发挥。对社团要素的处理,教学设计并没有拘泥于教材所列内容,而是引导学生头脑风暴,共同讨论社团应包含的基本要素,启发学生思维。课后作业以小组为单位完成,要求学生进一步修改社团设计并制作海报,并准备在下节课在全班范围推介自己小组设计的社团,作业要求社团海报和推介富有创意并正确、恰当运用本单元做学词汇、语法等知识点。整节课的教学活动设计以学生为中心,较好地激发了学生的兴趣和主动性；教学任务来源于又不拘泥于教材,通过设计头脑风暴,充分发挥学生的能动性和创造性。

第七课时：Review and Video Time

授课内容：P20：Assessing Your Progress

P22：Video Time

(一)教学内容分析

本课教学内容分为三部分,第一部分是语言知识测试部分,对本单元的词汇、语法等进行了归纳和总结;第二部分是学生社团海报的展示和评析,要求学生在介绍社团时正确运用本单元所学词汇、句型等语法知识;第三部分是视频观看和讨论。

视频介绍了南非约翰内斯堡的一对母女在工作、学习和生活中的情况。由于两代人生活环境不同,思想观念也存在差异。视频观看在锻炼学生"看"的技能的同时,引导学生思考与父母之间的代沟和相处问题,学会换位思考、与父母长辈良好沟通。

(二)教学目标分析

通过本课的学习,学生能够:

(1)正确运用本单元所学的词汇和语法完成练习。(语言能力)

(2)正确、恰当运用本单元所学词汇、语法等语言知识,逻辑清晰、语言流畅、具有感染力地展示并推介本组设计的社团。(语言能力)

(3)通过观看视频,获取视频中母女工作、学习和生活的基本信息,推测她们之间观念存在差异的原因。(语言能力、文化意识)

(4)通过讨论,学会换位思考、与父母长辈良好交流沟通。(思维品质)

(三)教学重难点分析

1.重点

(1)教学掌握本单元单词、语法等语言知识点。

(2)展示并推介社团。

(3)通过看前预测、边看边记录等方式获取视频关键信息,培养"看"的能力。

2.难点

(1)正确、恰当运用本单元所学语言知识,条理清晰、富有感染力地推介社团。

(2)学会换位思考,与父母、长辈良好交流沟通。

(四)教学过程分析

教学过程图表9-9。

表9-9 教学过程

Procedures		Activities	Interaction Pattern & Level of Activities	Intentions
Revision		Activity 1 Finish activity 1&2 on Page 20 (1)Teacher walks around to observe students' performance and offers help if necessary. (2)Teacher revises the exercises and explains the different points	Interaction pattern： 生生互动(SS)、师生互动(T-S) Level of activities： 学习理解	复习巩固本单元语言知识点
Presentation		Activity 2 Present your poster and introduce your club (1)Teacher asks students to introduce their clubs and try to use new words and expressions they've learned in this unit. (2)Teacher comments on students' work and give them acknowledgement and encouragement to build their confidence. (3)Teacher asks students to select the best presentation and gives prizes to the group members	Interaction pattern： 师生互动(TS) 生生互动(SS) Level of activities： 迁移创新	通过展示环节，提升学生的语言表达能力；并树立学生的集体荣誉感和自信心。
Video Time	Pre-viewing	Activity 3 Look at the pictures and questions to predict the main contents of the video	Interaction pattern： 个体学习(I) Level of activities： 学习理解	看视频前学会预测，锻炼学生读图读题的能力以及推理能力，为理解视频做准备
	While-viewing	Activity 4 View the video to get the key information (1)Teacher asks students to view the video for the first time to get to know what is the video about and take some notes. (2)Teacher asks students to share their ideas with each other and add the information they missed to help them understand the video and check their answers in activity 1. (3)Teacher asks students to look through the three sentences in activity 2 first and then watch the video for the second time to finish the exercise	Interaction pattern： 个体学习(I) 生生互动(SS) Level of activities： 应用实践	引导学生养成边看边速记关键信息的习惯；培养学生根据题干预测内容，抓关键信息的能力

续表

Procedures		Activities	Interaction Pattern & Level of Activities	Intentions
Video Time	Post-viewing	Activity 5 Work in pairs, think about and discuss the problems between teenagers and their parents Teacher leads students to think about the following questions: (1)Do you have the same problems with your parents? (2)How do these problems arise? (3)How can we get along well with our parents	Interaction pattern: 生生互动(SS) Level of activities: 迁移创新	通过视频引导学生反思,帮助学生正确认识自己与父母之间的关系,反思相处模式,帮助学生懂得换位思考,理解父母长辈,学会良好沟通
Homework		1. Reflect your own ways of getting along with your parents, and try to find out if there is a better way, and write a letter to your parents (write down what you want to say to them). 2. Preview Unit 2	Interaction pattern: 独立学习(I) Level of activities: 迁移创新	学会反思,主动与父母沟通

【评析】

本课完成本单元知识要点的复习、引导学生自评,同时通过观看视频培养学生"看"的能力。对视频材料的深入解读也让视频对学生的教育意义被充分地挖掘出来。在Post-viewing阶段,教师引导学生反思,思考自己是否也有视频中谈到的和父辈的代沟问题,通过讨论让学生深入思考如何改进自己的态度和行为,学会换位思考,和父母良好沟通。作业设计让学生课后思考如何改进和父母长辈的关系并给父母写一封信,写下自己想对父母说的话。至此,本单元的学习任务也实现了从"梳理认知"(客观了解高中新环境的学习和生活)到"形成态度"(培养积极乐观的心态面对学习生活中的困难与挫折,体会自我反思与真诚互助的意义)再到"行为养成"(学会换位思考与主动沟通、自我管理与人生规划)的跨越。

✓ 实作

1.该单元整体教学内容分析与教学案例设计的优点是什么？有哪些地方可以进一步优化？

2.以外研(2019年)版高中英语必修三 Unit 4 Amazing Art 为素材,开展单元整体教学设计。

【拓展内容】

扫二维码获取教学内容。

第十章 英语说课案例分析与实作训练

请思考

　　小王老师在备考教师资格证考试时,在面试环节要求做3—5分钟的说课,她不明白几分钟之内的说课能讲些什么呢？小李老师参加教师招聘的面试,自我介绍过后,面试官让他做一个15分钟之内的说课。李老师想他不可能现场做PPT,怎么能像上课那样把每一个教学环节和活动都仔细地展示出来呢？陈老师有幸参加了全市的青年教师讲课比赛,在讲课结束后,她需要做一个说课,那么她的说课又该说些什么呢？

学习目标导航

完成本章学习后,你能够:
1. 阐释英语说课的内涵。
2. 归纳英语说课的内容及评价。
3. 分析英语说课案例。
4. 叙写英语说课稿并开展说课。

第一节
英语说课概述

一、说课的内涵与类型

(一)说课内涵

说课是指在教师基于英语课程标准、英语教学大纲和教材,以英语教育教学理论为指导,在精心备课的基础上,面对同行、领导、教研人员或评委,主要用口头语言和现代化教育信息手段,阐述本单元或本课的教学思想、教学内容、教学设计如教学目标、教学方法、教学程序等,并与听者一起就教学目标的达成、教学流程的安排、重难点的把握及教学效果与质量的评价等方面进行预测,或反思,共同研讨进一步改进和优化教学设计的教学研究过程,简而言之,包括教学对象是谁、教什么、怎么教、为什么这样教。

(二)说课类型

根据目的、场合不同,有不同类型的说课。根据教学时序分为课前说课和课后说课。根据说课目的分为检查性说课、示范性说课、研究性说课、评价性说课。

1.课前说课

课前说课指教师认真分析学情、研读教材、领会编者意图、分析教学资源,初步完成教学设计后,对同行口头阐述本课的教学理念、教学内容、教学目标、教学方法、教学程序、教学评价、预期达到的效果等。课前说课侧重预设性和预测性,常用于集体备课,以借助同行群策群力、共同探讨、预测课堂教学效果,达到改进和优化教学设计的目的。课前说课也用于师范生实习课前试讲、教师资格证考试等场合,旨在厘清教学思路、预测教学效果、优化教学过程设计。

2.课后说课

课后说课就是教师按照既定的教学设计方案完成课堂教学后向听课同行、科研人员、评委等口头阐述本课的教学理念、教学目标、教学程序、教学效果的达成,与同行开展集体讨论与反思的过程。课后说课侧重反思教学效果的达成、教学的成败。说课者通过参与集体讨论,个体思想与集体思想碰撞产生火花,博采众长,有利于更加清晰地认识自己的课堂教学,进一步优化教学设计,提高教学效果。

3.检查性说课

领导、同行、专家为检查教师的备课情况而让教师说课,检查性说课侧重说明教学设计思路或者教学反思,比较灵活,可随时进行。

4.示范性说课

由教研人员、骨干教师或相关专家共同研究、经过充分准备后,由优秀教师结合最新的教学理念开展的说课,侧重说明教学设计中如何突出教学新理念,诠释教学新思想、自己的教学特色、创新的教学活动等,为其他教师树立榜样,供大家学习。这种形式的教学研究活动,可以促进教师学习共同体从听说课、看上课、参评课中增长见识,开阔视野,不断更新教学理念,提高自己运用理论指导教学实践的能力。

5.研究性说课

围绕某研究课题或教学中某一关键问题,专家、同行与说课者通过讨论、答辩、对话等进行交流,旨在探讨解决方法而进行的说课。此类说课往往基于某个教学热点问题并与授课结合,课后再深入进行研究,并将研究结果形成书面材料。

6.评比性说课

由教师根据抽签的教学内容,在规定时间内研读教材、完成教学设计再进行说课,以考查教师全面阐述英语教育教学理论的能力、理解英语课程标准和教材的实际水平、教学流程设计的科学性和创造性。常见于说课比赛、教师岗位应聘与晋级,或作为教师教学业务评比的一项内容或要素。既是发展和遴选优秀教师的评价方式,也是以此带动教师队伍建设,促进教师专业发展的有效途径。

二、说课的内容

说课的内容包括说教学理念、教材、学生、教学目标、教学重难点、教法与学法、教学过程(含训练反馈)、教学手段(含板书设计)、教学效果预测与独到的创意。

(一)说教学理念

除教师的语言观、学习观、学生观以外,教学设计与教学行为主要依据英语课程标准及其理念,说课中主要包含依下列英语课程标准中的核心理念。

(1)英语教学的目的是发展学生的语言能力、文化意识、思维品质和学习能力等英语学科核心素养,落实立德树人根本任务,实现育人价值。

(2)英语课程内容由主题语境、语篇类型、语言知识、文化知识、语言技能和学习策略等六要素构成,教师要引导学生在挖掘、探究主题意义的活动中,整合语言知识学习、语言技能发展、文化意识形成和学习策略运用,落实培养学生英语学科核心素养的目标。

(3)践行英语学习活动观,着力提高学生的学用能力。英语课程倡导指向学科核心素养发展的英语学习活动观和自主学习、合作学习、探究学习等学习方式。教师应设计具有综合性、关联性和实践性特点的英语学习活动,使学生通过学习理解、应用实践、迁移创新等一系列融语言、文化、思维为一体的活动,获取、阐释和评判语篇意义,表达个人观点、意图和情感态度,分析中外文化异同,发展多元思维和批判性思维,提高英语学习能力和运用能力。

(4)促进学生核心素养有效形成的多元评价体系建立。以学生为主体,促进学生全面、健康而有个性地发展的课程评价体系。评价应聚焦并促进学生英语学科核心素养的形成及发展,采用形成性评价与终结性评价相结合的多元评价方式,重视评价的促学作用,关注学生在英语学习过程中所表现出的情感、态度和价值观等要素,引导学生学会监控和调整自己的英语学习目标、学习方式和学习进程。

(二)说教材

说教材包括领会教材编写意图;分析教材逻辑系统、知识结构;分析本课内容在教材知识体系中的地位和作用、重难点和思想教育点。

1. 领会教材编写意图

首先要领会教材编写的目的和意义、编者的教学理念、编排思路、文本与活动编写意图、教学功能等。

2. 简介教材地位和作用

概述教材的整体思路、编写指导思想和原则后,说明该课时所属模块、年级以及在整体教材系统中的地位、作用,与前后章节的关联,与前后内容之间的联系,以及这样安排的意义。还要说明学习内容的价值。

3. 说教材分析与处理

教材内容分析包括分析课文语篇、语言知识与语言技能学习活动及录音、视频材料,但是教材最核心的学习内容是课文语篇,因此说课中,教材内容分析主要指课文语篇分析。

课文语篇包括听力语篇、对话语篇、阅读语篇及多模态语篇等。教师要从课程目标的高度分析课文语篇,把握课文语篇的设计理念,分析不同体裁语篇具有的不同交际目的和篇章结构。课标主张从语篇的主题、内容、文体结构、语言特点、作者观点等进行深入研读语篇。教师在解读语篇时回答三个基本问题:(1) What? 语篇的主题和内容是什么?(2)Why? 语篇的深层含义是什么? 也就是作者或说话人的意图、情感态度或价值取向是什么?(3) How? 语篇具有什么样的文体特征、内容结构和语言特点? 作者为了恰当表达主题意义选择了什么样的文体形式、语篇结构和修辞手段?(教育部,2020)。

教材处理是指根据教材特点和学生实际情况,对教材的内容与活动是否进行了适当调整、补充、删减的说明。

(三)说学生(学情分析)

学生是学习的主体。分析学生是教师实施教学行为的关键,是贯彻因材施教的前提。

1. 学生的身心特点

分析学生的心理、生理特点,个性特征;班级的共同特征;思维品质及根据其特点所采取的教学对策。

2. 学生的已有知识和经验

分析学生的知识结构、认知与能力水平,与本单元、本课时相关联的已有知识与经验,可能遇到的困难等及解决对策。

3.学生的学习风格、学习偏好、情感态度

简介学生对该课时内容的兴趣与态度、学生的学习风格等。也可以根据KWL(Know,Want to know,Will Learn)说学生。阐述学生在学习该主题内容时已具备的先前知识和经验(K),和话题相关的学习期待(W),以及最后要达到的学习效果(L)。

(四)说教学重难点

依据教材分析,确定教学重点。教学重点是教材知识结构中带有共性的知识和概括性、理论性强的知识,包括知识、能力和情感。依据学情分析,确定教学难点。教学难点是那些比较抽象、离生活较远或过程比较复杂,使学生难以理解和掌握的知识。

(五)说教学目标

教学目标是指通过教学后教学活动主体在具体教学活动中所要达到的预期结果。教学目标是课堂教学的核心和灵魂,是课堂教学的根本出发点及归宿,对课堂教学具有导教、导学、导评、激励等功能。

英语课程的具体目标是培养和发展学生的英语学科核心素养——语言能力、文化意识、思维品质、学习能力。通常按课程目标、单元目标、课时目标的程序分析并确定英语教学目标。单元教学目标需要覆盖核心素养各个领域。课时教学目标是单元目标的具体化,可以基于教学内容、学习过程、学生特点细化到不同领域,每一个课时有所侧重。课时目标可以侧重语言能力目标与核心素养某一(些)方面。

(六)说教法与学法

说教法就是说明在教学过程中将采用的主要教学方法或综合运用几种教学方法及其根据、作用、适用度;贯彻什么教学原则,采用什么教学模式。教学方法是指教师为了达到教学目标所采用的方式手段和程序的总和,英语教学中有下列常用的教学法。

1.交际教学法

交际教学法指以语言学习者所需之沟通需求与能力为宗旨,教师通过引导学生在各种模拟的、真实的交际中,通过人际互动,学会用语言交际的方法。

2.情境教学法

情境教学法是指在教学过程中,教师根据教学目的创设贴近真实生活的、具有一定情绪色彩的、以形象为主体的生动具体的场景,帮助学生在具体的情境中感知、理解、体验、探究语言,发展核心素养的教学方法。

3.发现式教学法

发现式教学法由教师给学生创设问题情境,让学生独立去发现问题、提出假设、检验假设、形成结论,进而解决问题的方法。

4.演示法

演示法是指教师通过实物、直观教具或者体态语等演示,使学生直接感知语言、理解语言、获得知识或者巩固知识的方法。

5.问答法

问答法是指教师按照一定的教学要求向学生提出问题,并通过问答的方式来引导学生获取或巩固知识的方法,分为复习谈话和启发谈话,要求教师要准备好问题和谈话内容,善于提问,还要善于启发诱导学生做好归纳小结。

说学法,说出在本课教学过程中,指导学生学习使用或学会使用什么学习方法。如强化记忆、比较归纳、分析概括规律、循环记忆、分类记忆、联想记忆、发现学习等。采用什么学习方式,如探究学习、合作学习、独立思考等。"授人以鱼不如授人以渔,授人以渔不如授人以欲",因此要融入学习策略训练,使学生"学会""会学""乐学"。

(七)说教学过程(含教学手段)

教学过程是说课的核心部分。教学过程包括教学模式与教学思路、教学结构与流程,每个环节的目标、活动、时间安排、师生互动模式等。如常见的教学流程有pre-、while-、post-;以及PPP(Presentation,Practice,Production),或者按照英语学习活动观的学习理解、应用实践、迁移创新三个层次分别设计活动。

教学程序的设置要围绕主题意义的探究为主线,以语言运用为主,兼顾语言结构、发展核心素养。教学步骤要层次清楚,符合学情,便于激发学生的学习兴趣,便于学生在民主、和谐和愉快的氛围中学习语言。课堂组织便于师生、生生互动,在学习活动中主动交流、探究合作。教学方法要灵活多样。注意引导学生积极、主动、自主地学习,自我评价、自我改进。

教学手段是师生教学相互传递信息的工具、媒体或设备。说明准备采用何种教学手段(媒体)以及板书设计等来实施课堂教学。

(八)说教学效果的预测与独到的创意

说明教师实现教学目标的期望,预测将达到的教学效果。特别说明本课教学设计中教学理念独到的见解、教学活动某方面独到的创意。

三、说课的评价

1. 教材分析全面、透彻

对所选课题在教材中地位、作用的理解、分析正确,准确把握教材的知识结构和体系。教材处理科学合理。教学重点、难点确定准确;分析透彻,确定重难点的依据充分。

2. 教学对象分析准确

针对学生学习重难点的对策恰当,学生学习本课的原有基础和现有困难分析准确。采取的教学对策有助于克服学生的学习困难和心理障碍。

3. 教学目标明确、具体

教学旨在发展学生的核心素养,教学目标完整、具体、明确,能达成、能检测。确定教学目标的依据充分,即符合课标要求、教材内容和学生特点。

4. 教与学的方法得当

体现学生为中心,教法设计有科学依据,与学法相统一。

5. 教学过程设计科学,教学活动合理、有效

教学的总体设计合理,教学程序设计科学、能实现教学目标;活动有新意,有自己的见解。教学活动目的明确、具体,与本课的教学目标相统一。教学活动新颖、多样化,面向全体学生,体现层次性。导入、结束等重要教学环节和重点、难点知识教学的教法设计符合学科特点,能调动学生的学习积极性,培养能力,有机地进行思想教育。操练方法得当,有助于学生能力的形成和思维品质的培养。教学手段的选用有助于提高课堂教学效率,板书设计科学。

6. 表现力强,语言简洁明了且富于感染力

表现力强,亲切自然,声情并茂。说课包含"三分课、七分说"。"说"即演说,要求说课者把说课内容"演说"给同行听,而不是"读"给大家听。因此,说课人应具备表现

力,尽量脱稿说,语言简练且富于感染力,层次分明,详略得当,重点突出,有理有据,而且精神饱满,充满激情,使听者受到感染,引起共鸣。

7.总体评价

整体说课内容充实,重点突出,逻辑性强,层次清楚,语言精练,有新课程意识,有创意,有特色。

✅ 实作

1.比较不同类型说课的使用场合和目的。

2.将说课内容用思维导图画出来。

第二节
英语说课案例分析

Lesson Interpretation —A Reading & Thinking Lesson

一、说教学理念【Designing Principles】

According to the National English Curriculum Standards, the aim of ELT is to develop students' core competencies, i.e. language competence, cultural awareness, thinking quality and learning ability. Texts can be analyzed from three aspects: What, why and how. With the activity-based approach, students learn English from a series of integrated theme-based activities, such as learning and understanding, applying and practicing, transferring and creating. These principles lay a solid foundation for the design of this class.

【评析】说明该教学设计的教学理念不仅包含了课程标准提出的培养学生核心素养英语教学目标、语篇分析的角度以及英语活动观宏观理念，还增加了与该课型以及教材内容更贴切更具体的说明。

二、说教材【Analysis of Teaching Materials】

The lesson is "Reading and Thinking" part of Unit 2 Travelling Around, PEP High School English Book 1. This set of textbooks is carefully revised according to the principles of the new curriculum standard. It emphasizes the development of students' language competence, cultural awareness, thinking quality and learning ability, and fully reflects the special educational value of English.

【What】The topic of this text is "Explore Peru". The thematic context is man and society. It mainly focuses on the history, society and culture of Peru. It is made up of 2 parts: introduction and brochure. Part 1 introduces the geographical location, geomorphic characteristics, history and culture of Peru. Part 2 is a brochure which introduces four places for trip in Peru, including the basic information, travel routes, etc.

【How】The text is an expository writing. It contains two text types—encyclopedia and brochure. The encyclopedia has brief and authoritative content and the language is plain, concise and rigorous, which objectively states the facts without emotions. As for the brochure, its ultimate purpose of using infectious language to express the author's attitude and views is to narrow the relationship with readers, stimulate readers' resonance and attract readers to travel in Peru.

【Why】By introducing different tourism resources and cultural characteristics of Peru, students are allowed to have a basic impression of the country and to build up the respect for the culture of Peru, learn and admire the treasure in Peru.

In the lesson, I use the two questions in activity 1 and the pictures of the texts in page 26. Then I design some activities according to the texts, including guessing the destinations, finding out the differences between the two texts, summarizing the introduction to Peru, finding out the information to share, filling the mind map, talking freely and designing tour plans.

【评析】说教材包括从宏观角度说明教材版本、教材的总体目标与特色，再具体分析语篇的What，Why，How。可以增加说明本课时与教材前后单元、前后部分的关联。

三、说学生【Analysis of Students】

There are 50 senior high school students in class 2 Grade 1 with high interests in English study.

（1）Background knowledge level: The theme of unit 2 is travelling around. After having a learning lesson about the preparations of travelling, they have got first understanding of different travel sites. However, they may not know the detailed information about Peru.

（2）Language level：Students have a 1500—2000 vocabulary, so they can easily get the main structure of the text and find the detailed information. However, they may find it difficult to know the meanings of some new words, like narrow, flat, accommodation and so on.

（3）Learning style：Students in my class are active and outgoing. Through the observation of the last class, I found they have a high interest in travelling. However, some students in the class are afraid of answering questions.

【评析】学情分析介绍了学生与该课内容相关的已有背景知识、语言水平及学习风格。

四、说教学目标【Teaching Objectives】

By the end of the class, students will be able to：

（1）identify the stylistic and linguistic features of encyclopedia and brochure.

（2）understand and categorize the famous scenic spots and cultural characteristics of Peru.

（3）choose suitable tourist spots according to visitors' interests.

（4）use the strategy of recognizing text type.

【评析】教学目标包括核心素养中的语言能力、思维品质、学习能力和文化意识四个维度，从学生的角度、用行为动词叙写目标，目标表述明确具体且能达成。

五、说教学重难点【Teaching Foci and Difficulties】

1. Focal Points

（1）Identify the stylistic and linguistic features of encyclopedia and brochure.

（2）Understand the scenic spots and cultural characteristics of Peru.

2. Difficult Point

Choose suitable tourist spots according to tourists' interests.

【评析】根据教学内容和学生实际水平确定教学重难点，教学重难点明确、清楚。

六、说教法与学法【Teaching and Learning Methods】

1. Teaching Methods

(1)Situational Teaching Method

Teacher creates vivid and specific scenes close to real life, with certain emotional color and image as the main body according to the teaching purpose in the teaching process, so as to help students perceive, understand, experience and explore language in specific situations and develop core literacy. During this lesson, I act as a guide to lead the students to know more information about Peru. It seems that students are not learning but figuring out some important information as tourists. I also let the students to act as travelling guides to design tour plans for persons with different preferences and needs.

(2)Activity-Based Approach

Activity-based approach: Students are encouraged to participate in different level of activities and communicate with each other.

(3)PWP Teaching Model

This lesson applies the PWP teaching model—pre-reading, while-reading and post-reading. In the pre-reading stage, students will make linguistic and emotional preparations for reading; in the while-reading stage, students will get a full understanding of the text after different activities, making preparation for free talking and critical thinking; in the post-reading stage, students practice their oral speaking and exercise their thinking ability.

2. Learning Methods

Cooperative learning & inquiry learning.

The lesson helps students to think independently and to learn in a cooperative way. Students learn the text by means of observation, comparison, classification, and summarization, generalization so they will develop cognitive and affective strategies.

【评析】说明采用情境教学法、英语活动观以及阅读教学的程序;学法则利用合作学习和探究学习途径引导学生积极参与课堂,以实现教学目标。

七、说教学过程【Teaching Procedures】

This lesson applies the PWP teaching model, including six stages, namely, warming up, pre-reading, while-reading, post-reading, assessment and homework.

Stage 1 Warming up (3 mins)

After greeting students, the students will play a guessing game to guess the travelling destination.

(The purpose is to raise students' interests to make students ready for learning and then lead in the topic of the lesson—Peru.)

Stage 2 Pre-reading (6 mins)

Step 1 (4 mins) Watch a video clip and answer questions

Students watch a video and answer the question: What impresses you most in the video?

(This step is to lead in the topic and arouse the students' interest about Peru and get the first view of it.)

Step 2 (2 mins) Brainstorming

Students will have a brainstorming to find out and discuss with others about sources about Peru. And then I will introduce two main sources—encyclopedia and brochure.

(The purpose is to let students spread their thinking and lead in the topic and the types of the text.)

Stage 3 While-reading (20 mins)

While-reading is the core stage which contains four steps.

Step 1 (3 mins) Reading and recognizing the text type

Let the students read through the two texts about Peru in the textbook to find out the differences between them. At the same time, I will show a picture of the two texts on PPT which bears the reading strategy: Look through the text quickly for titles, headers, pictures and charts to recognize the text type.

(This step is to help students to recognize the text type and know the features of the two text types.)

Step 2 (4 mins) Reading and summarizing

The students read some basic knowledge through encyclopedia to summarize the introduction to Peru. (The students get some basic knowledge in the encyclopedia and then summarize the introduction to Peru.) At the same time, I will show a picture of Peru with some marks about important information mentioned in the text.

(The purpose is to train the students' ability of capturing information.)

Step 3 (10 mins) Reading for details

After the students have a first impression on Peru, they will be divided into four groups. Each group chooses one scenic spot and then find out the information about Peru they want to share on page 27.

(This step is to let the students to get more details about the text.)

Step 4 (3 mins) Reading for mind map

Let the students summarize the main characteristics of each place and to fill the blanks in a mind map.

(This step is to help the students to explore the meaning of the tour.)

Stage 4 (9 mins) Post-reading

Step 1 (3 mins) Discussion

The students will talk about the place that attracts them most. In order to assist students to talk more freely, I will tell them that they can talk from aspects like culture, history, scenery and food.

(The purpose is to let the students have a deeper understanding of Peru.)

Step 2 (6 mins) Role-play

The students will move on to the critical thinking part. They will act as tour guides and work with their seatmates to design a suitable plan to each person who has their own preferences shown on the PPT.

(This step is to help the students to expand the understanding of the text information.)

Stage 5 (1 min) Summary & self-assessment

The stage 5 will assess the students' progress.

Here is an interesting design. The students will imagine that all of what they have learned in the lesson will be put into a bag and they need to check whether their bags contain all of the acquisition. If not, they can help each other.

Stage 6 (1 min) Homework.

Write a short passage on one of your trips (including time, destination, transport, number of days, activity, accommodation). The homework will help the students to review the words, text and gain a deep understanding of the biography.

Teaching aids:

In the lesson, both the multimedia and blackboard are used. The multimedia is used to show the video, pictures, mind maps and some guides, which can help students to remain their interest. On the blackboard, there is a table with some basic information of Peru in order to help the students to have a better understanding of the country. Also, I use a flag to show my identity of a guide.

【评析】

说明教学过程、教学活动及其设计意图，以及采用的教学手段。教学过程完整、设计合理；教学环节逻辑清楚；教学活动体现了从信息理解与获取、信息梳理与概述，到迁移运用的层次性，活动比较充分、各个活动目的明确，紧扣教学目标，部分活动有一定创意，能激发学生参与的热情；教学手段使用恰当，教学目标达成度较好。但是教学活动中实践应用层次的活动和评判性阅读的活动不足。

八、说教学设计创意【Creativity in Design】

In this lesson, I mainly set a specific and authentic situation to bring students into the class. They can do each activity with a strong sense of participation. Then, they can learn the knowledge with high interest.

【评析】

说明本教学设计的特色在于创设真实情境，激发学生参与的热情。

实作

1. 请你基于该阅读课的教学内容，开展同课异构、重新设计一个课时的阅读新授课。

2. 基于你的教学设计，撰写英文说课稿并在小组中开展说课。

第三节 英语说课实作训练

Lesson Interpretation — A Listening & Speaking Lesson

1. Theoretical Basis

According to National English Curriculum Standards, the aim of ELT is to develop students' core competencies, i.e. language competence, cultural awareness, thinking quality and learning ability. Texts can be analyzed from three aspects: What, why and how. With the activity-based approach, students learn English from a series of integrated theme-based activities, such as learning and understanding, applying and practicing, transferring and creating. These principles lay a solid foundation for the design of this class.

2. Analysis of Teaching Material

The lesson is 1a—2c in Section A of Unit 6 An Old Man Tried to Move the Mountains, Grade 8, Book 2, PEP. It's a listening and speaking lesson.

Analysis of the listening material:

What: The thematic context is man and society. It is the plot of When Yu Gong Moves a Mountain— a Chinese traditional myth.

Why: The text aims at telling the students that everything is possible as long as we spend efforts on it. In the lesson, I use 1a and 1b on page 41 of the textbook and omit 1c and 1d, and adjust 2a and 2b in page 42 of the textbook. I replace the numbering activity in 2a with a table filling and I change 2b from a listening and circling activity to a reading and circling activity in order to help them understand the conversation better and improve their pronunciation and intonation.

How: It is a conversation and introduces the story in the time order by using a series of adverbs of time.

3. Analysis of Students

Students have the basic abilities to understand and analyze texts, and grasp the important details, but their logical thinking and judgment ability needs to be further improved, which is necessary in the story retelling. This myth can be a good beginning for them to retell something in time order and share it with classmates, and they would learn more about Chinese traditional folk culture. Also, students need to learn some basic vocabulary and expressions about the type and name of a story. At the same time, students can practice their thinking quality through the account in time order according to the material and restructure them, so that improvements can be made both in listening and speaking.

4. Teaching Objectives

By the end of the class, students should be able to:

(1) Acquire a full understanding of the story When Yu Gong Moves a Mountain by listening to, reading and retell the material. Use the vocabulary about story types and story names and retell strategies to tell a story coherently and fluently. (Language competence)

(2) Learn more about Chinese traditional stories and explore the accounting features of a story. (Cultural awareness)

(3) Understand the story in time order, and restructure the story by value of adverbs of time to make the story logical and clear. (Thinking quality)

(4) Search for some information about Chinese traditional myth by using all kinds of sources. (Learning ability)

5. Focal Points and Difficult Points

(1) Focal Points

① Acquire a full understanding of the whole story (especially in time order).

② Retell the story with the help of adverbs of time.

(2) Difficult Point

Retell the story logically, coherent and fluently.

6. Teaching Method and Learning Method

(1)Teaching Method

This lesson applies the task-based teaching method. I design different interesting tasks for students to practice their listening and speaking stills through thinking, discussing and sharing.

Teaching model: This lesson applies the PWP teaching model—pre-listening, while-listening and post-listening.

(2)Learning Method

Cooperative learning and inquiry learning. The lesson helps students to think independently and to learn in a cooperative way.

7. Teaching Procedures and Teaching Aids

(1)Teaching Procedures

This lesson applies the PWP teaching model, including five stages, namely, warming up, pre-listening, while-listening, post-listening and homework.

Stage 1 warming up (2 mins).

After greeting students, three questions are asked: How many Chinese traditional books or stories do you know? And which one do you prefer? Who'd like to share?

(The purpose is to raise students' interests to make students ready for learning and then lead in the topic of the lesson.)

Stage 2 Pre-listening (4 mins)

Step 1 Pictures and guessing(1 min)

Show some pictures of Chinese traditional stories and ask students to guess the names and types of these stories.

(This step is to arouse students' interests towards Chinese traditional stories, activate students' prior experience and knowledge and teach key words about names and types of Chinese traditional stories.)

Step 2 Match work (1 min)

Match pictures with proper names in 1a.

(This activity is to lead in the story of Yu Gong Moves a Mountain and elicit students' relevant thoughts.)

Step 3 Predicting (2 mins)

Let students focus on the picture 4 of Yu Gong Moves a Mountain and ask questions: Have you heard about the story? What kind of story it is? Then ask students to predict the content of the listening material according to the 3 sentences in 1b.

(This step is to elicit students' relevant thoughts and knowledge, and prepare them for the sequent listening practices.)

Stage 3 While-listening (18 mins)

Step 1 Listen to the conversation (1 min)

Let students listen to the conversation between Anna and Wang and tick the facts they hear in 1b.

(This step is to practice students' listening skills in locating useful information in the context and get the gist of the text.)

Step 2 Read and circle adverbs of time. (2 mins)

The students read after the recording sentence by sentence and circle adverbs of time.

(The purpose is to develop students' spoken English and help them understand the meaning of the text, prepare them for answering questions.)

Step 3 Discuss(3mins)

The students share the adverbs of time and answer the question: Are there other choices for you here?

This step is to inform the students of the important function of adverbs of time in story-telling and to prepare them for speaking in vocabulary.

Step 4 Retell the story (7 mins)

Let the students go into groups of 4 to retell the story in 1b.

(This step is to promote students' ability in telling a story, and develop their logical thinking by applying adverbs of time in their retelling.)

Step 5 Listen and fill in the table (5 mins)

The students listen to the rest of the story and fill in the table.

(This step is to help students listen for specific information and understand the time order of the story.)

Stage 4 Post-listening (11 mins)

Step 1 Role-play(5 mins)

The students get into a situation: imagine your American pen pal Amy is coming to China, and she is interested in Chinese traditional myths. How can you introduce Yu Gong Moves a Mountain to her? Students can introduce the story based on the structure on the blackboard.

(The purpose is to help students to get into the situation and relate to their daily life and to practice the language skills in retelling and apply the vocabulary and retelling strategies in practice.)

Step 2 Retelling (5 mins)

The students work in groups to retell the story and give suggestions to each other.

(This step is to guide students to communicate with others and consolidate the knowledge.)

Step 3 Self-assessment(1 min)

The students evaluate themselves.

(The purpose is to help the students recall what have been learned in the class, and reflect on themselves.)

Stage 5 Assigns homework (1 min)

(1)Review the exercises and expressions learned today.

(2)Summarize and write down your retelling version of the story Yu Gong Moves a Mountain.

(The homework will help the students to review the text and consolidate their retelling strategies.)

(3)Teaching aids:

Multimedia and blackboard are used. On the blackboard, I draw a funny structure diagram to emphasize the adverbs of time, which is also suitable for students' leaning interest. The diagram can also help students with their retelling.

8. Creativity in the Lesson Design

In while-reading stage, I ask students to learn the listening material like a text, to strengthen their understanding and correct their speaking. This step also helps to find out the importance of adverbs of time, which makes the story clearer and more logical, preparing students for later retelling

实作

1. 分析、评价该说课中各项内容。

2. 改进、重新叙写该课时的说课稿。

3. 撰写一个课时的读写结合课新授课的说课稿,并在小组中做说课。

附录

第二章 同课异构阅读教学案例

案例一(高中)

一、教学内容分析

【教材】人教(2019年)版高中英语必修二 Unit 2 Wildlife Protection

【本课主题】关于藏羚羊的保护,属于"人与自然——人与环境,人与动植物"主题内容范围

【适用年级】高一年级

【单元课时】Unit 2 Wildlife Protection 第二课时

【授课时长】1课时(40 mins)

【语篇类型】旅游日志

【语篇分析】

本案例是一节阅读课。本单元的主题是"野生动物保护",主题语境为"人与自然"。语篇围绕野生动物保护的主题展开。本课是该单元的第二课时,本板块的活动主题是"学习保护濒危动物"(Learn about protecting endangered animals),主要讲述我国保护珍稀野生动物藏羚羊的措施和取得的成就。要求学生在理解语篇信息的基础上,思考我们要怎么做才能保护野生动物、与自然和谐共处,并分享自己的观点。

基于六要素整合的英语课程内容,本课教学内容如下。

主题:A Day in the Clouds

(Learn about protecting endangered animals)

主题语境:"人与自然"——野生动物保护物

语篇类型：以 A Day in the Clouds 为题的介绍保护藏羚羊的旅游日志。

(1)语言知识：有关保护动物的表达：observe，shoot，profit，attack，recover，remove，intend，threat，exist in harmony。

(2)语篇知识：语篇类型为旅行日志；语篇结构上，文章先是交代此行目的，描述藏羚羊和高原的美，介绍作者"所见"；再通过扎西的介绍，了解到保护藏羚羊的原因以及政府和民间组织保护藏羚羊并取得成效的信息，介绍作者"所闻"；最后通过回想一天的旅行，抒发感想。整篇文章结构完整，文字优美，以旅行日志文体的"所见""所闻"和"所感"的主线展开。

语言技能：(1)从语篇中提取主要信息，获取文本信息，理解语篇要义，进行概括总结；(2)分析旅行日志的语篇结构以及语言特征；(3)根据上下文推断语篇中的隐含意义，判断作者意图和价值取向，提炼主题意义；(4)运用文章所学描述作者一天的经历。

学习策略：(1)通过快速浏览理解篇章大意，扫读获取篇章具体信息；(2)根据语篇类型和特点，理解语篇的逻辑，了解篇章的主要内容和作者的写作意图。(3)根据主题表达的需要，列出主要信息，组织基本信息结构，使用恰当的语言来进行表达；(4)在获得的信息与个人的经历之间建立有意义的联系；(5)有合作学习的意识，主动在小组讨论中发表观点；(6)通过自评、同伴互评，检测学习目标达成度。

文化知识：(1)在学习活动中理解和欣赏英语语言表达形式(描述藏羚羊和高原)的美，形成对语言的审美感知能力；(2)了解目前政府和人们对保护藏羚羊所做出的努力，增强保护野生动物和与自然和谐共处的意识。

文本分析如图0-1。

Text Analysis	**What**	
	语篇主题	"人与自然"——野生动物保护
	语篇内容	本文是一篇日志体(journal)的文章，记录一天中所发生的事情。作者以第一人称的口吻讲述了保护珍稀物种藏羚羊的故事，包括藏羚羊原来的困境、我国保护珍稀野生动物藏羚羊的措施和取得的成就
	Why	
	写作意图	通过对藏羚羊现状的描写，让读者了解到：虽然我们目前对藏羚羊的保护工作取得了较好的成效，但盗猎和非法贸易问题依然存在，因此保护工作仍不能放松。我们应该加强保护野生动物的意识，并思考个人参与动物保护的合理方式
	情感态度	让学生意识到，人类只有把保护野生动物当作生活的一部分，并且改变自己的生活方式，才能与自然和谐共生
	How	
	文体类型	旅行日志
	语篇特征	从语篇结构看：本文写的是作者一天的旅游见闻，以时间顺序展开，可分为"所见""所闻"和"所感"三个部分：文章先是交代此行目的，描述藏羚羊和高原的美，介绍作者"所见"；再通过扎西的介绍，了解到保护藏羚羊的原因以及政府和民间组织保护藏羚羊并取得成效的信息，介绍作者的"所闻"；最后通过回想一天的旅行，抒发感想。整篇文章结构完整，文字优美，以旅行日志"所见""所闻"和"所感"的主线展开。第1—2段是引入，交代了作者当天活动的地点和目的——来到空气稀薄的高原观察了解藏羚羊，并描写了所见到的优雅美丽的藏羚羊，同时指出了它们正遭受着非法盗猎的灾难。第3—6段介绍了作者的"所闻"，了解到当地人扎西保护野生动物的理念，介绍了藏羚羊过去濒临灭绝的原因，讲述了我国政府和民间组织为保护藏羚羊采取的有力措施，并讲述了保护措施的成效。最后一段为作者"所感"，呼吁道：人类只有改变自己的生活方式，才能与自然和谐共生
	语言特点	旅行日志通常采用通俗易懂又真实生动的语言，表达细腻，态度鲜明，饱含作者的情感。作者在描写过程中使用了多种修辞手法。标题"A Day in the Clouds"和第一段中的景物描写"To our left, snow-covered mountains disappear into clouds that seem almost close enough to touch"用夸张的手法表现了青藏高原的地理特点和独特风景，富含美感，引人遐想；讲到保护藏羚羊时，引用了志愿者扎西的话，使文章更具可靠性和说服力，增强了读者的亲身体验感。所以，本文语言兼具生动优美和客观真实的特点，符合旅游日志的语言特征

图0-1

二、学情分析

本课的教学对象是高一学生。学生的英语学习积极性高,有学习英语的热情,但英语基础知识不扎实,语言表达的准确度也有待提高。但他们在教师的指导下能较好和积极地完成课堂上的英语任务。

学生已知:学生对于略读、查读等基本阅读技巧已有所掌握,能快速找出文章中的细节信息,并能较准确地理解文章大意;对于熟悉的话题,能使用简单通俗的语言较为清楚地表达自己的观点和意见;对于每个单元的看图猜文章主题和Video Time的兴趣很大,能从看图和看视频中较准确地获取信息;对野生动物保护的话题有粗略的了解。

学生缺乏:阅读时,对文本的逻辑主线、对作者的观点态度的推断不够准确,也不能清楚辨析文本的表层意义和深层意义;表达时,无法深入且有力地表达自己的观点;学生对藏羚羊不了解,对野生动物保护缺乏深入思考,没有自己的见解;没有接触过旅行日志文体。

学生期望达到:不仅能理解阅读文本的主要信息和细节信息,还能厘清文本逻辑,整合概括文本信息,内化信息和语言,用自己的语言介绍藏羚羊的过去和现状;能明晰旅行日志的文体结构和特点,并赏析语言;能深入理解文本,辨析出文本的表层意义和深层意义,并准确推断出作者的观点和态度;能运用所学,迁移创新,表达自己对野生动物保护的观点和建议。

三、教学目标

By the end of the class, students will be able to...

(1) identify the writing type of the travel journal, and analyse its structure and language features.

(2) explore and understand the literal and implied meanings of the text.

(3) describe and introduce the protection of the Tibetan antelope with the help of a mind map and key words.

(4) share ideas of wildlife protection, and develop awareness of its importance.

【课程思政理念】 本课通过介绍藏羚羊过去和现在的生存环境，倡导每个人通过改变自身的生活方式来进一步拯救野生动物、人类和地球。本课让学生意识到，我们只有把保护野生动物融入日常生活中，只有每个人都承担起自己的责任，才能真正做到与大自然和谐共处，从根本上消除对野生动物的威胁。

【教学重难点】

1. 重点

(1) 引导学生发现并总结旅行日志的文体结构和特点，赏析语言。

(2) 培养学生辨析文本的表层意义和深层意义的能力。

(3) 引导学生找到文本逻辑主线，并准确推断作者的观点和态度。

2. 难点

(1) 引导学生整合概括文本信息并内化语言，用自己的语言介绍对藏羚羊的保护。

(2) 引导学生表达保护野生动物的观点并号召人们保护野生动物。

四、教学过程

教学过程见表0-1。

表0-1 教学过程

	Procedures	Activities	Intentions	Interaction Pattern & Level of Activities	Students' Performance Evaluation
读前	Step 1 Lead in (2 mins)	Watch a video of the Tibetan antelope and answer the questions: •What is the animal in the video? •Where do they live? •What do you feel about them?	利用学生喜欢看视频的特点，教师以观看藏羚羊的视频作为导入环节，以生动形象的视频画面，激发学生了解藏羚羊的兴趣；看后设置问题，激活学生对藏羚羊的已有知识，引出本课主题"The protection of Tibetan antelopes"，为下一步的阅读做好了话题和情感上的准备	•师生互动 •学习理解类（感知与注意）	

续表

	Procedures	Activities	Intentions	Interaction Pattern & Level of Activities	Students' Performance Evaluation
读中	Step 2 Activity 1 Read the passage very quickly (6 mins)	1. Ask students to skim the passage and figure out the writing type of the passage and its features. Teacher reminds students that the title, the picture, the first and the last paragraph, and the first sentence of each paragraph can help decide the writing type. 2. Ask students to think about what a travel journey includes. 3. Ask students to read the passage again and figure out the structure of the passage according to what the writer sees, does and thinks	让学生快速浏览文章获取文章大意和段落大意,以此推断出文本类型,并讨论旅游日志体裁的结构特点。再次阅读文章,根据旅行日志的三要素"所见""所闻"和"所感"来划分文章结构。培养学生辨识语篇整体结构和从语篇中提取主要信息、理解要义的语言能力	•师生互动 自主学习 •学习理解（获取与梳理；概括与整合）	学生通过阅读和在教师的指导下, 1.能够推测出文本类型。 ☆☆☆☆☆ 2.能够概括"旅游日志"文本的特点。 ☆☆☆☆☆ 3.能够根据文本特点划分篇章结构 ☆☆☆☆☆
	Step 3 Activity 2 Read and analyze the passage (14 mins)	1. Ask students to read paragraph 1—2, and answer the questions: •What does the writer see? •Why is the Tibetan antelope in danger? 2. Ask students to read paragraph 3—6, and answer the questions: •What does the writer hear? (Fill in the blanks) •Why should we protect the antelope? 3. Ask students to read paragraph 7, and answer the questions: •What does the writer think? •What is the writing purpose of the passage	1.让学生通过细读,获取信息:作者在羌塘自然保护区"所见"（高原美景和美丽的藏羚羊）、"所闻"（扎西对保护藏羚羊的理念、藏羚羊过去濒临灭绝的原因、保护藏羚羊采取的措施和成效）、"所感"（保护野生动物,与自然和谐共处）,培养学生理解语篇传递的具体信息以及深入理解文本信息点之间的联系的语言能力。 2.通过问题的设计引导学生思考文本中语句的隐含意义,赏析文本表达方式(夸张、引用的修辞手法),分析作者情感的变化（高兴—担忧—放松）,解读作者的写作意图（呼吁人们保护动物与自然和谐共存）,推断作者的价值取向（保护动物就是保护人类自己）	•师生互动 自主学习 •学习理解（获取与梳理；概括与整合） •应用实践（描述与阐释；内化与应用；分析与判断）	学生通过阅读和小组活动, 1.能够获取文本细节信息并理解文本段落之间的逻辑关系。 ☆☆☆☆☆ 2.能够辨析文本中的表层和深层意义,准确把握文本所传递的信息。 ☆☆☆☆☆ 3.能够赏析文本表达方式(引用) ☆☆☆☆☆

续表

	Procedures	Activities	Intentions	Interaction Pattern & Level of Activities	Students' Performance Evaluation
读中	Core Competence Covered	1.语言能力:理解以及梳理概括具体信息,推断作者的意图、情感、态度和价值取向,提炼主题意义,分析语篇的连贯性,了解语篇恰当表意所采用的写作手法,如引用。 2.文化意识:理解和欣赏所学内容的语言美和意蕴美。 3.思维品质:识别文本中信息之间的主次关系;客观分析各种信息之间的内在关联和差异,从中推断出它们之间形成的逻辑关系。 4.学习能力:开展自主学习和合作学习,运用英语进行交流和表达			
读后	Step 4 Activity 3 Summarize (5 mins)	Ask students to work in pairs to introduce the protection of the Tibetan antelope according to the mind map and key words	在思维导图和关键词的帮助下,学生整合、重组和内化文本信息和语言,以介绍藏羚羊及保护的基本情况的方式,复述文本,巩固所学	•生生互动 •应用实践(内化与应用)	学生能够用自己的语言,在关键词和思维导图的帮助下复述我国藏羚羊保护的基本情况和方式 ☆☆☆☆☆
	Step 5 Activity 4 Give a speech (7 mins)	Ask students to work in groups of 4, preparing a speech to call on people to protect the Tibetan antelope	学生在整合、重组和内化文本信息和语言之后,教师创设情境,让学生做一个演讲,号召人们保护藏羚羊。鼓励学生超越语篇,运用所学,输出语言,表达思想,实现迁移创造	•生生互动 •应用实践(内化与应用) •迁移创造(想象与创造)	学生能够运用本课学到的语言、文本结构、写作手法和价值观,做一个呼吁人们保护藏羚羊的演讲 ☆☆☆☆☆

续表

Procedures	Activities	Intentions	Interaction Pattern & Level of Activities	Students' Performance Evaluation
读后 Step 6 Activity 5 Share ideas about wildlife protection (5 mins)	Ask students to work in groups and discuss the question: In order to exist in harmony with nature, what should we do or change	启发学生思考和讨论我们可以做些什么来保护野生动物,与自然和谐共处。让学生基于作者的观点,提出自己的想法和观点,完成对主题意义的升华理解;也关联了学生生活,让价值观落地,实现立德树人的学科目标	•生生互动 师生互动 •迁移创造（想象与创造）	基于作者的观点,学生能够在小组合作中提出自己关于"保护野生动物"的想法和观点 ☆☆☆☆☆
Core Competence Covered	1.语言能力:准确、熟练和得体地陈述事件,传递信息。准确、熟练地表达个人观点和情感,体现意图、态度和价值取向。 2.学习能力:善于自主学习和合作学习,举一反三,积极争取和把握表现机会,运用英语进行有效沟通和交流。 3.思维品质:针对所获取的文本信息,提出批判性的问题,辨析、判断观点和思想的价值,并形成自己的观点。 4.文化意识:联系生活,提出自己的观点,树立正确的价值观			
Step 7 Summarize and assign homework (1 min)	Assign homework: write a speech about wildlife protection •个体学习 •迁移创造（想象与创造）			

五、教学评价

本课对应英语学习活动,围绕语言能力、文化意识、思维品质、学习能力四个维度设计、开展了学生学习效果的评价活动,指向教学目标的实现,融合过程性评价和终结性评价,体现了"教—学—评"的一致性,设计了如下评价量表。(如表0-2)

表0-2　学生学习效果评价量表

Learning Objectives	评价内容	自评	同伴互评
Identify the writing type of the travel journal, analyse its structure and language features	1.通过教师指导和自己阅读,我能够发现和总结旅游日志体裁的结构特点和语言特点	☆☆☆☆☆	☆☆☆☆☆
	2.通过再次阅读文章,我能够根据旅行日志的三要素"所见""所闻"和"所感"来划分本文的文章结构并理解语篇的主要信息	☆☆☆☆☆	☆☆☆☆☆
Explore and understand the literal and implied meanings of the text	3.我能够深入理解作者在羌塘自然保护区的"所见""所闻"和"所思";并厘清作者由高兴到担忧,最后放松的情感变化	☆☆☆☆☆	☆☆☆☆☆
	4.我能够赏析文中夸张、引用的修辞手法	☆☆☆☆☆	☆☆☆☆☆
	5.我能够解读作者呼吁人们保护动物与自然和谐共存的写作意图,推断作者保护动物就是保护人类自己的价值观	☆☆☆☆☆	☆☆☆☆☆
Describe and introduce the protection of the Tibetan antelope with the help of a mind map and key words	6.我能够在思维导图和关键词的帮助下,介绍藏羚羊及藏羚羊保护的基本情况	☆☆☆☆☆	☆☆☆☆☆
Share ideas of wildlife protection, and develop awareness of its importance	7.我能够运用本课学到的语言、文本结构、写作手法和价值观,做一个演讲,号召人们保护藏羚羊	☆☆☆☆☆	☆☆☆☆☆

（本案例由西南大学附属中学校陈银老师提供）

案例二（初中）

一、教学内容分析

【教材】人教版初中《英语》Unit 4 What's the best movie theater?

【本课主题】"达人秀"（Talent Show），属于"人与社会——中外影视、戏剧、音乐、舞蹈等艺术形式中的文化价值和作品欣赏"主题内容范围

【适用年级】8年级

【单元课时】Unit 4 What's the best movie theater? 第四课时

【授课时长】1课时（40 mins）

【语篇类型】论说文——达人秀节目特征介绍及评价

【语篇分析】

本单元的主题是"你居住的城镇（Your town）"，主题语境为"人与社会"，涉及的主题语境内容为"就个人喜好进行讨论（Discuss preferences）以及比较（Make comparisons）"。本课是该单元的第四课时，课型为Read and Think。本课的主题是"达人秀"。文本向学生介绍了"达人秀"的起源、基本特点、受人喜欢的原因以及它引起人们争议的方面。学生需要通过对文本的解读，找出文中最高级的用法，巩固所学知识，并读懂作者对于"达人秀"这一文化现象的观点和态度，能阐述自己的观点和看法。基于六要素整合的英语课程内容，本课教学内容如下。

语篇类型：以"Who's Got Talent?"为题的介绍Talent Show的文章

语言知识：（1）能辨认并正确读出句子节奏和句子中需要重读的单词。（2）能正确使用本单元课标词汇、常用表达。（3）能正确把握形容词和副词最高级的构成（Superlatives with -(i)est and most）。

语言技能：（1）能梳理本篇论说文行文的逻辑脉络，理解作者态度、文章结构特征等。（2）能够正确理解他人的情感、态度和观点，运用恰当的语言形式表达自己的情感、态度和观点。

思维品质：通过自主阅读及合作探究，对语篇中各信息之间的逻辑关系进行分析

与推断,归纳作者的观点并说明理由,能对谈论对于"达人秀"节目的评价标准以及对青少年"盲目追星"这一社会热点话题做出批判性思考,并能理性看待"达人秀"这种文化现象的兴衰。

学习策略:(1)能够在听时抓住主旨大意。(2)能够通过找寻形容词、副词比较等级的变化规律,记忆词汇。(3)能够利用图片和标题预测杂志文章的内容。(4)有合作学习的意识,主动在小组讨论中发表观点。(5)通过自评、同伴互评,检测学习目标达成度。

文化知识:(1)了解英美语言中 movie 和 theater 的区别。(2)初步了解中外流行的"达人秀"现象,并能正确认识这种流行文化。

文本分析如下:

【What】本课语篇是一篇论说文,文本向学生介绍了"达人秀"的起源、流行、基本特点、受人喜欢的原因以及它引起人们争议的方面,作者在文章的最后给出了自己的看法。作者认为:"达人秀"为人们提供了一条实现梦想的道路。

【Why】本课通过对"达人秀"这一话题的阐释,让读者了解了"达人秀"文化从美国起源,然后风靡全世界的原因及探讨此类"达人秀"的相同点,如:节目组总是尽力找寻最具天赋、最具看点的选手;各类人群均可参赛,奖品丰厚;观众参与度高,甚至决定冠军归属等,引导学生从正反两方面看待"达人秀"文化的流行,并启发他们的批判性思维,让学生看待类似流行文化,不要仅停留在表面,而是要深度思考流行文化背后的价值和意义。这也是本课的主题意义所在。

【How】该文本属于论说文,有明显的标题特征、结构特征和语言特征,有清晰的文本结构。

(一)从语篇结构看

首先,文章分为三段,围绕"Talent shows are getting more and more popular."展开讨论。第一段讲"达人秀"为什么流行(Why?)。第二段讲"达人秀"如何流行,即环节设置,比赛形式等(How?)。第三段讲人们对"达人秀"流行正反两方面的观点(What opinions?)。作者使用了例证关系的手法来写,这也是议论和说明性文本的常见文体特征:arguments/comments 和 supporting examples/ideas。每段都有主题句和支撑性细节。不同的是,第二、三段的主题句被安排在段首,开门见山;而第一段的主题句被安排在了中间,学生只有吃透整个段落的逻辑关系,才能精准地找到第一段的主题句。

其次,作者在行文结构中具有严密的逻辑性,主要体现在对过渡句的使用。过渡句的使用,能帮助学生理解语篇各部分之间的逻辑关系,使语篇内在的逻辑显性化,帮助读者连贯地理解语篇内容。文章以"Who's Got Talent?"为题,以提问的方式为标题,引起读者的兴趣,继而开篇自问自答,回答了并非所有人都是"truly talented",再引出"达人秀"何以流行——因为观看那些"达人"演出总是有趣。第一段结束时,抛出"similar"一词,为第二段这类"达人秀"节目的共同点(All these shows have one thing in common.)埋下伏笔。第三段两度使用"However",在阐述完"达人秀"的共同点后引出观众对于"达人秀"的不同观点,并于文末表达了作者的看法。英语文章通常具有清晰的逻辑结构,或显性,或隐性,因此,建构和理解英语语篇的关键在于逻辑。该语篇通过过渡句的使用很好地体现了英语语言的逻辑性。

(二)从语言特点看

第一、二段文字趋于感性,作者使用了大量的形容词、副词调动读者的情绪,如"Some people are truly talented.""It's always interesting to watch...""Talent shows are getting more and more popular.""All these shows have...""All kinds of people...""They usually play a role in...""And the winners always get..."等,将读者置身于"达人秀"文化风靡全球这一现实背景中,引发读者的情感共鸣,增强了读者的体验感。

第三段文字趋于理性,作者在第三段段首以一个"However"将读者拉回理性思考的状态,表达一种否定"达人秀"的声音,继而又用第二个"However"表达支持"达人秀"的声音,并阐释作者对于"达人秀"的看法,表达支持(作者同样使用了感性的表达引发读者认同,如:"If you don't take these shows too seriously, they are fun to watch.""And one great thing...")。

本文的语言既有诉诸感性的表达,又有诉诸理性的探讨。让学生对于论说文的感知以及学习如何阐明一个事物并说理有了一个较为清晰的认识。

二、学情分析

学生已知:学生来自于8年级英语基础较好的班级,学习态度和学习能力都比较好。学生通过Section A的学习,掌握了形容词和副词最高级的变化形式。对于"达人秀"这一文化现象(节目形式),学生在电视上或互联网上已有或多或少地了解,在语言和话题上都有了一定的铺垫。

学生缺乏:学生并不具体了解"达人秀"的起源、流行以及这类节目运作的机制,对于各类"达人秀"节目,也仅仅是粗略地"看个热闹",缺乏深度思考。

学生期望达到:明晰文本结构,厘清文本逻辑;梳理、整合、概括和重组文本信息,内化信息和语言,能根据mind-map复述"达人秀"的运作机制;深入理解文本,对于人们对"达人秀"正反两方面的评价都有一个客观的认识和判断,能看出作者的观点,并能给出自己的看法;运用所学,迁移创新,能表达自己对于喜爱的"达人秀"节目点赞的标准,能评价社会新闻中"盲目追星"问题,能迁移创新,分析评价学校的"缤纷艺术节"。

【教学重难点】

1. 重点

(1)分析文本结构,准确找到主题句、过渡句,厘清文本逻辑。

(2)从文本中找出事实依据,推断出作者对于"达人秀"的态度,理解评价文本传达的价值观。

(3)运用形容词、副词最高级,表达自己对于喜爱的"达人秀"节目点赞的标准。

2. 难点

(1)梳理、整合、概括和重组文本信息,内化信息和语言,能根据提示复述"达人秀"流行的原因、节目机制以及观众的观点。

(2)结合所学,表达自己对"达人秀"以及追星问题的观点和看法。

三、教学目标

根据以上对教材内容和学情的分析,结合英语学科的核心素养,在单元主题和大观念的引领下确定本课的教学目标。

By the end of the class, students will be able to:

(1)acquire information about talent shows and apply the superlatives.

(2)have a general idea about talent shows like *America's Got Talent*.

(3)identify the author's attitude to talent shows and evaluate participation of the audience.

(4)work with others and think critically about talent shows.

【课程思政理念】本课通过对达人秀的介绍和讨论,引导学生从正反两方面了解"达人秀"文化的流行,启发他们进行批判性思考,用联系、发展和矛盾的观点分析问题,并透过现象看本质,让他们看待类似流行文化,不要仅停留在表面,而是深度思考流行文化背后的价值和意义,从而引导学生建立起正确的世界观和方法论。

四、教学过程

教学过程如表0-3。

表0-3 教学过程

	教学步骤	活动设计	设计意图	互动类型&活动层次	学习效果评价
读前	Step 1 Warming-up and lead in (5 mins)	1. Watch and say: Students watch two short videos about *America's Got Talent* and answer the question: (1)What is the girl doing in the show? (2)Where is she singing? (3)What are other performers doing there? 2. View and predict: Students guess from the title and the picture what we will read about	1.让学生观看"美国达人秀"视频,置身于Talent Show这一主题语境中,根据视频内容谈论哪些人在参赛、评价参赛选手以及讨论他们的共同点,旨在激发他们对"达人秀"这一话题的兴趣,并围绕主题创设情境,同时引出文本中的重点单词和短语,为后续阅读做好了铺垫。 2.让学生通过观察图片和标题,预测文本内容,旨在激活学生的背景知识,并激发他们阅读正文的兴趣	师生互动 学习理解:感知与注意	通过观看视频,学生: 1.能够识别视频中表演者的类型。 ☆☆☆☆☆ 2.能够找出表演者的共同点——They are truly talented ☆☆☆☆☆
	核心素养提升点	语言能力(三级):在收听、观看主题相关、语速较慢的广播影视节目时,能识别其主题,归纳主要信息			

续表

教学步骤	活动设计	设计意图	互动类型&活动层次	学习效果评价
读中 Step 2 Reading, talking and thinking （20 mins）	1. Read for main ideas: Students read the passage quickly and find out the topic sentence of each paragraph. 2. Students read Paragraph 1 carefully and find out why talent shows are getting more and more popular and what three talent shows are mentioned. 3. Students read Paragraph 2 with the help of the structure mind map. 4. Students talk about their standards of giving a YES to the performers in pairs. 5. Teacher asks students to think critically about the participation of the audience and leads them to be reasonable fans. 6. Students read Paragraph 3 and find out what people think of talents shows and the writer's opinion. 7. Teacher leads the students to review the passage with the help of the mind-map	1.让学生快速阅读全文，理解、梳理并整合事实性信息。找出每一段的主题句。旨在梳理信息，抓取文章段落大意，厘清文章结构。 2. 教师提出关于"Why talent shows are getting more and more popular?"的问题，引导学生梳理文本内容和文本结构上的宏观逻辑关系，即因果关系；随后通过提问"What three talent shows are mentioned?"，发现过渡句中的关键词similar，旨在深入理解文本的内在逻辑关系。 3.让学生根据框架结构图和关键提示词回答有关"美国达人秀"的赛制问题，旨在概括整合信息，把知识结构化。 4.引导学生两两对话，谈论自己作为观众的投票标准，旨在让他们在语境中运用形容词、副词的最高级形式，给出自己的评价标准。 5.以探讨社会热点新闻，带着学生批判性地思考观众决定选手晋级这一设置是否合理，旨在启发学生批判性地看待问题，引导他们理智追星。 6.学生阅读第三段，找出人们对于"达人秀"截然相反的两种观点及理由，并能通过文字明确作者的态度和观点，旨在训练学生理解作者意图的能力。 7.引导学生复盘文本结构并根据思维导图复述文章内容，旨在帮助学生厘清文本逻辑脉络，提升他们概括与整合的能力	师生互动、个体学习、生生互动 学习理解：获取与梳理；概括与整合；应用实践：分析与判断、内化与运用；迁移创新：推理与论证、批判与评价	在教师的指导下，学生通过阅读： 1. 能够抓取文章的段落大意。 ☆☆☆☆☆ 2. 能够找到语段之间的过渡语词，厘清文本结构和行文逻辑。 ☆☆☆☆☆ 3. 能够概括整合信息，把知识结构化。 ☆☆☆☆☆ 4. 能够运用最高级表达自己对于"达人秀"表演的评价标准。 ☆☆☆☆☆ 5. 能够批判性地看待追星问题。 ☆☆☆☆☆ 6. 能够理解作者意图。 ☆☆☆☆☆ 7. 能够厘清文本脉络，实现文本复述 ☆☆☆☆☆

续表

教学步骤		活动设计	设计意图	互动类型&活动层次	学习效果评价
读中	核心素养提升点	语言能力：能读懂语言简单、主题相关的简短语篇，提取并归纳关键信息；能分析、梳理常见书面语篇的基本文本解构特征。 文化意识：能欣赏、鉴别美好事物，形成健康的审美情趣。 思维品质：能辨识衔接手段，判断句子之间、段落之间的逻辑关系；能多角度、辩证地看待事物和分析问题。 学习能力：能主动参与课内外各种英语实践活动，注意倾听，积极使用英语进行交流，遇到问题主动请教，勇于克服困难；能在学习活动中积极与他人合作，共同完成学习任务；能在学习过程中积极思考，主动探究，发现并尝试使用多种策略解决语言学习中的问题，积极进行拓展性运用		
读后	Step 3 Thinking and discussion: (13 mins)	1. Teacher asks students whether *China's Got Talent* is still popular now and leads them to discuss in groups of four and think about the questions: (1) Why are talent shows like *China's Got Talent* not popular any more? (2) What shows or programs are popular now and why? 2. Students share their opinions with the class. 3. Teacher summarizes and leads students to understand that everything is full of ups and downs	1. 学生四人一组，以group work的形式探讨为什么"达人秀"现在在中国不流行了以及哪些节目开始流行，旨在启发学生批判性思考以及能够评价新近流行的节目类型。 2. 学生分享自己对于以上两个问题的看法，旨在让学生相互探讨，深入思考"达人秀"的衰落及其他节目类型兴起的原因。 3. 老师总结"达人秀"的兴衰，并通过个别名人的爆红到过气，再次印证万事万物都有兴衰起伏，旨在跳出文本，启发学生感悟人生哲理，正确看待波折与兴衰	师生互动、生生互动 应用实践：内化与运用； 迁移与创新：推理与论证、批判与评价	在教师的引导下，学生： 1. 能够对"达人秀"文化的衰落进行批判性思考，能够评价新兴的节目类型。 ☆☆☆☆☆ 2. 能够相互探讨，深入思考"达人秀"在中国的衰落及其他节目类型兴起的原因。 ☆☆☆☆☆ 3. 能够跳出文本，感悟人生哲理，正确看待波折与兴衰 ☆☆☆☆☆

续表

教学步骤		活动设计	设计意图	互动类型&活动层次	学习效果评价
读后	Step 4 Summary & homework （2 mins）	1. Teacher encourages students to get ready for the coming Binfen Festival and show their talents. 2. Assign homework: Students write a short passage to analyze why Binfen Festival has been popular for over 20 years compared with other talent shows	过渡到学校特色"缤纷艺术节",让学生对比"达人秀",思考"缤纷艺术节"长盛不衰的秘密,布置家庭作业。目的有两个: 1.实现语言的输出运用,包括模仿篇章结构,运用所学词汇、词组、句型。同时关联学生生活,审视身边的"校园达人秀",让学生有话可说,让学生用所学语言和所共同经历的真实场景表达自己真实的思想。 2.培养学生迁移创新的能力。学生学以致用,对比"缤纷艺术节"和"达人秀"文化,发现校园文化独特的魅力,深挖"缤纷艺术节"流行20多年背后长盛不衰的原因	个体学习迁移与创新层次:想象与创造	在教师的引导下,学生: 1.能够实现语言的输出运用,包括模仿篇章结构,运用所学词汇、词组、句型,表达自己真实的思想。 ☆☆☆☆☆ 2.能够迁移创新,对比分析"缤纷艺术节"长盛不衰的原因 ☆☆☆☆☆
	核心素养提升点	语言能力:能围绕相关主题,运用所学语言,与他人进行日常交流,语音、语调、用词基本准确,表达比较连贯。 文化意识:能用所学语言描述文化现象和文化差异;具有比较、判断文化异同的基本能力。 思维品质:能多角度、辩证地看待事物和分析问题。 学习能力:能主动参与课内外各种英语实践活动,注意倾听,积极使用英语进行交流,遇到问题主动请教,勇于克服困难;能在学习活动中积极与他人合作,共同完成学习任务;能在学习过程中积极思考,主动探究,发现并尝试使用多种策略解决语言学习中的问题,积极进行拓展性运用			

五、教学评价

《义教英语课标》提出:"教学评价应贯穿英语课程教与学的全过程,包括课堂评价、作业评价、单元评价和期末评价等。教师要……将评价结果应用到进一步改进教学和提高学生学习成效上,落实'教—学—评'一体化。"

《义教英语课标》指出:"在实施教学评价时,应遵循以下基本原则。第一,教学评价应以学生核心素养的全面发展为出发点和落脚点。第二,教学评价应充分发挥学生的主体作用。第三,教学评价应采用多种评价方式和手段,体现多渠道、多视角、多层次、多方式的特点。第四,教学评价应充分关注学生的持续发展。第五,教学评价应充分关注学生的个体差异。"

根据《义教英语课标》要求,本课设计的评价活动围绕语言能力、文化意识、思维品质、学习能力四个学科核心素养维度开展,和教学活动相对应且贯穿始终,落实"六要素整合的英语学习活动观",通过英语活动反映的学生学习效果来进行评价,指向教学目标的实现,过程性评价和终结性评价相互辅助,体现了"教—学—评"一体化。

(本案例由西南大学附属中学校杨芸屹老师提供)

第三章 同课异构听说教学案例

听说教学案例一(初中)

一、教学内容分析

【教材】人教(2024年)版初中《英语》Unit 5 Here and Now

【本课主题】"人与社会"主题范畴下"社会服务与人际沟通"主题群,其中子主题内容涉及"良好的人际关系与人际交往""跨文化沟通与交流,语言与文化";同时涉及"人与自然"主题范畴下"自然生态"主题群,子主题内容为"世界主要国家的地理位置,不同地区的生态特征与自然景观"。

【适用年级】七年级

【单元课时】第一课时 1a—1d

【授课时长】1课时(45 mins)

【语篇类型】对话

【语篇分析】基于六要素整合的英语课程内容,本课教学内容如下。

主题类型:人与社会;人与自然

语篇类型:日常对话(打电话)

语言知识:(1)重音、意群、语调、节奏;

(2)right now,ride,at the moment,work on;

(3)现在进行时特殊疑问句及其回答;

(4)正式场合下的电话交际用语。

语言技能:识别电话口语语篇的主题、大意和要点;在教师指导下进行简单的角色扮演;围绕"此时此地的生活"主题,用现在进行时和电话交际用语的简短表达方式进行口头交流,完成交际任务。

学习策略:在学习中激活并关联已知;在学习中善于抓要点,记笔记;整理、归纳所学内容,把握重点和难点;在学习中善于利用信息结构图等理解主题;定期反思和评价自己学习中的收获、进步与不足；在沟通与交流中，借助手势、表情等体态语表达意义，注重并尊重中外文化习俗的差异。

文化知识：不同国家青少年的学习和生活方式；世界主要国家待人接物的基本礼仪和方式，体现人与人之间的相互尊重；世界主要国家的名称、基本信息以及重要标志物的地点、特征和象征意义。

文本分析如下：

本课是本单元的第一课时，通过电话询问和了解朋友的日常生活状态以及他们正在从事的活动，与第二课时的语音、听说课及第三课时的语法课共同达成本单元第一个子主题意义：本土文化是全球公民认知的起点，是全球文化多样性的一部分，是建构全球公民意识的文化根基。

【What】主题图展示了上海的东方之珠人们正在日间划龙舟与多伦多的城市夜景，指向了不同地理位置的同一时刻，听力文本是三段电话对话，是连续的对话情境。对话的发起者是Peter想要邀请朋友和他一起去体育公园打排球，并询问对方正在干什么。对于Peter的邀请，三个朋友给予不同的回应：Teng Fei正在做作业所以谢绝了邀请，Adam的妈妈Mrs. Clark接电话告知对方Adam正在购物，Binbin正在看无聊的电影所以应邀并且约定了见面的时间和地点。

【Why】通过引入时区差异，引导学生具备全球意识，培养国际视野，增强对世界各地人们多样化生活方式的好奇心和探索欲。同时，通过模拟真实的交际情境，学习如何用英语询问和分享正在做的事情，并根据不同的交际对象使用得体的电话用语以及学会接受或礼貌拒绝邀请，加深对全球联系的理解。此外，通过对话中的互动和分享，学生学会了倾听他人经历，了解身边的人和事，尊重不同的生活方式，培养跨文化交流的意识和能力。

【How】(1)从语言知识上来看，对话语篇呈现了本单元的目标语法结构——现在进行时be doing用于描述人物正在进行的活动，如"What are you doing at the moment?" "I'm working on..."。同时，融入单元词汇教学。(2)从语篇结构上来看，对话通过邀请和回应，让学生了解在打电话时如何表达邀请、接受或拒绝，以及如何根据对方的回答做出合适的回应。(3)从语言特征上来看，通过"It's Peter""May I speak to Adam, please?"充分体现了电话对话的语言特征，同时使用"Never mind then! Maybe next time""Thanks Mrs. Clark"等语言保持对话的愉快展开，"I'd love to, but...""I'm afraid..."等语言则让交际更为委婉、客气且得体。

二、学情分析

学情分析如表0-4。

表0-4 学情分析

分析维度	已有基础	存在挑战	方法策略
语言能力	能够简单运用现在进行时进行简单的表达;使用简单的电话用语进行交流和表达	易混淆现在进行时和一般现在时,在使用特殊疑问句进行提问及回答描述正在发生的活动时,表述不准确,不够丰富。实际日常生活中不能针对不同的交际对象准确运用	关注语篇现在进行时态的应用,鼓励持续针对性操练;设置电话交际场景强化训练
文化知识	学生对时差及其影响有所了解,有不同地域文化背景和一定的跨文化意识	对统一标准时间下具体城市的时差问题不熟悉,对加拿大多伦多和中国上海的城市特点与习俗较陌生	引导熟悉两座城市同一时刻的不同时差,培养跨文化意识
思维品质	能提取、整理对话语篇的电话交际用语和关于人们活动的关键信息,判断不同功能句型的异同和关联	缺乏创新型性思维,创设电话邀约情境的思维方式较为固化	引导根据信息独立思考,从多角度看待事物和分析问题
学习能力	能积极使用英语进行交流,整理归纳所学语言内容	对于英语学习过程中的反思能力不足,对自身的进步和不足缺乏认知,尚不具备自我反思和自我监控的能力	引导共创评价量表,根据需要提供必要支架和及时反馈

三、教学目标

根据以上对教材内容和学情的分析,结合英语学科核心素养,在单元主题的引领下,确定本课的教学目标。

通过本课的学习,学生能够:

(1)通过完成表格获取并梳理对话中不同人物正在进行的活动以及电话用语的基本信息。(学习理解)

(2)基于Peter和朋友们的电话对话,从语言、内容、结构、团队协作四个方面进行角色扮演,口头表达听力内容。(应用实践)

(3)通过小组合作创设情境,创编电话对话,谈论你和你的朋友们正在从事的不同活动。(迁移创新)

【课程思政理念】通过对比不同时区人们不同的生活状态和生活方式,拓宽学生的全球视野,认识到"本土文化是全球公民认知的起点,是全球文化多样性的一部分,是建构全球公民意识的文化根基"为建构本单元的主题意义奠定了文化基础。

四、教学过程

(一)情境创设

Peter通过电话邀请朋友一起做某事并和Teng Fei,Adam和Binbin分享此时此刻正在从事的活动。

(二)教学过程

教学过程如表0-5。

表0-5 教学过程

教学步骤	教的活动	学的活动	互动模式及活动层次设计意图
Stage 1 Pre-listening (5 mins)	Step 1 Free talk Ask students to answer the questions according to the pictures on the opening page	Activity 1 Look and talk freely Talk about "What would Johnson family like to know about our neighborhood?". Students observe the pictures carefully and answer the questions from what they see and think	师生互动; 学习理解(感知与注意); 借助问题观察单元主题图,引入单元主题并进行合理推测。借助图片理解全球人们此时此刻不同的活动,复习有关活动的表达,初步感知现在进行时的基本形式,为听力活动做铺垫

续表

教学步骤	教的活动	学的活动	互动模式及活动层次 设计意图
Stage 1 Pre-listening (5 mins)	Step 2 Lead in Create the situation about global villagers and ask students focus on what people in the pictures are doing now and what they are doing now	Activity 2 Look and say Students talk about what people are doing according to the pictures and share what they are doing now	借助同伴对话,引入单元核心语言并进行操练,为学生提供词汇准备,为后续听力活动扫清障碍
	Step 3 Pair work Ask students to ask and answer about what people are doing with the target language "am/is/are doing" structure	Activity 3 Work in pairs Students make conversations with partners about what people are doing with "am/is/are doing" with the help of the activities and pictures	
Stage 2 While listening (24 mins)	Step 4 Prepare for listening Ask students to think about when we ask someone "What are you doing?" in daily life. Then present a picture about Peter who is making a phone call and ask students to predict what sentences he may use to make a phone call	Activity 4 Predict Students discuss when they ask "What are you doing?" and talk about some common situations such as "showing care" or "making a phone". Students predict what sentences Peter may use to make a phone call	师生互动; 学习理解(获取与梳理); 通过听前预测,有助于激活学生已知,同时带领学生迅速进入主题情境
	Step 5 Listening activity Tell students to listen and check the sentences to make phone calls they hear	Activity 5 Listen and check Students listen and tick the sentences to make phone calls to check their predictions	师生互动; 学习理解(获取与梳理); 通过听力获取打电话用语,与听前预测形成闭环

续表

教学步骤	教的活动	学的活动	互动模式及活动层次设计意图
Stage 2 While listening (24 mins)	Step 6 Listening activity Tell students to listen again for the main idea and answer the questions	Activity 6 Listen and answer Students listen carefully and answer the questions to get the main idea and purpose of the conversations	师生互动; 学习理解(获取与梳理); 通过听力获取对话的要点，整体理解对话的意图。 通过再获取语篇关于活动的特定信息，学习对话中描述某人正在做某事以及打电话所使用的语言。 生生互动; 学习理解(概括与整合); 通过再次整体阅读对话语篇，梳理并探究对话的语篇结构的组织形式，形成对话的结构框架
	Step 7 Listening activity Ask students to listen again and fill in blanks about specific information	Step 7 Listen and fill Students listen and fill in the blanks about specific activities and phone expressions	
	Step 8 Mind mapping Ask students to work in groups to complete the mind map about the structure of the phone conversations to form the structured language	Activity 8 Read and complete Students read and collect the sentences about how Peter and friends make phone calls from "greet each other" "ask and answer about activities" "make invitations" "reply to invitations" with the help of the table and share	
Stage 3 Post-listening (Speaking) (15 mins)	Step 9 Practical activity Ask students to work in pairs to play different roles and role play phone conversation between Peter and one of his friends, sharing them information about activities and invitations with the structure and some useful expressions to guide	Activity 9 Role play In pairs, student choose one of the conversation and role play with correct pronunciation and proper body language	生生互动、师生活动; 应用实践(描述与阐释、内化与应用); 通过角色扮演，深入理解所归纳的语篇结构化知识，促进语言的内化，为后续的真实表达做准备

续表

教学步骤	教的活动	学的活动	互动模式及活动层次设计意图
Stage 3 Post-listening (Speaking) (15 mins)	Step 10 Group work Guide students to think about "What do you want to invite your friends to do on the phone?" for a real situation around them. Ask students to make a comprehensive evaluation according to what they learn from structure/language/content. Ask students to act out a phone conversation with your partners to make invitations. Meanwhile, teacher offers help if necessary	Activity 10 Set a situation and act out Students work in a group of 4 as one caller and three friends and discuss what they want to invite friends to do on the phone. The answers might be like: City walk, go shopping or go to the park. Get involved in making the check list to self-evaluate and peer-evaluate. Design a conversation on the phone and invite friends to do something together and give feedback	生生互动,师生活动; 迁移创新(批判与评价 想象与创造); 评价先行,师生共创评价量表,创造性地使用所学语言进行表达,发展语用能力
Assignment	Create a phone conversation between you and your best friend with the language you learn in this class: Hello!/It's.../May I speak to...?/What are you doing?/Do you want to...?/... Then take it down. You must: Talk about what you and your family member are doing. Then invite him or her to do something with you. You can also choose to: Create the conversation with your friend by shooting a video		

五、教学案例总体分析

(一)设计理念

1.体现单元整体教学思路

教师围绕单元主题"Here and Now"确立了单元的育人目标和教学主线,结合课标分析和学情,找出语篇之间的关联,分课时使学生逐步达成对单元主题意义的探究。本课时作为单元的第一课时,通过听说活动谈论人们正在进行的活动,实现第一个子主题意义"本土文化是全球公民认知的起点,是全球文化多样性的一部分,是建构全球公民意识的文化根基"的探究。

2.基于语篇研读开展教学设计

通过深入研读本课时的听力语篇,在分析了语篇的主题、内容、传递的意义以及语言特点后,以Peter电话邀请朋友Teng Fei,Adam和Binbin并分享此时此刻不同的活动作为主线情境贯穿始终,围绕核心语言展开"打招呼—问答活动—发出邀请—回复邀请"的语篇学习,最终以电话对话的形式邀请朋友共享生活并分享当下的活动。

3.依据英语学习活动观组织学习活动

本节听说课通过感知与注意活动铺垫语言和文化背景知识,激活学生已知,在听力活动中通过获取与梳理、概括与整合等活动,形成了对话语篇的结构化知识。学生通过语言实践活动内化语言知识和文化知识。教师通过引导性问题帮助学生创设真实情境,解决真实问题,进一步加深学生对主题意义的理解。

(二)设计亮点

(1)PWP模式搭建教学框架,通过听前Pre-listening激活背景知识,进行语言铺垫;听中While-listening获取和理解信息,搭建语言框架;听后Post-listening根据语言框架,创造性地交流表达,实现语言输出,整个过程对所学语言和内容进行了input—intake—outtake,对单元核心语言进行了初步的感知和理解,以听范说,以说助听,实现听说有机结合。

(2)任务链驱动学习活动,围绕引导性问题"What are you doing right now?",本课时设计一系列层层递进的子问题"When do we ask 'what are you doing'""What do you want to invite your friends to do on the phone?"。通过将问题分解,形成以引导性问题为中心的问题链,为学生回答引导性问题进行了语言和思维的铺垫,帮助学生由表及里,层层深入,在深度探究主题意义的过程中实现语言、内容、思维的融合发展。

(3)本课时评价形式多元且贯穿始终。教师不断用观察、提问、填表、对话扮演、讨论分享、对话创编等方式外显学生的学习成效,不断收集学生学习是否发生的证据;通过师生共创评价量表,引导学生成为评价活动的设计者、参与者和合作者,帮助学生通过自我诊断、反思和评价学习效果(如表0-6);教师通过给予学生即时反馈,帮助学生达成预设的学习目标解决学生的问题,促进学生的学习。

表0-6 学生课堂学习目标达成评价表

学生活动	评价标准	评价结果
Activity 1 Look and talk freely Activity 2 look and say Activity 3 Work in pairs Activity 4 Predict	观察学生回答问题,根据说出的内容和词汇,了解其对于不同区域时差的了解以及对活动描述的词汇储备。 根据学生的预测电话用语的正确性和合理性,判断其对电话用语的已有语言储备、背景文化经验	☆☆☆☆☆
Activity 5 Listen and check Activity 6 Listen and answer Activity 7 Listen and fill Activity 8 Read and complete	观察学生在听中听取并记录的关键词,读取并整合的电话对话用语的关键句,判断其获取并记录主要信息、关键信息以及细节信息的全面和准确程度	☆☆☆☆☆
Activity 9 Role play	观察学生角色扮演时,语篇的细节信息是否全面、具体,语音语调是否准确并适应合适的体态语,把握学生对所学语言和内容的内化情况	☆☆☆☆☆
Activity 10 Set a situation and act out	观察学生口语输出的过程中能否准确使用现在进行时以及电话用语,对话中是否包含"打招呼、问答活动、发出邀请、回复邀请"四个方面,根据需要给予必要的指导和反馈	☆☆☆☆☆

(本案例由河南省郑州市中原名师魏玮初中英语工作室、郑州市第三十七中学黄璐萍老师提供)

听说教学案例二(高中)

一、教学内容分析

【教材】人教(2019)版高中《英语》必修一 Unit 1 Teenage Life

【案例主题】属于"人与自我"主题范畴下"生活与学习"主题群,涉及的话题项目为"青少年生活"。

【适用年级】高一年级

【单元课时】第一课时 Listening and Speaking

【授课时长】1课时(45 mins)

【语篇类型】对话

【语篇分析】基于六要素整合的英语课程内容,本课教学内容如下。

主题类型:人与自我——生活与学习。

语篇类型:谈论社团活动的听力及对话。

语音知识:学习字母组合的发音,了解说话 Adam 和 Julie 的说话表意功能。词汇知识:扩充各种与 club 相关的词块,并运用其去表达自己的意思。语法知识:运用 like/enjoy/prefer/be interested in doing 来表达自己的喜好。语篇知识:了解对话的目的、结构特征以及逻辑关联,并能运用且传达信息。语用知识:在听力中,理解 Adam 和 Judy 的情感、态度和观点;在对话中,理解 Sam 及其同伴的说话内容。

语言技能:在听的过程中提取、梳理社团活动的信息并匹配对应的社团;将听力语篇的关键信息与实际生活发生联系;能够用宾语从句概括或者转述对话大意,表达自己的看法和观点。

学习策略:针对 teenager life 相关的话题进行预习,并能查询各种社团的活动安排;在口头沟通和交往中,积极谈论社团活动并做选择。

文化知识:了解美国学生的学校生活以及各种社团和社团活动,并能选择自己喜欢的社团。

文本分析如下：

本课教学内容为人教(2019年)版高中《英语》必修一第一单元中的一课。本单元共分为五个课时。第一课时谈论各种社团，并了解各种社团的活动，最终能选择一个社团；第二课时为讲述作者在高一年级面临的学校和生活方面的挑战；第三课时谈论在学校生活时可以用到的名词短语、形容词短语和副词短语；第四课时通过谈论不同类型的夏令营及其开展的活动，促进学生去规划自己未来的学习生活；第五课时要求学生通过阅读一封建议信并提炼出结构和语言，然后运用于为他人写的建议信中。第六课时通过对这个单元的词汇、语法、内容等的自查，找到自我的收获与不足。同时也让学生根据本单元的主题"青少年生活"来完成一个建立学生俱乐部的项目。

六个课时围绕学校生活这个话题，探讨了中外青少年成长过程中在学习生活、课外活动、人际交往等方面可能所面临的问题和困惑。比较和了解中外青少年学习和生活的异同，开阔文化视野的同时，旨在帮助学生真实冷静地了解和思考高中生活，以积极阳光的心态面对现状，合理规划未来的学习和生活，客观理性地分析问题并提出解决方案，成就更好的自己。

【What】本课包括开篇页、听力语篇和对话语篇。开篇页中有单元话题、单元学习目标、主题图、名言、思考题，共同围绕"青少年生活"主题展开。听力语篇和对话语篇围绕活动主题"选择学校社团"展开。听力文本包括两部分：第一部分是两段发生在社团活动中的师生对话；第二部分是两个高中生之间的对话，商量如何选择适合自己的社团及其理由，其中对话文本中提到了学生选择社团的原因之一是"朋友的影响大于兴趣爱好"。

【Why】开篇页中的单元学习目标帮助学生明确完成单元学习任务，需要达成的目标；主题图是青少年放飞风筝，寓意青少年积极向上，敢于放飞梦想和希望；名言隐喻了学生在青少年时期要养成良好的生活习惯和学习习惯，将使他们终身受益。思考题帮助学生有效解读主题图和名言的深刻内涵。听力文本第一部分为谈论社团提供情境铺垫；第二部分的对话谈论社团选择的理由；对话是迁移到真实的社团选择中如何做出正确的判断。

【How】听力文本是三个短对话，从社团特点到社团类型再到选择社团的理由，对话呈现出逐步进阶的关系，均围绕社团主题来进行。对话文本包括打招呼、给出回应、谈论爱好、给出建议等语言功能，其逻辑关系环环相扣。

二、学情分析

（一）学生以往的知识与经验

在学习本单元之前,学生已经在初中阶段有了一定的话题基础。七年级上册第九单元话题为"School subjects",学生能表达出自己的喜好;七年级下册"Unit 1 Can you play the guitar?"的话题为"Joining a club",学生了解了部分社团及社团开展的活动;九年级全一册"Unit 14 I remember meeting all of you in Grade."的话题为"School days",学生能用各种时态及句型表达学校生活。

（二）学生潜在的困难与对策

学生可能出现的问题是有不太熟悉的club,比如自然俱乐部;在表达建议或者看法时不能熟练地使用宾语从句,比如:I think you should choose what you like.教师仍需逐步用简单句做引导,在过程中引导学生学会表达;同时高一学生可能对于合理选择社团的意义不太清晰,教师要引导学生冷静地了解和思考高中生活,合理规划未来的学习和生活,从而选择适合自己的社团。

三、教学目标

根据以上对教材内容和学情的分析,结合英语学科要培养的核心素养维度,在单元主题的引领下,确定本课的教学目标。通过本节课的学习,学生能够:

(1)通过听力及预测听力内容,能够获取并梳理关于社团和社团活动的信息。(学习理解)

(2)通过对社团主题活动的认识,能够表达自己的喜好并对社团做出合适的选择。(应用实践)

(3)通过他人的性格特点、兴趣爱好和未来职业规划以及社团主要活动内容等因素的分析,能够对其社团选择提出合理的建议。(迁移创新)

【课程思政理念】

通过学习,引导学生对社团做出合理的选择,同时带领学生冷静地思考高中生活,以积极阳光的心态面对现状,合理规划未来的学习和生活,成就更好的自己。

四、教学过程

(一)情境创设

作为刚刚步入高中的新生,对于高中学习生活既充满期待也有面临的新问题。为了帮助学生向高中阶段的 teenage life 过渡和适应,学校举行了社团招新活动。学生需要选择适合自己的社团并且能够给他人提出合理的建议。希望通过此次活动引导,学生能合理规划未来的高中学习生活。

(二)教学过程

教学过程如表 0-7。

表 0-7 教学过程

教学步骤	教的活动	学的活动	互动模式及活动层次设计意图
Stage 1 Pre-listening (8 mins)	Step 1 Brainstorm 1. Show the picture of the opening page. Ask students to look and discuss the questions: (1) What are the teenagers doing in the photo? (2) What do you do to relax outside of school? (3) What kind of life do you live? (4) What kind of life do you wish to live? 2. Present a question to students: If you wish to live a meaningful life, good habits formed at youth make all the difference. What are good habits?	Activity 1 Think and answer 1. Talk about "What are the teenagers doing in the photo? What do you do to relax outside of school? What kind of life do you live? What kind of life do you wish to live?". Students answer the question with their own real opinions: (1) They are flying kites. (2) Reading books, playing computer games, listening to music, watching movies... (3) I live a busy/simple/ordinary/comfortable life... (4) I wish to live a meaningful/challenging... life. 2. Students tell their answers like reading, playing sports and so on	师生互动; 学习理解(感知与注意、获取与梳理); 在 Opening page 的头脑风暴中,让学生对自己的学习生活进行回顾并产生期待。紧接着创设社团招新活动情境,导入 clubs 话题,随后围绕社团的 What, Why, How 展开讨论,引导学生说出、写出这三个方面,激发学生的表达欲望。在讨论过社团的三要素之后,继续引导学生去思考即将加入的新的学校社团,激发学生参与的兴趣和欲望,激活有关社团的词汇和表达喜好的句型结构,也为听力活动中的任务奠定语言基础

续表

教学步骤	教的活动	学的活动	互动模式及活动层次设计意图
Stage 1 Pre-listening (8 mins)	Step 2 Presentation 1. Present topics for students to talk. Teacher: In order to form a good habit, we can get involved in different school clubs. Let's talk about clubs. What clubs do you know? Which one do you want to choose and why? How do you choose a school club? 2. Draw a mind-map about clubs on the blackboard. 3. After sharing, please match and answer the questions in 1 and tell what you like doing in clubs	Activity 2 Talk, match and share 1. Talk about different clubs such as chess club, dance club, English club, running club, history club... I will choose an English club because I want to improve my spoken English. I want to choose a history club because I want to know more about Chinese culture. ... I choose a club based on my interests. I choose a club by discussing with my friends. ... Students like this topic and share their clubs happily. Then, students match the names of clubs and tell their favorite activities in clubs	
Stage 2 While listening (20 mins)	Step 3 Questions Present questions and choices for students when listening. Teacher: We talked so much about clubs and I know your favorite activities in clubs. Look at the questions and choices in 2. Can you guess what you will hear? How do you know that? Give some examples of nature club. Step 4 Listening activity Ask students to listen to the first two conversations and choose the correct answers in 1. Then lead the students to summarize the listening tips.	Activity 3 Predict and listen From the picture and choices, students can infer that they will hear something about clubs and activities in clubs because questions and choices have presented. Some students say they are familiar with ballet and debate clubs, while they don't know what nature club is. Activity 4 Listen and choose According to the mp3, students can choose "hearing, dating" easily and circle "science club and debate club".	师生互动； 学习理解（获取与梳理）；

—339—

续表

教学步骤	教的活动	学的活动	互动模式及活动层次设计意图
Stage 2 While listening (20 mins)	Step 5 Listening activity Ask students to read and predict the activities in each club. Then ask students to listen to conversation 3 for three times. 1. For the first listen, ask students to focus on activities in each club and tell what clubs do Adam and Julie will choose? 2. For the second listen, ask the students to fill in the blanks. After filling the blanks, tell the students to pay attentions to the underlined sentences. 3. For the third listen, ask the students to answer the questions. What club do you think is suitable for Adam? Why? What does he put first in choosing a school club	Activity 5 Listen, write and answer Students guess the answer and then listen carefully to check. 1. Tick the activities in each club and choose question 2&3. Write down some key words about the questions: Adam—ballet club, Julie—volunteer club. 2. Fill the blanks. Most underlined sentences are expressing likes and dislikes. 3. I think Adam may not join the ballet club because he says that he got two left feet. I think Adam may join the volunteer club because he says that he would like to do something outdoors... He puts his interests and preferences first in choosing a school club	本活动强调在听力前的推测以及听力技能的归纳和运用。同时让学生关注听力过程中的感知与注意、获取与梳理。感知对话者谈论的话题，提取对话者的主题clubs和对应的club activities中的各种细节信息，获取sounds,dating这样的关键词信息，同时根据听力内容推断出这样的活动主题属于哪些社团。前两篇对话听力播放一次，第三篇对话播放三次，每次要求不同，由易到难，从听前预测活动，到听取大意，再到听细节，最后根据听来概括并回答问题。帮助学生整体感知对话内容，培养学生准确获取信息和记录信息的能力。引导学生一步步关注社团选择时的影响因素，进而冷静思考自己选择社团时需要考虑的方面
Stage 3 Post-listening (Speaking) (12 mins)	Step 6 Reading, analyzing and thinking Since we have known that Adam puts his interests and preferences first in choosing a school club. Let's find out what Sam puts first in choosing a school club. Read the example and finish the tasks. What does Sam put first in choosing a school club? What else should we consider when choosing a school club? How is the conversation organized?	Activity 6 Answer the questions Sam puts friends' influence first in choosing a school club. When we choose school clubs, we may think about our strengths, interests, friends' opinions... Write down key words like greeting, responses, suggestions and likes.	生生互动、师生活动； 应用实践（描述与阐释、内化与运用）；

续表

教学步骤	教的活动	学的活动	互动模式及活动层次设计意图
Stage 3 Post-listening (Speaking) (12 mins)	Step 7 Speaking Ask students to work in groups to choose their school clubs and give others suggestions. (One student should have conversations with at least two students in a group) "First, make conversations with your deskmate according to the example in 4, and then find another partner in your group. Step 8 Assessment Guide students to focus on the important facts in a conversation: After students' performance, the teacher get students to recommend his or her favorite pairs according to the checklist	Activity 7 Work in groups Students work in groups to talk about school clubs. The following sentences should be included: 1. Which school club will you choose and why? 2. I think you should join the _____club because_____. Activity 8 show Then students show their conversations in class. They can show any of the clubs they choose, including names, activities, reasons and suggestions with the objective clauses. Take one of the conversations for example: A: Hello. I've decided to join the dance club. B: Sounds great. Why do you choose this club? A: I would like to join the dance club because I dream to be a dancer in the future. How about you? B: I'm interested in science but none of my friends chose it. B: I think you should choose what you like. Everyone should be responsible for their own decisions	本部分从听力活动过渡到读对话示例和说的活动上。引导学生将听力活动中获取的信息进行运用和内化，是对语言知识的应用、实践和迁移。 读教材中给的对话示例是引导学生学习对话的内容、结构和语言。在上一部分的听力活动中关注到了选择社团的核心在于冷静的思考社团对于个人的成长帮助这个意义层面，能够让学生对于自己选择社团和对他人提建议时有个人的理性思考。 对话的语言、内容、结构以及意义都构建之后，学生就能在评价标准的指引下实现运用实践，为迁移创新打下坚实的基础

续表

教学步骤	教的活动	学的活动	互动模式及活动层次设计意图
Stage 4 Post-speaking (5 mins)	Step 9 Question The teacher shows the last questions for students to discuss. They are "Why do we need to choose clubs?" "How do we choose clubs? Why do you think so?". These questions need critical thinking, so the teacher gives students enough time to think and discuss	Activity 9 Think and answer Students work in groups to discuss these questions and give supporting details to prove their opinions. Take some of their answers for example: 1. I think we need clubs because they are good ways to form good habits. We can even meet new friends in clubs. 2. In my opinion, we need choose clubs based on our interests because interest is the first step to plan our career. ...	生生互动,小组合作; 师生活动,问答交流。 迁移创新(批判与评价); 通过本课的学习,学生能够基于本课开始提出的社团的三要素 What,Why,How 有新的思考。本部分再次呈现这些问题,引导学生重新建构社团的 What,Why,How
	Step 10 Guide Guide critical thinking. After discussing, the teacher asks again. "If you choose your club, what matters most?" Ask the students to write down them. I will choose a club that can_____	Activity 10 Think, talk and write Take some wonderful answers for example: 1. A club can offer opportunities to give back to society and develop a sense of civic responsibility. 2. A club can provide a break from the academic pressures of school, offering a space for relaxation and enjoyment. 3. A club can offer a chance to explore interests beyond the curriculum. Whether it's science, arts, sports, or service, I can deepen my knowledge and passion in a specific area. ...	这些综合性的问题启发学生的批判性思维和聚合思维,学生需要依据个人的理想和实际需要得出结论,用选择社团的功能来支撑自己选择该社团的原因。在个人思考和小组讨论中形成了正面积极的价值观。语言能力、学习能力、文化意识和思维品质得到了提升

五、教学评价

(一)设计理念

本课是听说课,从授课流程和主题构建的逻辑上来说,从导入部分就有意识地帮助学生构建主题知识体系,培养其文化意识。课堂活动层层推进,最终学生有效地进行了语言输出。听的部分做好导入,用与话题相关的图片帮助学生很快进入听力场景中,并且从中获取相关信息。在充分备课的基础上,围绕听说主题设计了单元导入、听前热身和三遍听的练习、说说、讨论、思考等多个环节,旨在通过完成设置的听说任务来提高学生的听说能力,让学生掌握一定的听说策略和技巧,同时扩大学生的听力词汇量和提高其口头表达能力。在教学过程中,对于设置的任务,采用小组合作形式教学,充分发挥学生的主体作用,让学生参与到学习活动中来。

(二)设计亮点

1.体现单元整体教学思路

教师围绕青少年学校生活这个话题,探讨了中外青少年成长过程中在学习生活、课外活动、人际交往等方面可能所面临的问题和困惑。本课时作为单元的第一课时,通过听说活动谈论并选择学校社团,实现旨在帮助学生合理规划未来的学习生活,客观理性地分析问题并提出解决方案,在社团中实现成长的第一步。

2.基于英语学习活动观来组织学习活动

教师认真研读了本课时的听力和对话语篇,在分析了语篇的主题、内容、传递的意义以及语言特点后,确定了学习理解、应用实践、迁移创新等一系列的活动,每个活动的设计都由浅入深、层层递进。设计了"了解社团及活动—选择社团—阐述选择原因"的环环相扣的活动,最终生成对话的形式来表达自己选择社团的理由并给他人选择社团提供合理的建议。

3.重视学生的自主建构

本课教师从开始就询问学生关于社团的What,Why,How来了解学生的已知,随后通过系列的学习互动在本课结束时再次与学生探讨这三个问题,使学生的新旧知识产生了联系,并实现了新知识的建构。在这个过程中,教师不是直接给予,而是带领学生一步步自主达成。

本课共计10个活动,立足学生学习效果进行评价,并且活动评价贯穿始终。总体来说,本课教学活动和评价活动贯穿始终,过程性评价和诊断性评价相互结合,相互辅助,体现了目标导向下的"教—学—评"一体化课堂设计与实施。(如表0-8和表0-9)

表0-8 学生课堂学习目标达成评价表(教师用表)

学生活动	评价标准	评价结果
Activity 1 Think and answer Activity 2 Talk, match and share	从词汇表达上观察学生对话题语言的储备;从句式方面观察学生回答问题所用到的语言知识是否有初中到高中的进阶;从内容方面了解学生对未来学习生活的期待以及对社团活动相关的认识	☆☆☆☆☆
Activity 3 Predict and listen Activity 4 Listen and choose Activity 5 Listen write and answer	观察学生对听力的预测来了解学生的听前准备,如能通过questions 和choices找到clubs。通过听力的填写,判断学生听力技巧中的"细节信息"是否获取正确。通过题目3的完成来观察学生是否会根据听力内容进行推理和判断	☆☆☆☆☆
Activity 6 Answer the questions Activity 7 Work in groups Activity 8 Show	通过学生对问题的回答判断学生对文本信息的提取和概括能力。 观察学生是否用到了听力及对话材料中提取的表达方式。 判断学生是否能用积极向上的态度来确定社团的选择。 巡视观察学生是否理解了活动的要求。 观察创编对话是否符合评价标准,是否完整	☆☆☆☆☆
Activity 9 Think and answer Activity 10 Think, talk and write	观察小组讨论是否可以用正确的语言进行意义表达。 评判个人给出的原因阐述能够支撑自己的观点。 观察学生是否可以准确表达社团带来的育人价值	☆☆☆☆☆

表0-9　学生课堂学习自我评价表(学生用表)

评价维度	评价标准	具体分值					自评	他评
Content	The topics are about one's favorite things or people	5	4	3	2	1		
	The reasons are analyzed	5	4	3	2	1		
	The expressions include logical additional information	5	4	3	2	1		
Language	Phonetics	5	4	3	2	1		
	Vocabulary	5	4	3	2	1		
	Grammar	5	4	3	2	1		
	Discourse	5	4	3	2	1		
	Pragmatics	5	4	3	2	1		

(本案例由河南省郑州市中原名师魏玮初中英语工作室、郑州市第五十八中学刘英老师提供)

第四章　同课异构语音教学案例

Unit 6 /ʌ/ /u/ /ju:/ + /tʃ/ /dʒ/ /ʃ/ /ʒ/

一、教学内容分析

【教材】《"美"音之旅英语语音教程》Journey to Better Pronunciation

【本课主题】属于"人与自然"主题范围,属于义务教育课程内容六要素之语言知识范畴,涉及的话题项目为"自然(Nature)"中的"动物和植物(Animals and plants)"。

【适用年级】七年级

【授课时长】1课时(40 mins)

【语篇类型】绘本故事,语音

【语篇分析】

Unit 5分两个课时完成:第一课时讲述一只小猫的故事,话题是要爱护小动物,以此引入语音教学,区分/æ/和/e/,并学习语调中的降调;第二课时讲述鲨鱼妈妈和鲨鱼儿子的故事,区分/ɑ:/和/ʌ/,学习语调中的升调。

【What】本课时所学语篇为一个绘本小故事,介绍一只名叫Pat的小猫,以此引出/æ/和/e/两个元音音素。区分这两个元音音素发音的区别,学习这两个元音音素相关音节和字母组合的发音,并初步了解语调中的降调。

【Why】本课的话题是动物,通过学习让学生认识到动物是人类的朋友,珍惜、善待动物是我们人类的职责。在语音学习中,/æ/和/e/两个元音音素容易混淆发音,通过大量的练习,学生能深刻地理解两个音素的区别。

【How】本课时有两条线:明线是理解小猫的故事;暗线则是从掌握音素知识、拼读单词到运用规律。学生通过教师的带领,明晰学习音素的四个步骤(听音跟读、观察、模仿、检测），再以四人小组为单位，跟随步骤自己拼读辅音加元音、元音加辅音和辅音加元音再加辅音。利用智慧设备、课堂四级制（即老师—助手—组长—组员），实现大班课堂"小班化"，在单位时间实现全班高效学习和检测。在故事中学习感知语音，利用音标会拼、趣拼、拼准；联系自然拼读，掌握拼写规律，解码拼读阅读。通过模仿、比较语音材料，观看音素的发音视频，提高语音学习的准确性；识别关键信息，综合、归纳、概括语音的规律，很好地发展了学生的逻辑性和批判性思维能力；最后改变故事的结尾，更是充分发挥了学生的想象力和创造力。

二、学情分析

本课的学习对象是七年级的新生。许多学生从小学开始学习英语，但小学更多学习的是日常交际用语，绝大部分学生没有系统地学习过英语语音知识，导致学生的发音普遍存在很多问题。而且，因为学生来自不同的小学，英语学习水平参差不齐，大部分学生的语音基础不牢固。刚进入七年级的学生的普遍特点是想学好英语，但对语音学习有畏难情绪。通过前面五个单元的学习，学生基本掌握了五个元音字母开闭音节的发音和一些基本的音节拼读技巧，为第二阶段的学习打下了一定的基础。刚升入初一的学生还保留着小学生的特点，但智力和思维有了大的发展，在课堂教学中穿插游戏，能引导学生在愉快的环境中参与学习、探求、内化知识，发展核心素养，促进学生由形象思维向抽象思维过渡，达到既长知识又长智慧的目的，使学生身心都能得到健康发展。

三、教学目标分析

通过本课的学习，学生能够：

（1）正确读出/æ/和/e/两个元音音素和含有/æ/和/e/两个元音音素的音节词。

（2）理解/æ/和/e/所对应的字母和字母组合。

（3）正确使用降调。

（4）通过语音练习，能掌握学习区分音素的具体方法和步骤。

（5）能运用语音规则，实际解决问题，改编故事结尾，认识到关爱动物、人与动物和谐相处的正确价值观;通过"课堂四级制"(即老师—助手—组长—组员)合作学习,培养学生自主学习的能力。

【课程思政理念】

认识到关爱动物、人与动物和谐相处的正确价值观;培养学生乐于助人的精神。

【教学重难点】

学生需要通过语音练习,重点掌握/æ/和/e/两个元音音素的发音技巧以及拼写规律的区别,通过音标解码拼读及拼写。/æ/不存在于中文语音系统,/e/与汉语拼音发音不同,学生需要通过对比、观察等方式明确发音要领,掌握发音技巧。

四、教学过程

教学过程如表0-10。

表0-10 教学过程

Procedure	Activities	Intentions
Stage 1 Warm-up (5 mins)	Step 1 Revision Review the phonemes that the students have learned. Activity 1 Game:Apple Tree Rules:When the apple with a phoneme falls down,the students read it together. 一颗颗的苹果落下的同时,说出苹果的音素。 /ə/ /eɪ/ /aɪ/ /ɜː/ /ɪə/ /ʊ/ Activity 2 Game:Spell syllables Spell syllables(phoneme combinations),from CV to VC to CVC. Give each student a card with a phoneme. Ask two or three students to stand up,the others spell it. (Tell students that they'll have a group competition,the winners will get a toy cat.)	1&2.激活学生旧知,复习学过的音标。并给每位学生发一张音标卡片,自由组合成音标词,学生巩固元音CV,VC和CVC的发音规则。 (整节课引入小组竞争机制,激发学生的参与度。)

续表

Procedure	Activities	Intentions
Stage 1 Warm-up (5 mins)	Step 2 Lead in Activity 3 Understand the story 1. Listen to the story and put the picture in order. (1) A man has a pet. (2) It's a cat called Pat (3) Pat loves bread. (4) Where is Pat? I bet it's under the bat. 2. Ask questions to help students understand the story with the help of the body language. (1) What's the name of the cat? (2) What does it love? (3) Where is Pat?	3.通过听力完成对文本的首次感知,并对图片进行排序。 通过教师的肢体语言帮助学生了解故事情节
Stage 2 Presentation (10 mins)	Step 3 Learn the differences between /æ/ and /e/ Activity 4 Listen, repeat and feel Listen, repeat and feel the phonemes. man Pat has bat cat pet bread bet Activity 5 Watch and compare Listen and watch Pronunciation videos carefully. Students imitate the pronunciation by themselves. Then compare them to finish the table /æ/ /e/ |	/æ/	/e/
Size of mouth 长嘴大小		
Slape of lips 唇型		
Muscle 肌肉的松紧		
Sound length 发音长度		| Activity 6 Check The teacher checks the pronunciation of the assistant. Then the assistant checks the pronunciation of the team leaders, and the team leaders check the pronunciation of the team members	4.初步感知故事情节中含有/æ/ 和/e/ 的单词。 5.教学生学会辨音,从张嘴大小、唇形、肌肉的松紧和发音长度进行观察,并模仿。 6.通过课堂四级制的方式,实现课堂小班化,学生自主化,充分发挥学生的学能,在单位时间内实现全班参与,有效检测评价的效果

续表

Procedure	Activities	Intentions
Stage 3 Practice (15mins)	Step 4 Practice spelling Activity 7 Read aloud Group work: Spell syllables (phoneme combinations), from CV to VC to CVC. ① Consonant +Vowel /k/ /g/ /θ/ /ð/ /r/ /h/ /tr/ /dr/ /w/ /j/ /l/ /n/ + /æ/ /e/ ② Vowel + Consonant /æ/ /e/ + /t/ /d/ /f/ /v/ /s/ /z/ /ʃ/ /ʒ/ /tʃ/ /dʒ/ /ts/ /dz/ /m/ /n/ /ŋ/ ③ Consonant +Vowel + Consonant /pæt/ /pet/ /bæd/ /bed/ /mæθ/ /meθ/ /bæt/ /bet/ /bæθ/ /beθ/ /pæn/ /pen/ Activity 8 Game: Who can do it best? Rules: (1) Give students one minute to read by themselves. (2) Play the game. The teacher reads one from the left, students should hit their partners' hands. But when the teacher reads one from the right, students should repeat. (3) Ask some losers to read them again 谁是咸猪手（拼读检测） /pet/ /pæt/ /bed/ /bæd/ /bet/ /bæt/ /æt/ /et/ /bæd/ /bed/ /gæp/ /gep/ Step 5 Explore and try spelling Activity 9 Do exercises 1. Students read the disyllabic and polysyllabic words. | /ˈkæri/ | /ˈtrævl/ | /dʒəˈpæn/ | /iˈmædʒin/ | | /ˈjeləu/ | /ˈentə/ | /əˈdres/ | /dɪˈsembə/ | 2. Put the words into houses and find out the rules. Pat bet bread bat pet mat Ted dead tan ready merry head Rule: 可发/æ/的字母有_____。 Rule: 可发/e/的字母或字母组合有_____和_____。	7.学生以小组合作学习的方式读音节CV, VC and CVC。 8.通过游戏来检测学生是否能区分/æ/和/e/的音节发音，为下一步做好铺垫。 9.让学生读含有/æ/和/e/的双音节和多音节的音标词，以此检查学生的拼读能力。 10.通过填词观察，学生完成解码字母与字母组合与音素的对应规律。

续表

Procedure	Activities	Intentions
Stage 3 Practice (15mins)	3. Listen and choose. (　)(1) A. /mæd/　B. /mæp/　C. /mæθ/ (　)(2) A. /glæd/　B. /blæŋk/　C. /θæŋk/ (　)(3) A. /met/　B. /dres/　C. /red/ (　)(4) A. heavy　B. heaven　C. spread (　)(5) A. match　B. left　C. instead 4. Listen, put the phonemes in order and write the words. 	(1)/t/ /h/ /æ/	(2)/æ/ /d/ /b/	(3)/g/ /e/
/＿＿＿/ ＿＿＿	/＿＿＿/ ＿＿＿	/＿＿/ ＿＿
(4)/g/ /t/ /e/	(5)/e/ /h/ /d/	(6)/e/ /v/ /i/ /h/
/＿＿＿/ ＿＿＿	/＿＿＿/ ＿＿＿	/'＿＿＿＿/ ＿＿＿		11. 通过听力练习，评价学生解码单词拼读规律的掌握情况，实现教学目标"见词能读"。 12. 通过加大难度的听力练习，评价学生对音素以及音素与字母联系的掌握情况
Stage 4 Production (8 mins)	Step 6 Complete and act out Activity 10 Finish the story 1. Story Review Read and complete he story. 　　　　　　/mæn/　　/hæz/　　/pet/ A ＿＿＿＿ ＿＿＿＿ a ＿＿＿＿. 　　　　　　　　　　　/kæt/ It's a ＿＿＿＿ called Pat. 　　　　　　　　/bred/ Pat loves ＿＿＿＿. 　　　　　/bet/　　　　　/bæt/ Where is Pat? I ＿＿＿＿ it's under the ＿＿＿＿. 2. Give different endings. A man has a pet. It's a cat called Pat. Pat loves bread. Where's Pat? I bet it's under the bat. I bet it's under the... (/bed/ /pæd/ /mæp/) Activity 11 Falling tone Teacher presents the rules of falling tone.	13. 回归文本，通过运用拼读规律，评价"听音能写"的教学目标。以小组合作的形式，给出不同的故事结尾并表演 14. 教师让学生感知降调，培养预感，为下一步表演输出做准备。

续表

Procedure	Activities	Intentions
Stage 4 Production (8 mins)	Activity 12 Act out Groupwork: Act out. The other groups show the points with fingers. **Super Helper Group 最乐于助人组** | 发音标准 | 1 2 3 4 5 | | 声音洪亮 | 1 2 3 4 5 | | 表情自然 | 1 2 3 4 5 | | 人人参与 | 1 2 3 4 5 | | 有创造力 | 1 2 3 4 5 |	15. 其他组的学生根据评价标准用手指打分，评出最佳小组。在语境中检查学生的拼读能力和创造能力。培养学生学会关爱小动物
Stage 5 Summary & Homework (2 mins)	Step 7 Summary Activity 13 Summary After learning this lesson, I can(学完这节课后，我已能) 1. 正确读出/æ/和/e/两个元音音素和含有/ae/和/e/两个元音音素的音节词。 2. 理解/æ/和/e/所对应的字母和字母组合。 3. 正确使用降调。 4. 掌握学习区分音素的具体方法和步骤。 5. 改编故事结尾，关爱动物。 6. 与其他同学一起合作学习。 (Great, Good, OK, Try hard) Homework	16. 引导学生回顾整堂课的相关知识，学生自我评价学习成果，增强学生的学习目标感，让学生对自己学过并且掌握的知识做到心中有数。最后表扬本节课优秀的小组

五、教学评价

本案例主要采用的是形成性评价的方式，主要有以下评价环节：

(1)设置音素区分评价表。

(2)课堂四级制分级检测学生是否读准音节。

(3)通过游戏来检测学生是否能区分/æ/和/e/的音节发音。

(4)通过听力练习，评价学生解码单词拼读规律以及音素与字母联系的掌握情况。

(5)小组表演前给出评价表，让其他小组成员科学化评价。

(6)课堂最后让学生根据本课的教学目标进行自我评价。

评价符合国家教育评价改革理念与英语课程标准的要求，符合中学生评价的心理需求与特征，并符合语言学习与评价基本规律。评价主体多元化，评价形式多样化，注重过程性评价及生成性问题解决和利用，评价旨在促进学生的学习。

(本案例由重庆市第十八中学初中部舒维兰老师提供)

第五章　词汇教学案例

一、教学内容分析

【教材】北师大(2019年)版高中《英语》必修二 Unit 5 Human and Nature

【主题语境、单元主题】人与自然；地球与宇宙奥秘探索 The Race to the Pole

【本课主题】南极探险家勇于探索

【适用年级】高一

【授课时长】1课时(45 mins)

【语篇类型】记叙文

基于六要素整合的英语课程内容，本课教学内容如下。

主题类型：主题语境："人与社会"——不同民族文化习俗与传统节日

语言知识：(1)词汇知识 preparation, sledge, break down, shocked, ambition, run out of, hopeless, cheerful, carry on, within；(2)语篇知识：了解这篇记叙文的主要写作目的是学习探险家不畏艰险勇于探索的精神，并以他们为榜样，培养开拓进取的意识；语篇结构特征是"短线"和"长线"相结合，即关于Amundsen团队的竞赛过程的"短线"描写以及Scott团队的竞赛过程以及返程的"长线"描述。

语言技能：(1)从语篇中提取主要信息和观点，理解语篇要义；(2)辨认关键字词和概念以迅速查找目标信息；(3)根据上下文线索或非文字信息推断词语的意义；(4)把握语篇的结构以及语言特点。

学习策略：(1)在新旧语言知识之间建立有机联系；(2)在语境中学习词汇；(3)通过分类等手段加深对词汇的理解和记忆；(4)通过扫读获取篇章具体信息；(5)通过自评、同伴互评，检测学习目标达成度。

单元大观念:了解极限运动的特点,探讨旅行和南极探险的意义,学习探险家不畏艰险勇于探索的精神,以他们为榜样,培养开拓进取的意识。(如图0-2)

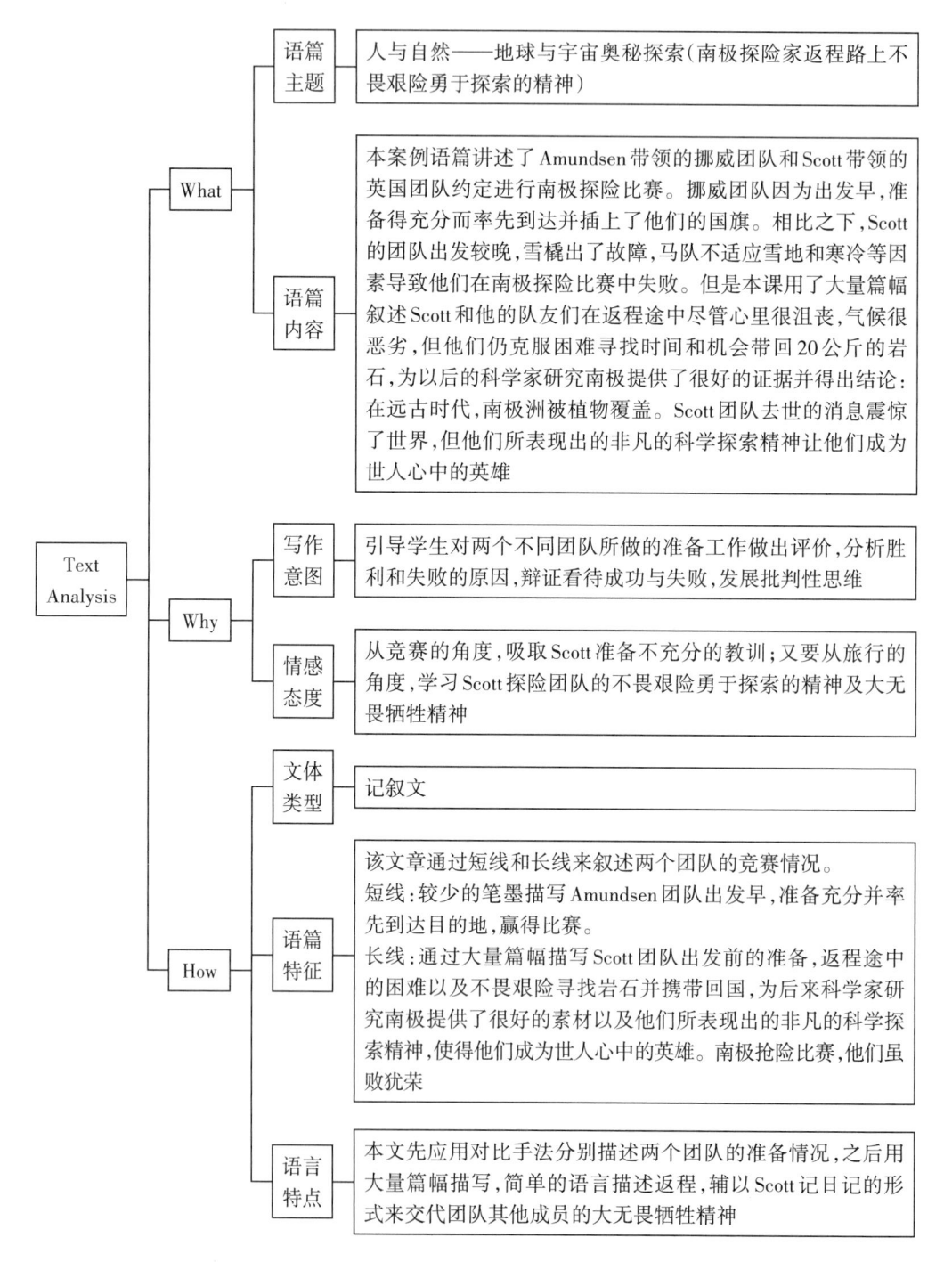

```
                                  ┌──语篇──┬── 人与自然——地球与宇宙奥秘探索(南极探险家返程路上不
                                  │ 主题  │   畏艰险勇于探索的精神)
                          ┌─What─┤
                          │      │
                          │      │      本案例语篇讲述了Amundsen带领的挪威团队和Scott带领的
                          │      │      英国团队约定进行南极探险比赛。挪威团队因为出发早,
                          │      │      准备得充分而率先到达并插上了他们的国旗。相比之下,Scott
                          │      └──语篇──的团队出发较晚,雪橇出了故障,马队不适应雪地和寒冷等
                          │         内容  因素导致他们在南极探险比赛中失败。但是本课用了大量篇幅
                          │              叙述Scott和他的队友们在返程途中尽管心里很沮丧,气候很
                          │              恶劣,但他们仍克服困难寻找时间和机会带回20公斤的岩
                          │              石,为以后的科学家研究南极提供了很好的证据并得出结论:
                          │              在远古时代,南极洲被植物覆盖。Scott团队去世的消息震惊
                          │              了世界,但他们所表现出的非凡的科学探索精神让他们成为
                          │              世人心中的英雄
                          │
                          │      ┌──写作── 引导学生对两个不同团队所做的准备工作做出评价,分析胜
  Text                    │      │ 意图  利和失败的原因,辩证看待成功与失败,发展批判性思维
  Analysis  ────── Why ───┤
                          │      │      从竞赛的角度,吸取Scott准备不充分的教训;又要从旅行的
                          │      └──情感── 角度,学习Scott探险团队的不畏艰险勇于探索的精神及大无
                          │        态度  畏牺牲精神
                          │
                          │      ┌──文体── 记叙文
                          │      │ 类型
                          │      │
                          │      │      该文章通过短线和长线来叙述两个团队的竞赛情况。
                          │      │      短线:较少的笔墨描写Amundsen团队出发早,准备充分并率
                          │      │      先到达目的地,赢得比赛。
                          └─How─┤──语篇── 长线:通过大量篇幅描写Scott团队出发前的准备,返程途中
                                 │ 特征  的困难以及不畏艰险寻找岩石并携带回国,为后来科学家研
                                 │      究南极提供了很好的素材以及他们所表现出的非凡的科学探
                                 │      索精神,使得他们成为世人心中的英雄。南极抢险比赛,他们虽
                                 │      败犹荣
                                 │
                                 │      本文先应用对比手法分别描述两个团队的准备情况,之后用
                                 └──语言── 大量篇幅描写,简单的语言描述返程,辅以Scott记日记的形
                                    特点  式来交代团队其他成员的大无畏牺牲精神
```

图0-2

二、学情分析

学习本单元之前,学生仅仅对极限运动和南极探险有一点儿了解,但是对于要进行南极探险或比赛需要做什么准备却知之甚少,更不用说用英语表达了。因此,课堂的导入环节需要既简单又能引起他们学习兴趣的设计。

本课的受众对象是河南省省级示范校焦作市第十一中学高一(9)班学生,但是他们语言知识积累不够,表达能力有待提高。此外,在阅读中词汇课是他们从未见过的课型。鉴于此,教师需要兼顾阅读课的教学策略的同时进行词汇教学。更为关键的是,在引起学生学习兴趣之后激活他们已有的知识,通过层层递进地设计问题从而引出目标词汇。

三、教学目标

准确诊断学生的已知、学习难点和发展点之后,教师整体规划本课的教学内容和教学目标。

通过该课时的学习,学生能够:

(1)通过略读文章,获取并梳理Amundsen和Scott两个团队南极竞赛之旅的事实信息。

(2)比较Amundsen和Scott两个团队在南极探险比赛中的表现,得出"凡事预则立,不预则废"的结论。

(3)学会并运用本课的目标词汇评价Scott团队的南极探险之旅。

【教学重难点】

1.重点

(1)学习Scott团队不畏艰险勇于探索的精神,并以他们为榜样,培养开拓进取的意识。

(2)了解并掌握重点词汇的用法,例如:break down, run out and run out of。

2.难点

回答Amundsen团队为何会取得比赛成功很容易,但要用一个词概括他们成功的原因有难度,即如何引出preparation这个词。

【课程思政理念】

通过对语篇的梳理和理解,学生能够通过了解两支南极探险队伍所经历的磨难,体会探险人员面对挫折时的心路历程,学习 Scott 探险团队的不畏艰险勇于探索的精神及大无畏牺牲精神,培养学生面对困难时积极乐观的人生态度和开拓进取的意识。语篇通过描述探险队在恶劣的极地环境中遭遇的困难和挑战,赞美了探险队员在面对困难时表现出的坚韧不拔和开拓进取的品质,这有助于培养学生面对困难时积极乐观的人生态度,引导学生在面对困难和挑战时能够坚持不懈,勇往直前。

四、教学过程

教学过程如表 0-11。

表 0-11 教学过程

Procedures &Time	Activities	Interaction Pattern & Level of Activities	Intentions
Stage 1 Pre-reading (3 mins)	Activity 1 Lead in T: Do you like playing games? Ss: Yes! T: So let's play a game like this. The rules are as follows: The first student of each group will get one word on a piece of paper. When you get it, write down a word with the last letter of the given word as the first letter and then pass the piece of paper to your next group member quickly. As soon as the second student get the sheet, write and then pass it. Can you follow me? Ss: Yes! Then teacher invites students to play the following game: *Game* English→horrible→energetic→chemical→leak→kilometer→recognise→eventually→…	• 师生互动、生生互动 • 感知与注意	教师设计单词接龙游戏也可称作词汇竞赛的导入环节,既能激发学生参与课堂的兴趣,又能引出课题"The Race to the Pole"中的关键词 race,为下一步的阅读做好铺垫

续表

Procedures &Time	Activities	Interaction Pattern & Level of Activities	Intentions
Stage 2 While-reading (25 mins)	Activity 2 Read for target Word T: Just now, we had a race of vocabulary, next let's come to a race between two explorers, Amundsen, and Scott from Britain. After saying that, teacher asks students to read the whole text to answer the following two questions: Q1: Who won the race? (Ss: Amundsen.) Q2: What did he do to win the race? (Ss:...) Later, teacher asks students to answer the following question: Q3: Can you use one phrase to sum it up for his success? (Ss: He had made good preparations.) Activity 3 Learn vocabulary by reading Teacher asks students to read Paragraph 3 and answer the following questions: Q1: Do you think Scott made good preparations? Q2: Why do you think so? (Ss: Answer the second question like this: Because first, his two sledges broke down and then the horses began to have serious difficulties...) T: Yes, first his two sledges broke down. (Line 13)... his two sledges broke down... (Line 10)... had teams of dogs pulling sledges and all these men were on skis. Sledges: Equipment used for moving on snow. Teacher asks the students to guess the meaning of "break down" by repeating the sentence "his two sledges broke down and then the horses began to have serious difficulties..." (Line13—14)... his two snatches broke down and then the horses began to have serious difficulties... Break down: Stop functioning/ working. eg: The bus broke down on the way and the passengers had to get off.	• 师生互动 • 学习理解	培养学生从语篇中提取主要信息的语言技能。问题1的设计扣题,它的答案可以强调本案例的第一个单词Norwegian。问题2能让学生意识到成功需要做好充分的准备。问题3的追问为引出目标词汇preparation做铺垫。 1.此处两个问题既与上一个问题衔接紧密,又引导学生对比两个团队的准备情况,让他们得出"凡事预则立,不预则废"的结论。 2.既引出了目标词汇sledge,又对学生进行了教育。 3.给学生一个心理暗示:只要语篇把握好,生词就不会成为阅读障碍。

续表

Procedures &Time	Activities	Interaction Pattern & Level of Activities	Intentions
Stage 2 While-reading (25 mins)	Teacher summarizes the reasons for Scott's failure in the race by saying "So much got wrong: his two sledges broke down; the horses began to have serious difficulties. Failure is to come. So when they saw the Norwegian flag, they were shocked.", and then asks the following question: If you were a member of Scott's team and when you knew you failed, how did you feel? Teacher asks one volunteer to show them a facial expression about "shocked" and then shows a picture of Fu Yuanhui when she was shocked and said that I had used my primitive power. (Line 20—21) They were shocked when they saw the Norwegian flag. Teacher leads students to focus on the word ambition by saying, "Fu Yuanhui is shocked at her success while Scott's team were shocked at their failure. So Scott wrote sadly in his diary, 'Well, we have now lost the goal of ambition.'" (Line 22) Well, we have now lost the goal of our ambition... Ambition? Teacher asks students to answer the question: What's the ambition of Scott's team? Teacher tells students her ambition and then asks students to report their ambition. After saying "Of course, Scott's team were ambitious, but they lost the goal of their ambition and they had to make a return journey.". Teacher asks students to read the sentences about the return journey on PPT.	•师生互动 •学习理解、实践应用	4. 此处通过旧知(skis)学习新知(sledge)。以旧带新的学习策略给学生一个较好的示范，且通过图片能使学生对词汇印象深刻。 5. 再次重复Scott团队比赛失败的原因并使用虚拟语气让学生感同身受，是为了让他们更好地理解词义。 6. 虚拟语气的运用让学生有代入感，学生能纷纷说出sad, disappointed, surprised等与目标词汇shocked等相关的表达。

续表

Procedures &Time	Activities	Interaction Pattern & Level of Activities	Intentions
Stage 2 While-reading (25 mins)	The return journey was one of the worst in the history of exploration. The men were soon exhausted and were running out of food. The weather conditions were terrible. Scott started to realise their hopeless situation. (Line 25-28) Teacher asks students to guess the meaning of exhausted by saying "On the return journey, they had to push sledges and travel on foot, so naturally they were exhausted.". Then, teacher shows a picture of an exhausted athlete. Eg: He is exhausted at the finishing line of the 5,000 m event. Teacher shows the following PPT, saying "The men were soon exhausted and were running out of food.". The return journey was one of the worst in the history of exploration. The men were soon exhausted and were running out of food. The weather conditions were terrible. Scott started to realise their hopeless situation. (Line 25-28) Teacher leads students to learn the 4 blue words "worst, exhausted, terrible and hopeless" are negative words and so isit with "running out of". Teacher gets students to learn about the differences between run out of and run out.	• 师生互动 • 学习理解、实践应用 • 师生互动、个体学习 • 学习理解、实践应用	7.让学生做出震惊的表情,一是为了活跃课堂气氛,二是为了使学生印象深刻。 8.若学生羞于做出震惊的表情则为教师展示傅园慧的那张PPT提供了机会。 9.教师通过傅园慧"成功时的shocked"的表情反衬 Scott 团队失败时的 shocked 从而引出关键词 ambition。 10.让学生逐渐养成英英(英语)思维的习惯。 11.学生通过模仿和表达已经学习了 ambition 的词义。 12.继续沿用上一个词 ambition,一是为了巩固旧词,二是为了引出新词 exhausted。新语境的创设更为直观,学习效果会更好。 13.提供文本中的语境是为了使学生能结合上下文知道 exhausted 是 very tired 的意思。

-359-

续表

Procedures &Time	Activities	Interaction Pattern & Level of Activities	Intentions
Stage 2 While-reading (25 mins)	✱The men were running out of food. =The food was ~~running out~~. ✱"My passport ~~has run out~~," she said. (失效) ✱We can see that his patience is running out little by little. (消失；耗尽) ✱The lease (租约) on our flat will run out in a few months. (到期) Activity 4 Teamwork T：(In a low and sad voice) Scott's team were facing all kinds of difficulties：the men were exhausted, the food was running out, the weather conditions were terrible and Scott started to realise their hopeles situation! They were faced with all kinds of difficulties. Did they give up？" (Ss：No.) T：Were they in low spirits？ (Ss：No.) Teacher then asks students to have a teamwork and work together in groups of four to talk about the following questions on PPT. Q1：How do you know they were not in low spirits？ Q2：What led to the death of Scott and another two team members？ How do you know？	•师生互动、生生互动 •学习理解、实践应用	14. 教师利用语篇引导学生观察同处在一个语境中的四个单词 worst, exhausted, terrible, hopeless 均为 negative words，由此推断出目标词汇 run out of 也是 negative words。 15. 教师引导学生关注同一语境中不同词汇的相同特点，让学生逐步养成做完形填空时关注文本的情感线意识，此处思维的培养是英语核心素养的重中之重。 16. 创设语境让学生掌握重点词组 run out of 与 run out 的用法是新课标倡导的教学方法。 17. 设计小组讨论促进学生进行思维碰撞。 18. 两个问题的设计均可引导学生从 Why 的角度理解语篇，帮助学生获取并梳理相关信息，学习 Scott 团队表现出的非凡的科学探索精神以及大无畏的牺牲精神,落实学科育人目标

续表

Procedures &Time	Activities	Interaction Pattern & Level of Activities	Intentions
Stage 2 While-reading (25 mins)	Activity 5 Read for parts of speech Teacher asks students to read the whole text and underline the following words, then decide what kind of words they are. sledge, break down, run out of, ambition, hopeless, cheerful, distant, carry on, within, shocked n.　adj.　verb. phrase　prep.	• 个体学习、师生互动 • 实践应用	1.让学生对整个语篇的结构和叙事特点进行进一步感知。 2.画出这些词汇并对其进行词性分类是为了巩固其用法,为下一步的语法填空做好相关的知识储备
Post-reading (3 mins)	Activity 6 Consolidation T: Asks students to complete a passage, which is called rational cloze(语法填空)	• 个体学习 • 实践应用	一是让学生对文本有更深层次的理解,二是让课堂与高考题型接轨,以使学生更关注课堂,从而避免"仅刷题就能提高成绩"的误区,三是为了运用所学词汇,最终提高语用能力
Assignment	Activity 7 Summary & homework Teacher makes a summary using the design: L 4 Journey to the Antarctic Scott's team — The Race to the Pole { sledge, break down, shocked } — the return journey { ambition, run out of, hopeless, cheerful, carry on, within } Homework 某英文报正在举办"世纪英雄"征文活动,请用英语写一篇短文投稿,内容包括: 1.介绍英雄的事迹; 2.你的感受。 注意:1.词数100左右; 2.可以适当增加细节,使之行文连贯	• 师生互动、个体学习 • 实践应用	让学生了解Scott团队在南极探险比赛中虽输了比赛却成了英雄。学习他们在返程中表现出的非凡的科学探索精神以及大无畏的牺牲精神,实现立德树人的学科目标。

五、教学案例总体分析

(一)设计理念

总体而言,本案例的教学设计重点在于全面落实高中英语立德树人的总目标,围绕六要素整合的英语课程内容来设计教学。在主题意义的引领下设计一系列环环相扣的问题,使学生基于已有的知识,在分析问题和解决问题的过程中,促进自身语言知识学习、文化内涵理解、语言技能发展、多元思维发展、价值取向判断和学习策略运用。这一过程既是语言知识与语言技能整合发展的过程,也是文化意识不断增强、思维品质不断提升、学习能力不断提高的过程。

落实英语学习活动观。阅读前教师设计一个词语接龙游戏,引导学生有序进入课堂学习。一则热身,二则引出关键词 race,再导出课题"The Race to the Pole"。在阅读阶段,先通过两个问题"Who won the race? What did he do to win the race?"培养了学生如下的语言技能:(1)从语篇中提取主要信息和观点;(2)辨认关键字词和概念以迅速查找目标信息。问题1的答案可以引出目标词汇 Norwegian,问题2的答案信息很多但很好获取,难度在于整合所有的答案并概括出目标词汇 preparation。此处,教师的引导就尤为重要。以上是关于 Amundsen 所有竞赛信息的内容,在文本中是一条"短线"。之后,通过问题"Do you think Scott's team made good preparations? Why?"进入描述 Scott 团队的"长线"。围绕他们在南极探险比赛和返程途中的经历,通过一系列的问题及回读课文某些段落或字句分别引出:sledge> break down> shocked> ambition> exhausted> run out of> hopeless。所有的词汇都在这条"长线"上。之后通过总结 Scott's team 所遇到的种种困难,再提出以下非常开放的问题:(1)Were they in low spirits? How do you know?(2)What led to their death of Scott and another two team members? How do you know? 通过 Teamwork,学生回读文本并回答问题,从而引出目标词汇 cheerful,carry on 和 within。至此,目标词汇全部"浮出水面"。讲解词汇时,给他们提供丰富的多模态语篇,例如例句、图片等,引导他们运用了有关学习策略。在读后阶段,教师指导学生按词性分类后,嵌入构词法的一些小知识并领读单词,之后通过语法填空达到应用实践,最后是作业的设计让学生完成迁移创新的活动。

教学目标明确。阅读中的词汇教学就是在文章主题大意的基础上,紧紧围绕案例文本,巧妙地设计问题引出目标词汇并借助文本语境或创设语境进行讲解。因此,本案例既有阅读教学包含的读前、读中和读后环节,又兼具词汇教学在语境中学习和应用词汇的特点。

在教学策略方面,教师应用词汇接龙游戏既调动了学生参与的积极性,又引出了主题。在读中环节设计一系列环环相扣的问题,既让学生了解了文章的脉络,又学习了目标词汇。读后环节的试题设计采用Scott团队在此文本中的内容编写语法填空,一是让学生对文本有更深层次的理解,二是让课堂与高考题型接轨,三是为了运用所学词汇,最终提高学生的语用能力。

(二)设计亮点

1. 基于核心素养深入分析语篇,落实学科育人目标

在此案例的教学过程中,按照《高中英语课标》对英语学习活动观的描写,教师有层次地设计一系列的问题,促进学生了解这篇记叙文的主要写作目的是学习探险家不畏艰险勇于探索的精神,并以他们为榜样,培养学生开拓进取的意识。

2. 基于文本主题意义的分析,梳理出文章脉络

本案例的主题尽管是"The Race to the Pole",却用较少的笔墨叙述了Amundsen团队的竞赛过程,即做好准备,提前出发,一路坦途,率先到达。相比而言,文本却用了大量篇幅描写了Scott团队在竞赛途中遇到的困难、返程途中的艰辛、队员的情绪波动、面对死亡时的坦然、不辞辛苦找寻并带回有科研价值的岩石。简而言之,文本的语篇结构特征是"短线"和"长线"相结合,即关于Amundsen团队的"短线"描写以及Scott团队的竞赛过程以及返程的"长线"描述,同时在此"长线"上串联出本案例的词汇。

3. 紧扣文章的脉络,设计环环相扣的问题引出目标词汇

在阅读阶段,教师沿着Scott团队的"足迹:一条长线"设计一系列的问题,通过师生互动让学生阅读文本获取信息并处理信息从而引出目标词汇。每一个问题都衔接着上一个问题答案的关键词汇,同时又引出了这一个问题答案的目标词汇。例如,"问题1:Do you think Scott made good preparations?"和"问题2:Why do you think so?"就衔接了上一个问题"What did he do to win the race?"的答案中的关键词汇preparation,又引出了这个问题的答案的目标词汇sledge。

4.基于目标词汇的特点,创设丰富的语境培养学生的学习策略

本案例的目标词汇、词性较多,包含名词、动词、动词词组、形容词、介词。因此,教师在分析其词性特点和词义之后,创设了丰富的语境,培养了学生的学习策略。例如,讲解 sledge 时,培养了学生在新旧语言知识之间建立了联系的学习策略。"新"就是 sledge,"旧"就是 skis,通过文本中同一个语境 had teams of dogs pulling sledges(新) and all his men were on skis(旧),建立起两个单词的共性:equipment used for moving on snow。此外,再用直观的雪橇图片加深印象。再如,区分 run out of 和 run out 时,培养了学生在语境中学习词汇的学习策略。如"The men were running out of food."和"The food was running out."。再如,对所有的词汇采用了分类等手段加深了对它们的理解和记忆。

(本案例由河南省济源市第十一中学乔冷梅老师提供)

第六章　同课异构语法教学案例

if条件状语从句教学设计

一、教学内容分析

【教材】人教版初中《英语》(八上)Unit 10 If you go to the party, you'll have a great time!

【主题语境、单元主题】人与社会——人际交往

【本课主题】邀请他人参加聚会

【适用年级】八年级

【授课时长】1课时(45 mins)

【语篇类型】书信

文本分析:自编,一封来自焦虑母亲的信。

主题语境:一位焦虑的母亲向老师求助,如何回复,帮助解决她的问题。

语篇类型:书信,阅读一封来信,并回信。

语言知识:if条件状语从句的形式、意义与用法。

语言技能:思考、讨论、表达、阅读、写作。

学习策略:交际策略——愿意积极主动与同伴合作,完成任务;在真实的语境中,使用语言。

二、学情分析

教学对象:八年级学生有以下特点:

(1)课堂学习习惯较好,能够基本听懂英语常见的课堂用语。

(2)整体思维能力一般,在不断的鼓励下能够用英语去思考与表达。

(3)英语学习基础中等,基本掌握了之前所要求的语言知识内容。

(4)班级内部存在英语学习成绩优良差的差异。

学生与教学内容:

(1)文本材料上的语言难度不大,在词汇和句式上都不会给学生造成太多的障碍。

(2)学生对于问题与烦恼话题较为熟悉,尤其是谈论到自己和同伴的问题时,能够迅速激活已有的知识。但是对于如何从妈妈的角度来解决问题,需要进行信息的摄入和思维的转换。

(3)接触过if条件状语从句,但是没有掌握其用法,使用时会出现问题。

三、教学目标

1. 语言能力

(1)能够辨认并使用if条件状语从句的三种形式:主将从现,主祈从现,主情从现。

(2)能够理解if条件状语从句中"条件—结果"这一语法意义。

(3)能够在主题语境中使用以下话题词汇与句式:understanding, solve, angry... If..., I will/can/should...; If...,(don't) be/ do...

(4)能够在写作中使用带有if条件状语从句的句子。

2. 思维品质

(1)学会用共情(show understanding)、直面问题(solve the problems)和祝福(send wishes)等方式来帮助他人消除焦虑。

(2)能够对各种语言形式进行总结、归纳和运用。

(3)能够基于语法学习,进行有逻辑的表达和有意义的呈现。

3. 学习能力

(1)能够明确课堂学习目标,对学习过程与学习效果进行反思、总结与评价。

(2)能够积极主动与同伴交流,合作解决问题并得体表达。

【课程思政理念】

学生要学会用共情(show understanding)、直面问题(solve the problems)和祝福(send wishes)等方式来帮助他人消除焦虑。同时,能够在面对各种问题和苦难时,学会直面困难、分析问题,想方法解决问题。

【教学重难点】

(1)在情境例句中总结和理解if条件状语从句的形式与意义。

(2)在回信中正确恰当地使用if条件状语从句。

四、教学过程

教学过程如表0-12。

表0-12 教学过程

教学时长	教学阶段	教学活动 教师活动	教学活动 学生活动	设计意图
	热身准备	播放音乐 Waka Waka	听歌,放松	预热情绪,激发学生学习的兴趣,引入话题
3 mins	引入	引入Tim妈妈的求助信: A worried mother is asking me for help. Step 2: How does Tim's mother feel?	读信,了解Tim妈妈的烦恼,并体会其心情	创设情境,引入话题

续表

教学时长	教学阶段	教学活动 教师活动	教学活动 学生活动	设计意图
8 mins	语法形式呈现与意义理解	Step 1 Free talking If you are sad, what will you do? Step 2 Play a game If-I-am sad chain story Step 3 Find out the rules Different feelings, different results Step 4 Practice If Tim's mother is sad, … Step 5 Show understanding Understanding is the beginning of help.	谈论：假如自己不开心，会怎么做？参与游戏：if句子接龙。总结语法规则与意义。体会Tim妈妈的情绪并给出建议	在帮助回信的主题情境下进行if条件状语从句——主将从现的学习，找到第一条回复策略：showing understanding（共情）

续表

教学时长	教学阶段	教学活动 教师活动	教学活动 学生活动	设计意图
8 mins	语法形式呈现与意义理解	Step 1 Free talk Do you have any problems? What are they? *If you have so many problems, what can you do?* Step 2 Play a game Find the problem and stand up! (get heavy / have no close friends / can't finish homework / fight with friends / be late for class / get bad grades / parents don't understand me / can't sleep well / like junk food) — Problems Step 3 Group work What can Tim's mother do? pair work What can Tim's mother do? If Tim..., she can/should/may... (be late for school / can't finish homework / get bad grades / like junk food and get heavy) Step 4 Find out the ways and rules Different problems, different ways. being late If Tim is always late for school, she can/should/may... She can help Tim to go to bed early. Step 5 Solve the problems homework If Tim can't finish homework, she can/should/may... She can talk with teachers and know more. Solving the problems is the key.	谈论自己的烦恼；参与游戏，熟悉青少年常见的各类问题；与同学讨论，找到Tim妈妈问题的解决方式；总结语法规则与意义，并对Tim妈妈遇到的问题提出解决方案	在帮助回信的主题情境下进行if条件状语从句——主情从现的学习，找到第二条回复策略：solving the problems（解决问题）

-369-

续表

教学时长	教学阶段	教学活动 教师活动	教学活动 学生活动	设计意图
8 mins	语法形式呈现与意义理解	Step 1 Thinking If you can't solve the problems,… Step 2 Watch and think Watch a video and see what we can do. Step 3 Find out the ways and rules Different problems, the same solution. Step 4 Send some wishes Love is the answer	深度思考,当有些问题无法立即解决时,怎么办?观看视频,体会情感,思考策略。总结语法规则与意义,并对Tim妈妈给出祝福和建议	在帮助回信的主题情境下进行if条件状语从句——主祈从现的学习,找到第三条回复策略:sending wishes(祝福)
2 mins	总结	To reply to the worried mother, show understanding; solve the problems send wishes	熟悉3S(Show understanding, Solve the problems, Send wishes)回复方式	为回信做好结构上的铺垫准备
8 mins	运用与迁移	Now reply to Tim's mother using 3S ways and the sentences here. I know you feel sad, but it doesn't work. If you…, Tim will… If Tim…, you can/should/may… If you…, (don't) be/do…	结合3S回复方式与提供的语言结构,进行回信	正确恰当地使用if条件状语从句进行回信
2 mins	分享与总结	Invite some of the students to share their writing and give feedback	上台进行分享,倾听他人汇报分享	检测学习效果,进行总结提升
2 mins	总结与提升	There are so many "if" in our life. Choose to be happy but not to be sad. Choose to face it but not to run away. Choose to love but not to worry. Always say "I will"! Always say "I can"! Life can be for sure	倾听、思考、感悟	帮助学生分享,进行提升
1 min	检测	self-check	自我检测	检测与评价

附：教师自编材料(学案)

A Message from a Worried Mother

Dear Mr. Guo,

I was tired and worried these days. It's all because of my son Tim. He has so many problems.

If I am not there, he will not finish homework.

If I am not there, he may be late for school.

If I am not there, he can't get good grades.

If I am not there, he will eat junk food and be heavy.

What's worse, If I am there with him, he will be unhappy and even get angry.

I try to help him and give up almost all my weekends.

Now, I am not in good health.

If he still can't study well, what should I do?

Write to the worried mother!

Dear Tim's mother,

I'm glad you trust me so much that you share your problems with me. I will try to help you.

_____

_____

Worries and problems are normal in life. We should face them with smiles! Wish you happy forever.

Self-Check	
Do I know how to write if-clause sentences?	Yes or No
Do I understand the basic meaning of if-clause sentences?	Yes or No
Can I use if-clause and SSS structure to help a worried person?	Yes or No

(本案例由西南大学附属中学校郭昌荣老师提供)

第七章 同课异构写作教学案例

【教材】人教版初中《英语》(八上)Unit 9 Can you come to my party?

【主题语境、单元主题】人与社会——人际沟通

【本课主题】邀请家长参加新博物馆开幕式

【适用年级】八年级

【授课时长】1课时(45 mins)

【语篇类型】邀请函

一、教材内容分析

【What】本课语篇是一封学校为新博物馆举行开幕式的邀请函,学校邀请家长来参加开幕式,并描述开幕式的具体活动内容,如欣赏音乐会、提供午餐、带来好书进行分享。最后,明确了家长回复的时间与方式。

【Why】在日常生活中,人们经常举行各种活动。如何写一篇表达恰当的邀请函是一个实际的应用技能。通过书写邀请函,教师能够帮助学生梳理活动要点,提高学生的组织能力,并增加学生情感表达的能力,重视人与人交往恰当的情感交流。

【How】本文为一篇应用文。从Who, Why, When, Where, What, How方面介绍邀请函,语篇结构清晰,句型简明扼要,适合在创设的新情境中进行仿写。

二、学情分析

学生:八年级学生48人。学生有学习英语的兴趣,对话题邀请他人有一定的了解。

已学知识:经过第一单元的学习,学生对邀请函有了初步的了解;学生对相关学校常见的活动也有一定的积累。

存在问题:学生对邀请函语篇结构和常用句型不熟悉,未能用连词和恰当句型清晰地表达活动。

解决措施:通过对短文的阅读,提取邀请函的语篇框架和语言支架,为学生熟悉的情境活动,是自己感兴趣并熟悉的任务——写邀请函。

三、教学目标

By the end of the class, students will be able to:

(1)identify and extract key information from an invitation through reading. Understand the purpose and content of an invitation.

(2)summarize the structure and appropriate sentences for creating an invitation using a mind-map and making comparisons. Apply the learned structure and expressions to write a polite invitation for an event. Practice organizing information and using proper language to effectively communicate the event details in the invitation.

(3)demonstrate the ability to transfer the knowledge and skills learned to create an original invitation using the structure and expressions covered. Innovate by adding personal touches and creative elements to make the invitation engaging and unique.

(4)engage in peer editing activities to evaluate and provide constructive feedback on each other's invitations. Use a checklist to assess the completeness and appropriateness of the content, structure, and language used in the invitations.

【课程思政理念】

本案例旨在培养学生的社会责任感和人际交往能力;同时也注重实际应用与情感表达,通过实际写作任务帮助学生提高解决问题和表达情感的能力。这些思政理念的体现有助于学生全面发展,并在语言学习过程中培养其积极的价值观和社交技能。

【教学重难点】

1.重点

通过阅读获取相关信息,总结邀请函写作结构和句型。并依据实际情境,用恰当的语言和句型书写邀请函。

2. 难点

如何对邀请函的写作进行评价。

四、评价任务设计

Task 1: Students can find out key information of an invitation.

通过对邀请函的阅读,完成对收信人、活动的时间和地点、活动内、回复方式等信息的梳理。

Task 2: Students can draw a mind map about the invitation.

通过梳理思维导图,检测学生对邀请函结构及常用句型的积累。

Task 3: Students can find the difference between the two invitations.

通过对两个邀请函的要求,学生能区分正式邀请函和非正式邀请函对于形容词、活动原因、邀请目的等方面的不同描述。

Task 4: Students can write the invitation, evaluate it and revise it.

通过写作及互评,学生能关注到邀请函的相关结构、常用句型、引人入胜的表达方式。

五、教学过程

教学过程如表0-13。

表0-13 教学过程

Lead-in
1. Every day we are busy with schoolwork, but there are colorful activities, too. 2. What activity did you have? What activity do you like? And why? 评价标准:Students can describe some interesting activities and explain why they like them.(感知与注意)(目标1) 设计意图:回顾学校举行的各种活动,温习七上Unit 8和七下Unit 1学过的学校活动和社会活动,如School Day, Art Festival, help at old people's home,激活学生原有的知识,激发学生对活动的热情

续表

Task 1 Reading

T: This year, our school will have an opening of the new library.
Here is an invitation. Let's read it and underline the answers to the questions.
1. Who is making the invitation? Who does he invite?
2. What's the invitation for?
3. When and where will the event happen?
4. What can people do?
5. How and when to reply the invitation?
评价标准:Students can find out key information of an invitation.(梳理信息)(目标1)
设计意图:创设情境,渗透阅读策略,培养学生通过阅读获取有效信息的能力,并明确邀请函写作结构和重点句型

Task 2 Draw a mind-map of the invitation

T: What do we talk about in an invitation? Can you draw a mind-map of it?
(Ss: We talk about the kind of event, time, place, activity, preparations, when and how guests should re-play.)
Pair-work: If you are the headmaster of the school, what activity would you like to have? Try to draw an (a) mind-map and introduce it to your partner.
评价标准:Students can draw a mind-map of the invitation.(分析判断与概况整合)(目标2)
设计意图:合理运用相关句型,丰富语言信息,并恰当布局语篇结构,提高学生的写作能力

Task 3 Make a comparison between two invitations

T: Do you think it is a good invitation? Why?
(Ss: It has clear information and structure.)
T: Look at these two different ways of inviting. Which one do you like better? And Why?
A: I would like to invite you to a surprise party for our English teacher.
B: As I'm sure you know by now, our favorite teacher, Ms. Steen, is leaving soon to go back to the US. We're very sad that she's leaving because she is a fun teacher. To show how much we love her, let's have a surprise party for her.
(Ss:The second one have clear reasons and the purpose of the party. And there are different adjectives to describe the teacher and students' feelings)
So, an attractive invitation should have clear reasons, aims, attractive words.
For the library opening, what do you want to know more?
Can you write more attractive sentences for the invitation of the library opening?
Besides clear structure and attractive details, what else is important for an invitation?
评价标准:Students can find the difference between the two invitations and find useful and proper expressions to write an attractive invitation with clear structure(分析判断与概况整合)(目标2)
设计意图:通过对两个邀请函的要求,学生能区分正式邀请函和非正式邀请函对于形容词、活动原因、邀请目的等方面的不同描述,并发现正式邀请函相对更加简洁的特点。

续表

Task 4 Writing and evaluation

T: You talk about the key information of your activity with your partner, can you complete your mind-map with more attractive details of the event? Write an invitation for your activity and you can draw some pictures in the invitation, too.
Show the invitation to your partner and evaluate it with the assessment rules.
Revise the article and show the best one of your group to the class.
评价标准：Each student can write an invitation.（创造与想象）
Students show the invitation to others and revise it.（批判与评价）
设计意图：创设真实情境，学生自主选择感兴趣的活动，策划活动。学生独立完成邀请函。展示邀请函，并从结构、细节支撑、连接词、字体等方面，评估作文，改善文章。（目标3&4）

	Evaluation aspects	Stars you'll give
1	All important information is mentioned （内容全面，与主题相关）	☆☆☆☆☆
2	The attractive/interesting/persuasive details can be seen in the passage （吸引人/有趣/说服力的细节）	☆☆☆☆☆
3	Linking words can be seen in the passage （有连词运用，上下文连贯）	☆☆☆☆☆
4	It is free of spelling, punctuation and grammatical errors（拼写标点语法正确）	☆☆☆☆☆
5	Hand-writing is easy to read.（字迹清晰可读）	☆☆☆☆☆
Total scores		

Homework

Polish your writing to an attractive invitation.
评价标准：Students can revise their works（创新与评价）

五、教学案例总体分析

(一)设计理念

写，是听、说、读、看、写五个技能的培养中最难的一项，也是最能凸显学生综合语言运用能力的一个方面。本课的教学目的不是单纯地将英语写作当作一项技能来训练,而是教学生如何通过深入解读文本进行深度学习,通过写作提高综合语言运用能力,同时发展学生的思维能力和学习能力,促进单元整体教学目标的达成。本课设计的活动旨在引导学生在学习理解邀请函的结构和功能之后,联系生活创设语境,将本课所学内容实际进行实践运用,迁移创新,完成邀请函的写作任务。

(二)设计亮点

本课的教学设计重点在于学生综合语言技能尤其是写作能力的提升。通过深入解读文本,巧妙利用输入性技能促进输出性技能,巧妙结合理解性技能和表达性技能。本课带领学生深度解读文本,从 What, Why, How 三个角度挖掘语篇的类型、用途、结构、语言特点等。教学流程完整,师生互动性强,难度适宜,同时,活动之间的内在逻辑清晰,层层递进,符合班上学生的学习能力和认知水平,具有综合性、关联性和实践性的特点,学生主动参与,思维活跃,合作意识强。在具体且真实的语境中使用语言。评价多元且及时,可操作性强。

第八章　同课异构读写整合教学案例

一、教学内容分析

【教材】人教(2019年)版高中《英语》必修二 Unit 4 History and Traditions 中 Reading for Writing 板块

【主题语境、单元主题】人与社会——历史与文化传统

【本课主题】Beautiful Ireland and Its Traditions 介绍爱尔兰的自然景观与文化习俗

【适用年级】高一

【授课时长】1课时(45 mins)

【语篇类型】说明文

本课六要素整合课程内容如下:

主题语境:人与社会——历史、社会与文化。

语篇类型:关于爱尔兰美丽田园风光和文化传统的介绍。

语言知识:(1)语音:根据音标正确拼读生词与语篇连读;(2)词汇:poet, dot, cattle, sense, sensory, county, roar, pub, custom, feast, scent, stew, tradition, roll, greet, county, have a great influence/effect on/upon, more than, be likely to do, stop by;(3)语篇:理解记叙文的主要目的(记人、叙事、写景、状物为主)与行文结构。

语言技能:理解性技能:(1)把握语篇组织结构(引入—主体—结尾)以及语言特征(通过感官细节描写与拟人等修辞描述一个地点);(2)辨别关键词(感官描写词汇)和概念以快速查找目标信息。

表达性技能:(1)口头和笔头结合描述地区风景与文化传统;(2)通过举例、解释和拟人修辞等细节描写手段表达意思;(3)以"感"促"写"。模拟赏析范文句式结构与语言特征仿写介绍熟悉景物。初步尝试通过感官切实体验景物描写的灵动美。

文化知识:(1)爱尔兰乡村传统文化风俗。(2)跨文化交际意识。

学习策略:资源管理策略:选择适合的词典辅助英语学习,查词典理解文章重点单词。认知策略:(1)利用图表、思维导图等归纳总结关于地点描写的文章框架与描写细节;(2)根据记叙文的特点,了解本文的主要内容、写作手段与写作意图;(3)快速浏览获取篇章大意,扫读获取篇章具体信息;(4)在关于爱尔兰地区背景知识与景物感官描写方法的新旧知识间建立有机联系与脚手架。

文本分析如下:

【What】本课主要以该单元以读促写(Reading for Writing)板块为案例进行分析。该板块的主题是"描述喜欢的地方"。该板块的阅读篇主要从一个旅行者的角度,描述了爱尔兰的乡村美景和风土人情。该篇文章与"阅读与思考(Reading and Thinking)"部分对英国伦敦等城市的历史文化景点介绍相得益彰,较为完整地刻画出现代城市与乡村和历史风俗习惯和谐融为一体的欧洲文化特色。

【How】该篇文章是一篇景物描写说明文。文章的语言特色在于作者将爱尔兰的魅力风景和风土人情与人类感官联系起来,生动地描述了乡村美景和风土人情在视觉、嗅觉、听觉和触觉方面给人们带来的直观感受。通过对丘陵、大海和群山进行感官描写,使读者有种身临其境的画面感。景物通过感官化后变得惟妙惟肖,意境感极强。

【Why】通过对爱尔兰的乡村美景和风土人情的细致刻画,深刻地表达了作者对于爱尔兰的喜爱之情,同时也引导学生体会和学习如何运用感官进行景物描写。

运用感官进行景物描写是该篇文章的亮点与重点,也是学生通过阅读进行主题仿写需要掌握的难点。教师需要引导学生以"感"促"写",通过感官切实体验景物描写的灵动美,赏析范文,仿写介绍熟悉景物并表达情感与感受。并且,文章各部分间内容结构组织方式(主题句和支撑句)、过渡手段以及主题景物描写部分的修辞手法也是学生需要留心观察并在语篇写作中模仿的重难点。

为保证"读""析"与"写"的顺利开展,文章涉及一些描写景物的感官类生词也需要教师借助多模态形式的画面和图像,帮助学生直观地认知并理解其意义,并适当补充主题相关的基础词汇帮助学生在"写"时扫清词汇障碍。在读前扫清词汇障碍的同时,补充文本相关主题的文化知识。在读后仿写活动完成后,通过同伴评价量表对仿写文本进行评价润色,对文本进行修改与再修改也是强化与提高学生写作水平不可或缺的途径。

二、学情分析

本次授课对象为高一理科班学生,学生英语阅读基础参差不齐。尽管如此,授课对象仍具有某些共性。学生通过一学期的高中学习,已基本具备一定的阅读能力,如通过略读和扫读获取文本相关细节与关键信息的能力和通过阅读文章内容分析概括其结构与细节的能力。文章题材为景物描写,学生对此较熟悉。文章通过感官叙景的行文风格对学生而言较新颖,感官词汇与文章背景词汇形成阅读障碍。需在读前为学生提供适当的语言支持,帮助学生扫清阅读词汇与背景文化知识方面的障碍。在读中提供恰当的框架结构,帮助学生分析概括文章语言风格和结构特征。读后仿写是中学生英语课堂中实现知识迁移最重要的必修课之一,其难度不仅在于帮助学生"会读"与"会写",更深层次的本质在于通过建立适当的脚手架,最大化调动学生主动迁移的兴趣以及提高学生合作探究的能力。

三、教学目标：

对本课学生学习目标的探索分析,总结出以下四点学习目标：
(1)通过本课欣赏体验爱尔兰乡村的美。
(2)理解目标文本的语言和结构特点。
(3)学会运用五感描述一个地方。
(4)学会运用三段式完整描述一个地方并关注文章结构与语言上的连贯与衔接自然。

【课程思政理念】

本案例通过带领学生领略和欣赏爱尔兰的乡村美景和风土人情,培养了学生的跨文化能力,有助于学生建立起对本国文化的认同感和文化自信,培养了学生的全球视野和包容开放的心态。语篇阅读环节带领学生感悟其他文化的魅力,欣赏其风土人情,引导学生开阔视野,增强对多元文化的理解和尊重。在阅读和思考的过程中,学生能够更加深入地了解自己的文化传统和价值观念,增强文化自信和民族自豪感。同时,通过对比其他文化,学生能够更加清晰地认识到本国文化的独特性和优势,从而更加坚定地传承和弘扬本国文化,还有助于培养学生的全球视野和包容心态。在全球化的背景下，理解和尊重多元文化已经成为一种必备的素质。通过感悟其他文化的魅力，学生能够学会以开放的心态看待世界，以包容的态度对待不同文化，建立多元开放的价值体系，这对于他们未来的国际交流和合作具有重要意义。

四、教学过程

教学过程如表0-14。

表0-14　教学过程

Steps	Activities	Purposes
Lead-in	Vocabulary and background preparation: Activity 1 Talk about the picture Describe what students are going to see about Irish countryside based on words and visual aids. Activity 2 Watch a video clip Enjoy a video of Ireland	•To introduce the target topic and activate students' topic-related vocabulary (cattle, the rolling green hills, Emerald Isle, county etc.) and background knowledge about the Republic of Ireland. •To further prepare students for the following reading activities by providing more visual aids and to stimulate students' interest in reading
Pre-writing	Develop your idea in content: Activity 3 Read and answer the question Scan the target passage and answer the question "What makes the Irish countryside exciting and inspiring?". Activity 4 Predict the content Predict what might be covered in the rest of the target passage. Develop your idea in language: Activity 5 Read carefully and answer questions Read the body part of target passage carefully and answer questions related to sensory description. Activity 6 Read and complete the table Read the body part again and finish a table about sensory description. Activity 7 Read and analyze Read the sensory details again and analyze their rhetorical device. Develop your idea in structure:	•To get a brief impression of how to describe a place in content. •To first self-summarize and experience the language feature of sensory description for the beauty and traditions in Ireland. •To appreciate the language style of describing a place by means of sensory details. •To summarize another language feature of describing a place—personification aiming to make the description more vivid. •To review the structure of "introduction-body-ending" and its function for each part. •To familiarize students with the function of transitional sentences.

续表

Steps	Activities	Purposes
	Activity 8 Read and identify the structural features Scan the target passage and identify its structural features. Activity 9 Read and analyze the relationship among some sentences Read the last sentence of the former part and the first sentence of the following part and analyze their relationship. Read the ending part and figure out the relationship among sentences	•To enhance students' paragraph-writing skill with the structure of "the topic idea and its supporting ideas". •To get a whole mind map of the target passage and explicitly learn to describe a place in an essay with "intro-body-ending" structure and sensory details by considering transition and rhetorical device
While-writing	Activity 10 Predict, discuss and write [Pair work] Predict one possible introduction with the structure of "the topic idea and its supporting ideas". [Group work] Discuss and write for the body and ending part with sensory details	•To practise writing for describing a familiar place like students' school with the learnt content and structure in cooperative discussion. •To present a complete essay by adopting the sensory description and figure of speech with the help of additional sensory word list
Post-writing	Activity 11 Do self-assessment and peer-assessment Self-check and work in pairs to polish their possible drafts by using the mapping strategy. Work in pairs to evaluate their performance with a peer editing checklist	•To apply the mapping strategy and consolidate students' understanding of how to aid their writing with it. •To do peer-assessment and bridge the information gap
Assignment: Describe a historic site with sensory description and "introduction-body-ending" structure			

五、教学评价

写作教学中除教师评价外，利用下列评价量表开展学生同伴评价、自我评价，在此基础上再次修改、提高写作。（如表0-15）

表0-15 写作评价量表

评价内容	自己	同伴
用到5个及以上关于感官的词汇表达		
用到5个及以上表达地理位置的表达		
用到5个及以上表达风土人情的表达		
按照作文框架写作		
使用5个及以上的过渡词		
条理清晰,作文流畅		
发现同伴作文超过3处错误		

六、教学案例总体分析

本课的主要目标是引导学生通过阅读目标文章掌握在语言上怎样用五感描述一个地方,并学会运用三段式结构行文。除此之外,结构上的连贯以及开头和结尾内容上的衔接也是需要引导学生注意并掌握的重难点。

本课的教学目标在达成上略有遗憾,主要反映在以下几点:(1)从内容分析上来看,关于感官细节描写的专题练习缺失,导致学生落笔稍困难。(2)从结构分析上来看,因为时间关系,只是草草提及,未仔细分析,特别是未设计主题句与支撑句的练习加以巩固。(3)在内容分析和读后仿写部分赘述过多,反而适得其反,不仅耽搁了时间又使得学生对教师的过多赘述感到困乏。

课堂流程设置上存在一定不足。主要表现在:(1)引入部分将文化素养培养与词汇障碍扫清环节补充不充分,这直接增加了学生后面阅读的困难,浪费了时间进行解释说明。(2)在读中结构分析中,因时间关系,结构上的过渡与内容上连贯的分析较为仓促。(3)读后仿写时,学生虽掌握了五感描写,并恰当使用所学修辞,但在实际落笔上仍稍有困难,需不断加强该部分的专题练习。(4)学生写作的文章结构完整,前后连贯,主题句和支撑句的运用较恰当,语言输出比较成功,但仍需不断加强学生对此部分写作技能的意识。在学生课堂参与度与积极性方面:学生能用五感表达,但在课堂上稍显沉闷。主要问题在于在读中环节教师引导学生分析时进行了过多赘述,消磨了学生对该课的兴趣。

根据本课反映出的问题,应从以下方面进行改进与提升。(1)修改引入部分,增加文化知识与扫清词汇障碍环节的比重。(2)增加读中文本结构分析环节的内容,包括感官细节描述以及文本结构中各部分内容描写的强化练习。(3)删除部分对文本语言分析的赘述环节,使学生时刻保持课堂参与的积极性。(4)读后仿写多一点儿学生的作品展示与评价,增加学生互评环节。

(本案例由重庆第四十八中学校林欢老师提供)

参考文献

BLOOM B. S. Taxonomy of educational objectives: The classification of educational goals[M]. London: Longman Group, 1956.

HARMER J. How to teach English[M]. Harlow: Pearson Longman, 2007.

TRIBBLE C. Writing[M]. Oxford: Oxford University Press, 1996.

BADGER R, WHITE G. A process genre approach to teaching writing[J]. ELT Journal, 2000(2): 153-160.

LARSEN-FREEMAN D. Grammar and its teaching: Challenging the myths[J]. ERIC Digest, 1997: 1-5.

何亚男, 应晓球. 落实核心素养在课堂·高中英语阅读教学[M]. 上海: 上海教育出版社, 2021.

鲁子问. 中学英语教学设计[M]. 上海: 华东师范大学出版社, 2019.

梅德明, 王蔷. 改什么？如何教？怎样考？: 高中英语新课标解析[M]. 北京: 外语教学与研究出版社, 2018.

梅德明. 普通高中英语课程标准2017版教师指导[M]. 上海: 上海教育出版社, 2019.

王蔷. 新版课程标准解析与教学指导: 高中英语[M]. 北京: 北京师范大学出版社, 2019.

杰里米·哈默. 如何教英语(新版)[M]. 邹为诚, 译. 北京: 人民邮电出版社, 2010.

中华人民共和国教育部. 普通高中英语课程标准(2017年版2020年修订)[M]. 北京: 人民教育出版社, 2020.

中华人民共和国教育部.义务教育英语课程标准(2022年版)[M].北京:北京师范大学出版社,2022.

程晓堂.基于主题意义探究的英语教学理念与实践[J].中小学外语教学(中学篇),2018,41(10):1-7.

陈卫兵,沈华冬.聚焦文化意识培养的英语阅读教学实践:以"What to do in an earthquake"的阅读教学为例[J].教学月刊·中学版(教学参考),2020(Z1):37-41.

董海丽.巧设情境,促进高中生英语读写能力协同发展[J].英语学习,2000(5):44-48.

高洪德.英语学习活动观的理念与实践研究[J].中小学外语教学(中学篇),2018(4):1-6.

葛炳芳.读写整合引领语言运用 思维能力统整语言学习:浙江省英语新高考首考带来的启示[J].教学月刊·中学版(教学参考),2017(1):3-7.

龚莎.学习活动观视角下英语听说整合教学设计[J].基础教育课程,2021(11):51-57.

韩金龙,秦秀白.体裁分析与体裁教学法[J].外语界,2000(1):11-18.

韩媛媛.概要写作在高中英语教学中的实践[J].基础外语教育,2017(3):23-31,108.

姜庆燕.思维可视化工具在高中英语读后续写中的应用[J].中国教育学刊,2022(1):106.

蒋京丽.以评促教促学,落实英语教、学、评一体化的五点实施建议[J].英语学习,2021(9):4-9.

李燕飞,冯德正.多元读写教学法的系统功能语言学阐释[J].外语教学理论与实践,2019(2):8-14,98.

刘凤峨,陈一点.自然拼读法在小学英语词汇教学中的应用策略[J].基础外语教育,2019(6):94-112.

钱小芳,王蔷.连接视角下的高中英语读写结合的途径与方法[J].中小学外语教学(中学篇),2020(12):12-17.

施瑞丹.基于主题意义探究的英语听说教学活动设计[J].中小学外语教学(中学篇),2021(9):39-44.

水兆宝.初中生英语词汇记忆策略分析[J].考试周刊,2021(49):103-104.

谭记翠.巧用思维导图,强化英语词汇记忆[J].教育与教学研究,2011(1):137-140.

汤路平,贺锦."听前激活、听中训练、听后分散"三环节聚焦学生思辨能力的英语听说课教学设计[J].教育理论与实践,2021(4):112-117.

王初明.互动协同与外语教学[J].外语教学与研究(外国语文双月刊),2010(4):297-299.

王初明.外语教学三大情结与语言习得有效路径[J].外语教学与研究(外国语文双月刊),2011(4):540-549,640.

王初明.读后续写:提高外语学习效率的一种有效方法[J].外语界,2012(5):2-7.

王蔷,李亮.推动核心素养背景下英语课堂教—学—评一体化:意义、理论与方法[J].课程·教材·教法,2019(5):114-120.

王蔷,周密,孙万磊.重构英语课程内容观,探析内容深层结构:《义务教育英语课程标准(2022年版)》课程内容解读[J].课程·教材·教法,2022(8):39-46.

严若芳,欧光安.过程教学法在大学英语写作教学中的应用研究[J].教育理论与实践,2018(6):54-55.

袁晶.例谈基于教—学—评一体化的初中英语听说课[J].中小学英语教学与研究,2021(6):62-66,69.

张强.高中英语读写结合课ACTIVE教学模式的构建和实践[J].教学月刊·中学版(教学参考),2015(Z2):12-16.

张绍杰.全球化背景下的外语教学:行动与反思[J].外语与外语教学,2010(1):9-12.

张威.如何明确高中不同课型的词汇教学目标[J].英语画刊(高中版),2021(1):91-92.

张献臣.基于英语学科核心素养的中学英语阅读教学[J].中小学外语教学(中学篇),2018(6):1-5.

张献臣.英语听说课的教学设计[J].教育实践与技术,2021(2):34-36.

钟楚希,陈新琪,陈欣乔,等."尝试产出"在高中英语读写课中的应用研究:以Unit 2 Working the Land为例[J].英语教师,2021(12):21-25.

夏倩.核心素养下的高中英语读写结合[C]//廊坊市应用经济学会.对接京津——社会形态 基础教育论文集.盐城:江苏省盐城市大冈中学,2022:697-699.